河南省科技攻关项目"河南省科技—经济长期发展规划的模型体系和关键技术研究"（142102310141）
河南省科技攻关项目"河南省人口资源环境和谐调控关键技术研究"（132102310528）
国家自然科学基金项目"基于DSGE模型的新能源汽车产业协同创新体系研究"（71540006）
国家社会科学基金重点项目"中国城市化过程与区域协调发展问题研究"（12AGL010）

新常态下的
创新驱动与转型升级

以河南省为例

刘建华　姜照华　等　著

科学出版社

北　京

内 容 简 介

本书提出经济增长的共协理论与方法的完整框架，作为分析新常态下创新驱动与转型升级的理论基础。以河南省为例，对创新驱动与投资互动、城镇化等对创新和经济增长的推动作用进行分析；建立传统产业创新驱动和转型升级的评价指标体系，构建战略性新兴产业专利技术的分析框架和创新战略体系；对创新促进产业结构优化、提高能源效率和提高生态承载力等进行定量分析，建立河南省创新驱动、转型升级与城市化、经济增长的动态随机一般均衡分析模型体系，从而为各地制订中长期规划提供科学依据。

本书可供广大经济管理人员、科技人员及有关研究人员等使用，也可以作为高等院校有关专业高年级本科生、研究生的教材或教学参考书。

图书在版编目(CIP)数据

新常态下的创新驱动与转型升级：以河南省为例/刘建华等著 . —北京：科学出版社，2016.1

ISBN 978-7-03-045984-8

Ⅰ. ①新…　Ⅱ. ①刘…　Ⅲ. ①区域经济发展-转型经济-研究-河南省　Ⅳ. ①F127.61

中国版本图书馆 CIP 数据核字（2015）第 244972 号

责任编辑：杨婵娟　乔艳茹/责任校对：彭　涛
责任印制：李　彤/封面设计：铭轩堂
编辑部电话：010-64035853
E-mail：houjunlin@mail. sciencep. com

科 学 出 版 社 出版
北京东黄城根北街 16 号
邮政编码：100717
http://www.sciencep.com

北京厚诚则铭印刷科技有限公司 印刷
科学出版社发行　各地新华书店经销

*

2016 年 1 月第 一 版　开本：720×1000　B5
2022 年 1 月第四次印刷　印张：24 1/2
字数：494 000

定价：149.00 元
（如有印装质量问题，我社负责调换）

序言

在国际金融危机的冲击下，世界经济加快了转向创新驱动和转型升级发展的步伐，而中国经济步入新常态，进入了增速变化、结构优化、动力转换新的发展阶段。在新的形势下，特别是在由投资驱动转向创新驱动的过程中，我国经济发展将面临一系列矛盾和问题。由刘建华、姜照华等完成的著作《新常态下的创新驱动与转型升级：以河南省为例》，对其中的若干重要问题进行了系统研究，为新常态下创新驱动发展提供了全新的理论分析框架，为新常态下创新发展实践提供了新的思路和新的举措，将成为各级政府决策部门和各类科技管理人员、经济管理人员重要的参考资料。

该书对于深入理解和学习《中共中央关于制定国民经济与社会发展第十三个五年规划的建议》（简称《建议》）具有重要意义。该书按照《建议》提出的"创新、协调、绿色、开放、共享"发展理念，就创新发展、绿色发展、开放发展等问题进行了系统分析和深入论述。

该书从广义的创新概念出发，构建和论述了经济增长的共协理论框架，提出了创新等因素在经济增长中贡献率的测算公式，为"新常态下的创新驱动和转型升级"提供了理论基础和测算方法；构建了中国和河南省经济增长的实证模型，论证了"投资单边驱动"的不可持续性，进而提出和论述了"创新驱动——投资互动"的经济转型战略；构建了农业现代化、城镇化、工业化和信息化与科技、人力资本、固定资产投资等的关系模型，分析了城镇化等对创新驱动和经济增长的效应。该书还运用知识生产函数理论，建立了河南省知识生产模型；以河南省服装产业为例，从创新驱动及创新驱动的支撑条件、创新驱动转型和创新驱动升级三个维度建构了传统产业创新驱动评价指标体系；基于技术成熟度理论、协同创新理论等，以新能源汽车等为例，研究企业、政府、高校（及科研院所）、金融、中介、国外六部门协同创新战略；从科技进步促进产业结构优化、提高能源效率和提高生态承载力的角度对转型升级进行了深入研究。

以往学者往往利用投入产出分析法、系统动力学方法等研究区域创新体系的产出效率和效果等问题，而这部著作运用动态随机一般均衡（DSGE）建模方法，分析了企业、高等院校等六部门的创新行为模式，建立了预期效用函数和约束方程，构建了由30多个模型组成的河南区域创新驱动和经济可持续增长的

DSGE 模型体系，从而采用动态优化方法推导出创新主体的行为模型组，并在此基础上，进行模拟仿真。同时还分析了城市化、工业化、信息化、农业现代化等的波动式发展对河南创新体系状态变量（专利等）和控制变量（新产品销售额等）的作用效果。

书中秉承新结构经济学的一些研究思路，提出了许多新颖的学术观点。例如，该书提出对容易导致严重产能过剩的传统产业领域要加强中央政府的宏观调控，有效抑制地方的"潮涌现象"；而对于战略性新兴产业则充分发挥市场机制的作用，政府因势利导，把有为政府与有效的市场很好地结合起来等。该书将理论与实践相结合，无论是理论体系，还是研究观点都富有新意，提出的创新驱动发展与产业转型升级的思路与对策具有很强的针对性和可操作性。

当然，书中也不乏不足和问题，有些论述还显薄弱，有些分析还不够厚实，但总体而言，瑕不掩瑜，《新常态下的创新驱动与转型升级：以河南省为例》是一本具有很强时代意识的理论著作。

河南省人民政府发展研究中心主任　谷建全

2015 年 11 月

从 1978 年到 2012 年，中国改革开放创造了持续 30 多年经济高速增长的奇迹。按可比价格计算，年均增长率达到 9.75%，为世界同期人口超过 5000 万的国家的最高增长率。中国的改革开放取得了巨大成功，其成就远远超过了日本和韩国等在 20 世纪 50～80 年代创造的奇迹，这种大国经济在较短时间内迅速崛起的现象在人类经济发展史上很少见，也是目前欧美国家流行的新制度经济学、区域经济学、发展经济学和创新经济学等难以很好解释的现象。而对于 2013 年以来的中国经济新常态，目前更需要理论的超前发展和创新。

首先，经济增长从投资驱动向创新驱动转变的理论基础探索与建模分析。本书的第一篇，首先构建和论述了经济增长的共协理论的基本框架，把国内生产总值（GDP）分解为劳动报酬、资本收益和共协利益，并利用数据包络分析方法测算要素配置效率，从而推导出技术创新、人力资本创新和制度创新等因素在经济增长中贡献率的测算公式，为"新常态下的创新驱动和转型升级"提供理论基础和测算方法。通过对改革开放以来中国经济增长的实证分析，论证"投资单边驱动"的不可持续性，进而论述"创新驱动—投资互动"的中国经济中高速增长与中高端发展的转型战略；并重点对河南省 1978～2011 年的经济增长因素进行分析，对河南省固定资产投资和科技进步（研究开发、技术引进、消化吸收、技术改造和购买国内外先进技术）的互动关系进行分析，对河南省经济增长中新产品开发经费规模与科技活动人员数量、政府研发经费、国内专利授权量的关系进行建模分析，对农业现代化、城镇化、工业化和信息化在河南省创新驱动与经济增长中的作用进行分析。

其次，创新驱动的指标体系构建。本书的第二篇，从高等院校的知识生产函数、传统产业的创新驱动评价指标体系和战略性新兴产业的技术成熟度评价指标体系这三个方面对创新驱动这一主题进行重点研究。关于如何为传统产业的转型升级和创新驱动提供一个可操作的、精准的定量分析评价框架，本书从创新驱动、创新驱动的支撑条件、创新驱动转型升级这三个维度建构创新驱动与转型升级的评价指标体系；并以河南省服装产业为例，从各个指标的权重、实现程度和贡献率等进行分析，提出传统产业创新驱动与转型升级的跨界融合策略；接着，运用多个指标对混合动力汽车、纯电动汽车和燃料电池汽车等战略性新兴产业的技术成熟度进行测算和分析，提出河南新能源汽车等战略性新兴产业的企业、政府、高校（及科研院所）、金融、中介、国外六部门协同创新战略。

再次，创新促进转型升级的模型建构与评价分析。本书的第三篇，从充分发挥以创新为核心的科技进步的作用的角度，就促进产业结构优化、提高能源效率和提高生态承载力等转型升级的主题进行研究。针对河南面向可持续发展的产业结构优化问题，量化成对经济增长、人口就业、能源消耗、科技投入、固定资产投资这五个指标的调控，并建立产业结构优化评价指标，进行评价分析；建立河南省科技进步作用与能源效率模型，分析能源效率与科技投入因素、产业结构因素和信息投入因素、高能耗产业增加值与地区生产总值的比例等的关系；考虑森林等的吸碳能力，发现如果合理调控人均 GDP、恩格尔系数、人均居民消费总额、人均耕地面积、科技活动人数和人均固定资产等指标，按照建立的驱动因素模型进行预测，虽然河南省 2015～2025 年的人均生态足迹和生态承载力仍将继续增大，但人均生态承载力的增速将逐渐超过人均生态足迹的增速，生态赤字将呈现先扩大后缩小最后扭亏为盈的变化状况，得出与以往研究有很大不同的结论。

最后，创新驱动与转型升级的动态随机一般均衡分析。本书第十章在综合前面九章所建立的模型的基础上，引入动态随机一般均衡（dynamic stochastic general equilibrium，DSGE）建模方法进行分析，构建由 31 个模型组成的河南创新驱动和经济可持续增长的 DSGE 模型体系，分析城镇化、工业化、信息化（国际互联网用户数量、电子信息产业产值、电信业务总量）、农业现代化、政府科技经费投入、科技活动人员、技术引进支出总额等的随机冲击，对区域创新体系的状态变量（获得的国内专利权）和控制变量（R&D 经费、企业投入的新产品开发经费、国际论文等）产生的影响，从而为河南区域创新体系与经济转型升级等政策的制定提供科学的依据。

对于上述这些问题，有许多学者做出了大量研究，取得了许多重要成果。对于这些研究成果本书在有关章节都尽可能地提及，本书也正是在此基础上所做出的一些研究探索，对于书中的不足之处诚恳接受批评和建议。

本书主要由刘建华和姜照华两位老师合作完成，朱建美、赵帅、罗浩、王姝琪、姬俊昌、邱珂、彭勃、王迅和管璐璐参与了研究与写作。

本书是河南省科技攻关项目"河南省科技—经济长期发展规划的模型体系和关键技术研究"（142102310141）、河南省科技攻关项目"河南省人口资源环境和谐调控关键技术研究"（132102310528）和国家自然科学基金项目"基于 DSGE 模型的新能源汽车产业协同创新体系研究"（71540006）、国家社会科学基金重点项目"中国城市化过程与区域协调发展问题研究"（12AGL010）课题的研究成果，衷心感谢课题研究中其他老师的指导和帮助！衷心感谢郑州大学和大连理工大学有关领导和师生的指导和帮助！衷心感谢科学出版社在书稿内容修改、全书框架优化等方面的合作及为本书出版所付出的大量的、辛苦的努力！

目录

第三篇 产业结构优化和转型升级

第一篇

新常态下的经济增长

第一章　经济增长的共协理论及其对中国和河南省的测算

第一节　经济增长的共协理论与方法

一、制度、经济环境外部性与经济增长的决定因素

由诺斯等（North and Thomas，1973）开创和发展起来的新制度经济学，把制度作为经济增长的重要因素。所谓制度是管束人们行为的一系列规则（正式规则、非正式规则）及其实施机制。科斯定理表明，在交易费用为零时，任何一种制度安排只对财富或收入的分配有影响，而对资源配置没有影响，有效率的结果总可以通过无代价的市场谈判达到。而在交易费用大于零时，制度安排不仅对分配有影响，还对资源配置和产出的构成有影响。因为在某些制度安排下会产生较高的交易费用，从而使有效率的结果不能出现（Coase，1937）。制度创新在经济增长中的作用，首先在于降低交易成本。在现实世界中，信息是稀缺的，产权的执行是有成本的，市场上的交换要消耗资源，而制度创新则可以降低如此等的交易成本，从而为合作创造条件；制度创新改变要素的相对价格，使规模收益递增，从而为经济增长提供激励机制；制度创新可以抑制搭便车（即不付出成本地享用别人的劳动成果）等外部性因素。制度创新可以使外部收益内在化，使个人收益率接近甚至等于社会收益率（姜照华，2006）。所有这些都说明，制度创新可以提高生产要素资源的配置效率（姜照华，2004）。

决定和影响经济增长的直接因素，除了制度因素、劳动力、固定资本存量及固定资产投资、人力资本及科技进步外，经济环境外部性（包括自然环境、社会环境、市场环境、政策环境等的外部性）也是重要的影响因素。外部性的概念起源于马歇尔，后经庇古和科斯的研究而得以形成理论，并不断得到发展。外部性亦称外部成本、外部效应或溢出效应，是就外部因素对经济主体的影响效果而言的。经济环境的外部性是指经济环境对经济主体造成了影响，而相应于这种影响，经济环境却没有承担相应的义务或获得相应的回报。经济环境的外部性可以分为"正的外部性"和"负的外部性"。负的外部性是指经济环境对经济主体产生的有利的影响，相应于这种有利影响，经济环境却没有获得相应的回报，这时，经济环境是有利于经济主体的；正的外部性是指经济环境对经济主体产生的不利的影响，相应于这种不利影响，经济环境却没有承担相应的义务，这时，经济环境是不利于经济主体的。

二、固定资产投资、科技进步与人力资本的共协关系

K. J. Arrow（1962）将技术进步视为资本积累的产物，集中讨论了通过实践经验的积累可以获取知识，促进技术进步。在 Arrow 提出的"边干边学"模型中，技术进步具有积极的外部性，新投资具有溢出效应，并假设技术进步和生产率的提高都是资本积累的衍生品，企业可以通过积累生产经验来提高生产率。进行投资的企业和其他企业都能够通过积累生产经验和学习知识来提高其生产率。P. M. Romer（1986）提出收益递增经济增长模型，他将经济增长的源泉归为知识和技术研发的作用，较为系统地分析了知识和技术进步对经济增长的作用，将技术进步内生化，并认为其体现于物质资本上，是技术创新的成果，如厂商投资的新的设备、新的原材料等；R. E. Lucas（1988）指出，企业对教育部门的投资会促进知识的扩散，从而带来技术的进步和技术的扩散；Alwyn Young（1995a）则认为随着资本的投入，技术进步是发明（如发明专利）和技术扩散（技术引进、消化吸收、购买先进技术等）共同作用的结果。

本章所论述的共协主要是指科技、固定资产投资与人力资本这三个要素在知识上的共享，及其互相依赖、共同繁荣、相互支持、彼此有利的共同的利益关系（姜照华等，2014）。共协理论把固定资产投资和科技投入结合起来，两者之间相互依存、相互促进。投资中包含新的知识，投资促进知识积累，新知识通过资本品的投入进入生产中，技术从固定资产中溢出，知识又反过来刺激投资，技术改造也是科技从研发部门到生产部门的溢出过程，形成一种双项溢出、良性循环的过程，从而使得投资的增长持续地带动经济增长。

科技进步、人力资本与固定资产投资具有共协关系，共协的基础是科技活动与固定资产投资过程及其使用中的知识流动和知识共享。智力劳动带来的先进技术物化到物质资本中（刘则渊，1998）。卡尔多将技术进步型的知识进展看成是由资本积累决定的。在他看来，工具的发明所带来的进步是这一事实的充分证明。这个时代的特点是边干边学、边试验边学习。人们依据分工致力于一项工作，越做越熟练，并不断改进办法做好它；创新以某种形式嵌入新机器中，并通过固定资产投资，实现创新扩散。这样，投资刺激创新，同时创新又刺激了新的投资（姜照华，2006）。Arrow（1962）假定，技术进步或生产率提高是资本积累的副产品，也就是说，新投资具有溢出效应。不仅进行投资的厂商可

以通过积累知识而提高其生产率，其他厂商也可以通过"学习"而提高他们的生产率；在罗默（Romer，1990a）模型中，技术进步表现为生产知识的厂商进行投资的产物；Young（1991）则认为技术进步是发明和技术扩散（往往伴随着投资）共同作用的结果。我国学者在研究经济增长中资本积累与技术进步的动态融合问题，以及资本体现式技术进步对经济增长的贡献率问题时，都强调了固定资产投资与科技的结合问题（宋冬林等，2011）。

三、收益分解方法

建立包括科技进步和制度创新等因素在内的普适的经济增长模型，应当从某种基本的经济学原理出发，共协理论方法把 GDP 分解为劳动报酬、资本收益和共协利益，采用收益价值分解方法研究经济增长。

共协理论是一种新的经济增长理论，而"收益价值分解方法"则是以共协理论为基础，建立经济增长模型的方法。利用收益价值分解方法，GDP 可以分解为劳动报酬（广义的劳动报酬包括工资、社会保障、相关税收等）、资本收益（广义的资本收益包括折旧、投资者分得的利润、利息、相关税收等）、共协利益。这是经济增长的共协理论的出发点，这可以表述为

$$\text{GDP}＝\text{劳动报酬}＋\text{资本收益}＋\text{共协利益} \tag{1-1}$$

这里的"共协利益"类似于股份公司账户中的"公积金"，是独立于劳动报酬和资本收益之外的"第三项"，是扩大再生产和提高创新能力的源泉。共协利益在某种程度上是劳动者、投资者及其他利益相关者的共同的、共享的而又不能明确划分给任何一方的利益。这样，把式（1-1）写成一种定量形式（还有其他多种定量形式）就是

$$Y＝aL^{\alpha}H^{\beta}S^{\gamma}D^{\delta}＋bK＋cSHD/K^2＋eD^2/L＋u \tag{1-2}$$

其中，α、β、γ、δ、a、b、c、e 是参数，它们由制度和环境外部性决定；Y 代表 GDP，D 代表固定资产投资，S 代表科技投入，L 代表劳动力，H 代表人力资本，K 代表上期的固定资本存量（如果是年度数据，K 为上一年年底的固定资本存量），u 为随机扰动项。从生产要素的观点看，上期的固定资本存量 K 和现期的固定资产投资 D 是两个资本要素，这两个因素合起来相当于现期的固定资本存量。

在式（1-2）中，$aL^{\alpha}H^{\beta}S^{\gamma}D^{\delta}$ 代表劳动报酬；bK 代表资本收益；$cSHD/K^2＋eD^2/L$ 代表共协利益。

1. 劳动报酬函数

劳动报酬函数可以写为

$$B = aL^{\alpha}H^{\beta}S^{\gamma}D^{\delta} \tag{1-3}$$

其中，B 代表劳动报酬，既包括劳动力 L 的作用，也包括知识的作用。而知识的作用由三部分组成：物化知识，它内生于固定资产投资 D；科技投入 S 所带来的新知识；人力资本 H，这可以用受教育年限来计量，也可以采用专业人员数来计量。

劳动者报酬指劳动者因从事生产活动所获得的全部报酬，支付给付出体力劳动或脑力劳动的劳动者，表现出劳动者通过自身劳动所创造的社会价值。劳动报酬有广义和狭义之分，狭义的劳动报酬包括劳动者获得的各种形式的工资、奖金和津贴，既包括货币形式的，也包括实物形式的；广义的劳动报酬包括工资、社会保障、相关税收等。劳动报酬的多少与劳动力数量、人力资本水平、科技新知识和固定资产投资高度相关，据此建立起劳动报酬函数模型（姜照华，2004）。

2. 资本收益函数

$$固定资本收益＝bK \tag{1-4}$$

其中，K 是上期的固定资本存量，b 是上期的固定资本存量的收益系数。

3. 共协利益函数

共协利益来自科技进步、人力资本积累与固定资产投资的互动，我们把人力资本、固定资产投资和科技投入结合起来，以下列形式（还有其他表示形式）表示共协利益函数 U

$$U＝cSHD/K^2＋eD^2/L \tag{1-5}$$

在共协利益函数中，科技、人力资本、固定资产是结合在一起的，从数学上说它们是以某种形式乘在一起的。而共协利益函数的形式取决于科技、人力资本与固定资产投资的共协关系的类型。值得指出的是，式（1-5）只是共协利益函数的一种形式，共协利益函数具有多种形式，如 $cHD/K＋cSD/K$，等等。共协利益函数的形式根据具体问题而定，由于不同研究对象的科技进步、人力资本与固定资产投资的共协关系具有不同的类型，所以共协利益函数的形式也不同，详见表 1-1。

表 1-1　劳动报酬函数、资本收益函数和共协利益函数的多种形式

国家	时期	劳动报酬函数	资本收益函数	共协利益函数
美国	1900～2008 年	$0.003\,16\,(HL)^{0.482}$ $(SD/L)^{0.001\,46t-0.000\,000\,048\,8t^3}$	$0.12K$	$0.0007SH/K＋0.007HD/K$
英国	1960～2010 年	$0.000002\,(HL)^{0.83}\,(SD/L)^{0.115}$	$0.12K$	$139SD/K$
韩国	1960～2010 年	$0.38\,(HL)^{1.125}\,(SD/L)^{0.092}$	$0.14K$	$19.3HSD/LK＋4.5L$
法国	1980～2010 年	$0.13\,(HL)^{0.57}\,(SD/L)^{0.08}$	$0.142K$	$74SD/K$

续表

国家	时期	劳动报酬函数	资本收益函数	共协利益函数
德国	1980~2010 年	$0.038\,(HL)^{0.292}\,(SD)^{0.15}$	$0.235K$	$0.48SD/K$
加拿大	1980~2010 年	$0.0436H^{1.04}\,(SDH)^{0.091}$	$0.115K$	$83.7SD/K$
日本	1955~2009 年	$0.11788\,(HL)/^{0.4}\,(SD/L)^{0.36}$	$0.117K$	$99.5SD/K-332SD/L$
澳大利亚	1980~2010 年	$0.102\,(HL)^{0.487}\,(SD/L)^{0.13}$	$0.14K$	$83SD/K$
新加坡	1980~2009 年	$0.038\,(HL)^{0.276}\,(SD/L)^{0.247}$	$0.27K$	$112.3HSD/K^2-8.69S$
新西兰	1980~2010 年	$6.6\,(HL)^{0.32}\,(SD/L)^{0.14}$	$0.105K$	$84.9SD/K+1.64L$
意大利	1980~2010 年	$95.5\,(HLSD)^{0.12}$	$0.168K$	$0.106SD/K$
爱尔兰	1980~2010 年	$7.56\,(HL)^{0.4}\,(SD/L)^{0.15}$	$0.316K$	$0.144SDH/K^2$
瑞典	1993~2009 年	$0.06\,(HL)^{0.42}\,(SD/L)^{0.268}$	$0.166K$	$0.36SD/K$
芬兰	1980~2010 年	$1.235\,(HL)^{0.338}\,(SD/L)^{0.17}$	$0.154K$	$5HD/K^3$

四、制度创新在经济增长中贡献率的测算方法

从作用机理来看，制度创新对经济增长的最基本、最本质的作用是提高生产要素资源的配置效率。因此，可以采用效率分析的方法来测算制度创新在经济增长中的贡献率，数据包络分析（data envelopment analysis，DEA）正是这样一种方法。运用这种方法，以当期的劳动力总量、当期的固定资产存量和当期的人力资本存量为投入，以 GDP 为产出，获得各 DMU（decision making units，即以各年为样本）的相对效率。

利用 DEA 方法分析制度创新的基本模型是 C^2R 模型。C^2R 模型的基本形式为

$$\begin{cases} \min\theta \\ \text{s. t. } \sum_{j=1}^{n}\lambda_j x_j \leqslant \theta x_0 \\ \sum_{j=1}^{n}\lambda_j y_j \geqslant y_0 \\ \lambda_j \geqslant 0, j=1,\cdots,n \end{cases} \tag{1-6}$$

用上述模型来评价 DMU_{j0} 的有效性，含义是力图在"输入可能集"内，在保持产出 y_0 不变的前提下，将投入 x_0 的各个分量按同一比例 θ（$\theta \leqslant 1$）减少。如果这一点能够实现，则表明可以用比 DMU_{j0} 更少的投入而使产出不变。这正说明了当下的 DMU_{j0} 不是有效的生产活动；反之，则表明 DMU_{j0} 是有效的生产活动。

利用 DEA 方法测算制度创新在经济增长中贡献率的步骤如下。

第一步，利用模型（1-6）求出从基期到末期各年的相对效率。

第二步，设基期的相对效率为 θ_1，末期的相对效率为 θ_2，则相对于最高效率（这时 $\theta=1$）的末期的损失为 $Y_2/\theta_2 - Y_2$；而如果末期效率仍为 θ_1，则末期的损失为 $Y_2/\theta_1 - Y_2$。

由于制度创新使效率提高，而减少的损失为 $Y_2/\theta_1 - Y_2/\theta_2$，这样，制度创新对经济增长的贡献率的测算公式为

$$
\begin{aligned}
\eta_1 &= i/y \\
&= (Y_2/\theta_1 - Y_2/\theta_2)/(Y_2 - Y_1) \\
&= \frac{(\theta_2 - \theta_1)Y_2}{\theta_1\theta_2(Y_2 - Y_1)} = \frac{\zeta(1+y)}{\theta y}
\end{aligned}
\tag{1-7}
$$

其中，Y_1 和 Y_2 为基期和末期的生产总值；θ_1 和 θ_2 为基期和末期的相对效率；ζ 为效率的年均变化率，θ 为效率均值，y 为年均经济增长率。

五、经济增长率分解与贡献率测算

按照上述理论方法和下述模型（1-8），可以通过求全微分的方法建立起经济增长率模型，确定在经济增长中，GDP 与劳动力、人力资本、科技投入、固定资本存量、固定资产投资、制度因素及经济环境外部性的关系，从而把新经济增长理论和新制度经济学的合理因素有机地结合起来。考虑如下较简单形式的经济增长模型

$$
Y = aL^\alpha H^\beta S^\gamma D^\delta + bK + cSHD/K + u
\tag{1-8}
$$

从生产要素的观点看，固定资本存量 K 和固定资产投资 D 是两个固定资本要素，而人力资本 H 和科技投入 S 是两个知识要素。

从模型（1-8）出发，可以推导出以下经济增长率分解模型

$$
\begin{aligned}
y = {} & \frac{bK - cSHD/K}{Y} \cdot k + \frac{cSHD/K + a\delta L^\alpha H^\beta S^\gamma D^\delta}{Y} \cdot d + \frac{cSHD/K + a\gamma L^\alpha H^\beta S^\gamma D^\delta}{Y} \cdot s \\
& + \frac{a\beta L^\alpha H^\beta S^\gamma D^\delta + cSHD/K}{Y} \cdot h + \frac{a\alpha L^\alpha H^\beta S^\gamma D^\delta - cSHD/K}{Y} \cdot l + i + q
\end{aligned}
$$

$$
\tag{1-9}
$$

其中，y 是 Y（GDP）的变化率（经济增长率），k 是 K（固定资本存量）的变化率，d 是 D（固定资产投资）的变化率，s 是 S（科技投入）的变化率，h 是 H（人力资本）的变化率，l 是 L（劳动力）的变化率，i 是制度创新对经济增长的作用，q 是经济环境外部性对经济增长的影响。

利用式（1-9）可以方便地测算出各因素对经济增长的贡献率（影响率）：

$$\eta_K = \frac{bK - cSHD/K}{Y} \cdot \frac{k}{y} \ ; \quad \eta_D = \frac{cSHD/K + a\delta L^\alpha H^\beta S^\gamma D^\delta}{Y} \cdot \frac{d}{y} \ ;$$

$$\eta_S = \frac{cSHD/K + a\gamma L^\alpha H^\beta S^\gamma D^\delta}{Y} \cdot \frac{s}{y} \ ; \quad \eta_H = \frac{a\beta L^\alpha H^\beta S^\gamma D^\delta + cSHD/K}{Y} \cdot \frac{h}{y} \ ;$$

$$\eta_L = \frac{a\alpha L^\alpha H^\beta S^\gamma D^\delta - cSHD/K}{Y} \cdot \frac{l}{y} \ ; \quad \eta_I = i/y \ ; \quad \eta_C = q/y$$

$$(1\text{-}10)$$

其中，η_K、η_D、η_S、η_H、η_L、η_I、η_C 分别是固定资本存量增长对经济增长的贡献率、固定资产投资增长对经济增长的贡献率、科技投入对经济增长的贡献率、人力资本增长对经济增长的贡献率、劳动力增长对经济增长的贡献率、制度创新对经济增长的贡献率，经济环境外部性对经济增长的影响率。

式（1-10）中的各参数 α、β、γ、δ、a、b、c 需要通过回归分析的计量经济学方法来确定（易丹辉，2008）；而 η_I 的测算则需要采用 DEA 方法；η_C 则是"去除各种因素后的剩余"，采用余值法来测算。

测算各因素对经济增长的贡献率，分为如下六个步骤（图 1-1）。

第一步，建立经济增长事实与数据库：包括产出 Y（GDP 等）、劳动报酬 B、固定资产投资 D、固定资本存量 K、人力资本 H、科技投入 S、劳动力 L 等的序列数据。

第二步，以劳动力（就业人数或劳动小时）L 的对数 $\lg L$、固定资产投资 D 乘以科技投入 S 再乘以人力资本数（人均受教育年限乘以就业人数）H 再除以劳动力 L 后的对数 $\lg(HSD/L)$ 为自变量，以劳动报酬 B 的对数 $\lg B$ 为因变量，对数据进行多元回归，得到模型（1-3）。

第三步，以固定资本存量 K、SHD/K 等为自变量，以 GDP Y 减去劳动报酬 B 的得值为因变量，对数据进行多元回归，由此得到 GDP Y 减去劳动报酬 B 的模型。

第四步，将第二步和第三步得到的模型，带入模型（1-8），从而得到 GDP 与劳动力、固定资产折旧、固定资产投资、科技投入、专业人员数的关系模型。

第五步，利用 DEA 方法测算出制度创新对经济增长的贡献率，详见本章测算模型式（1-7）。

第六步，分别测算出各因素在经济增长中的贡献率。按照测算公式（1-10），测算出固定资本存量贡献率和固定资产投资贡献率，两者之和归并为固定资产贡献率；并按照测算公式（1-10），测算出人力资本（在这里以就业者受教育年限来计量）贡献率、科技（在这里以科技投入来计量）贡献率和劳动力贡献率；制度创新贡献率按照式（1-7）进行测算；而经济环境外部性影响率按照式（1-10）采用剩余法进行测算。

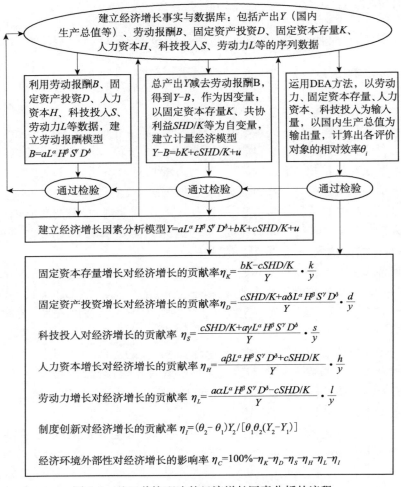

图 1-1　基于共协理论的经济增长因素分析的流程

第二节　固定资产投资与科技进步的互动关系研究的现状和评述

一、研究背景

作为投资的重要组成部分，固定资产投资对一个国家和地区的经济发展影响深远，尤其是对于经济发展水平相对落后的地区，投资在经济增长中占据着主导地位。固定资产投资是扩大社会再生产的一个有效途径，固定资产投资的增长对经济增长和劳动生产率的提高起着重要的支撑作用；而且固定资产投资还可以通过对设备和工具的投资为经济增长提供必需的生产设施和生产工具；建筑安装工程投资能够提供改善人们生活住宅和环境的基础设施，也为社会和科学技术的发展奠定了坚实的物质基础。同时，科技进步作为促进经济增长的重要因素，是经济增长的核心动力来源。中国是世界上最大的发展中国家，人口众多，依靠科技进步，提高有限生产要素资源的利用率和产出效率，是实现经济持续、快速、稳定增长的主要方式。随着时代的发展，以技术创新和技术扩散为主要内容的技术进步已成为现代经济发展和国际竞争的核心要素，这对于一个地区的经济发展而言也不例外。

近年来，越来越多的国内外学者对中国的经济增长方式进行研究，发现资本深化对中国的经济增长起到了显著的作用。资本深化就是技术进步存在于资本投资中。然而，一些学者却认为基于传统经济增长框架的研究并没有将技术进步考虑在内。同样，"新增长理论"自提出以来，一直是研究经济增长的热点，但最近也有许多理论研究和实证研究都对"新增长理论"提出了质疑。罗默（Romer，1990b）指出，结合外生技术进步和资本边际报酬递减规律的索洛新古典经济增长模型能够解释人均产出的大部分跨国差异。许多学者已经给出的证据也表明，各国趋向于拥有共同的世界技术水平，而各国经济增长路径正在向索洛模型所显示的平衡增长路径收敛。相对的，学者们对注重技术创新及研发的内生经济增长理论的熊彼特模型的批判越来越严厉。由 Young（1995b）和 D. W. Jorgenson（1994）进行的增长因素测算分析中认为，相对于资本积累来说，技术进步并不是经济增长的主要源头。根据琼斯（Jones，1995）的观点，研发（research and development，R&D）支出在第二次世界大战后增加幅度巨大，但生产力上升速度却没有加快，驳斥了现有的熊彼特经济增长理论，而对人口增长率是长期经济增长率的唯一决定因素这一观点加以了肯定。

改革开放以来，中国经济高速增长，国内外经济学家普遍认为这种现象的出现主要依赖于要素资本的高投入，特别是 20 世纪 90 年代以来的高速增长，但是技术进步率比较低，因此认为这种高投入低技术进步率的增长方式是低效且不可持续的（卫兴华和侯为民，2007）。对于这一论断许多国内学者提出了质疑，认为不符合我国经济发展的实际情况。刘世锦（2006）等指出，中国吸引外资数量位于全球前列，中国的经济增长模型不完全是粗放型和低效型的；与此同时，中国经济研究中心（2006）对中国 1978～2005 年的投资回报率进行研究和估算，发现我国资本的平均回报率超过了很多处于不同发展阶段的经济体，同时也大大高于大多数发达经济体，说明我国的经济增长中本身就蕴含着技术进步。之所以会出现"高速的投资增长意味着技术进步率很低"这样的疑问，关键在于人们没有意识到"资本投入"与"技术进步"是可以相互融合的，而是将两者完全分离开来对待，忽略了固定资产投资中本身就包含着技术进步。为此，研究经济增长问题，就需要从新的理论角度出发，寻找到一种新的方法论进行研究。

21世纪初，国家提倡要转变经济发展方式，提高经济增长质量，提出了"促进中部地区崛起"的全局发展战略。河南省是我国人口第一大省、农业第一大省，同时也是我国的经济大省，是中部地区崛起的重要力量。20世纪90年代以来，河南省经济增长迅速，全省的综合实力得到了很大的提高，2012年，河南省地区生产总值接近3万亿元，在全国排在第五位，这与技术进步是分不开的。寻找提高河南省经济增长质量的方法和有效选择技术进步路径，对提高河南省科技进步水平和推动经济持续稳定增长具有重要的实际意义。2012年，河南省人均GDP为31 753.45元，在全国31个省（自治区、直辖市）中排名第23位，低于全国平均水平43 402.76元，为经济发展较落后的地区，河南省离经济强省的标准还有很大的差距。2012年，河南省对科技进步的投资力度大幅增加，大中型工业企业技术引进和改造支出总额为142.51亿元，消化吸收支出总额为3.73亿元，购买国内技术支出额超过6亿元，R&D投入超过300亿元（《河南统计年鉴2012》）。科学技术部发展计划司在2010年出版的科技统计报告曾指出，2009年全国科技促进经济社会发展指数为62.65%，上海、天津、广东、北京、福建、江苏、浙江、辽宁、山东、山西排在前10位，同时也高于全国平均水平；而河南以52.16%排在第21位，比上年提高3.78个百分点，但仍低于全国平均增长水平5.63%。2009年河南省的科技活动投入指数为37.19%，排在全国第22位，远低于全国平均水平55.13%。在科技活动产出指数的排序中，河南科技活动产出指数为23.62%，排在全国第24位，低于全国平均水平56.47%（科学技术部发展计划司，2010）。

河南省是中原经济区建设的核心组成部分，国家支持中部地区发挥区位优势和经济优势，实现中原崛起的过程中，保持合理的投资规模，加快科技进步的步伐，提高河南省经济增长质量，对于实现国家中部崛起的宏观发展战略、保持经济增长的持续动力和优化结构、避免经济增长出现较大的波动、促进经济健康稳定地发展具有非常重要的现实意义（罗勤礼，2007）。那么，如何测算固定资产投资与科技投入对河南省经济增长的影响？固定资产投资与科技进步之间具有什么样的关系？河南省在高速经济增长过程中影响技术进步的关键因素是什么？本章将通过理论和实证方法来研究河南省固定资产投资与科技进步的动态反馈效应和相互融合性，证明资本投入中蕴含着技术进步。

二、研究状况

1. 固定资产投资、科技进步与经济增长相关研究

改革开放以来，中国的经济增长的特征为高储蓄、高投资和高增长三者之间相互促进、大规模投资的传统增长方式，并取得了举世瞩目的经济成就，但同时也产生了一些学术方面的争论。国内对经济增长的经验研究大多是基于国家层面，且存在诸多客观问题，如新中国成立初期的统计指标不完善和统计数据的缺失等诸多问题，且在改革开放前后，国内经济属于不同的经济体制，因此经济统计数据的可靠性和代表程度不高，实证分析结果的准确性也值得怀疑。国内许多学者利用传统经济增长核算分析框架计算全要素生产率，计算出的值比较低，这种方法是对技术进步率的间接估算，即索洛残差＝实际经济增长率－（劳动力对经济增长的贡献＋资本对经济增长的贡献）。虽然很容易计算，但并不能因此下结论说20世纪80年代以来中国经济高速增长的过程中技术进步率非常低。我国学者谢千里等（1995）、黄勇峰和任若恩（2002）等基于传统经济增长核算方法对中国经济全要素生产率的增长率进行估计，得出的结论倾向认为20世纪90年代以来，中国经济增长在很大程度上依赖于生产要素的投入，全要素生产率的增长作用非常小，技术进步程度十分有限。实际上，中国的创新能力和技术水平是相对落后的，这一事实决定了中国主要的创新形式，即大规模投资和从发达国家和地区引进先进的技术设备，并对其产品和技术进行模仿、消化、吸收和再创新，这种创新形式使体现型技术进步在全要素生产率中无法表现出来（林毅夫和任若恩，2007）。

当前国内的研究主要专注于全要素生产率的增长趋势及对其成分进行分解，即对经济增长的贡献率的分解，对资本投资中所包含的体现型技术进步的定量分析相对较少，这也是当今学术界研究的难点。有一部分文献会涉及体现型技术进步，但也只是对其进行定性分析，或者仅仅对中国高资本投资过程中体现型技术进步的存在性进行理论上的论证。仅有一小部分文献选取设备投资和发明专利等指标来间接分析体现型技术进步对经济增长的贡献率。20世纪80年代中后期，以Romer和Lucas为代表的经济学家找到了解决问题的方案，他们尝试将技术进步引入到经济增长核算模型中，在研究经济增长的文献中，引发了新一轮的探索，即我们所说的新经济增长理论或内生经济增长理论。

曼斯菲尔德认为技术创新和新技术的不断扩散是引起科技进步的主要动力。他指出，影响技术在同一个部门内扩散的三个基本因素为新技术的模仿比例、新技术的相对盈利率、新技术所要求的投资额（陈伟和罗来明，2002）。J. de

Long 和 L. Summers（1991）指出，固定资产投资中的设备投资是保持长期经济增长的最重要的决定因素。通常情况下，对设备进行的投资是技术密集型的投资，对经济增长具有正的外部性。他们选取 1960～1985 年设备投资与跨国生产率增长之间的关系进行实证分析，得出二者之间存在很强的因果关系，即可以通过设备投资来促进生产率的增长。Hendricks（2000）在大量的数据分析的基础上证实了设备进口、设备投资与长期经济增长三者之间的相关性十分显著，并认为设备的进出口贸易是国家之间技术溢出和扩散的最基本渠道。

Jan P. Voon 和 Edward Y. Chen（2003）对 1966～1996 年香港的生产设备进行研究，证实了香港进口设备资本结构的变动促使香港生产率提高了 20%。早期香港的生产设备主要来自进口，随着该地区研发投入力度的不断加大，技术创新能力大大增强，生产设备的技术水平也有了很大的提高，因此才会出现到后期该地区也大量地出口生产设备这一现象。效率资本对香港经济的持续增长起到了至关重要的作用。

李翠（2004）选取 1988～2003 年上海经济发展的时间序列数据作为研究对象，测算出资金投入对上海市经济增长的贡献率最大，为 65.81%，其次为科技进步，贡献率为 33.89%，说明上海市经济的快速发展主要还是靠大量的资金投入来实现，科技进步对经济增长的贡献率还有较大的提升空间。该研究得出应通过提高科技进步的速度，来提高固定资产投资的效率和降低资金投入的速度。

施亚斌和陶忠元（2006）建立模型对江苏省科技进步进行实证分析，结果表明固定资产投资在很大程度上刺激着科技的提升，对科技进步的贡献巨大，并提出应吸引更多的高技术含量投资流向第三产业，促进江苏经济和科技的快速增长和进步。

盖国凤（2007）研究发现我国计划经济时期（1952～1978 年）的固定资产投资对经济发展的影响大于改革开放时期（1979～2005 年）。改革开放以后，投资效率在不断提高，科技进步和人力资本对经济增长的影响增加，使固定资产投资对经济发展的影响相对下降，但仍起到很大作用。

郑向阳（2007）通过对 2006 年河北省 200 个企业的实证分析发现，设备投资与固定资产投资二者都呈现出高速增长的态势，设备投资是工业投资的主要解释变量，并指出企业设备投资主要存在的问题：企业设备投资不足，设备老化，设备投资资金短缺，设备投资的激励政策不到位，引进设备的科技含量不高，企业引进高新技术设备投资的积极性不高。

罗勤礼（2007）根据投入-产出模型对河南省经济增长问题进行研究，选取河南省 GDP 和固定资产投资两个变量并对其进行了回归分析，测算出固定资产投资增加对社会总产出的带动系数为 2.73，即每增加 1 亿元的固定资产投资，社会总产出会增加 2.73 亿元，证明了固定资产投资对河南省经济增长的直接推动作用。

刘芳等（2009）运用柯布-道格拉斯生产函数和索洛增长速度方程，测算1990～2006年河南省经济增长过程中技术进步的贡献份额，得出资本投入对河南省经济增长的贡献作用最大，其次是技术进步，劳动投入较小，并指出应提高技术进步的贡献份额。

邢路岩和宋兴斌（2009）运用计量经济学模型，选取1978年以来河南省经济发展数据，运用传统的经济增长研究方法，将制度因素、产业结构因素和所有制结构因素引入到经济增长模型，得出生产要素的大量投入（尤其是资本要素的大量投入）是影响河南省经济增长的主要因素。此外，城乡差距的扩大对经济增长的影响不断扩大，应打破这种城乡割裂的发展模式。

穆树川（2010）采用岭回归分析和最小二乘多元线性回归分析方法来研究河南省经济增长的主要影响因素，研究认为，对河南省经济的促进作用最为显著的因素是物质资本投入、研发投入、城镇化率和专利技术，其次是劳动投入、对外贸易、人口素质和能源消耗，最后是粮食和产业结构，对河南省经济增长起着阻滞作用的因素是人口增长。

石贤光（2011）基于柯布-道格拉斯生产函数，对1989～2009年河南省经济增长的主要影响因素进行经验研究分析，得出劳动力投入的产出弹性、资本投入的产出弹性和能源投入的产出弹性分别为1.422、0.315和0.218，三者之和大于1，说明河南省经济增长是规模报酬递增的。相对于资本和能源而言，劳动力对河南省经济增长的贡献作用更为显著。

张鹏（2011）在对浙江省工业固定资产投资的社会绩效研究中，将投资的社会绩效分为投资的经济绩效、投资的科技进步绩效和投资的生态绩效，利用因子分析法对固定资产投资带来的科技进步绩效进行分析，得出固定资产投资对不同的行业所带来的科技进步绩效是不同的。

李光辉（2011）基于协整理论来研究海南省经济增长问题，通过建立向量误差修正模型，实证分析海南省科研投入、固定资产投资与农业经济增长之间是否具有均衡关系。结果表明三者之间具有长期均衡的关系，科技投入和固定资产投资对海南省经济增长具有重要的促进作用。从长期来看，海南省固定资产投资对其农业经济增长的产出弹性要高于科技投入，而在短期内科技投入的产出弹性高于固定资产投资。

胡雪丽（2013）采用河南省1982～2010年近30年的数据，对河南省经济增长进行统计分析，选取了增速、投资弹性系数、投资效果系数和投资贡献率四个指标分析和验证固定资产投资对河南省经济增长的作用。分析结果认为：自1982年以来，河南省固定资产投资总额平均增速优于生产总值平均增速，投资增长是河南省经济增长的主要推动力量；1990年以后的20年投资弹性波动较小，固定资产投资每增长一个百分点，会带动地区生产总值增长 0.8 个百分点；投资效果不稳定，投资规模增大的同时，资本投入的效率降低，说明河南省存在着高投入、低收益问题；近 10 年来固定资产投资对河南省经济增长的平均贡献率达到 71%。

我国各学者研究结果比较具体见表 1-2。

表 1-2 研究结果比较

学者	研究地区	时间	要素贡献率
黄佐钘（2005）	江苏	1980~2002 年	广义技术进步贡献率为 47.35%
沈炳珍和蔡勇（2007）	浙江	1979~2005 年	技术进步对工业经济的贡献份额为 45.12%，资本投入贡献份额为 38.15%
罗桑（2008）	中国	1992~2005 年	科技进步的贡献率为 55.84%，固定资产投资的贡献率为 35.27%
刘芳等（2009）	河南	1990~2006 年	技术进步对河南省经济增长的贡献率为 42.13%，资本贡献率为 43.12%
邢路岩和宋兴斌（2009）	河南	1992~2007 年	资本投入贡献率为 28.81%，劳动投入的贡献率为 8.95%
穆树川（2010）	河南	1978~2008 年	物质资本投入对经济增长的产出弹性为 0.5386，研发投入的产出弹性为 0.32
周绍森和胡德龙（2010）	中国	1980~2007 年	固定资产投资贡献率为 24.84%，科技进步贡献率为 45.62%
李兰兰（2010）	河南	1998~2007 年	科技进步贡献率为 30.37%，物质资本贡献率为 64.49%，劳动力贡献率为 5.21%，人力资本贡献率为 0.8%
李光辉（2011）	海南	1994~2008 年	固定资产投资对海南农业经济增长的贡献率为 55.52%，科技投入的贡献率为 31.68%
胡雪丽（2013）	河南	1982~2010 年	1982~2002 年固定资产投资对河南省经济增长的贡献率为 31.04%，2003~2010 年为 71%

资料来源：作者整理

2. 固定资产投资与科技进步互动关系相关研究

D. W. Johansen（1959）首次提出技术体现在新的、效率更高的设备上，并认为新思想只能物化于新机器之中，而机器的效率取决于其制造的年代。R. M. Solow（1960）指出设备资本投资对经济增长的影响主要体现在两个方面：首先，能够持续地增加资本数量，即新古典经济增长理论所强调的"资本深化"；其次，设备资本投资能够对技术变革的实现起到传导作用，即新技术的力量被传导到经济活动中，通过新技术的传导，技术进步的速度会加快，从而提高生产率，促进经济增长。Solow（1960）认为新的投资是技术进步的传导机制，并建立起一个关于投资与技术进步的模型，即"制造时期"的技术进步模型，提出要建立一个"有效资本"指数，将"有效资本"指数引入到生产函数中，根据设备的生产效率高低，给予旧设备较小的权重、新设备较大的权重，因为新设备物化了新技术。各项资本设备均按其投入使用的日期来区分，估算出投资与体现型技术进步对整个经济增长的贡献。E. Phelps（1962）进一步发展了 Solow 的"制造时期"模型，并指出每一个资本品都物化了它制造时的最新技术，说明体现型技术进步决定了资本品的异质性，体现型技术进步会使得后期投资的资本品比前期投资的资本品的生产效率要高，即"新"时期的生产设备比"旧"时期的生产设备的生产效率更高。资本投资的重要性就在于投资与技术进步之间的相互作用，它们之间是动态融合、相互促进的。没有现代化设备赋予资本以生命，新的思想就不会开花结果，而资本投资能够使工业设备更加先进（Phelps，1962）。R. R. Nelson（1964）认为全要素生产率的增长是体现型技术进步的结果，柯布-道格拉斯生产函数模型没有把资本质量的提高考虑其中，而利用资本和劳动的变化率来解释美国经济增长率的变化。并对 Solow 提出的模型进行了进一步的推导与完善，近似计算出"有效资本"增长率，得出资本的产出弹性对体现型技术进步的影响非常显著。M. Intriligate（1965）利用 Solow 提出的经验方法，并对其生产函数进行调整，对美国经济在 1929～1958 年的体现型技术进步率进行估计，不仅估算出体现型技术进步率，同时也估算出非体现型技术进步率，对索洛模型做出了进一步完善。

刘溶沧（1984）指出固定资产投资要遵循技术进步的原则，在投资的分配和使用上，必须走以内涵扩大再生产为主，努力促进现有企业技术进步的道路，即一方面用新技术、新工艺来装备新建企业，另一方面又用新技术、新工艺来改造现有企业，从而大大有利于促进整个社会的技术进步，极大地提高中国的劳动生产率和社会经济效益。

桑赓陶（1992）在索洛模型的基础上，对我国工业系统中的冶金、化学和电力等行业的体现型技术进步率进行了估算，使得回归模型的数据获得更好的拟合。

R. Hulten（1992）利用美国 1949～1983 年的经济增长数据，并根据设备资本质量价格对该数据进行了调整，估算出体现型技术进步对美国经济增长的贡献，研究结果显示，美国的设备资本体现式技术进步速率为 3.44%，体现型技术进步对美国第二次世界大战后全要素生产率增长的贡献率达到 20%。

琼斯（Jones，1995b）提出新的投资对技术进步起到传输的作用，这种传输作用在经济增长的形成方面起着举足轻重的作用，并明确了体现型技术进步的观点。体现型技术进步的观点肯定了在经济增长的过程中资本积累的重要作用：新的投资不仅能够增加固定资本存量，还影响到技术进步的速率。设备投资中的体现型技术进步构成了经济增长的重要动力源。

J. Greenwood 等（1997）基于一般经济增长的均衡框架，建立了一个两部门最优增长模型，将资本积累中的技术进步引入到模型中，分析设备资本专有性技术进步对人均 GDP 增长的影响，体现了设备资本专有性技术进步对经济增长的促进作用。研究表明，这种设备资本专有性技术进步对美国经济增长的贡献率达到约 60%，剩下的 40% 来自希克斯中性技术进步。

Jonathan Eaton 和 Samuel Kortum（2001）建立了一个两地区模型，并将经济产出与设备资本贸易数据应用于两地区模型中，对新技术的设备资本贸易、各国 GDP 和生产率差异三者之间的关系进行分析。其中，北部地区是研发密集型国家，其生产的设备资本的质量高于南部地区，而南部地区国家主要靠进口设备资本。研究结果发现，相对于消费品来说，接近 25% 的各国之间的生产率差异归因于设备资本品的相对价格差异，而这又有一半是由设备资本品贸易上的壁垒所造成的。O. Licandro 和 J. Castillo（2002）的研究得出了相似的结果，1974 年以来，投资专有性技术进步对经济增长的贡献率在不断上升，而中性技术进步的贡献率在下降。S. Kosempel 和 K. Carlaw（2003）在对加拿大经济增长的研究中发现，1961~1996 年，资本体现式技术进步对 GDP 增长的贡献率达到 50% 左右，尤其在 1974~1996 年，其贡献率接近 100%。Plutarchos Sakellaris 和 Daniel J. Wilson（2004）选取 1972~1996 年美国企业设备投资的时间序列数据，从投入—产出的角度来研究体现型技术进步对美国经济增长的作用，其贡献了生产率增长的 2/3，设备投资对生产率的增长起到了刺激作用，并指出体现型技术进步是美国经济增长的引擎。

黄佐钘和许长新（2005）在研究江苏省固定资产投资与技术进步的关系中选用更新改造投资占全社会固定资产投资份额的变化这一指标来反映资本技术进步率，通过建立回归方程来研究两个变量之间的关系，得出广义的技术进步对江苏省经济增长的总贡献率为 47.35%，其中，技术创新和管理创新的贡献率分别为 35.68% 和 11.67%，并指出江苏广义技术进步对经济增长的贡献之所以能够高于全国平均水平，是因为江苏省十分重视高等教育的发展，其快速的发展为高技术产业提供丰富的人力资源和较为完善的以企业为主的技术创新体系。黄先海和刘毅群（2006）认为物化在设备资本中的技术进步是生产率增长的重要影响因素，首次提出物化性技术进步的概念，设备资本不仅是物化性资本，也是物化性技术，并扩展了 Solow 的时期性经济增长模型，分析得出设备资本投资是我国工业生产率增长的重要源泉，测算出中国工业生产率增长中的物化性技术进步的贡献率为 45.31%，最后指出要通过加大新技术的设备投入来提高物化程度，注重效率资本的积累，进而提高生产率。赵志耘等（2007）认为我国经济增长的突出特点是物质资本积累与技术进步的动态融合，并指出高投入式增长并不一定意味着是低效增长，中国长期以来的经济增长中都明显地存在着设备资本的技术进步，并提出了判断体现型技术进步的三个基本命题，通过构建一个将设备资本和建筑资本相区分的内生经济增长模型，测算出 1990～2005 年中国经济增长的体现型技术进步率至少为 5.1％，并且中西部地区体现型技术进步率并不一定比东部地区低。唐文健和李琦（2008）以投资专有技术进步的增长核算框架为研究基础，分别采用直接和间接两种方法来对中国设备投资专有技术进步速度进行测算。两种方法估计的结果分别为 1980～2005 年中国设备投资专有技术进步速度平均达到 3％和 4％，并提出为了获得更多投资专有技术进步带来的效益，要加快信息技术产业的发展，提高其在总产出中的份额，同时应控制非设备投资规模的扩张。郭玉清和姜磊（2009）认为中国的技术进步对资本积累具有依附性，这种现象的存在是合理的，他们运用单位根检验、协整性分析及误差修正模型，对资本积累与研发创新二者之间的关系进行研究，得出资本积累和研发创新具有动态融合性，且这种关系是极为稳健的，同时还得出在短期内资本积累与研发创新呈现出显著的双向因果关系，但从长期来看二者之间仅具备单向因果关系。

H. Maria 和 O. Vicente（2009）采用协整检验 VAR 模型对 1964～2004 年中国设备投资、研发支出与经济增长三者之间的关系进行研究，得出设备投资在很大程度上刺激了经济产出，长期来看，研发支出对设备投资有正向的促进作用，并指出资本积累和创新是同一个过程的两个方面，即体现型技术进步。这个物质资本与技术进步相融合的过程能够促进经济产出和生产率的持续增长。

Araujo 等（2010）将体现型技术进步引入到 Pasinetti 产业结构模型中来测算体现型技术进步对产业结构变化的影响，结果发现，体现型技术进步能够提高资本的生产效率，促进经济增长。但从宏观经济的角度来看，它会对就业的均衡水平和收入分配平等程度产生一定的负面影响。研究结果表明，尽管这种类型的技术进步提高了资本的生产力，但对就业和平衡条件的水平会产生负面影响。董直庆和王林辉（2010）认为全要素生产率的传统估计方法忽视了资本体现式技术进步，低估了技术进步对经济增长的贡献。他们对 1978 年以来中国经济增长的来源进行分析，特别是资本体现式技术进步的作用进行分析，得出其对我国经济增长的贡献率为 10％，因此设备资本对经济增长具有显著的促进作用。

王洋和刘萌芽（2010）认为生产设备是科技进步和经济增长的动力源泉。目前我国在对实体经济的投资上的引导不足，再加上对生产设备投资力度严重不足，造成我国与发达国家的收入差距严重，而且科技水平也严重落后于发达国家。通过对生产设备投资的研究，得出为了从根本上推动中国经济发展、提高技术进步水平，应加大生产设备投资的力度，这是我国实现追赶式发展的最合理有效的方法。

三、几个概念的进一步讨论

1. 固定资产投资

固定资产投资是指在进行社会再生产的过程中，投资主体垫付货币或物资，以获得生产经营性或服务性固定资产的过程，是对可以长期反复使用的资产进行的投资。固定资产投资是一定时期内增加到固定资本存量中的资本流量，包括对改造已有的固定资产的投资和对构建新增固定资产进行的投资。按照固定资产投资的构成成分，可将固定资产投资分为三类：建筑安装工程投资、设备工器具购买和其他费用。其他费用为消耗性投资，而融入技术进步主要是体现在设备工器具购买上，因此本章以此为主要研究指标。

2. 固定资本存量

固定资本存量是指经济社会在某一时点上的资本总量，经济中某一时点存在的生产物质形式的总和，如机器、设备、厂房、交通运输设施等（布兰查德，2013）；投资则是一段时间内增加到资本存量中的资本流量，即资本的增加量，如新购买的机器、新修的厂房、新购买的原材料等。固定资本存量的衡量单位通常情况下以年为单位，若固定资本存量为年初量，那么 K_t 表示 t 年年初的固定资本存量，K_{t+1} 表示 $t+1$ 年年初的固定资本存量，假设资本以每年 δ 的速率折旧，那么从第一年到第二年，δ 比例的固定资本存量将会减少。相应地，从第一年到第二年，$(1-\delta)$ 比例的固定资本存量剩余。

固定资本存量的变化表示为

$$K_{t+1} = (1-\delta)K_t + I_t \tag{1-11}$$

式（1-11）中 K_{t+1} 的含义为 $t+1$ 年年初的固定资本存量，等于 t 年年初的资本存量留存下来的部分 $(1-\delta)$ 加上 t 年新增的固定资本存量，也就是 t 年的投资 I_t（布兰查德，2013）。

3. 科技投入

科技投入是生产性投入，用来支持和开展科学技术活动，为科技创新与科技进步提供坚实的物质基础，科技投入能够体现出一个国家或地区的科技创新与科技进步的实力。我国对科技投入统计的指标有两个：科技经费支出和 R&D 投入。科技经费支出是指在一个统计年度内，投入到 R&D、R&D 成果的应用和相关科技服务活动的实际支出总额，同时也包括从事科技活动人员的劳务费、新建和购买科学研究所使用的固定资产及从事其他科技活动的支出额等（蔡虹和许晓雯，2005)。R&D 投入是指在一个统计年度内，对基础研究、应用研究和试验发展的投资总额，包括实际用于科学研究与试验发展活动的人员劳务费、购买原材料的费用、购买和新建科研用的固定资产的费用、管理费用及其他费用支出总额 (Greenwood et al.，1997)。从上述两个指标的统计口径来看，科技经费支出的统计范围要比 R&D 投入的统计范围大，因此每年的科技经费支出额要大于 R&D 投入额 (蔡虹和许晓雯，2005)。科技投入必然会带动科技进步，是促进科技进步和经济发展的前提条件。本章中的科技投入指标主要是指 R&D 投入。

4. 科技进步

科技进步是指那些能使生产力发生变化，事实上错综交织在一起而不可分割的一切技术变动的综合，是指知识、技术和组织与管理创新等一切创新活动的各个环节构成的不可分割的整体。周方 (1998) 曾对科技进步进行分类，包括：①"硬"技术进步，是指工程技术或者生产劳动体系手段的变革，追加投入"创造型"智力劳动（劳动者的知识、技能等的改进、更新和发展）及"操作型"体力劳动（劳动工具、劳动对象、工艺流程、操作方法）、进行技术创新活动，从而获得科研设备、实验设备、工艺设备及生产设备等一切同科研、开发和生产相关的设备的设计、改进、更新、升级与换代，从而达到生产物质条件的改善，又称为狭义的科技进步，主要指自然科学技术的进步；②"软"技术进步，是指追加投入"创造型"智力劳动及"操作型"体力劳动，进行研究、开发、发明、设计、试验、策划、咨询、培训、学习等活动，从而获得知识、观念、体制、分工、组织、管理等方面的创新及劳动者素质与智能的提高，即将科学技术引入生产过程，能够产生综合生产要素效率提高的宏观经济效应。"硬"技术进步和"软"技术进步，即自然科学技术的进步加上社会科学技术的进步组成广义的科技进步。本章选取的研究对象是狭义的科技进步，包括技术创新及技术改造。

5. 体现型技术进步

关于体现型技术进步的说法，学术界尚未形成统一概念，有不少学者将体现型技术进步称为资本体现式技术进步、物化性技术进步等，本章则统一称之为体现型技术进步。

按照技术进步是否要和新要素投入相结合，可以将技术进步分为体现型技术进步和非体现型技术进步两部分。体现型技术进步通过中间投入、新资本品等质量的改善而进入生产过程中，是设备资本品在质量上的提高或改进，即新投资的设备融入了更先进的技术，生产效率更高，同时也包括新发明的资本品，将最新的技术进步与设备资本相互融合，则新技术的力量便会在实际生产过程中体现出来，便产生了体现型技术进步；非体现型技术进步是不依赖于生产要素质量（如生产设备的更新、生产工艺的改进等）的外部因素作用产生的技术进步，如管理方法的改变、资源配置效率的提高、知识的积累、资源的合理配置等，反映了生产前沿的移动（OECD，2001），新古典经济增长理论通常用全要素生产率的变化来反映非体现型技术进步。而体现型技术进步通常融合在新资本品和设备投资上，表现为生产要素的质量的提高，因此又被称作资本体现式技术进步（琼斯，2002），或者物化性技术进步。从长远来看，技术进步必然要融合在生产要素中，从而提高生产率，最终促进经济发展。

第三节　创新驱动与中国经济增长因素分析

"新增长理论"是 20 世纪 80 年代以来经济增长理论研究的热点，但已有许多经验证据对"新增长理论"提出了质疑。早在 1992 年，曼昆等（Mankiw et al.，1992）就指出，具有外生技术进步和资本边际报酬递减的索罗-斯旺模型能够解释人均产出的大部分跨国差异，而新增长理论做不到这一点；强调技术创新及研发的内生增长理论的新熊彼特模型受到的攻击尤为严重。由 D. W. 乔根森（1989）所进行的增长核算分析认为，相较于资本积累而言，技术进步并非增长的主要源头；根据琼斯（Jones，1995b）的观点，第二次世界大战后"研发支出巨幅增加，但生产率上升却不加快"驳斥了新熊彼特增长理论，而支持人口增长率是长期经济增长率的唯一决定因素这个观点（Gaspar et al.，2014）。看来，经济增长理论需要新的发展和突破（Hosoya，2012），需要从新的理论角度、采用新的方法研究经济增长问题（刘则渊，1998）。为此，本章在分析国内外学者对中国经济增长的研究状况的基础上，以经济增长的共协理论为基础，建立包括科技进步、人力资本等因素在内的新的中国经济增长模型。

一、关于中国经济增长因素的研究

1. 不同学者的测算

林毅夫和刘培林（2003）引入"同一时刻各经济体面对的技术前沿各不相同"的假定，改进了现有的 DEA 方法，并用该方法将 1978~2000 年中国 29 个省（自治区、直辖市）的劳均 GDP 增长分解为技术效率变化、技术进步和劳均资本积累三个因素的贡献，并检验林毅夫（1993）归纳的发展战略对资本积累和技术进步的影响的两个假说。检验结果表明，中国地区增长的经验事实和假说相容。

对改革开放之前的时期（1953～1977年），Y. Wang 和 Y. Yao（2001）假定劳动报酬份额为0.40，测算出实物资本、劳动、人力资本及 TFP 对产出的贡献分别是56.8%、16.3%、32.8%、－5.9%。对于改革开放时期（1978～1999年），他们假定劳动报酬份额为0.50，测算出实物资本、劳动、人力资本及 TFP 对产出的贡献分别是48.3%、14.0%、13.8%、23.9%。这样，在改革开放之前 TFP 的增长率是－0.57%，而在改革开放时期则为2.32%。

俞安军等（2007）测算出1981～2004年中国经济的增长36%靠生产率的提高，64%靠资源投入的增加，中国经济的增长方式属于粗放型增长方式。资本投入对经济产出的弹性系数为0.718。资本对中国经济有显著的推动作用说明了中国资本相对稀缺。资本边际产出较大，因此，扩大资本投入对推动中国经济发展仍有很大意义。劳动力投入对经济产出的弹性系数为0.894，虽然中国劳动力资源丰富，但劳动者素质较低，应提高劳动者素质。

刘伟和张辉（2008）将技术进步和产业结构变迁从全要素生产率中分解出来，度量了产业结构变迁对中国经济增长的贡献，并将其与技术进步的贡献相比较。研究表明，在改革开放以来的30年（截至2008年）中，虽然产业结构变迁对中国经济增长的贡献一度十分显著，但是随着市场化程度的提高，产业结构变迁对经济增长的贡献呈现不断降低的趋势，逐渐让位于技术进步。

李萍和高楠（2009）利用结构方程模型，寻找人力资本、物质资本和技术水平等变量的演化规律，测定出经济增长中技术进步的贡献率达到了43.16%。

2. 关于制度创新对经济增长贡献率的研究

邹至庄和刘满强（1995）建立中国总量经济的生产函数。测定了1958～1960年"大跃进"和1966～1976年"文化大革命"对产出的影响，以及1979年以后的经济改革等重大制度变革对经济增长的影响。他指出，自1978年中国开始经济改革以来，GDP 的快速增长只能用中国政府采取了新的体制和政策来解释。

金玉国（2001）认为1978～1999年中国宏观制度的变迁主要表现在产权制度变迁、市场化程度提高、分配格局变化和对外开放扩大四个方面。基于此，他设计了四个制度变量：非国有化率、市场化程度、国家财政收入占 GDP 比重和对外开放程度。通过动态关联分析得到以下结论：市场化程度对1978～1999年中国经济增长的影响力位居第一，产权制度改革的影响力仅次于市场化程度，位列第二。

王文博等（2002）设计了四个制度变量来代表制度因素：非国有化率、市场化指数、市场化收入比重、对外开放度，并用主成分分析法分析制度对经济增长的贡献。

王维国和杜修立（2005）采用增广索洛模型，得出实物资本的收入份额、人力资本的收入份额、劳动的收入份额及制度变迁对经济增长的影响强度依次为：0.41、0.56、0.03和0.147。由此可见教育投入的重要性，同时说明了制度变迁对经济的影响十分显著。

杨晓萍（2006）引进人力资本、R&D资本、产业结构、产权制度、市场化程度、对外开放程度等变量建立模型。1978～2003年，代表制度变迁的市场化程度和对外开放程度对经济增长的贡献率分别为16.91%和15.14%，表明市场化程度和对外开放程度的提高有助于中国经济的增长。

邓攀和李增欣（2006）则用劳动力投入、产业结构变化指数、制度变迁指数、物质资本存量、人力资本存量、劳动生产率建立经济增长模型，实证分析了制度变迁、产业结构转变、资本等要素对湖南省经济增长的贡献率。其中，制度因素对经济增长的贡献率为7.49%。

马利军（2010）测算出在不同时段影响经济增长的主要制度变量：产权指标、对外开放度指标、国家有效性指标、工业化指标、二元经济转型指标。采用主成分分析法，分时段合成制度代理变量。对1978～2008年的数据进行分析，发现制度对经济增长的弹性很大，仅次于资本因素。相反，技术进步和劳动力对经济增长的贡献远不如制度，得出产权、对外开放、二元经济转型是影响中国经济长期增长的重要因素的结论。

二、制度创新在中国经济增长中的贡献率的测算

在利用DEA测算效率时，投入变量是劳动力、人力资本和固定资本存量（当期的）三个存量型生产要素，产出变量是GDP。而各个变量都要标准化，即把每个变量的最大值确定为1，其他值的标准化值则为数据原值与最大值的比值，此比值小于或等于1。例如，对于固定资本存量，1953年的数值为420.8亿元，2012年的数值为5007亿元（最大值）。则标准化后，1953年的标准化值为0.084，而2012年的标准化值为1。其他变量按此方法进行标准化。关于中国生产要素资源配置效率的测算结果详见图1-2。

关于制度创新对经济增长贡献率的研究，杨晓萍（2006）、章安平（2005）、王文博等（2002）、许永兵（2003）分别从柯布-道格拉斯生产函数出发，建立了代表制度因素的不同变量，对制度创新对经济增长的影响进行了实证分析，其

结果见表 1-3。

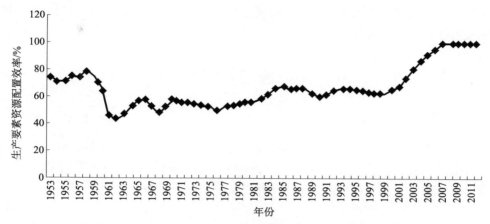

图 1-2　1953～2012 年中国生产要素资源配置效率（基于 DEA 的分析结果）

表 1-3　关于制度创新对经济增长贡献率的研究结果

研究者	研究年份	制度因素对经济增长的贡献率/%
杨晓萍	1978～2003	13.74
章安平	1983～2001	9.3
王文博等	1981～1999	8.35
许永兵	1979～1997	16.9
笔者	1953～1976	−33
笔者	1978～2012	23

1978～2012 年制度创新贡献率平均为 23%，说明改革开放取得了巨大成功，中国从 1978 年到 2012 年的生产要素资源配置效率得到了很大提高，特别是在 2000～2007 年迅速提高，从 1978 年的 54% 提高到 2007 年的 100%，而 2007 年以后一直保持在 100% 的高效率状态。

改革开放以来，中国经济创造了持续 30 多年高速增长的奇迹。从 1978 年到 2012 年，中国 GDP 按当年价计算由 3645 亿元增加到 472 882 亿元，增长了 130 倍；按可比价格计算，年均增长率达到 9.75%，为世界同期人口超过 5000 万人的国家的最高增长率。对比改革开放前，中国年均经济增长率仅为 6%，这正印证了制度创新对中国改革开放后的经济增长起到了积极的促进作用。家庭联产承包责任制直接导致了中国农业经济超常规发展；广东、福建等沿海开放省份由于经济体制转轨，率先实行了超于内陆速度的产权制度和市场制度的变革，因而经济发展速度远远超过了内陆省份，这又从另一个侧面说明了制度创新的作用。

综上所述，中国的改革开放作为渐进式的重大制度创新，有力地促进了经济增长，同时对中国的实证研究结果也证明了利用 DEA 测算效率，进而测算出制度创新贡献率的科学性。

三、中国 1978～2012 年经济增长因素分析

1. 经济增长模型

关于数据来源，固定资产投资、就业者人数、科技投入等使用《中国统计年鉴》中的数据，而固定资本存量和人均受教育年限数据使用了汤向俊《资本深化、人力资本积累与中国经济持续增长》一文中的数据。

本章首先建立中国 1978～2012 年的劳动报酬的对数模型，即 $\lg B$ 模型，其检验结果见表 1-4；然后建立 M 模型（在数值上 $M=Y-B$），其检验结果见表 1-5。这样，本章建立的中国 1978～2012 年经济增长因素分析的实证模型为

$$Y = 0.001\,243(HL)^{0.803}(SD/L)^{0.228} + 0.229K$$
$$+ \frac{1186HSD}{K^2} - 0.000\,002\,32\left(\frac{D^2}{L}\right) - 2983 \tag{1-12}$$

在模型（1-12）中，根据格兰杰检验，S（科技投入）采用超前 2 年的数据值，如与 2003 年国内生产总值 Y 相对应的是 2001 年的科技投入，也就是说，假定科技从投入到对经济增长起作用平均需要 2 年左右的时间；固定资本存量 K 采用的是年初的数据值，如 2000 年的固定资本存量采用的是 2000 年年初的数据值（即 1999 年年底的数据值）。

从表 1-4 和表 1-5 可以看出，在两个回归模型中，所有自变量从总体上与因变量之间高度线性相关；调整后的样本决定系数（R^2）很高，说明自变量的解释能力很强，样本回归方程对样本拟和得很好；回归方程通过了 F 检验，说明线性回归效果显著。同样，自变量和常数项都通过了 t 检验。

表 1-4　1978～2012 年中国劳动报酬对数（$\lg B$）模型及检验

被解释变量：$\lg B$

模型估计方法：最小二乘法

样本范围：1981～2012 年

有效观察值的个数：32

解释变量	系数	标准误	t 统计量	概率
C	$-2.905\,46$	$0.447\,708$	$-6.489\,63$	0
$\lg HL$	$0.803\,157$	$0.068\,434$	$11.736\,17$	0
$\lg (SD/L)$	$0.227\,55$	$0.017\,545$	$12.969\,43$	0
AR（3）	$-0.365\,79$	$0.231\,261$	$-1.581\,73$	$0.125\,4$

续表

解释变量	系数	标准误	t 统计量	概率
AR（4）	0.890 066	0.235 719	3.775 962	0.000 8
样本决定系数	0.996 792	因变量的均值		2.228 862
调整后的样本决定系数	0.996 317	因变量的标准差		0.373 678
回归标准差	0.022 678	赤池信息量（AIC）		−4.592 27
残差平方和	0.013 885	施瓦茨信息量（SC）		−4.363 25
对数似然比	78.476 35	F 检验的统计量		2 097.511
DW 统计量	1.106 366	模型显著性的概率值		0

表 1-5　1978～2012 年 M 模型及检验

被解释变量：M

模型估计方法：最小二乘法

样本范围：1977～2012 年

有效观察值的个数：36

解释变量	系数	标准误	t 统计量	概率
C	−2 983.235	326.245	−9.144 16	0
K	0.228 566	0.007 186	31.805 05	0
HSD/K^2	1 186.266	106.442 6	11.144 65	0
D^2/L	−0.000 002 32	−0.000 000 566	−4.093 51	0.000 3
样本决定系数	0.998 094	因变量的均值		23 583.24
调整后的样本决定系数	0.997 916	因变量的标准差		22 514.05
回归标准差	1 027.868	赤池信息量（AIC）		16.812 8
残差平方和	33 808 382	施瓦茨信息量（SC）		16.988 75
对数似然比	−298.630 4	F 检验的统计量		0.945 284
DW 统计量	5 586.648	模型显著性的概率值		0

2. 经济增长因素分析

本章得到的 1978～2012 年中国经济增长核算结果见表 1-6。中国改革开放 30 多年来，资本形成速度的加快，使过剩的劳动力转变为现实生产力，有力促进了经济增长。在 1978～2012 年，固定资本存量增长的贡献率为 39.5%，固定资产投资增长的贡献率为 27.7%，人力资本增长的贡献率为 20.3%，劳动力增长对经济增长的贡献率为 3.9%，科技进步的贡献率为 22%，制度创新的贡献率为 23%，经济环境外部性影响率为 −32.4%。

表 1-6　本章得到的中国经济增长核算结果及对 2030 年的预测　（单位：%）

各因素的贡献率	1952～1977 年	1978～2012 年	2013～2030 年
固定资本存量增长的贡献率	28.37	39.5	27
固定资产投资增长的贡献率	20.38	27.7	19
科技进步的贡献率	−8.40	22	34
人力资本增长的贡献率	41.74	20.3	19
劳动力增长的贡献率	23.06	3.9	2
制度创新的贡献率	−33	23	10
经济环境外部性影响率	27.4	−32.4	−11

四、中国经济转型的必要性

从表 1-6 可以看出，各因素对中国经济增长的作用有很大不同。

（1）制度创新对经济增长起到了强有力的推动作用。改革开放以来，中国经济创造了持续 30 多年高速增长的奇迹。制度创新对中国经济增长的贡献率平均为 8%，这正印证了制度创新对中国改革开放后的经济增长起到了积极的促进作用。

（2）固定资产投资及资本存量的增长是经济增长的决定因素。资本形成对任何经济体来说都是保证经济活力的重要因素，中国 30 多年的高速发展，更是与快速资本形成有关，主要体现在 1978～2012 年固定资产投资增长和资本存量增长的贡献率之和平均为 67.2%。

（3）科技进步起到了越来越重要的作用。1978～2012 年科技进步对经济增长的贡献率为 22%。科技进步主要来自改革开放过程中的国际技术转移和"干中学"。在通过技术购买、引进先进设备等直接引进国外先进技术的同时，外商直接投资等渠道也间接地引进国外先进技术，并与自主创新相结合。

（4）人力资本、劳动力增长对经济增长起到了重要的作用。农村人口向城镇的大规模转移，使过剩的劳动力转变为现实生产力，有力促进了经济增长。中国劳动力资源开发的"制度变革＋城镇化＋新兴产业导向"模式及其比较优势，在成功地将人口负担转化为人口红利的同时，也有力推动了经济增长。1978～2012 年人力资本和劳动力增长对经济增长的贡献率之和平均为 24.2%。

（5）经济环境外部性总体上有利于经济增长。经济环境外部性影响率代表内外经济环境对经济增长的影响程度，"影响率"为负值，说明经济环境是促进经济增长的，而不是影响经济。1978～2012 年经济环境外部性影响率平均为−32.4%，总体上是非常有利于经济增长的。

从表 1-6 也可以看出，目前中国经济增长中存在着一些迫切需要解决的问题，如下。

（1）典型的粗放型增长。通过对 1978～2012 年各个因素对经济增长的贡献率分析，可以看出固定资产投资及资本存量的贡献率高于 65％，这是典型的粗放型增长模式。

（2）经济运行的效率近年来不再提高。自 2007 年开始，经济处于效率的前沿面上（即效率为 100％），但效率不再提高。这说明可能需要通过新一阶段的制度创新来刺激中国经济的转型发展。

（3）以破坏环境质量为代价的增长方式。目前中国的经济增长还是以高能耗并破坏环境质量为代价的，这也给我们发出警示：要着力转向资源节约型、环境友好型、人口均衡型的集约型发展方式（Omri，2013）。

五、要素边际收益率的演化趋势分析：转型的必然性

关于边际收益率的测算公式，利用模型（1-2），可以测算出劳动力、固定资本存量、固定资产投资、研究开发投入及人力资本的边际收益率，方法是计算 GDP（Y）对这些要素的偏导数。

1. 劳动力边际收益率 W

Y 对 L 求偏导，得到

$$W = a_1(b_1 - b_2)H^{b_1}(SD)^{b_2}L^{b_1-b_2-1} - a_4\left(\frac{D}{L}\right)^2 \tag{1-13}$$

2. 固定资本存量边际收益率 r

Y 对 K 求偏导，得到

$$r = a_2 - 2a_3\frac{SDH}{K^3} \tag{1-14}$$

3. 固定资产投资边际收益率 i

Y 对 D_t 求偏导，得到

$$i = a_1 b_2(HL)^{b_1}\left(\frac{S}{L}\right)^{b_2}D^{b_2-1} + a_3\frac{SH}{K^2} + 2a_4\frac{D}{L} \tag{1-15}$$

4. 研究开发投入（科技进步）边际收益率 u

Y 对 S 求偏导，得到

$$u = a_1 b_2(HL)^{b_1}\left(\frac{D}{L}\right)^{b_2}S^{b_2-1} + a_3\frac{DH}{K^2} \tag{1-16}$$

5. 人力资本边际收益率 v

Y 对 H 求偏导，得到

$$v = a_1 b_1 L^{b_1} \left(\frac{SD}{L}\right)^{b_2} H^{b_1 - 1} + a_3 \frac{SD}{K^2} \qquad (1\text{-}17)$$

六、中国各要素边际收益率的演化

利用测算式（1-13）～式（1-17）及中国各年的实际数据，可以测算中国 1978～2012 年劳动力、固定资本存量、固定资产投资、R&D 投入及人力资本的边际收益率，详见表 1-7。

表 1-7　中国各要素边际收益率的演化趋势（1990 年价格）

年份	W/（亿元/百万人）	r	i	u	v
1978	2.2	0.064	0.86	21	1.3
1980	2.7	0.053	0.91	24	1.4
1985	4.0	0.036	0.87	30	1.7
1990	5.0	0.140	0.65	30	1.4
1995	7.1	0.106	0.49	44	2.0
2000	9.5	0.146	0.38	47	2.4
2005	15.1	0.134	0.33	66	3.8
2010	24.7	0.122	0.27	103	6.1
2011	26.0	0.136	0.24	107	6.1
2012	27.6	0.145	0.23	113	6.2

从表 1-7 和图 1-3 可以看到，中国固定资本存量的边际收益率，1978～1990 年是规模报酬递增的，1990 年以来一直在 13% 左右波动，并没有出现规模报酬递减的情形，这说明中国有较高的固定资本存量边际收益率，这成为 20 多年来吸引外资的有利条件，这也说明共协理论的优越。而固定资产投资的边际收益率，自 1981 年以来一直呈单边下降的趋势，这说明：第一，固定资产投资的效率在不断下降；第二，每一单位的固定资产投资对经济增长的拉动作用在不断减弱，固定资产投资的边际收益率已经降到很低（2012 年降为 23%）；第三，仅仅依靠高速的固定资产投资增长来拉动经济增长，已经很危险。

劳动力的边际收益率、R&D 投入的边际收益率、人力资本的边际收益率，基本上都逐年提高。其中，劳动力的边际收益率，2012 年是 1978 年的约 12.5 倍；人力资本的边际收益率，2012 年是 1978 年的约 4.77 倍；R&D 投入的边际收益率，2012 年是 1978 年的约 5.4 倍；劳动力的边际收益率迅速提高，说明中国劳动力市场逐渐从劳动力过剩演化为劳动力短缺，劳动力工资不断上涨；人力资本的边际收益率和研究开发投入的边际收益率逐步上升，说明创新（技术创新和人力资本创新）不仅是改变固定资产投资单边拉动的必要，而且研究开发投资、人力资本投资也能有很高的边际收益率，从而带动全部投资（包括固定资产投资）边际效益的提高。这就说明，从各要素的边际收益率的演化看，创新与投资双驱动不仅必要，还有现实的可能性。

图 1-3　中国固定资本存量和固定资产投资的边际收益率的演化

七、转向创新与投资双驱动型经济增长轨道

波特按照主要驱动力把经济发展划分为四个阶段：第一阶段是要素驱动阶段，第二阶段是投资驱动阶段，第三阶段是创新驱动阶段，第四阶段是财富驱动阶段。由科技部政策法规司和国家软科学研究计划资助的《中国区域创新能力报告 2012》将经济发展阶段划分为要素驱动、要素驱动向投资驱动过渡、投资驱动、投资驱动向创新驱动过渡、创新驱动五个阶段。本章把经济发展阶段划分为四个阶段：第一阶段是要素驱动阶段，第二阶段是投资驱动阶段，第三阶段是创新与投资双驱动阶段，第四阶段是创新驱动阶段。本章认为目前我国经济转型的方向是转入创新驱动与投资互动阶段，而不是跨越发展阶段，直接进入创新驱动阶段。

1. 创新驱动与投资互动的必要性

如果继续采取投资驱动的经济增长方式，将导致中国经济的崩溃。财政支出和货币供应量是拉动投资的重要因素。从货币供应量看，2009 年以来，M2 大幅向上波动（图 1-4），使货币供应量愈加超过其正常趋势值，而政府财政支出也不得不大幅度增长。照此下去，一旦国际经济风波再起或国内产能过剩、房地产价格大幅波动等问题出现，将导致中国经济非常严重的危机。

从固定资产投资与 GDP 的比例来看，2012 年为 72%，而 2013 年达到 78.6%。如果固定资产投资每年以 12% 的速度增长，而 GDP 每年以 7.5% 的速度增长，那么，到 2020 年固定资产投资与 GDP 的比例将达到 105%。这意味着投资效率的严重低下，以及投资风险超乎寻常的累积。

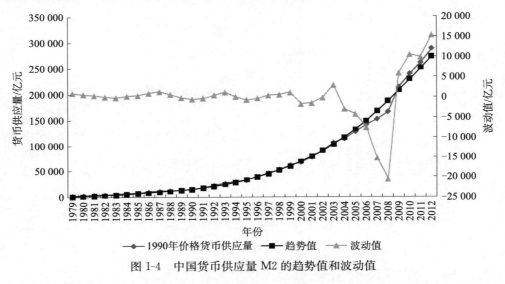

图 1-4　中国货币供应量 M2 的趋势值和波动值

使经济增长率保持在合理的区间内，需要创新与投资双驱动。就大国而言，创新驱动的经济是较低增长率的经济。笔者对美国经济增长因素的分析表明，在 1982～2008 年这 26 年期间，固定资本的贡献率仅为 35%（其中固定资本存量增长的贡献率为 24%，固定资产投资增长的贡献率为 11%），而创新的贡献率超过了 50%（其中人力资本创新的贡献率为 19%、科技进步的贡献率为 23%、制度创新的贡献率为 10%），劳动力增长对经济增长的贡献率为 8%，经济环境外部性影响率为 5%，这是典型的创新驱动型增长模式。但这 26 年期间，经济增长率平均仅为 3.15%。再看日本，1993～2009 年这 16 年期间，固定资本的贡献率为 -26%（其中固定资本存量增长的贡献率为 10%，固定资产投资增长的贡献率为 -36%），而创新的贡献率接近 100%（其中人力资本的贡献率为 17%、科技进步的贡献率为 86%、制度创新的贡献率为 -5%），劳动力增长对经济增长的贡献率为 -1%，经济环境外部性影响率为 28%。这也是典型的创新驱动型增长模式，但这 16 年间，经济增长率平均仅为 0.75%。

就大国经济而言，投资决定经济增长的速度，创新决定经济增长的质量；持续稳定的合理的增长率区间（如 6.5%～7.5%）要求投资和创新的双驱动。如果仅仅依靠创新驱动，根据我们的测算，经济增长率将不会超过 5%；相反，如果延续以往的投资驱动，今后 10 年经济的平均增长率也不会超过 5%，很可能前几年会以较高速度增长，但几年以后经济增长率就将降到 5% 以下。

根据本章所建立的经济增长模型（1-12）进行的模拟分析表明，投资驱动和创新互动能够使中国经济在 2015～2025 年保持平均 6.5%～7.5% 的增长率。

2. 创新驱动与投资互动的现实性

建成创新型国家尚需时日，创新能力还不够强。中国科学技术发展战略研究院完成的《国家创新指数报告 2013》显示，中国创新能力正稳步上升，国家创新指数排名在全球 40 个主要国家中居第 19 位，比 2012 年提高 1 位。2013 年 R&D 经费支出为 11 906 亿元，占 GDP 的 2.09%。创新型国家的建设标准是，R&D 占 GDP 的比例超过 2.5%，创新贡献率超过 50%，人均受教育年限达到 12 年以上，技术自主率超过 60%。从这些创新型国家的建设标准看，中国 2025 年左右才能进入创新型国家行列。

中国的人均 GDP、人均固定资本形成和技术水平与发达国家相比尚有较大差距，人均固定资本形成还有较大的增长空间，如图 1-5 所示。

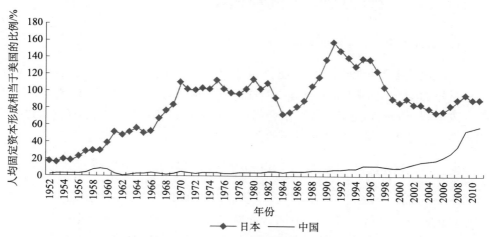

图 1-5　中国、日本人均固定资本形成相当于美国的比例（按购买力平价计算）

日本在 1970 年人均固定资本形成超过了美国，从此，日本也结束了高增长，而 1991 年达到美国人均固定资本形成的 160% 的高点之后开始下滑，到 2011 年下降到只有美国的 90%，而 1991～2011 年这 20 年间，日本经济增长率平均仅为 0.7%。中国人均固定资本形成与美国人均固定资本形成的比例，2011

年相当于日本 1967 年的水平。中国人均固定资本形成还有较大的增长空间。但不能急于提升中国的人均固定资本形成水平（近些年提升过快），否则，会重蹈日本的覆辙。

3. 创新驱动与投资互动的重要性

创新驱动与投资互动可以使经济增长率保持在合理的较高水平的同时加快经济发展方式的转型。创新驱动与投资互动将加快中国经济发展方式的转型，从当前主要以投资驱动、能耗强度高、污染严重的经济增长方式转变为投资与消费均衡的、能耗强度低、污染程度低、低碳的经济增长方式。

创新驱动与投资互动可以有效避免经济危机。中外学者的研究表明，创新具有"抗周期性"，投资和创新的有效结合可以很好地抵御国内外经济波动源的冲击，有效避免经济危机；而单纯的创新驱动，由于创新的复杂性、不确定性，创新驱动的经济的波动比较大。

创新驱动与投资互动对加快实现新型城镇化和新型工业化及农业的现代化具有重要意义。无论是新型城镇化、新型工业化还是农业的现代化，都需要投资与创新的良好结合，需要创新驱动与投资互动。

八、创新与投资的结合方式和途径

1. 把自主创新与技术改造、固定资产投资结合起来

从产业链源头开始，以自主创新为基础，在产品构架设计、关键模块（包括原材料的生产）、深加工到装配、合成、营销服务等各个环节和各节点企业把技术改造和相应的固定资产投资结合起来，提高固定资产投资中专有技术进步、物化性技术进步、体现型技术进步的含量。

2. 东部先进区域创新驱动与中西部区域投资驱动相结合

由科技部政策法规司和国家软科学计划资助的《中国区域创新能力报告2012》通过分析，将各省（自治区、直辖市）分成四类：上海、北京等区域已基本进入创新驱动发展阶段；山东、湖北、辽宁等正从投资驱动向创新驱动阶段过渡；以重庆市为代表的 13 个省（区、市）基本处于投资驱动阶段；新疆、山西、陕西等区域还处于要素驱动向投资驱动过渡阶段，可见大部分中西部区域处于投资驱动或要素驱动阶段。因此，要因地制宜，把东部先进区域创新驱动与中西部区域投资驱动结合起来，问题在于如何实现东中西部在技术、投资、人力资源上的对接、融合和联动发展。

3. 自主创新与国际技术贸易、先进设备贸易、承担国际工程相结合

通过技术市场的国际化、搭建各类外贸企业公共科技服务平台、加快外贸企业与国内外资本市场对接等措施调整技术引进、外资引进、对外先进设备贸易与自主创新的关系。充分发挥中国科技和人才优势，组织企业、科研单位向其他国家出口具有自主知识产权的产品、设备及相关生产技术和工艺，同时也引进其他国家的先进技术和产品，开创更加广阔的国家创新体系国际化的发展空间。

4. 把提高自主创新能力与调整投资结构、提高投资效率结合起来

遵照政府宏观调控与市场高效配置投资资源相结合的原则，根据中国是一个快速发展中的大国的实际，采取多样化的宏观调控措施，不同行业、不同区域采取不同的政策。对于可能出现产能过剩的产业和房地产业、金融业等需要加强中央政府的宏观调控，而对于战略性新兴产业、高新技术产业的发展，以及产业结构调整升级等则要充分发挥地方和市场的能动作用。

充分发挥金融等经济工具在提高自主创新能力、调整投资结构、提高投资效率中的作用。充分发挥国有银行遍布全国、信息畅通的优势，对于地方容易造成产能过剩、不符合节能减排、不利于技术创新的投资项目不予贷款。

5. 加快创新型国家建设

（1）通过金融创新促进企业自主创新。通过金融政策的调整、金融中介服务的创新，以及金融产品的创新，调整银行信贷资源的分配，支持创新与投资的结合和互动，鼓励商业银行向私募股权、风险投资公司、创业投资基金、科技项目孵化器等科技创新平台投资。

（2）面向全产业链的产学研协同创新。建立面向全产业链的产学研协同创新的组织机制和运行体制：采取政府、金融机构、大学、研究机构、产业等协同推进型的组织结构，形成投资者、学者、管理者"三权分立"的治理机制，多创新体、多学科的跨国创新网络的动态调节优化机制，基于专利池的知识产权运营机制，国际化资源配置和链接机制，与国际接轨的分配机制等。

（3）自主创新与制度创新相结合。企业的活力来自技术创新与制度创新的互动。在这里，技术创新与制度创新既可以同时进行，又可以先后进行，或以不同方式组合进行。大中型企业要建立健全技术创新的知识产权制度、组织制度、决策制度、监督制度、投入制度、合作制度、信息制度，以及科技人员的培训制度、聘任制度、考核制度和分配制度。

（4）国家创新体系的国际化。推进国家创新体系的国际化，要求构建和制定一些新的科技政策，并与已有的科技法规、规章、政策性措施一起，基本构成与国际接轨的、多维度的科技政策法规体系。而与国家创新体系国际化相适应的科技政策体系的内容主要体现在科技体制改革、科技投入政策、税收政策、金融政策、政府采购、国际科技合作政策、创新服务国际化政策、国际技术市场与国际技术贸易政策、国际化人才政策、国际知识产权保护与管理政策、科技奖励制度等方面。

九、2020 年中国经济转型目标预测

中国经济持续增长与转型，就是要从当前主要以资本驱动、能耗强度高、污染严重的经济增长方式转变为投资与消费均衡、能耗强度低、污染程度低、低碳的、创新与投资双驱动的经济增长方式（姜照华等，2012a）。

通过上述测算，我们看到，从各年的平均看，创新（广义的创新，包括科技进步、人力资本增长和制度创新）在经济增长中起到重要作用，1978～2012 年贡献率平均达到 65.3%。从模型（1-12）可以看出，人力资本与固定资产投资、自主创新相结合（详见增长模型中的 HSD/K^2 一项）是中国经济转型的重要途径，这是一种依靠低成本高素质劳动力、以先进科技为支撑、投资和创新双驱动的增长方式。因此，人力资本的提高与固定资产投资、自主创新相结合是中国转变经济发展方式的主题之一（崔岫和姜照华，2011），而建设创新型国家则是促进这种结合的重要途径。

建设创新型国家，中国的 R&D 经费占 GDP 的比重将呈逐年稳步上升趋势，预计到 2020 年将达到 2.5%左右；到 2020 年中国就业者人均受教育年限将达到 12 年左右，中国具有高等教育学历的人数已位居世界前列，中国将加速完成从人口大国向人力资源强国的转变（李德煌和夏恩君，2013）。

在以上条件下，本章的模拟结果是：2015～2030 年，中国经济增长率的合理区间为 5.5%～7.5%。就 7%的经济增长率而言，固定资本存量和固定资产投资的贡献率分别为 27%和 19%，科技进步和人力资本的贡献率分别为 34%和 19%，劳动力的贡献率为 2%，制度创新的贡献率为 10%，经济环境外部性的影响率为−11%，经济增长转到了创新与投资双驱动的轨道。这就需要继续进行制度创新，全面深化改革，进一步提高生产要素的配置效率，适应日益多元化、全球化条件下的经济转型（林毅夫，2012），这是中国面临的新的历史性命题。

第四节　河南省经济增长实证分析

一、数据的获取与处理

本章所使用的数据来源于《河南统计年鉴》《河南科技统计年鉴》和《中国统计年鉴》；固定资本存量采用复旦大学张军年的数据，2009～2011年固定资本存量数据根据永续盘存法来计算，即当年的资本存量＝前一年的资本存量＋当年的固定资产投资×（1－固定资产折旧率），本章采用固定资产折旧率的方法，固定资产折旧率取9%（张军和章元，2003）。为了使实验数据更加准确，每年的固定资产投资额用当年的固定资产投资价格指数进行平减。限于数据条件，现在大多数的研究基本定在1952年，因此本章选取具有代表性的张军计算的数据（基期为1952年）。人力资本采用劳动力人数与平均受教育年限的乘积，平均受教育年限的数据来源于我国历次人口普查数据和劳动统计年鉴，并利用线性外延法和插线法对缺少的数据进行了合理的估算。

科技投入用R&D投入经费额来表示，R&D投入是用来说明一个国家或地区的科技发展水平的重要指标，1995～2011年的经费数据可通过查阅《河南科技统计年鉴》获得。

由于统计年鉴中的数据均以当年价格水平来反映，为了消除价格变动对经济总量的影响，本章采用2000年相对价格来计算各项经济指标。利用上述公式和单豪杰（2008）对资本存量K进行再估计所得到的各年固定资本形成指数，可以对选定各年的当年价格资本存量进行平减，即得到基期年份的资本存量转换数据。2001～2011年河南省经济发展数据（2000年价格）具体见表1-8。

表1-8　河南省经济发展数据（2000年价格）

年份	B/亿元	D/亿元	S/亿元	K/亿元	Y/亿元	L/万人	h/年
2001	2 691	1 300	19	7 521	5 507	5 517	8.2
2002	2 826	1 483	25	8 253	6 031	5 522	8.2
2003	2 912	1 928	28	9 355	6 675	5 536	8.3
2004	3 399	2 441	29	10 860	7 590	5 587	8.5
2005	3 840	3 216	33	12 990	8 667	5 662	8.6
2006	4 092	4 331	38	16 024	9 917	5 719	8.8
2007	4 669	5 616	46	20 036	11 364	5 773	8.9
2008	5 984	6 943	64	24 975	12 739	5 835	9

年份	B/亿元	D/亿元	S/亿元	K/亿元	Y/亿元	L/万人	h/年
2009	6 939	9 376	81	31 855	14 131	5 949	9.1
2010	7 919	9 182	92	37 849	15 896	6 042	9.2
2011	8 879	11 189	134	45 253	17 792	6 198	9.3

表 1-8 中，B 为劳动报酬，单位为亿元；Y 为 GDP，单位为亿元；K 为固定资本存量，单位为亿元；D 为固定资产投资，单位为亿元；L 为就业人员总量，单位为万人；h 为就业人员的平均受教育年限，单位为年；S 为超前 2 年的 R&D 投入，单位为亿元。

二、模型的建立

1. 劳动报酬模型

假定河南省劳动报酬模型为

$$B = (DS/L)^{a_1} \cdot (HL)^{a_2} \tag{1-18}$$

得出回归方程

$$B = (DS/L)^{0.283} \cdot (HL)^{0.382} \tag{1-19}$$

在表 1-9 中，$R^2 = 0.984$，表明建立的模型和样本之间的拟合度很好，该模型能很好地代表样本观测值的趋势。调整后的 $R^2 = 0.982$，说明自变量的解释能力很强；系数在 0.05 置信水平上检验显著，自变量通过了 t 检验；同样，回归模型通过了 F 检验，说明变量之间有显著的线性关系。DW＝1.37，表明随机误差项之间已不存在自相关性。对序列进行单位根检验，二阶差分后的检验结果见表 1-9。

表 1-9　模型参数及检验结果

被解释变量：$\lg B$

模型估计方法：最小二乘法

样本范围：2001～2011 年

有效观察值的个数：11

解释变量	系数	标准误	t 统计量	概率
$\lg (SD/L)$	0.282 758	0.013 71	20.624 66	0
$\lg HL$	0.381 957	0.002 587	147.628 9	0
样本决定系数	0.984 073	因变量的均值		8.416 46
调整后的样本决定系数	0.982 303	因变量的标准差		0.428 295

续表

解释变量	系数	标准误	t 统计量	概率
回归标准差	0.056 976	赤池信息量（AIC）		−2.729 4
残差平方和	0.029 217	施瓦茨信息量（SC）		−2.657 06
对数似然比	17.011 7	DW 统计量		1.366 456

2. 投资价值模型

投资价值 M 定义为国内生产总值 Y 减去劳动报酬 B

$$M = Y - B \qquad (1\text{-}20)$$

建立河南省投资价值模型：固定资产投资 D、科技投入 S、固定资本存量 K 和人力资本 H 为自变量，人力资本 H 由就业人员总量 L 和就业人员平均受教育年限 h 计算，以投资价值 M 为因变量。模型的形式为

$$M = a_1 K + a_2 DSL/K^2 + a_3 Dh/S \qquad (1\text{-}21)$$

对河南省 2001～2011 年的数据进行多元线性回归，由此得到模型

$$M = 0.12K + 295.1DSL/K^2 + 2.71Dh/S \qquad (1\text{-}22)$$

在表 1-10 中，$R^2 = 0.98$，表示模型和样本之间的拟合度很好，该模型能很好地代表样本观测值的趋势。调整后的 $R^2 = 0.978$，说明自变量对因变量的解释能力很强；系数在 0.05 置信水平上检验显著，自变量通过了 t 检验；同样，回归模型通过了 F 检验，说明变量之间有显著的线性关系。DW=1.74，表明随机误差项之间已不存在自相关性。

表 1-10 模型参数及检验结果

被解释变量：M

模型估计方法：最小二乘法

样本范围：2001～2011 年

有效观察值的个数：11

解释变量	系数	标准误	t 统计量	概率
K	0.115 776	0.009 135	12.673 84	0
DSL/K^2	295.140 9	148.549 1	1.986 823	0.082 2
Dh/S	2.710 283	0.606 922	4.465 622	0.002 1
样本决定系数	0.982 35	因变量的均值		5 650.818
调整后的样本决定系数	0.977 937	因变量的标准差		2 028.79
回归标准差	301.347 5	赤池信息量（AIC）		14.481 41
残差平方和	726 482.7	施瓦茨信息量（SC）		14.589 92
对数似然比	−76.647 73	DW 统计量		1.744 495

三、固定资产投资与科技进步贡献率的测算

根据投资价值函数 $M=Y-B$，将模型（1-18）和模型（1-21）代入投资价值函数中，得到河南省经济增长模型

$$Y = (DS/L)^{a_1} \cdot (HL)^{a_2} + a_1 K + a_2 DSL/K^2 + a_3 Dh/S \qquad (1\text{-}23)$$

将参数代入式（1-23）中，得到

$$Y = (DS/L)^{0.283} \cdot (HL)^{0.382} + 0.12K + 295.1 DSL/K^2 + 2.71 Dh/S$$

$$(1\text{-}24)$$

通过计算得出，2001～2011 年，固定资产投资增长对河南省经济增长的平均贡献率为 91.6%，科技投入增加对经济增长的平均贡献率为 5.1%，说明河南省固定资产投资对河南省经济增长的推动作用是绝对的；固定资本存量增加对经济增长的平均贡献率为 -2.3%，而劳动力增长和人力资本增加对河南省经济增长的平均贡献率分别为 0.7% 和 8%，这与河南省人口基数大和增长快有关，说明河南省一部分经济增长成果被过量的新增人口所抵消，这是符合河南省实际情况的。经济环境外部性影响率为 -4.1%，表示生产要素以外的环境因素变化对河南省经济增长产生的影响也比较大，如经济发展政策、城镇化进程、制度创新、管理水平、市场环境、自然环境等。科技投入对河南省经济增长的贡献率比固定资产投资的贡献率要低得多，说明二者之间没有很好地融合起来，这反映出河南省科技和固定资产投资的结合不够紧密，科技转化为生产力的水平依然很低，科技投入对经济增长的贡献率有很大的提升空间。本章得到的河南经济增长核算结果及对 2025 年的预测见表 1-11。

表 1-11　本章得到的河南经济增长核算结果及对 2025 年的预测　（单位：%）

各因素的贡献率	1978～2011 年	2012～2025 年
固定资本存量增长的贡献率	-2.3	14.2
固定资产投资增长的贡献率	91.6	36.9
科技进步的贡献率	5.1	34.8
人力资本增长的贡献率	8.0	11.0
劳动力增长的贡献率	0.7	2.1
制度创新的贡献率	1.0	6.0
经济环境外部性影响率	-4.1	-4.9

对河南省经济增长起较大推动作用的因素是固定资产投资和 R&D 投入，说明河南省经济增长的类型为投资拉动型经济，而固定资产投资的贡献率比科技投入的贡献率要高得多，说明目前河南省经济增长方式依然是投资拉动的粗放

型增长模式，要避免地区之间盲目攀比，将片面增加固定资产投资作为经济增长的主要手段，否则会大大加重能源和环境问题。从河南省固定资产投资现状可以看出，1995～2012年设备投资占固定资产投资的平均份额为30%左右，而与中国外的亚洲其他国家相比，如韩国与新加坡的份额都超过了50%，中国香港地区和台湾地区也都超过了40%。河南省要实行追赶式发展，行之有效的方法是加大对生产设备投资的力度，因此，在全面建设小康社会的过程中，加大投资结构调整力度，增加设备投资的力度，保持合理的投资规模，优化投资结构，对于经济实力和技术水平的提高有特别重要的意义。同时，应注重提高固定资产的投资质量和效率，要达到质量和效益相协调，切实把投资投到经济社会发展的薄弱环节。从长远来看，要想实现河南省经济持续稳定高效发展，就必须依靠技术进步的力量，因此必须通过增加科技投入，增加企业R&D支出，尤其要加大对高新技术产业领域的R&D投资力度，提高自主创新能力，将新的技术投入到生产活动中，提高产业竞争力，将目前这种依靠大量资本投入的粗放型经济增长方式转变为投资与创新双驱动的新的增长方式、依靠技术进步的集约型经济增长方式，为经济的持续稳定发展提供持久动力，从而推动河南省经济持续、健康、稳定发展。

人口增长过快对经济增长起着一定的阻滞作用，河南省很大一部分经济增长成果都被过量的新增人口消耗了，这是符合河南省省情的，因此要继续保持低水平合理的人口增长率，努力提高人均受教育年限，利用河南省人口数量优势，优先发展教育、进一步开发人力资本，提高人力资本质量，加速完成从人口大省向人才强省的转变。促进就业，通过完善人才交流市场，通畅就业渠道，千方百计增加就业岗位，着重解决过量人口的就业和发展问题，从而增加人力资本对河南省经济增长的贡献。

此外，河南省是农业大省、人口大省，农村人口比重较大，政府应加大对农村、农业和农民的支持力度。同时，鼓励城市支持农村发展，努力推动城乡一体化发展，推进新型城镇化进程。一般来说，城镇化速度的加快对固定资产的带动作用非常大，河南省每增加1个城镇人口，便可使固定资产投资额增加至少10万元（罗勤礼，2007），因此应积极加快城镇化的步伐。

对于经济发展和技术进步相对落后的河南来说，加快技术进步的重点应该是追赶式科技发展，是跟随式创新（模仿）而不是领先式创新。政府在经济的宏观调控上，应尽量减少政府干预，更多地利用市场机制，鼓励企业积极引进国内外先进技术，能够节约研发成本，降低沉没成本。对先进技术进行消化吸收、反向学习，再进行创新，或者通过技术转让、知识产权许可等获得已有先进技术进行模仿和学习。积极鼓励企业进行研发创新，创造良好的创新环境，实行结构调整以发展更多以技术为基础的产业。可通过加大对技术引进、改造、消化吸收和购买国内先进技术的投资，进行创新引进，加快河南省技术进步。在引进和应用技术的同时，对已有的先进技术进行跟随式创新，进而更好地应用到实际的生产当中。应该多利用引进国内外先进技术来取得技术创新，但是，并不意味着就要放弃自主研发。应积极引进技术、以引进技术带动自主开发、模仿创新，形成河南省独特的技术进步发展道路。

争取到 2020 年，河南省经济能够保持健康稳定快速发展，实现经济发展达到全国平均水平，大大提高科技进步对河南省经济发展的贡献率，河南经济在全国的经济地位大大提升。

第五节　固定资产投资与科技进步的互动关系

一、河南省固定资产投资与科技进步互动的现状分析

2012 年，河南省固定资产投资持续增长，且增速较快，投资规模也得到了有效扩大。1995～2012 年，河南省固定资产投资增长速度总体上高于地区生产总值的增长速度，固定资产投资的平均增长速度为 22.0％，而地区生产总值的平均增长速度为 15.8％。可以看出，固定资产投资对河南省经济持续快速发展起到了重要的推动作用，如图 1-6 所示。

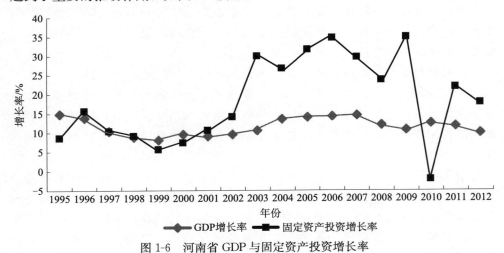

图 1-6　河南省 GDP 与固定资产投资增长率

从河南省固定资产投资的结构来看，如图 1-7 所示，在 2003 年，设备投资占固定资产投资的份额约为 20％，建筑投资约为 65％，二者的比例接近 1：3。

2012 年，设备投资占固定资本投资的比例约为 29%，建筑安装工程投资约为 60%，整个样本区间两者的比例约为 1∶2。说明设备投资和建筑投资相对于固定资产投资的份额变化不大。

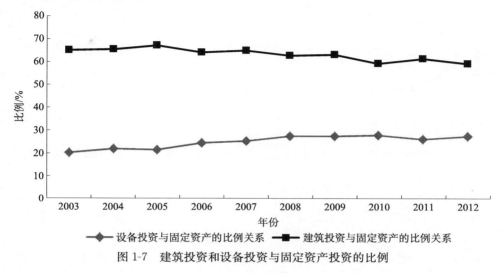

图 1-7　建筑投资和设备投资与固定资产投资的比例

以上数据同时也表明，建筑投资在河南省固定资产投资中占主要地位，2003～2012 年保持在 60%～70% 的比例，说明河南省拥有较强的投资能力，且企业在投资中更加注重扩大生产规模，投资结构的变化较小。在固定资产投资活动中，建筑投资（房地产开发投资）是一种消费性投资，而非生产经营性投资，不属于资本深化，所以建筑投资中包含的技术进步很少，因此本章认为建筑投资带动的多是外生经济增长而不是内生经济增长。因此，要保持河南省经济的持续较快增长，必须调整固定资产的投资结构，加大对融合有最新技术的设备的投资力度，注重效率资本的积累。

从图 1-8 可以看出，1995～2011 年河南省 R&D 投入占 GDP 的份额总体呈上升趋势，从 1995 年的 0.3% 上升到 2011 年的 0.70%，这说明河南省在不断加大科技进步投资力度，平均值为 0.54%，低于全国平均水平（1.14%），只相当于全国平均水平的一半。1995 年全国平均水平为 0.57%，2011 年为 1.84%。而世界上四个主要发达国家：美国、法国、日本和英国的 R&D 支出占 GDP 的 2%～3%。美国多年来生产率的提高，很大程度上源于信息技术的重大突破并在美国经济中的扩散和应用。大部分的技术进步出自成功的应用开发和推广，基础研究本身并不能带来技术进步，但成功的应用研发最终取决于基础研究。河南省资金力量有限，特别是对高科技的投入较少，高科技产业发展也比较慢，因此，应大幅增加科技投入，加快技术进步，使河南省经济长期保持增长势头。

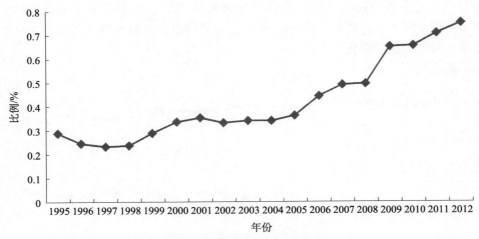

图 1-8 河南省 R&D 投入占 GDP 的比例

图 1-9 表示的是河南省设备投资与 GDP 的比值和设备投资与固定资产投资的比值。可以看出，设备投资同 GDP 的比值在 2003～2012 年总体保持上升趋势，上升幅度较大，这说明河南省 GDP 中对设备资本的投资在增加。同样，设备资本的积累的份额也在增加，2010～2012 年河南省设备投资额约占 GDP 的 18%。此外，我们可以看到，随着设备资本投资的逐年增加，设备资本/GDP 呈现上升趋势，说明设备投资的增加在某种程度上能够促进经济增长。

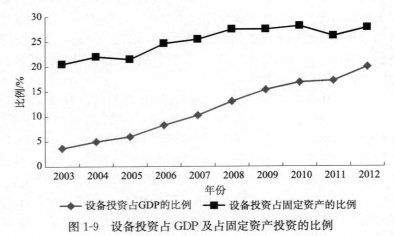

图 1-9 设备投资占 GDP 及占固定资产投资的比例

对于河南省经济发展而言，固定资产投资的推动作用是十分显著的，资本深化起了基础性的作用，但融合在设备资本中的技术进步的作用也非常重要。要保持河南省经济的持续性增长，必须调整固定资产的投资结构，注重资本积累的质量和效率，增加对拥有先进技术的生产设备的投资，这样不但可以提高生产效率，也可以合理高效地利用有限资源。

二、互动关系模型的建立

新增长理论把技术进步过程内生化，本章所涉及的体现型技术进步同样建立在内生的基础上，这与 Aghion 和 Howitt、Grossmna 和 Helpmna 的关于产品质量改进的模型有一定的类似性（刘毅群，2005），但本章更强调的是体现型技术进步，即通过设备资本投资（购买设备、工器具），将技术进步融合于生产设备中，对河南省实际经济增长所产生的影响。一般情况下，生产企业投入资本，包括对建筑工程的投资和设备工器具的投资，建筑工程的投资包括对新建和改造厂房、办公楼等各种设施和建筑物的投资，与设备资本相比，建筑资本所包含的技术进步比较少，但是仍然融合有技术进步，因此为便于本章的研究，本章假设固定资产投资中均含有体现型技术进步。假设固定资产投资、技术引进、技术消化吸收、技术改造和购买国内外先进技术变量之间的关系模型为

$$JG_t = a_{26}D_t(YJ_{t-2} + XS_t + GM_t) + a_{27} \qquad (1-25)$$

其中，JG_t 代表技术改造，D_t 代表固定资产投资，YJ_{t-2} 代表技术引进，XS_t 代表技术消化吸收，GM_t 代表购买国内外先进技术。具体数据见表 1-12。

表 1-12　模型数据（2000 年价格）　　　　　（单位：亿元）

年份	技术改造	固定资产投资	技术引进（超前 2 年）	技术消化吸收	购买国内外先进技术
2000	32	1 040	8	1	0
2001	35	1 300	13	1	1
2002	44	1 483	6	1	1
2003	47	1 928	7	1	3
2004	51	2 441	10	2	3
2005	79	3 216	9	1	2
2006	88	4 331	11	7	2
2007	108	5 616	6	5	4
2008	107	6 943	1	4	7
2009	115	9 376	4	4	8
2010	94	9 182	3	2	3
2011	107	11 189	3	2	5
2012	110	12 196	4	3	6

经回归分析得出方程：$JG_t = 0.000\,513D_t(YJ_{t-2} + XS_t + GM_t) + 31.6$

$$(1-26)$$

对所建立的模型进行检验，结果如表 1-13 所示。

表 1-13　模型参数及检验结果

被解释变量：JG_t

模型估计方法：最小二乘法

样本范围：2001～2011 年

有效观察值的个数：11（调整后的端点）

6 次迭代收敛后

解释变量	系数	标准误	t 统计量	概率
D_t（$YJ_{t-2} + XS_t$ $+GM_t$）	0.000 513	0.004 4	11.671 94	0
C	31.578 74	4.487 097	7.037 676	0.000 1
AR（1）	−0.605 79	0.313 625	−1.931 56	0.089 5
样本决定系数	0.868 15	因变量的均值		79.572 01
调整后的样本决定系数	0.835 187	因变量的标准差		29.740 7
回归标准差	12.073 88	赤池信息量（AIC）		8.046 967
残差平方和	1 166.228	施瓦茨信息量（SC）		8.155 483
对数似然比	−41.258 3	F 检验的统计量		26.337 42
DW 统计量	2.119 593	模型显著性的概率值		0.000 302
特征根	−0.61			

在表 1-13 中，$R^2 = 0.868$，表示模型和样本之间的拟合度很好，该模型能很好地代表样本观测值的趋势。调整后的 $R^2 = 0.835$，说明自变量的解释能力很强；系数在 0.05 置信水平上检验显著，自变量通过了 t 检验；同样，回归模型通过了 F 检验，说明变量之间有显著的线性关系。DW＝2.12，表明随机误差项之间不存在自相关性。

固定资产投资与科技进步（研发投入、技术引进、技术消化吸收、技术改造和购买国内外先进技术）能够相互促进，详见图 1-10。

以生产企业为例，如图 1-10 所示，固定资产投资对科技进步的促进作用体现在两方面：一方面，企业通过对先进生产设备（购置新机器）、生产规模（建造新的厂房）的投资，扩大企业的经济效益，企业利润的增加使得企业有足够的资金去更新改造旧设备，通过技术改造、技术引进、技术消化吸收和购买国内外先进技术等，进而能够提高技术水平、带动科技进步；另一方面，固定资产投资能够带动经济的增长，GDP 的增加在一定程度上能够加大科学研究部门的研发支出，提高自主研发水平，企业投入研发，技术进步就会加快。对引进、运用的国内外新技术进行创新和模仿，开发新产品、新工艺，从而加快技术进步的速度。从企业整个生产过程来看，生产企业不断地对设备进行投资，可以

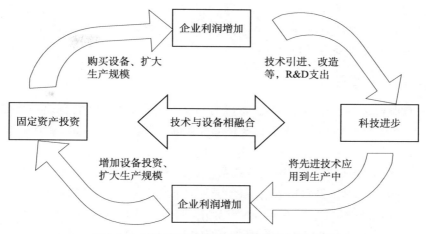

图 1-10　固定资产投资与科技进步的互动关系

实现经济的持续性增长，生产企业的利润增加，会增加生产研发人员的研发成本和技术引进的成本，进而能够带动企业的技术进步，同时设备投资本身包含有技术进步，即本章所说的体现型技术进步。反过来，科技进步对一个地区的经济发展有巨大的乘数效应，科技进步使生产技术不断更新，新的技术融合到新的设备中，从而能够提高生产的自动化和专业化程度，提高生产要素的产出水平，增加收益，因此企业往往会选择投资拥有先进技术的生产设备来扩大投入产出比。在一个均衡的经济增长系统中，R&D投入、技术扩散（技术改造、技术引进、技术消化吸收和购买国内外先进技术等）、固定资产投资和经济增长之间可以形成一个良性循环，最终促进经济的增长。

三、河南省科技进步的影响因素分析

技术进步和设备投资相结合共同促进经济增长，体现型技术进步对经济增长的提升作用显著，那么究竟是什么因素决定河南省体现型技术进步的发展？体现型技术进步依附于资本特别是设备投资过程，根据本章的分析，固定资产投资中对设备工具器投资所含有的技术进步主要通过设备投资质量变化来刻画，表示依附在新增设备资本投资过程中的技术进步，进一步考察内生要素对体现型技术进步的影响。依据近年来许多学者对前沿技术进步的研究成果，我们确定体现型技术进步的主要决定因素为：技术设备引进、外商直接投资、自主研发和人力资本投资。董直庆和王林辉（2010）认为中国的体现型技术进步的发展取决于进口设备和外商直接投资增长，而自主研发对体现型技术进步的作用非常小，而且人力资本的作用存在一定的滞后性。本章主要研究固定资产投资与科技进步之间的关系，而人力资本质量的提高对于体现型技术进步的作用存在时滞，为此本章主要考察与资本相融合的技术进步发展如何取决于自主研发、技术设备引进和外商直接投资等的作用的。

1. 研究者的创新

本章假定体现型技术进步是通过有目的的研究和开发来实现的，即通过R&D 经费投入和发明专利来努力实现的。琼斯（Jones，1995b）建立的框架为

$$\overline{A}_t = \mu R_t^w A_t^\theta \qquad (1\text{-}27)$$

其中，$\overline{A}_t$ 是在时点 t 产生的发明专利数量，R_t 表示总体经济在时点 t 所花费的 R&D 资金量（R&D 经费投入），μR_t^w 是服从泊松过程的创新实现率，μ 是一个常量，$\mu > 0$，$0 < \theta < 1$，A_t 是到 t 时点为止已有的发明专利，发明专利数量的多少直接影响设备资本投资质量的提高，即体现型技术进步。式（1-27）中，因变量体现型技术进步增长是内生变量，增长率受到自变量 R&D 投入和已有的发明专利数量的影响，即

$$\frac{\overline{A}_t}{A_t} = \mu \frac{R_t^w}{A_t} q_1 \qquad (1\text{-}28)$$

在时间为 t 时，设备工器具投资 q_t 的质量与发明专利总数 A_t 的关系式为

$$q_1 = A_t^\theta \qquad (1\text{-}29)$$

从式（1-29）中可以看出，设备质量提高的幅度与专利数的增长率相关，发明专利数增长越快，则生产设备质量的提高速度越快，技术进步的速度自然也会加快。同时，由式（1-28）可以看出，设备质量的提高与 R&D 投入 R_t 之间也存在很大关系。

对于科学研究部门而言，体现型技术进步与其投入的研发支出直接相关，而且存在一定的技术溢出。例如，研发人员的研究成果包含有一定的技术进步，可以增大社会总的科技知识量，反过来，知识总量的增加又会带动研究者本人及其他研发人员的创新活动，刺激他们的创新意识。总之，知识总量的增加将更有利于研究者进行新的创新活动。

借鉴琼斯（Jones，1995b）建立的框架，可以建立新产品开发经费与科技活动人员数量、政府研发经费、国内专利授权量的关系模型

$$\text{NEW}_t = a_{22} P_t^{\alpha_1} ZF_t^{\alpha_2} N_t^{\alpha_3} P_{t-1}^{\alpha_4} \qquad (1\text{-}30)$$

其中，NEW_t 表示新产品开发经费，N_t 表示科技活动人员数量，ZF_t 表示政府研发经费，P_t 表示 t 时期的国内专利授权量，P_{t-1} 表示 $t-1$ 时期的国内专利授权量。

对式（1-30）进行回归分析，得出模型

$$\text{NEW}_t = P_t^{0.692} ZF_t^{0.65} N_t^{-0.65} P_{t-1}^{0.346} \qquad (1\text{-}31)$$

回归分析结果如表 1-14 所示。

表 1-14 模型参数及检验结果

被解释变量：$\lg NEW_t$

模型估计方法：最小二乘法

样本范围：1992～2011 年

有效观察值的个数：20（调整后的端点）

解释变量	系数	标准误	t 统计量	概率
$\lg ZF_t/N_t$	0.649 497	0.034 073	19.062 06	0
$\lg P_{t-1}P_t^2$	0.346 343	0.012 28	28.203 67	0
样本决定系数	0.973 931	因变量的均值		2.880 702
调整后的样本决定系数	0.972 483	因变量的标准差		1.142 909
回归标准差	0.189 59	赤池信息量（AIC）		−0.393 27
残差平方和	0.647	施瓦茨信息量（SC）		−0.293 69
对数似然比	5.932 649	DW 统计量		1.224 367

在表 1-14 中，$R^2 = 0.974$，表示模型和样本之间的拟合度很好，该模型能很好地代表样本观测值的趋势。调整后的 $R^2 = 0.972$，说明自变量的解释能力很强；系数在 0.05 置信水平上检验显著，自变量通过了 t 检验；同样，回归模型通过了 F 检验，说明变量之间有显著的线性关系。DW＝1.22，表明随机误差项之间已不存在自相关性。

在样本回归分析中，科技活动人员数量的弹性系数为−0.65，说明河南省科技人员的增加并不带来每年新产品开发经费的增加。在另一个影响变量中，专利的弹性系数为 0.692，说明专利总量的增长对新产品开发经费增长率有正的影响效应。

2. 技术引进

引进先进生产设备是企业提高生产力、实现技术升级和转型的重要途径，创新引进和购买国内先进技术对河南省经济增长的影响体现在两个方面。

对于生产企业而言，引进和购买国内先进技术能实现生产设备质量的提高，以国内先进设备替代落后设备，来大大提高企业的生产设备的效率，进而增加企业的产出，扩大经济效益。假定 I_t 是购买省内设备的投资，$\bar{I}_t$ 是引进和购买国内先进技术和生产设备的投资，那么，当年投资的有效资本如下：

$$q^{\ln A(t)} I_t + q^{\ln A^*(t)} I_t^* = (1 + q^{\ln A^*(t) - \ln A(t)} \eta_t) q^{\ln A(t)} I_t \cdot I = q^{\ln A_t} I_t + q^{\ln A_t} \bar{I}_t$$

$$(1-32)$$

假设 w 是引进和购买国内先进设备投资与本省设备投资的比例，则上式可

写成

$$I = q^{\ln A_t} I_t + q^{\ln A_t} I_t w = I_t(q^{\ln A_t} + q^{\ln A_t} w) = I_t q^{\ln A_t}(1 + w\, q^{\ln A_t - \ln A_t}) \quad (1\text{-}33)$$

$q^{\ln A_t}$、$q^{\ln A_t}$分别表示本省设备和国内先进设备的质量阶梯，通常情况下，$\ln \grave{A}_t >$ $\ln A_t$，二者之差反映本省技术和国内前沿技术的差距。因此我们可以看出，增加对引进和购买国内先进设备的投资或增加其比例，能够提高河南省的技术进步水平，从而使科技更好地带动经济的发展，促进最终经济产出的增长。此外，生产企业通过对现有的生产设施进行技术改造，采用先进适用的新技术、新工艺、新材料等对现有设施、生产工艺条件进行更新和改造，改善原来的物质技术条件，从而提高产品的质量和企业的产出水平。

对于研发部门而言，购买国内先进设备，并对其进行消化吸收、模仿创新，能够大大提高河南省的技术水平。此外，通过接触在国内乃至国际研究中积累起来的巨大的前沿知识库、新发明和新专利，利用现有的新知识、新技术，将其引进之后可以进行再创新，这样河南省的创新速率和创新水平将迅速加快和提高。通过引进前沿技术实现技术升级，在较长时间内还将是河南省技术进步的主要路径。

3. 外商直接投资

姚树洁等（2006）通过对 1979～2003 年中国技术进步的实证研究，指出在总的技术进步中，外商直接投资的贡献率高达 30%，东部地区外商直接投资所引起的技术进步年增长率高达 4%，中部地区则不足 2%。

对于一个经济相对落后的地区和国家来说，外商直接投资对当地的技术进步的影响是非常显著的。外商直接投资能够带来先进的技术、产品及工艺，本地的科技研究部门可以对其研究、学习、借鉴和模仿，进而提高本地的研发能力和效率。

2012 年，河南省外商直接投资额为 121.18 亿美元，比上年增长 20.2%，2006～2012 年，年平均增长速度达到 38.7%，增长速度较快。郑州航空港综合试验区的建设，加快了郑州走向世界的步伐，同时也会带动国际资金流和信息流在河南省汇集，在积极推进招商引资的过程中，外商直接投资的企业将越来越多，同时也会带来国际上的先进技术，这样将对河南省体现型技术进步产生很大影响。

从表 1-15 和图 1-11 中可以看出，河南、湖北、山东、江西、安徽和上海六个省市中，河南省固定资产投资中外商直接投资所占份额最低，平均份额为 0.93%，远低于全国平均水平 2.9%，说明河南省利用外资能力比较低，且积极有效地利用外资的观念有待进一步加强，在外商投资的质量和规模上有待提高。外商直接投资能够弥补河南省生产要素的不足，跨国公司带来新技术、新知识和先进适用的管理经验，促进科学技术创新和推广，本地企业可通过"看中学"
向外资企业学习，同时也能加强本地科研部门的创新意识，从而带动河南省的
科技进步，促进经济增长。

表 1-15　外商直接投资占固定资产投资的份额 　　　　（单位：%）

年份	河南	湖北	山东	江西	安徽	上海	全国
2003	1.56	3.35	4.61	5.73	1.72	7.72	4.43
2004	1.72	3.26	4.25	5.30	1.61	6.58	4.41
2005	1.45	2.66	4.46	4.29	4.87	5.61	4.21
2006	1.23	1.94	4.20	3.48	1.59	5.49	3.64
2007	0.93	1.78	3.77	3.09	1.73	4.79	3.40
2008	0.87	0.87	3.23	3.16	1.42	4.57	2.90
2009	0.38	0.83	2.51	2.42	0.99	2.65	1.85
2010	0.27	1.39	2.15	1.93	0.91	3.70	1.65
2011	0.56	1.46	1.59	1.80	0.77	2.33	1.46
2012	0.36	0.82	1.21	0.76	0.67	2.36	1.09

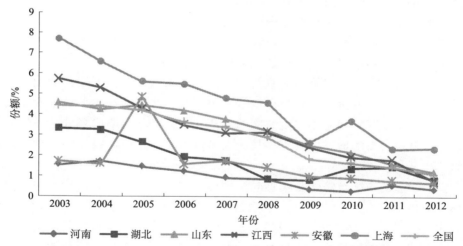

图 1-11　各省（自治区、直辖市）及全国固定资产投资中外商直接投资所占份额

外商直接投资能够带动河南省的科技创新和技术进步，因此应加大河南省
贸易开放、金融开放程度，积极发展中小型企业、引进外商直接投资及强调与
创新相关的活动等。积极吸收和利用国外先进技术，本地企业通过模仿和学习
外资企业的技术、产品和生产工艺，可以大大降低开发成本，减少开发风险，
获得更高的经济效益。但是，从长远来看，外商直接投资也会带来负面影响，
会在一定程度上抑制当地企业的自主研发能力。因此，在加大引进外商直接投

资力度的同时，政府应制定合理的外商投资政策，避免出现对外资过度依赖的现象。

此外，还有一些学者分析了其他因素，如人力资本、教育、社会文化等对科技进步的影响，以及收入分配、劳动力就业、制度等因素对科技进步的影响。罗润东（2004）论证了就业和技术进步之间的相互影响；陈利华和杨宏进（2005）则研究了多个因素对科技进步的影响，并认为应该加强教育投入，努力建设学习型社会，加强人力资本的积累。

第六节　本章小结

本章关于经济增长的共协理论的主要观点可以概括为如下几个方面。

（1）关于经济增长因素的选择，应当按照某种理论依据或标准来恰当选择。影响经济增长的直接因素不仅包括固定资本存量、固定资产投资、人力资本、劳动力、科技，还包括制度和经济环境外部性。

（2）科技、人力资本与固定资产投资具有共协关系，这种共协关系是经济系统中的共协利益的基础。劳动者和投资者的协作是建立在知识流动和知识共享基础上的，包括知识内生、外溢、内化、外化的循环过程。

（3）经济系统的产出价值从收益主体的角度进行分解，不仅包括就业者的劳动报酬、投资者的资本收益，还包括共协利益。共协利益在某种程度上是劳动者、投资者及其他利益相关者共同的、共享的而又不能明确划分给任何一方的利益，共协利益的形式取决于科技、人力资本与固定资产投资的互动关系的类型。

（4）建立的中国经济增长模型与中国经济增长事实相符。本章所建立的经济增长模型不仅通过了计量经济学检验，还与中国经济增长事实相符。1978～2012年，固定资本存量增长的贡献率为39.5%，固定资产投资增长的贡献率为27.7%，人力资本增长的贡献率为20.3%，劳动力增长对经济增长的贡献率为3.9%，科技进步的贡献率为22%，经济环境外部性影响率为－32.4%，这些测算结果是符合实际的。中国的改革开放作为渐进式的重大制度创新有力地促进了经济增长，制度创新的贡献率为23%，这一测算结果也证明了利用DEA方法测算要素配置效率，进而测算出制度创新贡献率的科学性。

劳动力、R&D投入及人力资本的边际收益率是递增的，但固定资产投资的边际收益率不断递减；而固定资本存量的边际收益率，1978～1990年是规模报酬递增的，1990年以来一直在13%左右波动，并没有出现规模报酬递减的情形，这成为中国 20 多年来吸引外资的有利条件，同时说明了共协理论的合理性。

（5）中国经济的第一次转型：从要素驱动型转向投资驱动型。1953～1976 年，中国经济属于依靠劳动者—积累物质资本型的要素驱动型增长方式。人力资本和劳动力增长对经济增长的贡献率分别达到了 42％和 23％，这两项合计为 65％，人的因素的增长成为第一推动力。固定资本存量增长的贡献率为 28％，固定资产投资增长的贡献率为 20％，而科技进步和制度创新的贡献率都为负值。

1978～2012 年中国经济转向了投资驱动型。固定资本存量增长的贡献率达到 39.5％，固定资产投资增长的贡献率为 27.7％，这两项合计为 67.2％；人力资本的贡献率为 20.3％、科技进步的贡献率为 22％，制度创新的贡献率为 23％，这三项创新因素的贡献率合计为 65.3％。

（6）中国经济的第二次转型：转向创新与投资双驱动型。本章利用所建立的经济增长模型和借鉴国内外学者的相关研究，预测 2015～2030 年，中国经济增长率的合理区间为 5.5％～7.5％。就 7％的经济增长率而言，科技进步和人力资本的贡献率分别为 34％和 19％，制度创新的贡献率为 10％，这三项创新因素的贡献率合计为 63％。而固定资本存量和固定资产投资的贡献率分别为 27％、19％，这两项资本因素的贡献率合计为 46％。因此，中国经济转向了创新与投资双驱动型的增长轨道。

（7）中国经济增长转向创新与投资双驱动。中国经济增长转向创新与投资双驱动，不仅必要，而且可能。关键在于通过全面深化改革，把政府的宏观调控和市场调节有机结合起来，强化中央政府在某些方面和某些领域的宏观调控和"计划指导"，把东部先进区域创新驱动与中西部区域投资驱动结合起来，充分运用金融、财政、货币等经济手段，加快创新型国家的建设，调整和优化投资结构，着力于促进固定资产投资与创新的结合和互动，解决传统产业投资过剩而战略性新兴产业和知识密集型服务业投资不足等问题，推动产业结构优化升级。

（8）目前河南处于典型的投资驱动阶段。河南省经济增长对投资的依赖程度非常高（1978～2011 年，固定资产投资增长的平均贡献率达到 91.6％），科技投入对河南省经济增长的平均贡献率（同期为 5.1％）远低于固定资产投资。这反映出河南省科技和固定资产投资的结合不够紧密，科技转化为生产力的水平依然很低，科技投入的贡献率还可以有一个较大的增长空间。

从河南省固定资产投资现状可以看出，1995～2012 年，设备投资占固定资产投资的平均份额为 30％左右，低于亚洲其他发达的国家和地区，如韩国与新加坡的份额都超过了 50％，中国香港地区和台湾地区也都超过了 40％。河南省加大投资结构调整力度，增加设备投资的力度，保持合理的投资规模，优化投资结构，对于经济实力和技术水平的提高有特别重要的意义。

（9）本章构建的技术改造模型表明，固定资产投资与科技进步（研究开发、技术引进、技术消化吸收、技术改造和购买国内外先进技术）能够相互促进，因此要把自主创新与投资结构优化调整结合起来。从固定资产投资的边际收益率的演化趋势看，"投资单边驱动"是不可持续的，中国应采取"创新驱动—投资互动"的经济转型战略：与创新驱动相结合，构建投资、科技等的新体制机制，调整投资结构、稳定投资增长率、提高投资收益率，以循序渐进的稳妥方式推动经济结构调整、优化、升级和发展方式的转型。

（10）本章构建的新产品开发经费模型表明，新产品开发经费规模的决定因素是科技活动人员（科技自身的推动因素）、政府研发经费（政府的推动作用）、国内专利授权量（技术市场竞争的推动作用）等。

要进一步解放思想、实事求是地深化改革，根据中国当前的国情及环境条件，决不能采用美国式的自由市场经济模式，而是选择有中国特色的社会主义市场经济模式，要把宏观调控和市场机制更好地结合起来。建议适当增强中央政府在容易产能过剩的传统产业（如房地产、钢铁等行业）充分发挥"计划调节"、行政手段和宏观调控的作用，推进传统产业的创新和改造，而在战略性新兴产业和第三产业则充分发挥市场机制的作用，同时强化政府的引导性信息发布、规划、预警和事中监控、事后奖惩力度；进一步理顺中央和地方收入划分，适度加强中央事权和支出责任，建议适当增加中央政府在总的财政收入和支出中的比例，基本保持目前中央财政收支与 GDP 的比例，同时适当减少地方政府财政收支与 GDP 的比例，并使总的政府财政收支占 GDP 的比例有所下降，即实行减税政策，并增强中央政府的宏观调控能力，推进创新驱动、经济结构性改革和转型升级。

第二章　城镇化等"四化"对创新驱动和经济增长的作用分析

21世纪是知识经济时代，各个国家的发展情况由于自身资源和对资源利用能力的不同而迥异。全球化是大势所趋，为了实现双赢，国家间的交流合作力度加大，促进了生产要素和资源的加速流动。大卫·李嘉图提出了比较优势理论，这可以提高各国的生产力，促进世界经济稳步、高速增长。各国本身的经济基础和竞争能力存在较大差异，这就使各国发展存在不平衡。因此，各国都在不断提高自身创新能力，加大资金、资源的投入与运用能力，从而使自身立于世界竞争舞台的不败之地。

随着跨国公司的全球扩张和国家间合作的增强以及科学技术研究自身的发展，创新进入了一个全球化的新时代。跨国公司R&D全球化活动日益活跃，各大公司R&D投资量增长迅速。例如，Finisar公司作为光通信行业的领头羊，在中国、瑞典、美国、马来西亚、韩国都设有研发中心。各国也顺应全球化的趋势，积极开展国际研发合作，由政府给予财政支持。中国在金融危机后引领整个世界经济发展导向，也积极开展创新研究，逐步实现从投资驱动向创新驱动的角色转变。未来应不断加大我国对创新等新兴领域的投资力度，实现我国由投资驱动增长方式向创新驱动增长方式的转变。创新驱动型增长方式是大多数发达国家的主要增长方式。创新驱动将是我国未来经济发展的主要方式，结合"四化"的发展，将在创新驱动发展背景下为我国经济增长增添新的活力。我国应利用自身发展优势，不断提高国际竞争力。

本书所谓的"四化"，即工业化、信息化、城镇化和农业现代化。工业是一国发展的重要支柱，工业是国家发展的关键因素，世界上的经济强国都是工业强国，如德国。信息化，21世纪是信息化时代，信息化的高速发展对世界经济的发展起到了重要的推动作用，各国都不断加大信息投资力度，以求在世界舞台上拥有自己的立足之地。城镇化，随着大量农村人口向城市迁移，城市获得了较大程度的人力资源输入及基础设施投入，城镇化的发展反过来带动周围乡村的发展，成为各国发展的基础。农业现代化，农业是人类生存之本，也是国家发展的根本，农业是国家谋求经济持续增长与人民生活幸福的重中之重，各国也将在不断实现经济增长的同时，不断完善农业现代化发展，以确保发展的均衡与稳定。

第一节 "四化"与经济增长要素之间关系的理论分析

一、创新驱动

1. 创新的衡量

2014 年，康奈尔大学、英士国际商学院（INSEAD）和世界知识产权组织（WIPO）发布了全球创新指数（GII），这是结合了多种指标对全球各国的综合排名，包括创新环境和它们的创新产出。GII 运用 81 个指标分析了世界范围内 143 个国家及它们的创新能力和创新产出。从 2014 年全球创新指数的发展报告中可以看到，排名靠前的国家和地区主要包括瑞士、英国、瑞典、芬兰、荷兰、美国、新加坡、丹麦、卢森堡和中国香港。排名靠前的国家和地区都是发达国家和地区，经济发展水平较高。我国排名第 29，与发达国家相比具有较大差距，我国的创新能力还有很大的提升空间。

2. 创新的重要性

创新是使一个国家优先于其他国家发展并获得持久竞争力的先决因素，如果一个国家想要在世界舞台上永远立于不败之地，就必须不断创新。对于一个发展中的国家来说，创新是立足之根本；对于企业来说，创新也是企业获得长足发展的重要因素，纵观世界 500 强企业，它们都是创新型企业，把创新列为企业发展的首要因素。

在创新与全球化方面，Phillip Lebel（2008）的研究结果表明，创造性的创新在经济增长中具有积极的作用，经济的可持续发展需要技术创新，且这一成果在全球化进程中也起到了很大的促进作用。创新使新技术、新产品在全球范围内扩散，从而使全球在此过程中受益。因此，创新对世界范围内的各个国家而言都是至关重要的，它使率先实现创新的国家获得优于其他国家的优势，同时使创新成果在全球扩散。

3. 经济增长的创新驱动阶段

世界管理学大师迈克尔·波特认为"一个国家的竞争力与它的产业创新和升级的能力息息相关"（Porter，1990）。当一国处于生产要素驱动发展阶段时，国家经济发展主要依靠低廉的劳动力和国家所拥有的自然资源生产要素，主要依靠牺牲环境来获得经济发展,国家自身并没有对技术开发投入足够的人力、物力,主要通过模仿和引进等途径获得技术,凭借自身拥有的廉价劳动力,以获得产品的低价优势,从而获得暂时的竞争力。投资驱动发展阶段(大多数发展中国家都处于这一阶段),主要通过国家给予大量资金以获得经济增长的推动力,优先发展对国家经济增长有重大贡献的大型投资项目;通过外商直接投资、技术许可和模仿创新获得技术来进行下一步的生产。大量外商投资带来的快速经济发展,使产品成本得到进一步下降,从而获得成本的比较优势。创新驱动发展阶段,处于这一发展阶段的主要是发达国家,生产效率的提高成为驱动经济增长的主要动力,通过对国外先进技术的引进、吸收再创新等途径得到本国的自主研发技术,完成模仿创新向自主创新的转变,生产的创新产品具有比较竞争优势,从而在市场上具有很强的竞争力。科技创新成为各国争夺国际市场的重要支撑,也成为加快国家经济发展速度、提高国家经济发展质量、提升国家整体竞争实力的重要途径(李军军和周利梅,2012)。

二、创新驱动经济增长

创新主要从以下三个方面驱动经济增长,分别为:创新投入、创新中间产出和创新最终产出。下面主要从这三个方面对国内外学者关于创新驱动经济增长的主要研究进行梳理。

1. 创新投入

关于创新投入对一国经济增长的作用,学者们做了大量研究,创新投入是一国实现创新的基础,一国通过加强创新投入并结合自身资源,从而使其在激烈的竞争中立于不败之地。

D. T. Coe 和 E. Helpman(1995)发现,在 OECD 国家中,国内和国外研发资本存量对全要素生产率有重要作用。J. L. Furman 等(2002)发现研发投入的差异能够解释 OECD 国家创新能力 90% 的差异。Raghavan Parthasarthy 和 Jan Hammond(2002)认为创新投入包括就销售或 R&D 强度而言的研发支出。创新成果涉及创新频率或开发和销售新产品的数量。创新过程涉及组织机制中的整合层次:功能协调、工具安排及外部关系。Jian Min Tang(2006)认为创新投入是一种创新活动,是在现有产品基础上提供改良产品或者引入新的生产工艺。创新投入方面,Z. Griliches(1990)发现国内外研究者主要采用从事研发的科学家和工程师数量及 R&D 费用这两项指标。

关于创新投入与经济增长之间的关系问题,世界范围内研究技术创新的学者普遍认为包括 R&D 在内的创新投入会促进经济增长。E. Mansfield(1968)、

F. M. Scherer（1965）和 J. Schmookler（1966）分析了创新投入（R&D 费用，从事研发的科学家和工程师数量）。K. B. Clark 和 T. Fujimoto（1991）认为较高的创新投入将提高科学和技术能力，在此过程中涌现了不少专有技术。这些技术通过增量细化细分，并可以成功地开发出新产品。E. Mansfield（1968）和 Schmookler（1966）通过对 R&D 投入和创新频率的关系的研究，普遍发现创新投入促进重要的技术产品的产生。

创新投入包括对国家创新体系所投入的物质资本和科技人力资源以及相关的政策支持，它反映了一个国家提供的直接支持，从而不断提高一国的整体创新能力（国家创新能力评价研究课题组，2009）。物质资本主要指国家在研发支出方面的资金投入。龚六堂和严成樑（2014）认为，我国应增加 R&D 投资，同时加大对基础研究的投入力度，为处于过渡阶段的我国提供资金支持，推进我国步入创新驱动发展阶段。科技人力资源作为知识拥有者，是开展创新活动的人力基础，是创新投入不可缺少的衡量指标。赵兰香（2011）认为实现我国由投资驱动向创新驱动的转型发展，人才起到非常关键的作用。高锡荣等（2014）认为人力资本是我国实现自主创新增长的难以取代的驱动力量，这种效应可以一直延续至 7 年以后。国家政策是实现一切持续发展的重要保障，可以调节与配置资源以得到更加合理的利用，并且可以作为行为主体用来调节与实施创新行为的意志表现。Furman 和 R. Hayes（2004）指出，伴随着创新经费投资和人力资本投资的不断增加与累积，促进创新的政策和创新基础设施得到不同程度的不断发展，这成为创新能力表现的决定性因素。Edward J. Malecki（1997）发现创新、创业、经济运作的政策是必要的，并且需要灵活性，以应对全球经济的不断变化，从而在特定的产品市场和技术领域拥有持久的竞争力。

我国要想实现创新驱动经济增长，应不断提高创新投入强度，即加大对 R&D 和科技人力资源的投入力度，同时还要有相应的政策支撑以保障创新活动的顺利进行。

2. 创新中间产出

创新产出数量方面，追溯到 20 世纪 50～60 年代，Griliches（1990）发现经济学者们主要用 R&D 这一创新投入指标来近似表示创新产出，但自 20 世纪 70 年代以来，由于专利数据的易于获得，专利普遍用于衡量创新产出水平。

早在 20 世纪 60 年代，Schmookler、Scherer 利用专利来分析创新的投入产出数量关系，80 年代后 Pavitt、Z. J. Acs 等也做了相关研究。专利作为衡量创新的主要指标，由于不是所有发明都可以获得专利，发明与申请专利之间也并不是必然的关系，而且考虑到技术保密并不是所有创新成果都会申请专利，不同领域的专利的背后价值不同，因此它们的经济利益也相差较多。虽然存在一些问题，有些涉及技术保密的行业不倾向于申请专利，如核工业这种涉及技术保密和国家机密的产业，企业和国家都不倾向于申请专利，但是专利也是衡量它们创新的一个途径。因此有学者在研究核工业全产业链创新中运用专利作为创新的近似衡量（赵帅和姜照华，2013）。Griliches（1990）和 Acs 等（2002）认为专利仍然可作为衡量创新的主要指标，因为国家知识产权局的数据容易获取并且与创新的关系较为密切，而且多年来专利标准相对统一、客观、变化迟缓，所以专利仍然是衡量创新活动的相对有说服力的指标。

对专利的保护并不能直接导致经济增长，反而抑制了竞争，相反应该引入竞争机制，以促进企业从事创新活动，通过对研发活动的激励来促进创新，这样可以有效加速科技进步，间接刺激经济增长。T. O'Donoghue 和 J. Zweimuller（2004）研究发现要素资源在各产业间的配置会受到专利的影响，影响各产业对创新的重视程度，从而影响研发投入在内生经济增长结构中的作用，进而影响经济增长。Schneider 通过实证研究 47 个发达和发展中国家 20 年的面板数据，指出知识产权影响创新效率，进而间接影响经济增长，这一结论在发达国家的表现效果比发展中国家更显著（曾昭法和聂亚菲，2008）。

中国的专利制度尽管发展滞后，但一直保持快速发展。中国专利法在 1985 年 4 月 1 日开始生效。法律主要授予三种专利：发明、实用和外观设计专利。发明专利需要最高程度的新颖性和创造性，相对申请难度较大，受 20 年保护；实用和外观设计专利要求的创造性水平较低，受保护年限只有 10 年，符合全球使用标准；实用和外观设计专利一般包括多个增量创新，不受新颖性和创造性的审核（Chen and Funke，2012）。

3. 创新最终产出

Tang（2006）认为创新产出是对创新投入的结果，包括产品产出和过程产出。最终产出，可以认为是创新投入市场后所得到的应用绩效。一个国家在国际市场上转化创新成果的能力，体现一个国家的国际竞争力，反映一个国家对资源的有效利用效率，也能反映一个国家的专业化程度。在全球化和知识经济的背景下，新技术的研发与商业化可以使一国获得优先于其他国家的发展优势，所以对国家的竞争力至关重要。创新的最终产出用于对其他各个业务部门的投资，所以创新最终产出就将投资和创新之间的关系紧密地联系起来。

自 18 世纪 60 年代英国工业革命开始，创新和投资已经在资本主义的动态经济中被解释为关键因素。古典经济学认为，创新通过固定资产投资嵌入新机器中，是实现经济发展的必要过程。Jerry Courvisanos 和 B. Verspagen（2002）建立了历史上创新和投资之间的理论联系。创新与投资的关系，主要表现在投资刺激创新，同时创新又刺激了新的投资这一循环中。从新古典主义的角度来看，投资研究忽视了创新尤其是技术创新的作用。新古典主义文献主要是从 A. K. Dixit 和 R. S. Pindyck（1994）对投资行为的开创性研究工作开始的，其中的不确定性是可计算的，而资本存量是同质的，意味着没有创新的作用。在总体水平上，在新的经济增长模型中技术变革的内生性仍然很微妙。

创新和投资的因果次序是由 N. Kaldor（1961）和 Schmookler（1966）提出的，投资速率决定创新速率。这为创新驱动增长模式的产生提供了重要的解释。卡莱茨基也认识到了这种次序，尽管已经确定了创新驱动的过程。P. A. Geroski 和 C. F. Walters（1995）的实证研究发现需求问题是支持自主创新的关键。创新过程并不是单向的因果关系，一个创新过程转向另一个创新过程，进而实现创新过程的转换。Kaldor（1966）引入了累积的因果关系，认为投资需求主导了创新过程（Courvisanos，2007）。

三、"四化"与经济增长的关系

"四化"与经济增长的关系是本章研究的重点。"四化"究竟如何促进经济增长，对经济增长起到什么作用？国内外学者也对"四化"对经济增长的影响做了很多有建设性的研究。以下将分别展开阐述。

1. 工业化与经济增长的关系

工业是一个国家发展的支柱产业，如工业大国德国，工业强国一般都是经济强国，所以工业化是国家竞争力的有力体现。

工业和信息化部原部长李毅中等（2013）认为我国走新型工业化道路是未来的发展趋势，这需要靠创新驱动和改革开放，在此过程中不断增强我国发展的活力和动力。在工业转型方面，钟荣丙（2014）认为自主创新是工业经济转型升级的第一驱动力，他提出提高工业经济转型升级速度和质量的关键是全面提升自主创新能力。王红和刘红梅（2014）认为大连市正处于全面深化改革的重要时期，应把握发展时机，利用诸多积极向好的经济因素，积极利用自身优势，同时依靠科技创新驱动实现对产业结构的调整和转型升级，实现大连市的工业转型。工业是一国经济发展的重要推动力，由于英国首先在历史上实现了工业革命，所以它引领了整个世界的工业化浪潮，也带领了周围欧洲经济的崛起，可见工业化与经济发展存在着千丝万缕的联系。

2. 信息化与经济增长的关系

信息化的衡量指标具体指人均信息化投资，人均信息化投资越高说明国家整体信息普及程度高，人们可以更方便快捷地通过信息化渠道获得资讯。

Alessandra Colecchia 和 Paul Schreyer（2002）比较了信息及通信技术（ICT）在澳大利亚、加拿大、芬兰、法国、德国、意大利、日本、英国和美国这些国家的资本积累对产出增长的影响。过去的 20 年来，因国家发展程度而异，信息化使每年经济增长 0.2～0.5 个百分点。在 20 世纪 90 年代后半期，这方面的贡献上升到每年 0.3～0.9 个百分点。Malecki（1997）探讨了经济增长和技术发展变化的影响。

3. 城镇化与经济增长的关系

城镇化是指城镇人口占总人口的比重，城镇人口作为提供劳动力的重要来源，对经济增长起到积极的促进作用。

Vernon Henderson（2003）认为城镇化对法国和日本的经济与工业发展有重要的促进作用，这也是城市成为工业化进程中的根本力量的原因。Eaton 和 Zvi Eckstein（1997）研究了城镇化在经济增长中的重要作用，城镇化的不断深入对经济增长有显著的影响。同时，城镇化又受到国家政策和制度的影响与限制。

我国学者对城镇化也存在不少研究，王兰英和杨帆（2014）提出将科技创新融入城镇化，提出环保与绿色发展的思路，积极节约资源环境，走环保低碳的绿色城镇化发展之路，在突破我国城镇发展道路上的瓶颈的基础上，实现城镇化的战略转型，从而使我国在城镇化发展上取得新突破，为我国未来城镇化发展提供借鉴。辜胜阻和刘江日（2012）认为城镇化必须从"投资驱动"向"创新驱动"转变，实现从外延式的重数量扩张转向内涵式的重质量发展。创新驱动背景下的城镇化发展方式，需要推动城市产业结构调整升级，实现新型城镇化与工业化的协同发展，从而与农业现代化和信息化相融合；发展智慧城市，实现农业现代化、城镇化、工业化和信息化的深度融合，从而实现"四化"联动带动经济增长。

4. 农业现代化与经济增长的关系

农业是一国发展的基础与支柱产业。第一产业增加值占第一产业就业人数的比例也可以作为一个国家或地区农业现代化的衡量指标。农业是一国经济发展的基础与支柱产业，所以一国经济要想保持长期稳定发展，必须首先发展好农业。

Kiminori Matsuyama（1992）认为在经济增长中，两部门内生增长模型中应研究农业生产力的作用。Bruce F. Johnston 和 John W. Mellor（1961）考察农业和工业发展之间的相互关系，在分析其互动关系的基础上，进一步分析了农业在经济增长过程中的作用，发现农业的贡献在经济增长的早期阶段较为显著，并提出工业和农业的均衡发展对于欠发达国家和地区而言较难实现。彭志强（2011）提出屈原式农业发展格局，农业现代化与新型城镇化和新型工业化与信息化的四化同步协同发展。创新驱动，首先发展农业创新，农业是基础，主要包括改革农村落后的发展体制和转变农业发展方式摒弃落后的农业发展方式，其中机制的创新是发展方式转变的保障。

5. "四化"同步的发展方式

"四化"同步的发展方式，主要是指"四化"联动，即农业现代化、城镇化、工业化和信息化相辅相成，协同发展。以农业现代化为基础，工业化和城镇化同步发展并与信息化相融合，实施"四化"同步的创新驱动发展方式。"四化"对一国的发展起到很重要的作用，我国应在创新驱动增长方式的基础上，将"四化"紧密联系起来，为我国不断步入创新型国家行列提供重要的支撑与借鉴。我国的经济发展必然要求农业现代化、城镇化、工业化、信息化四个方面同步、协调发展，否则，经济发展就会不平衡、不可持续，并容易引发不同程度上的一些难以控制的社会问题（梁蒙，2012）。"四化"同步，通过创新驱动，并促进"四化"彼此在互动中实现同步、在互动中实现协调，这才有利于促进社会生产力的高速发展（孙敬水，2010）。因此，在创新驱动背景下，"四化"同步是未来促进我国经济增长的长期驱动力。

第二节　"四化"与经济增长要素之间的关系模型

本章主要是对河南省进行实证研究，建立模型，并运用 Eviews 6 对模型结果进行检验，以研究"四化"在经济增长中所起到的作用，对创新驱动和地区生产总值的拉动作用。

一、"四化"与经济增长要素之间的关系

如图 2-1 所示，本章的主要研究内容为，首先建立工业化、信息化、城镇化和农业现代化与教育、就业、固定资产投资和科技进步关系模型，再结合经济

增长模型，通过教育、就业、固定资产投资和科技进步的"中介作用"，建立工业化、城镇化、信息化和农业现代化与经济增长之间的关系模型。在模型组的基础上，重点分析城镇化对 GDP 的拉动作用。

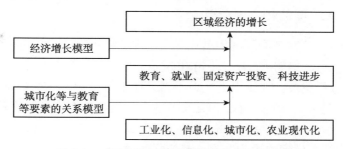

图 2-1   "四化"与经济增长要素之间的关系

二、模型指标及数据来源

1. 模型中指标说明

模型中所用数据的详细说明如下。

（1）地区生产总值 Y：一般作为衡量经济产出的指标，以 2000 年不变价格衡量。

（2）创新投入 S：用研发经费投入度量，以 2000 年不变价格衡量。

（3）就业者人均受教育年限 h：度量单位为年。

（4）工业化率 IND：用第三产业增加值占 GDP 比重度量。

（5）信息化率 INF：每百人中拥有计算机数量。

（6）城镇化率 URB：城镇人口占总人口的比重。

（7）农业现代化率 AGR：用第一产业增加值与第一产业就业人数的比例度量。

（8）固定资产投资 D：以 2000 年不变价格衡量。

（9）就业人数 L：按三次产业分类的就业人数的总和。

（10）常住人口总数 P：包括常住的流动人口。

（11）固定资本存量 K：以 2000 年不变价格衡量。

（12）实际利用外资和金融机构贷款余额之和 V：以 2000 年不变价格衡量。

2. 数据来源

数据来源是《河南统计年鉴》《河南科技统计年鉴》《中国科技统计年鉴》与河南省国民经济和社会发展统计公报。

三、"四化"对经济增长的促进作用

1. 城镇化对增加就业者受教育年限的作用

利用 2000～2012 年我国河南就业者人均受教育年限（h_t）、滞后两年相关数据即 1998～2010 年常住人口城镇化率（URB_{t-2}）等"四化"数据，运用 Eviews 软件进行建模。在建模中发现，当只使用城镇化率作为解释变量时，才能通过模型的检验，因此构建城镇化与就业者人均受教育年限的关系模型如下：

$$h_t = 7.083\ 356 + 0.059\ 627URB_{t-2} \tag{2-1}$$

表 2-1 为整个模型的检验结果。整个模型估计 $R^2 = 0.99$，说明模型的拟合优度比较高，城镇化在很大程度上与就业者人均受教育年限有紧密的联系。DW 统计量约等于 2.64，大于 2，概率值为 0.000，说明该模型通过了检验。通过将实际值代入模型求出的人均受教育年限值 h 的估计值与实际值对比，求出误差平均值在可接受范围之内，所以模型整体通过了显著性检验。

表 2-1 河南省模型检验结果

解释变量	系数	标准误	t 统计量	概率
C	7.083 356	0.545 084	12.994 97	0
URB_{t-2}	0.059 627	0.013 653	4.367 445	0.002 4
AR（1）	0.686 051	0.254 402	2.696 718	0.027 2
样本决定系数	0.991 684	因变量的均值		8.963 636
调整后的样本决定系数	0.989 604	因变量的标准差		0.385 416
回归标准差	0.039 296	赤池信息量（AIC）		−3.408 36
残差平方和	0.012 354	施瓦茨信息量（SC）		−3.299 85
对数似然比	21.746	特征根		0.69
F 检验的统计量	476.975 3	DW 统计量		2.636 928
模型显著性的概率值	0.000 000			

2. "四化"对增加就业的作用

采用 2000～2012 年河南省的就业人数 L_t、"四化"相关数据滞后两年即 1998～2010 年工业化率 IND_{t-2}、信息化率 INF_{t-2}、常住人口城镇化率 URB_{t-2} 的数据（根据格兰杰因果关系检验方法，发现就长期关系（3期）而言，常住人口城镇化、信息化、工业化的联合作用是影响就业的主要因素），建立如下模型：

$$L_t = 5\ 388.918 + 995.8\ 864URB_{t-2} \times INF_{t-2} / IND_{t-2} \tag{2-2}$$

如表 2-2 所示，模型的拟合优度约为 0.94，接近 1，概率值为 0，通过了检验，河南省模型计算出的估计值与实际值之间的误差在可接受范围之内，模型整体通过了检验。

表 2-2 河南省模型检验结果

解释变量	系数	标准误	t 统计量	概率
C	5 388.918	42.692 77	126.225 5	0
$URB_{t-2} \times INF_{t-2}/IND_{t-2}$	995.886 4	76.410 66	13.033 34	0
样本决定系数	0.944 404	因变量的均值		5 873.167
调整后的样本决定系数	0.938 844	因变量的标准差		294.567 4
回归标准差	72.845 72	赤池信息量（AIC）		11.565 58
残差平方和	53 064.99	施瓦茨信息量（SC）		11.646 39
对数似然比	−67.393 46	DW 统计量		0.976 19
F 检验的统计量	169.868 1	模型显著性的概率值		0.000 000

3. 城镇化对增加固定资产投资的作用

城镇化使人口和产业集聚，需要基础设施、房地产及工业设备等固定资产投资 D_t，而固定资产投资则需要通过金融市场融资和外商直接投资来实现。根据格兰杰因果关系检验方法，发现就长期关系（3 期）而言，常住人口城镇化、金融市场融资和外商直接投资的联合作用是影响固定资产投资的主要因素，因而通过回归分析建立如下固定资产投资模型：

$$D_t = 0.0276 URB_{t-2} \cdot V_{t-2} \tag{2-3}$$

如表 2-3 所示，河南省模型的拟合优度约为 0.97，概率值为 0，通过了检验，DW 值为 1.28，大于 1，误差在可接受范围之内，模型通过了检验。

表 2-3 河南省模型检验结果

解释变量	系数	标准误	t 统计量	概率
$URB_{t-2} \cdot V_{t-2}$	0.027 607	0.003 440	8.025 032	0
AR（1）	0.834 498	0.216 334	3.857 444	0.000 1
样本决定系数	0.969 609	因变量的均值		8 410.196
调整后的样本决定系数	0.966 232	因变量的标准差		5 693.67
回归标准差	1 046.269	赤池信息量（AIC）		16.906 81
残差平方和	9 852 115	施瓦茨信息量（SC）		16.979 16
对数似然比	−90.987 5	DW 统计量		1.280 451
特征根	0.83			

4. 城镇化对科技进步的促进作用

采用 1998～2010 年河南省研发投入 S_{t-2}、常住人口城镇化率 URB_{t-2} 等数据。根据格兰杰因果关系检验方法，发现就长期关系（3 期）而言，常住人口城镇化等"四化"、金融市场融资和外商直接投资的联合作用是影响研发投入的主要因素，因而建立如下模型：

$$S_{t-2} = 0.005\,368V_{t-2} + 0.093\,177URB_{t-2} \cdot IND_{t-2} \cdot INF_{t-2} \cdot AGR_{t-2} \quad (2\text{-}4)$$

如表 2-4 所示，我们得出整个模型的检验结果，$R^2 = 0.96$，拟合程度接近 1，概率值为 0.000，说明该模型通过了检验。将模型计算出的参数代入原始数据，并结合研发投入 S_{t-2} 的实际值作以比较，得出河南省的误差在可接受范围内，我们认为模型整体通过了检验。

表 2-4　河南省模型检验结果

解释变量	系数	标准误	t 统计量	概率
V_{t-2}	0.005 368	0.000 964	5.570 859	0.000 2
$URB_{t-2} \cdot INF_{t-2} \cdot IND_{t-2} \cdot AGR_{t-2}$	0.093 177	0.012 22	7.624 7590	0.000 1
样本决定系数	0.963 201	因变量的均值		85.948 1
调整后的样本决定系数	0.959 856	因变量的标准差		64.342 64
回归标准差	12.891 64	赤池信息量（AIC）		8.091 674
残差平方和	1 828.139	施瓦茨信息量（SC）		8.178 589
对数似然比	−50.595 88	DW 统计量		0.866 752
模型显著性的概率值	0.000 000			

5. "四化"对地区生产总值的拉动作用

地区生产总值模型为

$$Y_t = (h_tL_t \cdot L_t)^{0.383}(S_{t-2}D_t/L_t)^{0.274} + 0.093K_{t-1} \quad (2\text{-}5)$$
$$+ 341.8S_{t-2}D_tL_t/K_{t-1}^2 + 2.936D_th_r/S_{t-2}$$

由模型（2-1）～（2-4）和模型（2-5）组成下列模型组：

$$\begin{cases} h_t = 7.083\,356 + 0.059\,627URB_{t-2} \\ L_t = 5\,388.918 + 995.886\,4URB_{t-2} \cdot INF_{t-2}/IND_{t-2} \\ D_t = 0.027\,5URB_{t-2} \cdot V_{t-2} \\ S_{t-2} = 0.005\,368V_{t-2} + 0.093\,177URB_{t-2} \cdot IND_{t-2} \cdot \\ \qquad INF_{t-2} \cdot AGR_{t-2} \\ Y_t = (h_tL_t \cdot L_t)^{0.382}(S_{t-2}D_t/L_t)^{0.283} + 0.115\,776K_{t-1} + 295.1409 \\ \qquad S_{t-2}D_tL_{t-1}/K_{t-1}^2 + 2.710\,283D_th_t/S_{t-2} \end{cases} \quad (2\text{-}6)$$

分别求 Y_t 对 h_t、L_t、D_t 的偏导数，再分别求 h_t、L_t、D_t 对城镇化率 URB_{t-2} 的偏导；求 Y_t 对 S_{t-2} 的偏导后，由于 S_{t-2} 中仍然包含 h_t 和 L_t 的式子，需要首先将 h_t 和 L_t 代入 S_{t-2}，再求 S_{t-2} 对 URB_{t-2} 的偏导。分别测算出城镇化对就业、教育、投资和科技的拉动，进而求出就业、教育、投资和科技对 GDP 的拉动作用，其次求出城镇化对 GDP 总的拉动作用；结合河南省的城镇化增长率求出河南省城镇化对 GDP 实际拉动作用，最后求出城镇化实际拉动的 GDP 增长率占 GDP 总增长率的比例。在测算过程中本章测算了河南省 2001～2012 年的城镇化对 GDP 的拉动作用（滞后一年）。

河南省城镇化率提高 1 个百分点拉动就业、教育、投资和科技从而拉动 GDP 的增长率如表 2-5 所示，进一步求出四项之和即城镇化率提高 1 个百分点对 GDP 总的拉动作用，与城镇化率的提高（后一年城镇化率－上一年城镇化率）相乘求出城镇化的实际拉动，最后求出实际拉动的 GDP 增长率与 GDP 总的增长率的比例。

表 2-5　河南省城镇化对 GDP 的拉动作用

年份	城镇化率提高1个百分点拉动就业从而拉动GDP的增长率	城镇化率提高1个百分点拉动教育从而拉动GDP的增长率	城镇化率提高1个百分点拉动投资从而拉动GDP的增长率	城镇化率提高1个百分点拉动科技从而拉动GDP的增长率	城镇化率提高1个百分点总的拉动作用	城镇化的实际拉动＝城镇化率的提高×总的拉动	实际拉动的GDP增长率与GDP总的增长率的比例
2002	0.0029	0.0007	0.0557	0.0015	0.061	0.085	0.895
2003	0.0029	0.0008	0.0492	0.0015	0.054	0.076	0.713
2004	0.0029	0.0010	0.0406	0.0018	0.046	0.079	0.574
2005	0.0028	0.0010	0.0297	0.0019	0.035	0.062	0.436
2006	0.0025	0.0011	0.0240	0.0020	0.030	0.054	0.375
2007	0.0023	0.0011	0.0184	0.0020	0.024	0.045	0.305
2008	0.0024	0.0011	0.0139	0.0019	0.019	0.033	0.270
2009	0.0023	0.0013	0.0138	0.0019	0.019	0.032	0.293
2010	0.0021	0.0015	0.0133	0.0025	0.019	0.015	0.124
2011	0.0020	0.0017	0.0111	0.0026	0.017	0.036	0.303

本节主要利用河南省的数据，建立"四化"与经济增长的联系。主要建立以下几个模型：城镇化对增加就业者受教育年限的作用、"四化"对增加就业的作用、城镇化对增加固定资产投资的作用、城镇化对科技进步的促进作用和"四化"对地区生产总值的拉动作用，将"四化"与经济增长联系起来。数据主要包括 GDP（Y_t）、研发经费投入 S_{t-2}、人均受教育年限 h_t、工业化率 IND_{t-2}、信息化率 INF_{t-2}、城镇化率 URB_{t-2}、农业现代化率 AGR_{t-2}、固定资产投资 D_t、就业人数 L_t、固定资本存量 K_t、实际利用外资和金融机构贷款余额之和 V_{t-2}，涉及价格的全部换算为 2000 年不变价格。模型都通过了显著性检验，通过对估计值与实际值的比较，误差平均值在可接受范围内。通过对河南省 2002～2011 年的测算，城镇化率提高 1 个百分点拉动就业、教育、投资和科技四项之和从而拉动 GDP 的增长率的总的拉动平均值为 0.0326；城镇化的实际拉动平均值为 0.0517；实际拉动的 GDP 增长率与 GDP 总的增长率的比例平均值为 0.429。

城镇化对 GDP 的拉动作用较大，这为河南省未来智慧城市建设提供了重要的理论依据。2002 年城镇化总的拉动作用较大主要是由于投资的拉动作用较大，进而对 GDP 的总的带动作用较大。表 2-6 给出了城镇化等"四化"对河南经济增长的拉动作用，就 2002～2011 年平均而言，"四化"对河南地区 GDP 增长的拉动作用是平均每年 5.2 个百分点。

表 2-6　城镇化等对经济增长的拉动作用

年份	城镇化的拉动作用	信息化的拉动作用	工业化的拉动作用	农业现代化的拉动作用
2002	0.114	0.010	0.031	0.003
2003	0.101	0.009	0.082	−0.001
2004	0.104	0.007	−0.193	0.014
2005	0.081	0.001	0.000	0.009
2006	0.070	0.010	−0.181	0.007
2007	0.057	0.006	0.009	0.007
2008	0.041	0.001	0.000	0.013
2009	0.040	0.008	−0.141	0.005
2010	0.019	0.037	0.136	0.016
2011	0.045	0.028	−0.095	0.009
平均值	0.067	0.012	−0.035	0.008

第三节　"四化"与经济增长的国际比较与借鉴

一、若干国家创新驱动与经济增长的比较

创新对一个国家的经济发展起到至关重要的作用，创新可以促进经济增长，可以使一个国家在日益激烈的世界经济竞争中占有一席之地。无论是发达国家还是发展中国家，都有共同的发展趋势，就是不断提升国家自身的创新能力。

S. Kuznets（1962）指出，由于创新的难以量化，难以定量分析创新成为在经济增长中衡量技术变化所起的作用的最大障碍。衡量技术变化主要涉及三个方面：第一，创新投入，如研发投入、人力资本、政策环境；第二，中间产出，如发明专利的数量；第三，创新的最终产出。创新投入产出之间的关系如图 2-2 所示。

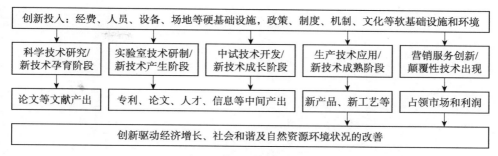

图 2-2　创新投入产出关系

如图 2-2 所示，国家创新能力与以下四个方面存在紧密的联系：物质资本、人力资本、政策环境；创新投入；专利与产业化；最终产出。以下对各个典型国家的分析旨在为河南省及其他省（自治区、直辖市）制定城镇化等"四化"的目标和策略提供借鉴。数据来源主要是世界银行数据库及 OECD 数据库。

1. 创新投入与成效

创新人力资源强度定义为研发人员数量占千位就业人员数量的比例，研发人员包括所有直接参与研发活动的人，即除研究者外的提供技术的相关人员和为企业提供支持服务的人员。创新人力资源强度也表现了国家对创新的参与情况。2012 年 OECD 国家及中国投入 R&D 的人力及资金如图 2-3 所示，可以同时看出各个国家从事研发人员的数量比例及国家对研发经费投入的强度情况。

如图 2-3 所示，2012 年创新人力资源强度投入最高的国家是芬兰，远远高于其他 34 个国家，其次分别是以色列、丹麦和冰岛。创新人力资源强度投入最低的国家是智利、墨西哥、中国、土耳其和波兰。我国仍然处于 35 个国家创新人力资源强度较低的国家行列，可以看出我国从事研发活动的人员数量仍然较少，说明创新人力资源强度低是制约我国经济发展的主要因素之一，我国应采取措施鼓励研发人员开展研发活动。从另一个角度看，由于我国人口基数本身比较大，所以本身从事研发人员的数量占人口的比重就降低了。与此同时，对于 R&D 经费投入（以 2005 年美元的不变价格衡量），可以看出 R&D 占 GDP 比重最大的国家是以色列，其次是韩国、芬兰、瑞典和日本。而 R&D 占 GDP 比重最小的国家是智利，其次是墨西哥、希腊、土耳其和斯洛伐克。我国 R&D 占 GDP 比重处于中间水平。如果不考虑 GDP 因素，单就 R&D 经费而言，R&D 经费投入最大的是全球第一大经济体美国，其次是中国和日本。我国尽管 R&D 经费投入大，但是占 GDP 的比重还是远远落后于发达国家以色列人力资源强度在 35 个国家中排第二，R&D 占 GDP 比重排第一，所以可以看出以色列是创新能力较强的国家之一。由这幅散点图可以清楚地看出我国人力资源强度

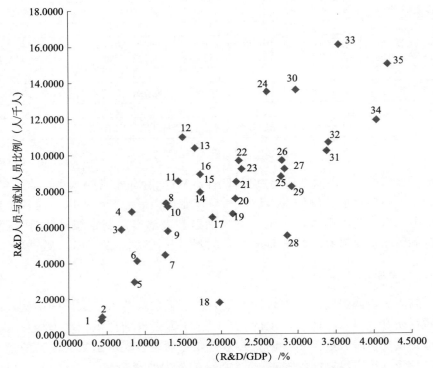

图 2-3　2012 年 OECD 国家及中国投入 R&D 的人力和资金

1. 智利；2. 墨西哥；3. 希腊；4. 斯洛伐克；5. 土耳其；6. 波兰；7. 意大利；8. 新西兰；9. 匈牙利；10. 西班牙；11. 卢森堡；12. 葡萄牙；13. 挪威；14. 英国；15. 爱尔兰；16. 加拿大；17. 捷克共和国；18. 中国；19. 荷兰；20. 爱沙尼亚；21. 澳大利亚；22. 比利时；23. 法国；24. 冰岛；25. 美国；26. 斯洛文尼亚；27. 奥地利；28. 瑞士；28. 德国；30. 丹麦；31. 日本；32. 瑞典；33. 芬兰；34. 韩国；35. 以色列

和 R&D 经费投入与世界主要经济发达国家的差距，为我国不断提高创新投入提供借鉴作用。

结合图 2-3 与各国科研实力水平可以把国家大致分为以下四类。第一，科技大国：美国、日本，德国。第二，重点科技投入型国家，代表国家为以色列、芬兰。这些国家由于自身人口与科技总量的限制，不可能对大量的科技项目进行投入，只能进行重点开发。第三，科技弱国：拉美国家与东欧国家。这些国家由于自身科技水平的限制，再加上人力资源的限制，也没有进行大量的科技投入，所以科技发展水平一般。第四，未来可能成为科技大国，或者像我国这样的发展中国家，正处于科技上升期的国家，典型代表是中国。

在后文中，由于所涉及的国家有 35 个，在图表表征上容易造成混淆，而且无法清楚地对比分析，在之后的画图与讨论中我们只讨论四个具有代表性的国家，分别为美国、芬兰、墨西哥和中国。

表 2-7 为美国、芬兰、墨西哥和中国 2000～2012 年的人均 GDP，是以 2005 年不变美元衡量的数值。

表 2-7　2000～2012 年美国、芬兰、墨西哥和中国的人均 GDP

（单位：美元）

国家	2000年	2001年	2002年	2003年	2004年	2005年	2006年	2007年	2008年	2009年	2010年	2011年	2012年
美国	40 965	40 946	41 289	42 078	43 274	44 314	45 059	45 431	44 873	43 234	43 952	44 439	45 336
芬兰	33 217	33 898	34 437	35 046	36 386	37 319	38 816	40 713	40 643	36 995	38 065	38 922	38 417
墨西哥	7 723	7 570	7 482	7 494	7 722	7 859	8 150	8 302	8 313	7 823	8 117	8 336	8 545
中国	1 122	1 207	1 308	1 429	1 565	1 731	1 940	2 204	2 403	2 611	2 869	3 121	3 348

GDP 可以近似衡量一国经济发展，但是考虑到我们研究的样本中四个国家人口基数的较大差异，所以这里采用 GDPP 即人均 GDP 作为经济发展的衡量指标。从表 2-7 中我们可以清楚地看出 2000～2012 年四个国家的经济发展总体来说都是向上的，但是在发展过程中有一些差异，在金融危机后，其他三国都经历了不同程度的发展停滞，而我国一直延续较为强势的增长实力。首先，我国基本是直线式发展的，2000 年以来我国不断加大各方面的投入力度，实现了我国经济的跨越式发展，未来我国将继续坚持稳健而持续的增长方式，以保持我国持久的增长趋势，变化区间为 1122～3348 美元。就墨西哥而言，它经历了两次经济衰退，其中较为严重的一次发生在 2002 年，而另一次发生在 2008 年前后，整体呈现较大形式的波动，变化区间为 7482～8545 美元。作为发达国家的芬兰和美国，其整体发展趋势较为接近，都经历了金融危机前后的经济短暂停滞，但是凭借自身强大的经济实力，不断从危机中恢复过来，并获得一定程度的经济回暖。但是美国未来的增长方式可能是直线式，而芬兰可能是波动式稳健发展。芬兰的变化区间为 33 217～40 713 美元，而美国的变化区间为 40 965～45 431 美元。整体上美国仍略高于同是发达国家的芬兰，同时远远高于发展中国家的墨西哥和我国。我国虽然 GDP 较高，但是 GDPP 远远落后于其他国家，随着我国的不断发展，这一差距有望一点点缩小。

R&D 强度，即 R&D 经费占 GDP 的比重，研发经费在 GDP 所占的份额表现出一个国家研发强度的大小、一国对研发的重视程度。研发经费由两部分组成：政府研发支出和企业研发支出。政府研发支出指地方或中央政府对国内外研发活动所提供的资金支持；企业研发支出指企业的研发投入，包括执行公司和机构在商业领域开展的研发活动的资金。研发经费占 GDP 的比重反映了一个国家对研发投入的支持力度，也反映了一个国家对创新的重视程度。

表 2-8　（2000～2011 年）美国、芬兰、墨西哥和中国的研发强度

（单位：%）

国家	2000年	2001年	2002年	2003年	2004年	2005年	2006年	2007年	2008年	2009年	2010年	2011年
美国	2.71	2.72	2.62	2.61	2.55	2.59	2.65	2.72	2.86	2.91	2.83	2.77
芬兰	3.35	3.32	3.36	3.44	3.45	3.48	3.48	3.47	3.7	3.94	3.9	3.48
墨西哥	0.37	0.39	0.44	0.4	0.4	0.41	0.38	0.37	0.41	0.44	0.48	0.46
中国	0.9	0.95	1.07	1.13	1.23	1.32	1.39	1.4	1.47	1.7	1.76	1.84

全球研发经费的增长在 2013 年步伐放缓，2013 年增速放缓主要是由于欧洲和美国经济的不稳定，反过来，影响整体经济增长。研发投入往往与 GDP 和经济前景密切相关。全球研发投入，在 2014 年经历了小幅增长，2015 年将会有一定程度的回落。中国和发达国家相比，研发投入仍处于较低水平，但是保持连续较大程度的增长，发达国家如德国、美国和日本基本保持程度不变的增长。有研究显示，许多发展中国家在经济发展初期，研发强度（R&D/GDP）方面一直保持在 0.5%～0.7%，后来由于经济迅速发展这一比例上升到 1.5%，随着经济增长的日益稳定，这一百分比达到 2%（赵立雨和师萍，2010）。中国"十二五"规划（2011～2015 年），2014 年研发投入经费占 GDP 的比重达到 1.95%，到 2015 年这一数值将达到 2.2%，我国将实现由制造经济向创新驱动经济的转型。

人力资源强度也是衡量一个国家创新投入的重要指标。表 2-9 所示为四个主要代表性国家每千位就业人口中研发人员数量，突出了这几个国家的人力资源投入力度，尽管世界银行统计数据时存在缺失，但还是可以基本比较这几个国家的人力资源投入情况。

表 2-9　美国、芬兰、墨西哥和中国每千位就业人口中研发人员数量

（单位：人）

国家	2000年	2001年	2002年	2003年	2004年	2005年	2006年	2007年	2008年	2009年	2010年
美国	9.3	9.5	9.7	10.2	9.8	9.6	9.6	9.5	—	—	—
芬兰	15.2	15.9	16.5	17.8	17.4	16.6	16.6	15.7	16.2	16.6	17.0
墨西哥	—	—	—	0.9	1.0	1.1	0.9	0.9	—	—	—
中国	1.0	1.0	1.1	1.2	1.2	1.5	1.6	1.9	2.1	1.5	1.6

注：—代表数据缺失

如图 2-4 所示，2000～2010 年四个主要代表性国家的创新人力资源强度，尽管存在一定程度上的数据缺失，但还是可以大体看出这四个国家的发展趋势，在此加以简要分析。首先，我国人力资源强度实现了大跨步发展，我国不断意识到人力资源是我国实现创新发展的关键，人力资源强度整体呈现直线式上升，

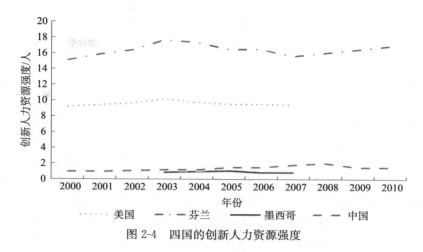

图 2-4　四国的创新人力资源强度

但在 2009 年出现小幅度下降,可能是由于随着我国人口数量的上升,人力资源强度表现出回落,整体变化范围为 1~2。墨西哥人力资源强度呈现折线式发展,最后趋于水平并维持在 0.9,且变化范围为 0.9~1.08。芬兰的整体趋势是向上式发展,但是经历了时间跨度较长的上升与下降,其峰值在 2003 年达到 18,变化范围为 15~18。美国人力资源强度呈现出折线式发展,同样在 2003 年达到峰值 10.2,变化范围为 9.3~10.2。综合这四国的人力资源强度,芬兰仍远远领先于其他三个国家,我国要想实现对西方发达国家的赶超,仍需很长时间,需不断提高人力资源投入强度,未来我国将更加注重人力资源强度的投入与培养力度,加强教育投入力度等。

2. 创新中间产出

创新中间产出,即过程产出。主要是通过研发行为产生的各种知识成果来衡量,但是涉及技术机密的显性知识,以及一些无法衡量的隐性知识都很难获得真实的数据,所以只能以专利作为创新中间产出的基本衡量。专利数量作为创新中间产出的近似衡量得到学术界的广泛认可。

Yasser 与 Frederick 2005 年的研究结果显示,专利强度(专利数占就业人员数量的比例)对知识存量的长期弹性为 1.436,充分说明了知识存量的重要性,而专利作为知识产权的重要组成部分是衡量一国知识存量最为重要的指标之一(国家创新能力评价研究课题组,2009)。专利强度定义为专利数占就业人数的比例,四个代表性国家专利强度的数据对比如表 2-10 所示,一定程度上反映了一个国家的创新中间产出的程度。

表 2-10 美国、芬兰、墨西哥和中国的专利强度

国家	2000 年	2001 年	2002 年	2003 年	2004 年	2005 年	2006 年	2007 年	2008 年
美国	0.000 228	0.000 224	0.000 225	0.000 238	0.000 254	0.000 273	0.000 281	0.000 268	0.000 24
芬兰	0.000 484	0.000 475	0.000 449	0.000 445	0.000 525	0.000 5	0.000 549	0.000 525	0.000 487
墨西哥	$1.64E-6$	$2.03E-6$	$2.07E-6$	$2.2E-6$	$2.49E-6$	$2.96E-6$	$3.08E-6$	$3.22E-6$	$3.29E-6$
中国	$1.69E-6$	$9.85E-7$	$1.42E-6$	$1.85E-6$	$2.55E-6$	$4.22E-6$	$5.74E-6$	$7.13E-6$	$7.62E-6$

我国专利强度同样实现了跨越式发展，随着我国对专利的重视程度不断提高，我国的专利强度也得到了较大程度的提高，变化范围为 $1.69 \times 10^{-6} \sim$ 7.62×10^{-5}。墨西哥在经历了几年的发展之后，最后呈现下降趋势，变化范围为 $1.64 \times 10^{-6} \sim 3.29 \times 10^{-6}$。这个拉美发展中国家，发展仍很落后，没有意识到专利强度的重要性。芬兰的专利强度变化趋势为曲线式发展，在 2006 年达到峰值 5.49×10^{-5}，变化范围为 $4.84 \times 10^{-5} \sim 5.49 \times 10^{-5}$。美国的专利强度变化趋势为波动式发展，同样在 2006 年达到峰值 2.81×10^{-4}，变化范围为 $2.28 \times 10^{-4} \sim 2.81 \times 10^{-4}$。芬兰的专利强度远高于其他三个国家，并且它的变化幅度也是这些国家中最小的。这也说明了芬兰作为技术大国对专利强度的重视程度。我国与发达国家的差距较大，未来我国应采取一定的措施以促进我国专利强度的发展，加大高新技术产业在整个行业中的比重。

3. 创新最终产出

创新最终产出，可以认为是创新投入市场后所得到的应用绩效。在全球化和知识经济的背景下，新技术的研发与商业化对国家的竞争力至关重要。创新最终产出表现为国家对各个部门的投资强度。

投资强度定义为投资资本占 GDP 的比重，四个具有代表性的国家的投资强度对比如表 2-11 所示，投资强度作为创新最终产出的近似衡量，一定程度上说明了这四个国家创新最终产出情况。

1980～2012 年四国的投资强度都呈现波动式发展。我国投资强度在 20 世纪 80 年代初，达到峰值 54%，随着我国的不断发展，GDP 得到不断增长，与此同时投资力度并没有同步增加，反而投资强度不断下降。到了 2000 年随着国家不断加大投资力度，我国投资强度得到稳步提升，未来可能稳定在 48% 左右，整个时间跨度的变化区间为 33%～54%。墨西哥的投资强度变化幅度较大，在 1993 年达到峰值 30%，并在 2011 年之后稳定在 24% 左右，整个时间跨度的变化区间为 20%～30%。芬兰的投资强度在经历了较大程度的变化后，在 1988 年达到峰值 30%，并且从 1994 年后经历小幅稳定增长，最后稳定在 20% 左右，整个时间跨度的变化区间为 17%～30%。美国的投资强度整体的变化都比较大，在 1984 年达到峰值 22%，经历 2009 年的低点之后获得小幅稳定增长，整个时间跨度的变化区间为 15%～22%。我国的投资强度高于其他三个国家，未来我

国需要继续保持高的投资强度，并且不断加大对创新人力资源强度和研发强度的投入，才能缩短与发达国家的差距。

表 2-11　美国、芬兰、墨西哥和中国的投资强度　　　　（单位：%）

国家	2000年	2001年	2002年	2003年	2004年	2005年	2006年	2007年	2008年	2009年	2010年	2011年	2012年
美国	20.9	19.3	18.7	18.7	19.8	20.3	20.6	19.6	18.1	14.7	15.5	15.5	16.2
芬兰	20.8	20.4	19.1	19.4	19.9	21.8	21.3	22.9	22.2	18.5	20.9	18.7
墨西哥	25.5	22.8	23.0	22.8	24.9	24.5	26.1	26.4	26.8	23.9	23.9	25.2	24.7
中国	37.9	41.2	43.3	42.1	43.0	41.7	44.0	48.2	48.2	47.6	46.9	37.9	41.2

表 2-11 为美国、芬兰、墨西哥和中国的投资强度，投资强度定义为投资资本占 GDP 的比重，反映一个国家的创新产出情况。

OECD 国家的投资强度基本比较接近，相对稳定在 15%～30%，中国在所有国家中投资强度最高，远远高于 OECD 国家，且保持强势增长势头，可见我国对投资强度的重视程度。随着我国不断向创新型国家转型，国家也对创新投资加大了力度。

投资资本占 GDP 的比重只能在一定程度上衡量创新产出，下面我们从应用绩效角度进一步分析创新产出，以高科技产品出口在全部制造业出口中的份额作为应用绩效衡量，对比这四个代表性国家的创新产出水平，详见表 2-12。高科技产品主要指以下几类产品：航天航空产品、计算机、电子设备、科学仪器、电子通信、化学制品、医药品及非电类机械和武器。此指标可以反映一个国家在日益激烈的国际市场上将研发投入转化为产出的能力，即转化为实际可量产新产品的能力，亦可体现一个国家的整体综合竞争力（国家创新能力评价研究课题组，2009）。

表 2-12　美国、芬兰、墨西哥和中国的高科技产品出口占全部制造业出口的份额
（单位：%）

国家	2000年	2001年	2002年	2003年	2004年	2005年	2006年	2007年	2008年	2009年	2010年	2011年	2012年
美国	33.79	32.59	31.76	30.82	30.28	29.90	30.06	27.22	25.92	21.49	19.93	18.09	17.83
芬兰	27.36	24.36	24.15	23.74	20.93	25.06	22.31	17.98	17.21	13.96	10.94	9.27	8.55
墨西哥	22.45	22.06	21.43	21.40	21.29	19.64	18.98	17.14	15.73	18.18	16.94	16.51	16.33
中国	18.98	20.96	23.67	27.38	30.06	30.51	30.51	25.57	27.53	27.51	25.81	26.27

2000～2012 年只有我国高科技产品出口占全部制造业出口的比例呈现波动式增长，而其他三个国家这一比例都表现为下降趋势。我国最高，其次是美国、芬兰，最后是墨西哥。美国由 2000 年的峰值 33.79%一路下降到 2012 年的最低点 17.83%，而芬兰同样在 2000 年达到峰值 27.36%，经历了较小范围的下降，到 2005 年这一比例上升了近 5 个百分点，2005 年之后这一比例一路下降到 2012 年的 8.55%。墨西哥 2000 年为 22.45%，之后 6 年呈下降趋势，随后经历一年的小幅上升又基本保持在 16%左右。我国发展情况与其他三个国家恰好相反，

由 2000 年的最低点 18.98%，5 年时间一路上升到 30.84%，经历小幅波动，到 2012 年稳定在 27% 左右。可见，我国创新产出水平近几年保持在较高水平，未来这一比率变动幅度不大，并将继续高于发达国家及其他发展中国家。

二、"四化"与经济增长的关系

1. 工业增加值比重与经济增长之间的关系

在世界银行数据库中，工业增加值比重指工业增加值占 GDP 的比例。由于我们讨论的 OECD 国家的人口基数差异较大，所以用 GDPP（人均 GDP）代替 GDP 作为经济增长的衡量指标。图 2-5 描述的是 OECD 国家及中国的工业增加值比重和经济增长（GDPP）之间的关系。

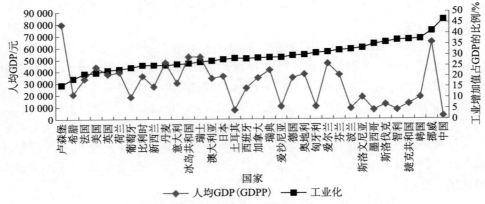

图 2-5 OECD 国家及中国的工业增加值比重与 GDPP 之间的关系

在图 2-5 中，GDPP 为 34 个国家（不含以色列）2000～2012 年的平均值，工业增加值比重定义为 34 个国家工业增加值占 GDP 的比例。大多数国家的工业增加值比重和经济增长之间不存在显著关系。一定程度上可能由于数据的时间跨度 13 年太短，数据有一定程度的偏差；还有可能一些国家的发展不是以工业为主导，如瑞士 GDPP 和工业化之间的联系不大，而像德国以工业为主导，工业增加值比重和经济增长的关系就较为紧密。

2. 信息化与经济增长之间的关系

信息化被定义为人均信息化投资，综合考虑到数据的可获得性，本章以平均每百人中上网人数作为信息化的近似替代。OECD 国家及中国的信息化与 GDPP 之间的关系如图 2-6 所示。

GDPP 为 35 个国家 2000～2012 年的平均值，信息化为 35 个国家每百人上

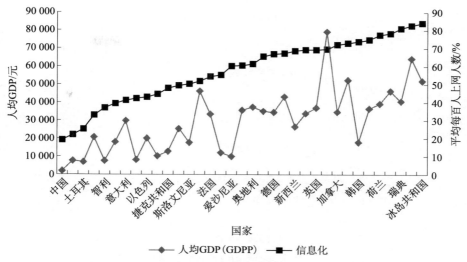

图 2-6　OECD 国家及中国的信息化与 GDPP 之间的关系

网人数 2000～2012 年的平均值。如图 2-6 所示，35 个国家的数据表明信息化和经济增长之间存在长期紧密的联系，并且信息化带动经济增长，此处可以大胆预测信息化对促进一国经济增长具有重要的推动作用。信息化与经济发展基本同步的是墨西哥、中国、土耳其等，并且这些国家的信息化率和 GDPP 都较低，这些都为发展中国家。同时，GDPP 和信息化率都较高的为以色列、挪威、瑞典等，这些国家都是发达国家。我国距离发达国家还有较大差距，未来我们可以做的还有很多。

3. 城镇化与经济增长之间的关系

城镇化定义为城镇人口占总人口的比例。随着全球经济的不断发展，农村人口不断向城市迁移，这为城市的发展提供了重要的人力资本，成为一国经济增长的重要保障。OECD 国家及中国的城镇化与 GDPP 之间的关系如图 2-7 所示。

GDPP 为 35 个国家 2000～2012 年的平均值，城镇化为 35 个国家城市人口占总人口的比例 2000～2012 年的平均值。如图 2-7 所示，35 个国家中一些国家的数据表明城镇化与经济增长之间存在较为紧密的关系，而另一些国家城镇化与经济增长的关系不是很显著。城镇化与 GDPP 都较低的国家为斯洛文尼亚、中国、斯洛伐克等，这些都是发展中国家。而城镇化与 GDPP 都较高的为比利时、爱尔兰和以色列等，这些国家都是发达国家。可以说，城镇化一定程度上影响经济增长，两者之间存在一定的联系。

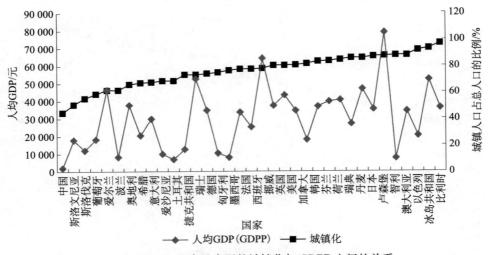

图 2-7　OECD 国家及中国的城镇化与 GDPP 之间的关系

4. 农业现代化与经济增长之间的关系

农业是一国发展的基础产业，需要首先保障农业的发展，并使其为其他产业服务。OECD 国家及中国的农业现代化与 GDPP 之间的关系如图 2-8 所示。

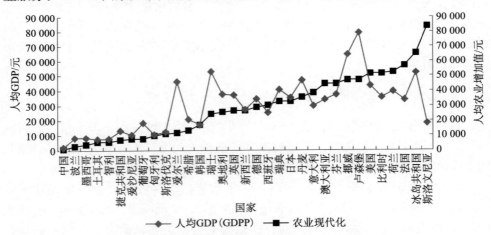

图 2-8　OECD 国家及中国的农业现代化与 GDPP 之间的关系

注：没有找到以色列和加拿大的农业现代化数据故为 33 个国家

这里农业现代化的衡量指标选取的是人均农业增加值。GDPP 为 33 个国家（不含以色列和加拿大）2000~2012 年的平均值，农业现代化为 33 个国家人均农业增加值 2000~2012 年的平均值。如图 2-8 所示，33 个国家中除个别国家外数据都表明农业现代化与经济增长之间存在较为紧密的联系。农业作为一国经济发展的支柱产业，与一国的经济发展关系密切。农业现代化和 GDPP 都较低的国家为中国、波兰和墨西哥等，它们都是发展中国家，而农业现代化和 GDPP 都较高的国家为斯洛文尼亚、冰岛和法国等，后两者都为发达国家。农业现代化是促进经济发展的重要因素之一。

第四节 "四化"同步促进创新驱动和经济增长的策略

一、加快新型工业化

工业是一个国家发展的支柱产业，工业强国一般都是经济强国，工业化是国家竞争力的有力体现。工业化的发展也是信息化与城镇化发展的重要保障，我国发展"四化"同步，工业化是重要的支撑产业。

首先，在创新驱动的背景下，不断实施"四化"同步战略，完善产业链整体，促进从产业链的中低端向高端的跨越与升级发展，这就需要我们不断提升自身创新实力。其次，不断深化对改革的投入力度，同时完善国家整体的宏观调控手段，建立起开放性的市场经济，充分发挥市场调控资源的基础性作用，发挥看不见的"手"的职能，以市场协调整个需求关系，为了使宏观调控的手段达到更好的效果需要更多的外在条件支持，市场、法律、经济、科技等都是宏观调控的有力支撑。同时，以扩大内需来稳定外需，内外交相呼应，以使发展更加均衡稳定。再次，我国发展的早期阶段由于资源等差异出现了发展不均衡的现象，未来我国的东中西部要协调均衡发展，东部发达地区离不开中西部的能源、资源和劳动力，西部可以从东部的发展中汲取新技术，因此，实现工业化是全国性的整体统一概念，是我国整体实现工业化。最后，我国预计到 2020 年基本实现工业化，这需要国家、企业的共同努力。企业不断提高自身创新能力，将自身发展强大，为我国实现工业化大发展奠定基础，进而工业化发展才能强盛（钟荣丙，2014）。我国已经具有一批具有自主知识产权且具有很强的研发实力的公司，并且这些公司具有国际影响力，如华为、海尔等。大企业应该带动一批中小企业的发展，从而完善产业链的整体发展。国家同时推出相应的政策法规，在保证企业权益的基础上，不断完善市场秩序，使竞争性市场保持有序健康稳定的发展，在此基础上保持我国经济持续增长。

此外，工业化的发展也离不开其他"三化"的发展与支持，"四化"同步，协同发展，并彼此互动，工业化要充分发挥在"四化"同步中的支撑作用，完善我国工业发展秩序，成为其他"三化"发展的保障与基础。

二、加快"互联网+"和信息化进程

21世纪是信息化时代，随着信息化逐渐走入千家万户，人们可以更容易地获得有关信息技术等方面的信息，这大大加快了人们对创新的理解，从而使更多的人加入到创新的行列中，从而不断提高我国的整体创新实力，在创新驱动背景下，促进我国经济发展。大力推动信息化产业发展，将工业化与信息化相融合，成为"四化"同步发展的有力保障，从而巩固工业化的支柱地位。加入信息元素的工业化不断推进新兴产业与传统产业相结合，赋予传统产业新的发展活力，未来将成为我国发展的新型现代工业，也将成为未来我国发展的主力军。

首先，要优化产业结构，突破现有产业层次以促进产业集聚，把我国优势产业不断做大做强。以信息产业为例，将信息产业的发展建立在优势与传统产业的基础之上，从而壮大信息产业的发展。在从新产品的开发、制造到生产的过程中不断加入先进技术，不断提高产品的科技含量，从而实现工业化和信息化的融合。鼓励企业与科研院所广泛合作，从而将信息服务业与传统产业相结合，加强技术交流与合作，提升企业核心竞争力。其次，提升创新能力，不断培育出新型科技企业，推进科技创新，提升企业的自主研发与创新能力，对创新型企业提供适当的资金与政策支持，增强企业的核心竞争力。最后，推进科技平台建设，为企业与创新成果之间建立桥梁，如科技成果孵化园，努力促进产学研成果转化为产品，为企业发展提供行业关键技术。加快高新园区建设，包括产业园区、大型写字间，为企业的办公提供更好的资源环境。加强高校与园区的交流互动，促进产学研的应用（缪承潮，2013）。

三、加快新型城镇化

随着全球经济的不断高速发展，农村人口不断向城市迁移，这为城市的发展提供了重要的人力资本，同时城市的不断发展也将带动周围乡镇的发展，成为一国经济增长的重要保障。在保持城市发展的前提下，促进城镇化与其他"三化"的融合，成为创新驱动发展的保障。从我国2001~2012年31省（自治区、直辖市）城镇化对GDP的拉动作用的测算中，城镇化对GDP的拉动作用较大，城镇化率提高1个百分点拉动就业、教育、投资和科技四项之和从而拉动GDP的增长率2.1个百分点。

1. 处理好城镇化与其他"三化"的关系

城镇化的发展对一个国家和地区的经济增长具有较大的推动作用，在与其他"三化"良性互动的同时，不断推进智慧城市建设进程。智慧城市是工业化和信息化与城镇化的深度融合，是城镇化发展的高级阶段，是信息化融入城镇化的高级表现形式，也是城市信息化的高级发展阶段的要求。城镇化的建设与发展是建立在坚实的工业化基础之上的，同时城镇化发展为工业化发展提供重要的人力资源及基础设施等重要资源。工业化的高速发展，为城镇化发展提供其所需的资金与就业，同时城镇化建设为工业化的跨步发展提供要素资源与基础设施，两者相辅相成，城镇化与工业化的协同发展，是经济持久健康发展的保障。在创新驱动的背景下，要求城镇化与工业化有机融合，促进我国产业结构调整与升级，合理分配资源，使之在不同产业间的流动，从而优化资源配置，以最少的资源投入获得最佳的效果（Matsuyama，1992）。充分发挥城镇化的优势，引导科技型企业向城镇迁移，同时建立起企业、高校联合的高新技术产业园区，从而形成相应的产业集群（如大连软件园的产业园区），整体建立起产业集群与周围高校（如大连理工大学、东北财经大学和大连东软信息学院）的联动。

2. 我国新型城镇化的发展对策

加快城镇化发展进程，改变城镇化滞后局面。OECD 共 35 个国家中，我国城镇化率处于最低水平，其次是斯洛文尼亚、斯洛伐克，这些国家同样都是发展中国家。而城镇化率较高的为比利时、爱尔兰和以色列，同时这些国家都是发达国家。我国的城镇化一定程度上影响了我国的经济增长。长期以来，我国城镇化发展一直相对滞后，与我国工业化发展出现了不均衡的局面，阻碍了我国工业化发展步伐。在我国工业化与信息化结合的大背景下，滞后的城镇化现状将无法满足目前的发展要求。因此，在新型工业化的趋势下，我国应不断加强城镇化建设，以满足日益高速发展的需求。只有这样，我国城镇化发展才能成为工业化发展的有力保障（任启平和董爽，2004）。不断推进城镇化建设，将会显著提高整体人均受教育程度。

采取多途径发展战略，促进农民工的城镇化进程。在城镇化的发展问题上，不断推进大城市的发展同时带动周围地区的协同发展。在当今世界经济一体化及全球化的情况下，发展大城市是当务之急。从中国的实际情况来看，我国的大型城市都为科技、经济、信息、文化中心，应充分发挥大型城市的辐射带动作用，带动周边小城市的发展，小城镇则可以一定程度上带动周边乡村的发展，从而带动城市和乡村的互动发展。这样做，不仅可以加快我国城镇化的发展步伐，同时还可以提高我国城镇化的发展质量，构建我国城市发展体系，提高我国城市的总体竞争力和总体发展能力（任启平和董爽，2004）。上海的发展就带动了周边无锡和昆山等城市的发展，形成有效的积极辐射作用，从而带动周边城市的整体发展。

发挥服务业的中介作用，促进工业化与城镇化协调发展。我国非农产业就业比重较低主要是由服务业发展滞后造成的，同时这也阻碍了工业化与城镇化的整体发展。服务业的发展将解决农村大量剩余劳动力向非农业部门转移，同时解决农村劳动力剩余与服务业对就业人员的需求问题。同时，第三产业比重的不断提高也是三次产业结构调整的关键，工业和农业的结构升级也依赖于市场中介的较快发展。当务之急，要大力加强服务业的发展，其不断发展壮大将会促进工业化与城镇化的同步协调发展（任启平和董爽，2004）。服务业的发展同时需要金融创新的支持。

顺应国际化发展趋势，推动智慧城市建设。随着全球经济社会信息的一体化，城市作为全球从事经济活动的载体，城镇化的发展不断融入信息化，未来信息化城市建设将是重点。人们可以更容易地获取最新资讯与信息，互联网及智能设备的大量普及，使全球信息共享，成为一个紧密整体。互联网颠覆了很多传统产业，同时带动了新的产业的发展，这使得城市与城市之间的距离越来越小，界限越来越不明显。网络购物的兴起对应传统零售业的衰落，从而使生产要素和资源可以得到有效配置，重新实现资源的有效调整。

四、加快农业现代化

农业现代化是"四化"的基础，在创新驱动增长的背景下，我国应不断巩固农业的基础地位，不断推动农业向新型农业转变。我国在所有 35 个国家中人均农业增加值是最低的，而人均农业增加值高的都为发达国家，其中以美国为代表。在创新驱动增长模式下，我国应不断发展与工业化和信息化相融合的新型农业，从而为我国农业发展注入新的活力。

1. 构建农业创新系统

J. Ekboir（2003）、A. Hall 和 N. Clark（2010）、D. J. Spielman 等（2009）认为农业的创新涉及不同维度的相互作用，如技术开发、体制变革、供应链重组、开拓市场和创造社会认可，人们已经注意到这几个维度的农业创新系统，其可以被视为复杂适应性系统。农业创新系统涉及农业技术的开发、扩散，还包括对技术的应用；不仅涉及科研院所等技术供给者，还包含创新接受者企业之间的相互作用。最大限度地发挥农业创新系统的功能不仅依赖自身的资源要素配置，还受到整个机制环境的影响（Klerkx et al.，2010）。农业创新系统需要对自身资源合理调配利用，同时稳定有序的竞争环境、有力的政策支持是农业创新系统发展的必要条件。

技术创新与商业模式创新和政策创新共同发展，进一步发挥政府在改革中的重要作用，调控资源与要素供给，完善科技创新的组织方式，从而促进科技资源得到进一步聚集。探索激励机制以促进科研要素配置和成果权益的分配，鼓励科研人员到企业发展，促进产学研的无缝衔接，促进创新成果向企业流动（闫傲霜，2014）。

2. 处理好农业现代化与其他"三化"之间的关系

现代农业具有高产出、高投入、高效益、可持续的特征，通过工业化和信息化的带动，农业企业开展标准化、规模化生产。按照国务院总理李克强的指示，用工业化的方式发展农业，加快推进农业新产品商业化应用和产业化开发，为农业现代化发展注入新的元素。把新型农业作为"四化"同步的基础，带动农民职业化和农村城镇化，提高农村就业人口的整体素质，满足新型农业现代化的发展要求（闫傲霜，2014）。

首先，要新型农业现代化与工业化和城镇化之间的关系。农业现代化是实现工业化和城镇化的根基，农业现代化使农业生产率不断得到提高，农村人口向城镇大量迁移，从而为工业化大发展提供重要的劳动力供给，提高了整体社会生活水平，改善了社会消费结构，为工业化和城镇化的进一步发展提供了支撑和保障，从而促进工业化与城镇化的发展；工业化则为农业现代化大规模生产提供支持，为农业现代化的实现提供物资和装备支持，而城镇化将大量的农村劳动力转移到城镇中去，为农业整体的规模经营、劳动者素质提高提供必要条件（闫傲霜，2014）。

其次，要农业现代化与信息化的关系。工业化、城镇化、农业现代化都与信息化息息相关，信息化是推动"三化"发展的有力武器。信息化加速知识、技术、信息的流动，促进要素资源的流动并实现相互间的融合，从而对农业现代化的发展起到重要作用（姜照华等，2014）。信息化网络可以为农业新产品在企业间建立起桥梁，使农业新品种开发、生产、应用都融入信息化，产业链上下游彼此合作，在此基础上农业现代化才能更好地发展。

五、促进"四化"同步

农业现代化是"四化"的基础，也是发展其他"三化"的重要支撑，同时工业化要发挥在"四化"中的支柱作用，工业化为农业现代化大规模生产提供支持，为农业现代化的实现提供物资和装备支持；城镇化发展提供重要的人力资源与基础设施，为劳动者素质的提高提供必要条件。工业化、城镇化、农业现代化都与信息化息息相关。在从新产品的开发、制造到生产的过程中不断加入先进技术，不断提高产品的科技含量，从而实现信息化与农业现代化、城镇化和信息化的融合。鼓励企业与科研院所广泛合作，从而将信息服务业与传统产业相结合，加强技术交流与合作，提升企业竞争力。在创新驱动背景下，"四化"同步，协同发展，并彼此互动。

第五节　本章小结

"四化"同步（"四化"联动），即农业化现代化、城镇化、工业化和信息化相辅相成、协同推进。以农业化现代化为基础，工业化和城镇化同步发展，并与信息化相融合，推动创新要素（科技、人力资本、高技术含量的固定资产投资）的快速发展，从而促进经济较快增长并转变发展方式。

本章首先建立"四化"与科技、人力资本、固定资产投资等的关系模型，并在第一章建立的河南经济增长模型的基础上，继而建立"四化"对河南经济增长的推动模型。测算表明，就平均而言，2002～2011年，城镇化对河南地区生产总值增长率的拉动作用是平均每年6.7个百分点；信息化对河南地区生产总值增长率的拉动作用是平均每年1.2个百分点；工业化（以第三产业增加值与地区生产总值的比例衡量）对河南地区生产总值增长率的拉动作用是平均每年-3.5个百分点；农业现代化（以农业劳动生产率衡量）对河南地区生产总值增长率的拉动作用是平均每年0.8个百分点。这样，总体而言，"四化"对河南地区生产总值增长率的拉动作用是平均每年5.2个百分点。而2002～2011年，河南地区生产总值增长率平均每年12.5%，这样"四化"推动的河南地区生产总值增长率（5.2个百分点）占河南地区生产总值增长率（12.5%）的41.6%。

对35个国家2000～2012年的平均值的研究表明，大多数国家的工业增加值比重（定义为35个国家工业增加值占GDP的比例）和经济增长（人均GDP）之间不存在显著关系；信息化（平均每百人中上网人数）和经济增长之间存在长期紧密的联系，并且信息化带动经济增长；一些国家城镇化与经济增长之间存在较为紧密的关系，而另一些国家城镇化与经济增长的关系不是很显著；农业现代化与经济增长之间存在较为紧密的联系。这一实证研究，在某种程度上证明了本章对"四化"对河南省经济增长的作用的测算是正确的，而且若干"四化"先进国家的经验也是可以借鉴的。

第二篇

创新驱动

第三章 知识生产函数及其贝叶斯分析

第一节 知识生产函数研究的现状

一、研究背景

改革开放以来，随着河南省经济的快速发展，河南省内与经济息息相关的科技文化等领域也得到了极大发展。但是，从目前来看，河南省的大多数企业技术创新能力不强，缺乏创新意识，只能通过对外国企业或者产品的模仿来获取利益，处于国际产业链的底部。在贸易保护主义势力逐渐抬头的当今社会，知识发展的快慢直接决定了一个区域，乃至一个国家发展水平的高低。

众所周知，世界经济正在转型并跨入知识经济时代。从古至今，经济形态的发展，从最开始的农业经济发展到工业经济，再过渡到当今社会的知识经济（潘懋元和刘振天，1999）。在对地球资源无节制进行开采和对环境肆意破坏的粗放型经济增长时代，虽然可以在短期内促成经济的快速增长，但是不可再生的资源会严重影响经济的长远发展，在一系列约束条件发生作用使经济增长减速以后，人们才开始意识到，可持续的经济发展才是真正被需要的。现在，知识已经成为目前社会最重要的战略资源，它所包含的科学理论、技术及先进的理念、信息的快速传播等，是衡量国家、地区和组织竞争力的重要标志。

知识生产函数在分析科技投入与产出的关系、区域化知识流动特征，以及研究知识生产在国家、区域、产业范围内对经济发展的影响时，是一种非常重要的工具和手段。因此，本章从知识生产函数的角度出发，运用论文发表数量、R&D 经费以及科技活动人员等一些科技指标，确定河南省知识生产函数的类型，以此来研究河南省各个科技发展项目在已有的研究基础上，增加或减少某一科技投入，对河南省国内专利申请受理量可能会产生的影响，从而对河南省科技未来的发展方向提出建议。

二、国外研究现状

1. 知识生产函数的概念

知识生产函数这一概念最初是由 Griliches 于 1979 年在研究生产率时，针对 R&D 及知识溢出的影响力大小所提出来的。在新知识生产的过程中，创新投入是知识生产活动中研发产生的新技术和新知识的源泉，相关的技术创新产品和专利则是与其相关的创新成果（产出）（Griliches，1979）。在 Griliches（1998）后续的研究中，发现专利是一个非常特别的指标，它在衡量各种企业创新活动中所存在的差异时最能明显地表现出 R&D 经费的投入与专利产出之间的关系，并且认为生产率是随着总创新的增加而提高的。Griliches（1994）认为用于知识生产函数分析的单位是企业。不过 Acs 等（2002）则认为研究领域不仅仅局限于此，还包括国家、省份等更大的区域范围。从文献中不难看出，知识生产函数研究的是企业、大学、产业或者一个地域、区域内的创新活动，而专利的数量往往成为这一产业或者地域内技术知识创造能力的标志。

2. 知识生产函数的发展

自从 1979 年 Griliches 提出知识生产函数这一概念后，随着研究的深入，越来越多的专家和组织提出了他们对知识生产函数的看法：OECD（1996）认为，对新知识的开发就是知识生产。传统上，将新知识定义为"自然"（science），这个定义的新知识主要产生于大学和政府的研究所里所进行的基础性研究中，其用来与应用或者商业研究产生的"技术"（technology）相区别。但是，在知识经济中，这种区别越来越模糊，并且由于知识溢出的存在，个体企业自身研发产生的知识也越来越带有"公共性"。随着时代的推移，知识生产函数的模型也有了多种形式的发展，下面我们会一一进行介绍。

知识生产函数假设的规模效应差异、自变量的不确定性、模型加入空间维度和随机变量的离散性等，都会导致知识生产函数呈现多样性。知识生产函数的概念及其基本假设都是 Griliches（1998）在研究知识溢出和 R&D 对生产率增长所产生的影响时提出的。知识生产函数具体的基本假设，是用柯布-道格拉斯生产函数对知识生产函数的等式进行表述，并且认为创新过程中得到的产出是研发投入的函数。A. B. Jaffe（1989）则认为新经济知识才是最重要的产出。企业在追求新经济知识的过程中，将每一阶段的新知识都投入了生产，以研发投入（包括人力资源投入和研发经费投入等）为投入变量，产出则是创新过程中所得到的新技术与新知识等，这就是 Griliches-Jaffe 知识生产函数，该函数对企业或区域内经济发展情况的研究做出了卓越的贡献。Michael Fritsch（2002）以专利授权作为产出，结合 Griliches-Jaffe 知识生产函数，分别计算专利授权对研发人员投入及研发资金投入的弹性，得出了与以往一些文献的假设和理论模型相符合的结论：在产出弹性上，处于不同区域的企业存在着显著差异，有着更大的产出弹性的企业往往处于产业中心。

Romer（1990）与 Jones（1995a）也相继提出了他们对知识生产函数的看法，并于 20 世纪 90 年代进行了一场对知识存量的规模效应的辩论。Romer 认为，知识在创新系统和内生增长理论中是一个核心变量，而内生增长理论的核心是溢出效应和知识积累通过技术的改变作用于生产力，表明技术进步的来源是知识。Romer 的知识生产函数模型认为，R&D 中资源投入的增加，会导致经济增长速度的加快，这就预示了存在"比例效应"，但 Jones 在研究第二次世界大战后美国经济发展时发现，第二次世界大战后研究人员的投入与美国经济发展的实际情况是不相符的，这表明 Romer 的知识生产函数模型中关于"比例效应"的预测存在一定的问题。Jones 修改了 Romer 的知识生产函数模型，得到了我们现在所说的 Romer-Jones 知识生产函数模型。Yasser Abdih 和 Frederick Joutz（2005）根据已有理论，进一步分析了劳动生产率增长与 Romer-Jones 知识生产函数之间的关系，他们在文章中引入了投入研究发展的科学家和工程师的数量、专利存量、专利申请及全要素生产率四个变量，研究了 1948～1997 年美国的经济数据，结果显示，关于新知识产出的产出弹性大于 1 时，在全球一体化时，即在知识存量测度被专利存量测度代替的情况下，国内外知识溢出的共同结果就是新知识产出。

3. 知识生产函数的投入与产出指标的关系

Abdih 和 Joutz（2005）认为，知识生产不是一个稳态的过程，尽管对知识产出量的回归符合逻辑，但有可能造成基于长期时间序列的变量间相关信息丢失。因此，假设存在一个由专利授权、存量，科学家数量和全要素生产率等一系列具有经济学意义的变量组成的线性组合，再根据向量的自回归模型，运用约翰逊最大似然法进行分析。新知识与新技术最终会直观地体现在专利数量上，但是运用专利作为研究知识生产投入与产出关系的指标的可靠度高不高？这就需要我们通过大量的例证分析去验证。

近年来，在对部门和企业的知识生产函数进行估计时，通常使用专利指标来进行统计。Shyama V. Ramani 等（2008）只使用专利统计代理人的知识基础的定义，进而开发了使用知识基础矩阵、可估计部门层面和企业层面的行业水平的知识生产函数。利用部门间溢出效应的吸收能力、部门内的溢出效应及其对新技术的吸收能力，确定本身知识库的影响力。它允许不必求助于额外的企业研发活动的信息知识而直接进行创造的动态研究，最后进行了以使用新的生物技术为基础的知识创造者在食品行业企业的案例研究。Mikel Buesa 等（2010）通过知识生产函数方法，结合回归分析和因子分析，研究在欧洲区域创新的决定因素。他们采用的因变量是专利，当最初使用的 21 个解释变量通过因子分析转化为五个非显性"假设"变量以后，其反映了创新体系的五个重要方面：国家环境、区域环境、创新企业、大学和公共管理研发。结果表明，虽然专利对这几个方面的影响非常不同，但是专利有着显著的影响作用。

Dirk Czarnitzki 等（2009）认为，很多研究都在探索知识生产函数中作为输出或者中间产品的专利和作为投入的研发经费之间的关系，在过去的文献中，由于数据的可利用率，在统计总的研发支出时，专利生产函数的科研力度被低估了。大多数行业的研究在初始探索阶段以后，会有专利知识的出现。代替运用研发数据，Dirk Czarnitzki 将知识创造过程分为"研究"与"发展"，结果显示"只有研究部分对专利生产有着显著的影响，而发展支出没有显著影响"。Olof Ejermo（2013）在一篇关于瑞典知识生产函数估计的会议论文中，讨论了在知识生产函数中与专利相关的投入产生的影响，并由知识生产函数的估计表明了在瑞典学术专利对研发投入的回报率远高于美国。

4. 知识生产函数对区域创新活动及知识溢出的研究

知识生产函数常常被用于对企业、产业和区域内的创新行为进行分析研究，这是由于其为研究经济发展中开发的影响提供了良好的经验框架模型及定量研究工具，还可以从分析结果中直观地看出对各个地区或部门内创新活动影响最大的决定因素等。

Fritsch（2002）等在对区域内创新系统的质量进行比较和测量时，采用了知识生产函数。他们以 11 个欧洲区域的数据为基础，发现了在对制造企业区域统计中，存在着显著的差异，并得出了在某种程度上，区域间研发活动的生产力差异与一个中心-外围模式相对应，即聚集经济有利于研发活动的开展。OECD 在 2005 年对知识生产的动力进行了检测，它运用了 19 个 OECD 国家的面板数据，得到了知识生产函数的参数，说明新知识的产生与国内外的知识存量之间是正相关关系。对于一个国内知识存量较低的国家而言，可以通过知识积累大幅度地提高其全要素生产率；然而对于一个国内知识存量较高的国家，这个方法的效果却一般。而且有足够的证据表明，各个国家存在重复的 R&D 项目，但是这些重复的 R&D 不支持内生性增长。OECD 中各个国家知识生产的异质性，迫使每个国家依据自己国家的特殊性采取相应的 R&D 政策。

知识的再创造、再生产，实际上就是知识溢出。交流、竞争、链锁、带动、激励和模仿等效应都存在于知识溢出的过程中。新贸易理论和内生增长理论都认为，经济增长和知识溢出有密切的联系，而且知识溢出正是科技进步的幕后推手（Luintel and Khan，2005）。Romer（1990）认为，厂商在追逐利润时，知识是他们投资决策并且具有溢出效应的产物，这正是知识不同于普通商品之处。Arrow（1962）早在1962年就提出"资本比率的增加"并不能简单地代表人均收入的增加，而是与知识溢出有着密不可分的关系，他还指出知识溢出的根本原因正是技术知识所具有的部分排他性及非竞争性。M. M. Fischer 和 A. Varga（2003）在2003年发表的一篇文章中认为，存在以地理作为媒介的知识溢出。因为由大学创造的知识具有某些公共物质的特性，所以导致了知识溢出的发生。这些特性为公司和其他相关组织提供了参考价值。他们利用知识生产函数，将大学及企业的研究作为"投入"，而将"专利"作为产出，证实了在空间范围内，存在着以地理为媒介的大学知识溢出。知识生产函数模型被 M. Piergiuseppe 等（2007）用来评估企业内部与外部创新投入和产出间的关系，结果显示各部门的技术创新和知识溢出效应之间呈现出的是正相关关系。在区域空间内，相关知识积极扩散，会相应地促使具有较强接受能力的企业的创新概率得到提高。

三、国内研究现状

随着科技进步，知识产出越来越迅速地发展，国外学者对知识生产函数的理论研究已经日渐成熟，并且研究范围从最初的企业、产业过度到了区域内的研究，我国学者们在学习外国学者对知识生产函数研究理论的基础上，结合了国内科学技术发展的现状，综合各个区域发展的特征，将知识生产函数灵活地运用于各种模型中的参数估计等项目。以下是对各个学者所做研究的一个综述。

陶长琪和齐亚伟（2008）认为，知识生产函数是一个经济学概念，自从熊彼特在1950年提出了创新经济理论以后，学者们一方面对研发投入和研发产出的关系进行了解释和验证，另一方面也对创新生产过程的性质及影响其生产效率的因素进行了研究。他认为分析创新活动最有力的方法就是知识生产函数，知识生产函数一般被用来估计与研发投入有关系的不同要素对知识产出的影响。任志安和王立平（2006）一直以来都在对知识生产函数的理论知识做持续性的研究，他的研究内容为各个领域内知识生产函数的理论研究及运用都奠定了良好的基础。任志安认为，技术创新就是对区域范围内的创新网络的组织形式、知识基础设施及创新联合体的整体研究。而吴延兵（2007）则是在企业、R&D、市场结果及产业创新等方面，运用知识生产函数做了研究。吴延兵分别于2006年与2007年构建知识生产函数模型时，运用了中国四位数制造产业的数据及中国大中型企业的面板数据，得到的结论是：在知识生产中，研发人员的贡献会在知识生产过程中表现出规模报酬递减或是不变的特征，而且该贡献远远高于资本所做出的贡献，就算产权因素和市场因素得到了控制，研发与生产率之间仍然为正相关关系。吴玉鸣和何建坤（2008）针对全国 31 个省级区域创新系统，在空间计量经济学的视角上，运用空间系数回归模型——地理加权回归模型，运用知识生产函数着重对北京区域创新及影响因素进行分析，最终取得了丰富的成果。

赵永（2011）运用贝叶斯估计，对 CES 生产函数的参数进行了估计。在对中国农业部门的 CES 生产函数的未知参数进行估计时，赵永借助了 Win-BUGS 软件中贝叶斯估计的相关方法，对未知参数进行估计及利用蒙特·卡罗统计模拟进行了检验。赵红专等（2006）则认为，新知识产出的测度是专利数或者是新产品，是如今大多数学者们在对知识生产函数进行研究分析时常用的方法，但是在以人员投入数量、经费投入和专利存量等指标作为投入测度的时候，不可避免地会给测量带来投入测度和产出的系统误差。为了减小或消除这一误差，在文章中定义了知识生产函数的一般形式，并对各个参数进行了界定和解释。

翟立新等（2005）在建立定量评价模型的时候，是以知识生产函数为基础，并且引入了经济学思想，这一研究着重解决目前科研机构评价体系中对产出的过度关注或是简单地加权综合产出与投入所造成的片面性评价结果问题。翟立新等还提出要比较科研机构的实际产出和科研机构理论的平均产出，得到其绩效水平。研究结果表明，该模型不仅可以用于对同一类型的科研机构的横向和纵向比较，还反映了不同科研机构之间投入与产出之间的弹性差异，这些结论为公共科研机构的管理提供了更加科学的理论依据与实践基础。

傅利平等（2011）测算了我国 31 个省（自治区、直辖市）的创新绩效，利用主成分分析法中的共线性对知识生产函数扩展模型进行了构建。研究结果显示，创新能力与经济发展水平呈正相关关系，但是不具有一一对应的关系。他们通过这一发现，为我国制定区域创新发展政策提供了科学依据。刘和东（2011）运用了动态面板计量模型，对 FDI、产学研合作及创新相关数据进行研究，对 1998～2008 年中国内地 30 个省级区域创新技术的溢出效应进行考察，并对各种溢出效应的影响做了解释，为政府能够有效地提升区域创新能力提供了参考。严成晖等（2008）对中国最优研发投资规模及知识生产函数的性质进行了估算与分析。其研究认为，知识生产函数描述了 R&D 产出与投入之间存在的关系，促进技术进步和经济增长的关键因素是推动知识积累及技术创新，而且作者指出，知识生产函数的不同性质决定了经济发展的特征会存在一定的差别。

文章运用了中国 31 个省（自治区、直辖市）1998～2006 年的数据，对我国知识生产函数的性质进行了考察。从文章的研究结果中可以看出，我国知识生产函数中知识存量对应的知识明显小于 1，说明我国的经济更支持 Jones（1995b）的知识生产函数。

江积海和于耀淇（2011）研究了新知识在知识网络中的增长问题，利用知识生产函数的基础理论，对其特殊形式和一般形式进行了构建，并对知识生产问题进行研究和探讨。结果发现，在一定条件下，有着稳定平衡增长的路径存在于知识网络的知识增长中，知识网络中的知识生产和增长的原动力正是知识活动效率。赵健（2012）在文章中分析了区域内的创新知识生产函数，研究了跨国公司研发投资与区域创新能力的关系，分别从定性和定量两个角度出发，对跨国公司的研发投资会对区域创新能力造成的影响程度进行了分析。定量研究中是运用计量经济学模型进行研究，从间接效应和直接效应两方面进行论述。文章基于对跨国公司研发投资和区域创新能力关系的分析，分别向企业和政府提出了相应的对策建议。

我国学者将知识生产函数的研究范围分为企业、产业和区域，而将其主要运用在创新、知识溢出对创新产出和经济增长的关系上，以研发费用、研发人员作为创新投入，以专利数或者经济增长作为创新产出，结合其他影响因素，如市场结构等，在以往的研究中采用的多是空间计量经济学的方法进行研究。本章采用计量经济学，应用 Eviews 软件，对未知参数的先验分布及后验分布进行分析，建立河南省知识生产函数模型，对模型中的参数进行讨论，得出最终结果。

第二节　知识生产函数理论与方法

Abdih 和 Joutz 在 2004 年时，对劳动生产率增长和 Romer-Jones 知识生产函数之间的关系进行了进一步的理论分析，实证研究了知识生产函数和跨期溢出利用协调整合技术的影响，并引入投入研发的科学家和工程师数量、专利存量、专利申请及全要素生产率四个变量，研究了 1948～1997 年美国的经济发展数据。研究结果显示，在知识存量测度被专利存量测度代替的情况下，新知识产出的长期弹性大于 1，即在全球一体化的背景下，国内外知识溢出的共同结果就是新知识产出（Abdih and Joutz，2005）。知识生产函数是以研发为基础的增长模式的中心。时间序列的证据表明，其存在着两个长期的协整关系。首先抓住一个长期的知识生产函数，然后研究 TFP 和知识存量之间的长期积极的关系。结果表明，强大的跨期知识溢出效应及长期的知识存量对全要素生产率的影响是很小的。这一证据高度解释了现有的理论和实证研究的内生增长的证据。把以研发为基础的模型技术视为生长模型的主要因素，作为内源性变量。研发型生长模型的核心是一个知识/技术生产功能描述的知识创造演进。

一、知识生产函数理论

知识生产函数的理论基础正是前文所提到的内生增长理论，从该理论中，学者们得出技术进步的核心要素是知识，为了更全面地了解知识发展规律，研究者们开始关注知识生产对经济发展的影响，了解科技产出与自主创新的投入之间的关系，随着研究的深入，研究演变到了运用知识生产函数对区域内知识生产与经济发展的关系进行研究。知识生产是知识从经费及 R&D 人员的投入到专利产生的演化过程，同时也是一个知识积累的过程，但是如何衡量知识生产这一过程的内在变化，现在大多数学者采用的知识生产函数都是根据知识生产框架构建的，然后对此进行研究。

1. Griliches-Jaffe 知识生产函数

Griliches（1979）在研究知识溢出对生产率增长的影响及进行 R&D 时提出了知识生产函数这一概念，他认为知识生产的框架是一个多功能的工具，其模型是知识生产过程中产出和投入的关系，不过他只是对此做了理论阐述，并没有运用到实际中。Griliches 认为知识生产函数的框架可以用 C-D 型生产函数表示，即

$$\text{R\&D output} = F \ (\text{R\&D input}) \tag{3-1}$$

后来 Jaffe（1989）在 1989 年对 Griliches 的知识生产函数中的两个投入要素进行了改进，并将改进后的知识生产函数运用于美国 29 个洲内，所有大学进行的科研课题数目对企业专利申请数目的影响这一实证研究取得了显著的成果。这一扩展被后来的学者称为 Griliches-Jaffe 知识生产函数，该知识生产函数在后来被研究人员广泛运用于对新问题的研究中。对 Griliches 的公式改进后的估计方程表达式为

$$\lg(p) = \beta_{k1} \lg(R) + \beta_{k2} \lg(U) + \beta_{k3} [\lg U \cdot \lg C] + \varepsilon_k \tag{3-2}$$

2. Rmoer-Jones 知识生产函数

Romer 在 1990 年关于内生增长模型的文献中，重点对新知识的流动对现有知识存量的依赖性和如何构建知识生产函数进行了探讨。Romer 的内生增长模

型包含了研发部门和工业部门，其产出分别为新知识和工业产品。除此之外，他还提出了四个变量：资本、工业品产出、知识和劳动力，并假设了一个知识生产函数的特殊形式，即

$$\dot{A} = \delta L_A A \qquad (3\text{-}3)$$

其中，$\delta > 0$，A 表示该经济中可以利用的知识存量，L_A 是研发人员数，$\dot{A}$ 表示新知识。再对式（3-3）进行变换，并用 $\bar{\delta}$ 表示平均研发生产率，引入常数 δ、Φ、λ，可以得出

$$\dot{A} = \delta A^{\Phi} L_A^{\lambda} \qquad (3\text{-}4)$$

式（3-4）表明，在任何时候，一定的新的知识产出是由知识存量及研发人员的数量决定的。若令 g_A 表示在稳定状态下的知识存量增长率，令 $\Phi = 1$，$\lambda = 1$，则基于内生增长模型的知识生产函数的表达形式如下：

$$g_A = \delta L_A \qquad (3\text{-}5)$$

其中，$g_A = \dfrac{\dot{A}}{A}$，且 $\delta > 0$。

从上述推导过程及 Romer 知识生产函数的最终表达式中可以看出，在稳定状态下，R&D 过程中劳动力的投入决定知识存量的增长。这一发现说明经济增长率的提高与在研发部门中加大对劳动力的投入有着直接关系。

Jones（1995b）对 Romer 的知识生产函数进行研究后发现该模型中关于"规模效应"的预测与第二次世界大战后美国研发人员投入及其经济发展的实际情况不相符，故 Jones 对 Romer 的知识生产函数进行了修改，他在式（3-5）的两端同时除以 A，得到

$$\frac{\dot{A}}{A} = \delta \frac{L_A^{\lambda}}{A^{1-\Phi}} \qquad (3\text{-}6)$$

由定义可知，在稳态下，A 的增长率代表的是一个常数，由此可知，式（3-6）的左端是一个常量，故 $A^{1-\Phi}$ 和 L_A^{λ} 拥有相同的增长比率，将式（3-6）的两端进行求导，得到

$$\lambda \frac{\dot{L}}{L} = (1-\Phi) \frac{\dot{A}}{A} \qquad (3\text{-}7)$$

式（3-7）表明 R&D 经费的劳动力 L_A 与知识存量成正相关关系。若假设 $\Phi < 1$，则可以在 R&D 经费劳动力不断增加的情况下，保持知识存量的稳定，从而就能够对 Romer 知识生产函数模型中隐含的"比例效应"进行消除，并据此得到最终修正的模型

$$g_A = \frac{\lambda}{1-\Phi} \qquad (3\text{-}8)$$

其中，$n=\dfrac{\dot{L}_A}{L_A}$。两个重要问题被修正的 Romer-Jones 知识生产函数模型更好解释：由于知识存量的回报率小于 1（即 $\varPhi<1$），若 R&D 人员的投入维持不变的话，新知识与知识存量的比率就会下降，为了减小或者抵消这一负面效应，必须不断地增加 R&D 人员的投入数量，这也是因为在该模型的假设中，人口的数量是持续增长的；式（3-8）说明知识的长期增长率 g_A 与 n、$\varPhi$、λ 的取值有关，但是这些参数在研究过程中往往被认为是外生的，所以 g_A 与政府是否对 R&D 进行资助在修正后的知识生产函数模型中被认为是无关的。

Fritsch（2002）以专利授权量作为知识产出，"运用 Griliches-Jaffe 型知识生产函数，分别对专利授权对研发人员投入以及研发资金投入的弹性进行计算，结果显示，在产出弹性上处于不同区域的企业存在着显著差异，有着更大的产出弹性的企业往往处于产业中心，这一结论恰恰与以往一些文献的假设和理论模型相符合"。有人认为，在一个运转良好的创新系统中嵌入结果，应促使在 R&D 中的相对高的创新倾向和高生产率。Michael Fritsch 基于欧洲 11 个地区的数据进行统计分析，发现在这些地区的制造企业之间存在着统计上的显著差异。在文献中不难发现，生产力的差异有一个中心——外围模式，存在于区域间的研发活动中。显然，在区域经济的发展及知识的生产中存在着相当大的聚集经济效应，这一效应有利于研发活动的开展。

新知识的生产速率取决于从事研发的劳动人员数量和提供给这些人员的知识存量。Romer 和 Jones 的工作框架（研发为基础，增长为中心）在知识生产函数的泛函形式上存在着一个关键的辩论。具体来说，无论争论如何强烈，一个不争的事实就是新知识的流量取决于现有知识。直观地说，知识或"过去发现的思想"，有助于在现在发现或创造"思想"。

通过对知识生产函数的了解，我们知道了目前主要的两种函数模型有 Griliches-Jaffe 知识生产函数和 Romer-Jones 知识生产函数。Griliches-Jaffe 知识生产函数可以表示为

$$P_{it}=I_{it}^{\alpha}U_{it}^{\beta}\varepsilon_{it} \tag{3-9}$$

其中，$\alpha>0$，$\beta>0$，$\lambda>0$，i 表示地区，P 代表的是 t 时刻 i 地区在大学所进行的科学研究，t 表示时间，ε 为随机扰动项。

而 Romer-Jones 知识生产函数则表示为

$$\dot{A}=\delta L_A^{\lambda}A^{\phi}，\quad \lambda>0，\quad \phi>0 \tag{3-10}$$

其中，λ 和 ϕ 是恒定参数，$\dot{A}$ 代表的是产出的新知识，A 为现有的知识存量，而 L_A 指的是研发人员。从式（3-9）和式（3-10）中可以明确得知，Griliches-Jaffe

知识生产函数认为，新知识产生的来源是在进行研发时的投入，且研发经费是作为知识生产函数的创新投入，与之相比较，不难发现，Romer-Jones 知识生产函数是将知识存量及参与研发的科研人员作为创新投入的。本章对河南省知识生产函数分析时采用 Romer-Jones 知识生产函数。

二、贝叶斯估计方法

贝叶斯计量经济学是计量经济学中的一种特殊形式，它不是单纯地将贝叶斯估计使用在经典计量经济学的参数估计或结果检验中，而是将计算机程序与贝叶斯统计学理论和方法结合起来，对经济问题进行计量研究。贝叶斯计量经济学从模型检验和参数估计，再到模型的构建，整个过程中都用了贝叶斯思想及贝叶斯方法。

标志贝叶斯计量经济学诞生的是 A. Zellner 撰写的 *An Introduction to Bayesian Analysis in Economics* 的出版。Zellner（1996）认为，可以利用的统计数据越多，检验经济理论就越容易操作。但是，由于经济活动所独有的特殊性，在很多情况下，取样的试验是无法设计的，或是设计的试验需要很高的成本，所以对统计数据的收集是非常困难的。问题的关键是统计数据不足的时候，演变成事先精确量化经济理论的不确定性，以及计算这些理论的可信度差额（包括先验可信度和后验可信度）。

贝叶斯估计的基本思路：首先，对于服从一定分布的随机变量建立参数模型，然后根据经验给出模型中未知参数的先验分布，并结合样本信息，运用贝叶斯方法，求出未知参数的后验分布，最后根据损失函数求得后验分布的特征值，并将这些特征值视为未知参数的估计量（盛建芳，2011）。与传统的计量经济学相比较，贝叶斯计量经济学推断出来的结果会更加合理，具有更加明显的优势，下面就贝叶斯估计的优点进行简要介绍。

第一，贝叶斯方法充分使用了未知参数的先验信息和样本信息，估计未知参数时采取了不同于普通计量经济学的方法，更加精确地预测到结果，得到更小的方差或平方误差。

第二，贝叶斯最大的后验置信区间短于没有考虑未知参数先验信息的频率置信区间。

第三，贝叶斯估计可以量化评价假设检验或者假设估计的判断结果，这与单纯地拒绝或接受普通概率统计理论中，对假设检验或者假设估计的判断是不同的。表 3-1 中详细说明了贝叶斯估计与传统的计量经济学之间的差异。

表 3-1　贝叶斯估计与传统的计量经济学之间的差异

比较的项目	传统估计方法	贝叶斯估计
参数	未知参数具有确定性	未知参数具有随机性
利用的信息	样本信息和总体信息	样本信息、总体信息和先验分布
随机误差项	随机误差项的具体分布形式在参数估计过程中可以未知（除了假设检验与区间估计时）	随机误差项的具体分布形式要求在每一个运算步骤中是明确给出的
参数估计量	以最小二乘法和最大似然法为准则求的参数估计量、后验方差是先验方差和样本方差的加权值	需要构造一个损失函数，并且以其最小化为准则求参数估计量，综合了先验信息和样本分布，可以得到更合理的均值和方差

　　李子奈和文卿（2005）为了直观地看出非贝叶斯经济学模型构建过程和贝叶斯经济学模型构建过程的区别，将上述两者的构建过程分别用图 3-1 和图 3-2 所示的流程图进行了表示，从图中可以清楚地看出贝叶斯计量经济学建模的特点。

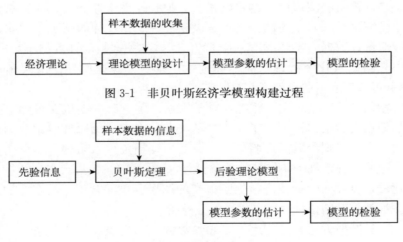

图 3-1　非贝叶斯经济学模型构建过程

图 3-2　贝叶斯经济学模型构建过程

　　影响区域内经济或者知识增长的因素多种多样，经济或者知识的增长会受到各个因素间接或者直接的作用，各个因素之间还会交叉影响。由于随着人类文明、知识及科学技术的进一步发展，多种多样的对知识生产产生影响的新影响因素一定还会出现，而且这些影响因素具有很强的不确定性，故本章运用贝叶斯方法对河南省知识生产函数中的未知参数进行估计，因为运用贝叶斯方法估计未知参数时，不仅能够充分对模型的不确定性进行考虑，还可以对该因素影响力的强弱进行准确的分析（盛建芳，2011）。OpenBUGS 软件的出现，为贝叶斯估计具体化的实现提供了可能，使得贝叶斯估计得出的结论能够直观形象地展现。

综合未知参数的样本信息与先验信息，由贝叶斯估计得出未知参数的后验信息，再由此去推断未知参数的具体取值，是贝叶斯分析方法的基本方法。不过贝叶斯估计也存在一定的缺陷，估计中的先验信息受到个人知识和经验的影响，先验分布的选择带有人为的主观性，故本章先用经典的计量经济学方法对未知参数的相关性进行验证，然后再利用贝叶斯估计对未知参数进行估计，最后得出河南省知识生产函数的最终形式。

在统计推理中贝叶斯估计是一种关于总体参数估计的方法。若设样本 X 具有概率分布 $\{f(x,\theta)，\theta \in R\}$，而在该样本中随机抽取一个容量为 $n[X=(x_1，x_2，\cdots，x_n)]$ 的样本，故对参数 θ 的点估计，就可以看作是由子样本的一次观察值对其的一种决策，把可能采取的全部决策集合在一起，就组成了决策空间。当观察值 $X=(x_1，x_2，\cdots，x_n)$ 的时候所采取的决策 $a=d(x_1，x_2，\cdots，x_n)$，a 属于决策空间，而 $d(x)$ 就叫作决策函数。在分析每个具体问题时，其所对应的决策函数有许多种，判断一个决策函数的优劣，则需要用到损失函数 $L(\theta，X)$。利用损失函数从整体上对决策函数 $d(x)$ 进行评估

$$R(\theta，d) \stackrel{\triangle}{=} E_0\{L[\theta，d(x)]\} \tag{3-11}$$

其中，$R(\theta，d)$ 被称为风险函数，表示用决策函数 $d(x)$ 对 θ 为参数进行决策时的平均损失。自然而然地，风险函数成了另一个衡量决策函数优劣的尺度，决策函数对应的风险函数越小，决策函数越好。贝叶斯估计充分利用了在对未知参数 θ 进行估计时，可以在估计开始前对该未知参数提供某些附加信息这一点，并将 θ 看作一个给定了先验分布 $\pi(\theta)$ 的随机变量。$\pi(\theta)$ 的确定不必一定要有客观的依据，先验分布可以全部或者部分地依赖于主观信息，一般是根据以前的研究来确定的。在将风险函数关于 θ 进行平均以后可以得到决策函数的贝叶斯风险，如下

$$B(d) = E[R(\theta,d(X))]$$
$$= \int ,E\{L[\theta,d(x)] \mid \theta\}\pi(\theta)d\theta \tag{3-12}$$

当有决策函数 $d^*(x)$ 能使贝叶斯风险 $B(d)$ 取最小时，就能得到一个理想的贝叶斯估计值，该决策函数 $d^*(x)$ 就是参数 θ 的贝叶斯估计。

三、知识生产函数的拓展

1. 创新的决定因素

导致创新发生的因素多种多样，不仅有技术层面的因素，技术人员的培养、

科研经费的投入及新知识的获取在促进创新方面有着同样重要的作用。对创新的决定因素进行整理归纳，R. Rothwell 和 M. Dodgson（1992）认为影响创新的因素是组织或科研机构的研究条件和研究策略，J. Tidd 和 J. Bessant（2011）则认为"采取战略性方法创新、实施机制、对外界联系进行维持和构建以及支持开发的机构背景"等是影响创新成功开展的四个重要因素。

很多理论研究对创新决定因素的研究表明，技术与组织能力、科研人员的行为及合作与竞争等对创新产生的影响是非常巨大的。知识积累是创新的必要因素，有了新知识，才会使原本停滞不前的技术得到进步。获取知识的方式多种多样，在一个科研机构、大学或政府部门进行科学研究时，知识的获取主要分为内部获取和外部获取两个方面。

外部知识获取的渠道，大致分为以下三个方面。

（1）信息搜集。从科学技术环境中吸纳信息，搜集新知识发展动态，追踪新技术发展趋势，有效地与市场进行信息交换，获得市场上基本的技术与知识信息，并利用新信息激发创造力。了解其他科学研发机构的最新进展，迅速跟进对研究会有极大促进作用的新技术信息和刚刚萌芽的新技术信息，都是科研单位从外部获取知识的重要手段。

（2）市场购进。创新是一项高风险、高投资且周期长的探索性活动，很多时候，科研机构为了缩短创新周期，早日获得研究结果，降低创新的风险，或者是在科研机构没有足够的资金或资源支持时，可以从市场上直接购进所需要的技术或者知识。

（3）外部合作。"机构间的合作往往会产生积极的总和收益度，也就是合作的机构可以获得任意独自进行开发研究的机构所无法获得的利益。"（Patel and Pavitt，1994）在产品更新换代越来越快及技术越来越复杂的情况下，创新已经不再是一个公司的事情，为了响应市场环境的变化，应付日益增加的技术不确定性挑战，实现多面获利，企业、大学和科研机构展开了越来越频繁的合作，联手进行创新活动的开展。

韩春廷（1999）认为影响技术进步的原因主要有两个方面：首先，当时有形资本水平，是在生产的累积资本（即机器设备等）中体现的，而决定了这种技术水平高低的正是研发部门所产生的新发明、新技术等；其次，研发、教育及生产产品的人力资本的水平是从劳动者从事管理的效率与生产的水平上体现的，人力资本的水平则是由人力资本的建设（如在职培训、实践学习、正规教育等）决定的，其体现了劳动者的组织管理效率和生产效率。他还认为，技术可以被分为两部分：以劳动者为载体的软技术部分（H）和以有形资本为载体的硬技术部分（R）。我们可以推知知识生产函数进行研究所需数据包括研发人员及研发经费。

本章的重点在于讲述河南省知识生产函数，本章认为知识生产主要还是以科研机构内部的研发为基础的，不管是在企业、大学还是科研机构，内部研发绝对是创新的一个不可或缺的决定因素。内部研发对于创新而言具有多重作用，它可以帮助科研机构搜集最新研究成果，利用从市场上吸收的信息创造新知识，结合机构自身所拥有的科研资源，将其转化为新型产品，并且还可以为科研机构在市场上寻求技术合伙人、吸纳资助金额、激发科研人员的创造力，使创新成果具有自主性和独一性。主要从研发经费、科技活动人员数量、论文发表数量及国内专利申请受理量这四个方面的关系来诠释它们对河南省区域内创新能力的影响，即对新知识产生的影响大小。

（1）大量的实证研究表明，研发经费在促进科研机构内部创新能力的发展上是最有影响力的，因为创新成果的产出会随着科研程度的加大而增加，在科技研发中投入越多的资源和经费，越有助于企业、大学及科研机构内部提高其创新能力。

（2）Patel 和 Pavitt（1994）认为，内部知识获取的一个模式就是研发，但是在以此来代表科学产业中的技术变化时，另外40％引起技术变化的原因有可能被忽略掉，所以获取创新知识还需要通过别的内部方式，而具备高级技术的科研人员正好能满足这一点。具备高级技术的科研人员是企业吸收新知识的重要组成部分，他们不仅能对外部已有的技术进行吸收，也能对科研机构内部新知识的研发起到推动和补充作用。所以，科研机构拥有受过高等教育、具备高等技术水平及具有多重教育背景的科研活动人员，是创新能够实现的重要因素之一。

（3）美国国家科学基金会认为："论文发表代表了向公众领域转移的科学研究。"论文发表数量的多少，已经成为一个重要的、对作者和科研机构对科学研究做出贡献大小的衡量依据。"一篇独立的文章并不能对科学的发展规律进行如实的反映，但是由大批论文形成的文献库不仅可以对学科发展规律、发展水平等呈现出的变化趋势进行研究，而且还可以依此对学科未来的发展动态进行追踪。论文发表数量作为内部获取新知识的重要手段之一，还因为论文发表是由参与科研的活动人员来完成的，他们对学科的发展进行导向，不断将科学研究推向新高度。"（李平等，2007）选取一定区域在规定的时间范围内所发表的论文数量作为知识生产的内部动力，是非常重要的。

（4）创新，就是把发明转化为可以销售的产品的过程，科研机构会因为新技术的复杂性、相对较高的科研成本等原因，通过独占的方式对其创新进行保护，即申请专利。Buesa 等（2010）通过知识生产函数方法，结合回归分析和因子分析，研究在欧洲区域创新的决定因素，他们采用的因变量是专利，当最初使用的 21 个解释变量通过因子分析转化成五个非显性"假设"变量以后，其反映了创新体系的五个重要方面：国家环境、创新企业、区域环境、大学和公共管理研发。结果表明，虽然专利对它们的影响非常不同，但是专利有着显著的影响作用。

知识的内部获取才是一个企业、一个科研机构乃至一个地区良性创新的最重要的手段，新知识的产生，只有在拥有足够科研资金的基础上，通过内部科研人员的活动，吸收现有的知识，通过发布论文或者申请专利的方式实现新知识的产生，即创新。

2. 研究投入的回报率

Czarnitzki 等（2009）研究发现，很多研究都在探索知识生产函数中作为输出或者中间产品的专利和作为投入的研发经费之间的关系。他们认为由于数据的可利用率，过去的文献在统计总的研发支出时，关于专利的生产函数的科研力度被低估了。然而，专利知识会出现在大多数行业完成对基础理论的初始探索阶段以后。代替运用研发数据，Czarnitzki 等（2009）将知识创造过程分为"研究"与"发展"。结果显示，只有研究部分对专利生产有着显著的影响，而发展支出对专利没有显著影响。

Ejermo（2013）在一篇关于瑞典知识生产函数估计的会议论文中，讨论了在知识生产函数中与专利相关的资源投入会产生怎样的影响，并由知识生产函数的估计表明了在瑞典学术专利对研发投入的回报率远高于美国。

李平等（2007），在研究中国自主创新的影响因素时，分析了国内外不同的研发经费和人力资本，认为虽然国外的科技研发对中国自主创新能力有着一定的贡献，但是国内自主研发的投入还是中国自主创新能力提升的重要原因。知识产权保护和人力资本则降低了 FDI 溢出的国外研发对自主创新的贡献度以及国内研发投入，但是却使得国外专利申请溢出的国外研发对自主创新的贡献增多。

第三节　河南省知识生产函数的构建

论文、专利的产出与研发经费、科技活动人员等因素有直接关系，下面详细探讨河南省论文产出与研发经费、科技活动人员数及国内论文发表数量之间的关系。

一、国外论文数量的影响因素

　　知识生产函数是将专利申请量、论文发表数等新知识作为产出，研发经费和科研活动人员等作为投入进行模型构建，从而得出研究结论。本章以国外主要检索工具收录我国科技论文数（篇）为因变量，以发表国内科技论文数（篇）、研发经费（前两年）、技术引进支出总额、科技活动人员数等为自变量，构建知识生产函数模型，所用数据详见表 3-2。

表 3-2　论文模型所用数据（2000 年价格）

年份	国外主要检索工具收录我国科技论文数/篇	发表国内科技论文数/篇	研发经费（前两年）/亿元	技术引进支出总额（前两年）/亿元	科技活动人员数/人
2003	588	23 959	28	7.117 444	146 364
2004	929	29 915	29	10.092 58	144 360
2005	1 508	36 783	33	8.681 141	158 075
2006	1 961	44 922	38	11.270 42	177 226
2007	2 766	47 880	46	6.476 605	192 173
2008	4 372	48 531	64	1.283 477	209 793
2009	4 774	55 010	81	3.550 504	234 590
2010	5 001	55 953	92	2.510 204	262 112
2011	6 521	55 010	134	3.039 62	292 902
2012	7 793	60 665	152	4.192 817	305 990

　　作为一种可以直接观测到的变量，发表的论文数量因其易于统计，通常被视为科研成果或者绩效评价中的主要评价指标之一。论文数量的增多将在很大程度上对科学研究产生促进作用，一个地区发表论文数的多少，与当地科研水平的高低呈正相关关系，是知识产出能力的体现。以论文数量来探讨专利产出可以让主管部门直观地看出论文发表数量的增多是否伴随着专利的产生。一个经济发达、科学技术先进的地区，往往有着较高的论文发表量。

　　论文是衡量研发活动开展及知识产出能力的重要指标，而发表论文数量最多的单位是大学，因为论文是高校科研人员在研究过程中，将发现的新知识和取得的科研成果进行传播的重要途径，通过发表论文，可以快速地将研究成果应用在实践上，在推动经济发展方面有着不可估量的价值。

　　正如国家科学基金会所认为的那样，论文发表意味着科学研究从发现开始了向公众领域的转移，一个地区科研水平的高低、自主创新能力的强弱与发表的科技论文数量成正相关关系，一个科学技术先进、经济发达的地区，往往拥有较高的论文发表率。所以河南省应该完善科研制度，采取多种激励手段，如经济补助、评价评优等方式，鼓励科研活动人员将新知识、新思想转化为论文发表，同时也要设立相应的惩罚条例，杜绝学术造假的产生。

雇佣有工作经验的资深研究人员，可以增加科研机构的隐性知识，促进机构内部新知识的产生及新技术的创造。科技活动人员的数量可以通过科技活动人员全时当量的指标来进行衡量。科技活动人员是无形资本中最重要的因素，因为所有新知识的产生，都要靠人去不断地挖掘和探索，故将1991～2012年每年河南省的科技活动人员数纳入到对其知识生产数的分析中是非常必要的。

科技活动人员是研究机构对外部知识进行吸收、转化、修改为机构自身可用的内部知识并促进创新产生的必不可少的重要因素之一，一个大学、企业或者科研机构想要迅速有效地将新知识、新技术投入应用，那么拥有高技能、高素质的科技活动人员是非常必要的，没有他们，科研机构就会缺少许多来自人员本身的隐性知识，不能够对机构内部的研究发展起到补充作用。同时，技术引进和国内科技论文数量、科研经费也是影响国际论文数量的重要因素。

二、论文模型构建的计量经济学方法

这一模型反映 SCI 等收录的河南学者（包括与国内外学者合作）发表的论文数与技术引进支出总额（YJ_{t-2}）、研发经费（S_{t-2}）等的关系

$$GP_t = GN_t^{a_7} S_{t-2}^{a_8} YJ_{t-2}^{a_9} N_t^{a_{10}} \tag{3-13}$$

其中，GP_t 代表国外主要检索工具收录河南发表的科技论文数（篇），GN_t 代表河南发表的国内科技论文数（篇）、S_{t-2} 代表研发经费（前两年）、YJ_{t-2} 代表技术引进支出总额、N_t 代表科技活动人员数。经过计量经济学模型检验后的实证模型为

$$GP_t = GN_t^{1.98} S_{t-2}^{0.98} YJ_{t-2}^{-0.14} N_t^{-1.39} \tag{3-14}$$

模型的计量经济学检验详见表 3-3。

表 3-3 论文模型的检验

被解释变量：lg GP_t

模型估计方法：最小二乘法

样本范围：2003～2012 年

有效观察值的个数：10

解释变量	系数	标准误	t 统计量	概率
lg（GN_t）	1.980 298	0.123 477	16.037 78	0
lg（S_{t-2}）	0.983 062	0.044 518	22.082 25	0

续表

解释变量	系数	标准误	t 统计量	概率
lg（YJ_{t-2}）	−0.1436	0.032 945	−4.358 73	0.004 8
lg（N_t）	−1.392 95	0.108 425	−12.8471	0
样本决定系数	0.997 67	因变量的均值		7.915 082
调整后的样本决定系数	0.996 505	因变量的标准差		0.865 381
回归标准差	0.051 157	赤池信息量（AIC）		−2.818 64
残差平方和	0.015 702	施瓦茨信息量（SC）		−2.697 61
对数似然比	18.093 22	DW 统计量		2.183 959

三、论文模型构建的贝叶斯方法

贝叶斯计量经济学是计量经济学中的一种特殊形式，它将计算机程序与贝叶斯统计学理论和方法结合起来，对经济问题进行计量研究。贝叶斯估计是一种以贝叶斯定理为基础而发展起来的统计分析方法，主要应用于参数的估计。通常的数据分析一般是先对资料的基本特征等进行描述，通过逐步回归法或两阶段变量筛选法确定最佳模型，并在此基础上进行可信区间和参数检验的预测及计算。然而，由于人为地用数据的部分信息来对某个特定模型进行指定，这导致模型的预测能力与效能均被减弱，这就是常说的经典统计学建立模型的一个弱点：未考虑模型本身的不确定性。当用广义线性模型或回归模型对采集的数据建立模型时，模型本身会具有很大的不确定性，只以单一模型的结果进行推断，而忽略模型本身的不确定性，会导致结果的适用范围窄于指定范围，与正常情况下相比，还会更加趋向于拒绝无效假设，故而会产生误导性结果。

贝叶斯估计是对服从一定分布的随机变量建立参数模型，然后根据经验给出模型中未知参数的先验分布，并结合样本信息，运用贝叶斯方法，求出未知参数的后验分布，最后根据损失函数求得后验分布的特征值，并将这些特征值视为未知参数的估计量。与传统的计量经济学相比较，贝叶斯计量经济学推断出来的结果会更加合理，具有更加明显的优势。

表 3-4 是利用贝叶斯方法对模型参数进行识别的结果。这里的 C1、C2、C3、C4 与模型（3-13）中的参数的关系为：$\alpha_7=C1$，$\alpha_8=C2$，$\alpha_9=-C3$，$\alpha_{10}=-C4$。

表 3-4 模型参数的贝叶斯识别

参数	均值	方差	MC 误差	2.5%	中位数	97.5%	样本
C1	1.502	0.520 5	0.034 22	0.432 8	1.496	2.499	30 000
C2	0.923 4	0.668 6	0.032 79	−0.355 4	0.920 1	2.252	30 000
C3	0.133 4	0.561 8	0.017 43	−0.988 7	0.140 4	1.224	30 000
C4	0.956 5	0.458 3	0.030 08	0.018 59	0.982 6	1.803	30 000

图 3-3 是各参数的核密度估计图，也就是各参数的后验密度分布图。

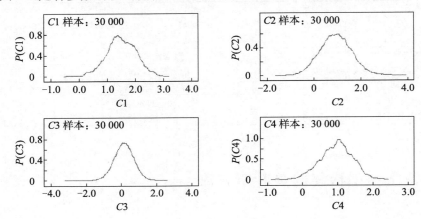

图 3-3　各参数的后验密度分布

图 3-4 是各参数的分位数估计，其说明各参数的值处于一个相对稳定的趋势，这意味着关于各参数的运算是收敛的。

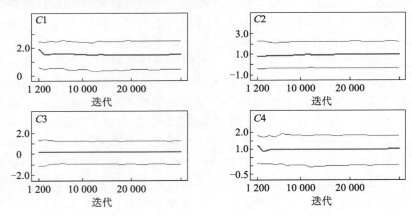

图 3-4　各参数的分位数估计

这样，模型（3-14），按照贝叶斯估计的结果，可以写成如下形式

$$GP_t = (GN_t/N_t)^{1.5} S_{t-2}^{0.923} YJ_{t-2}^{-0.133} N_t^{0.534} \tag{3-15}$$

这说明，国际论文的发表量，与科技人员的人均国内论文发表数量、研发经费和科技人员的数量成正比，而与技术引进支出总额成反比。

计量经济学方法与贝叶斯方法的拟合误差率的比较如表 3-5 所示。

表3-5　计量经济学方法与贝叶斯方法的拟合误差率的比较

方法	2003 年	2004 年	2005 年	2006 年	2007 年	2008 年	2009 年	2010 年	2011 年	2012 年
计量经济学方法	−0.04	−0.03	0.02	−0.05	0.01	0.01	−0.08	−0.09	0.03	−0.01
贝叶斯方法	−0.20	−0.06	0.06	0.04	0.11	0.11	0.04	0.01	0.08	0.08

从表3-6可以看到，计量经济学方法的预测结果与贝叶斯方法的预测结果基本一致，到2025年，国外主要检索工具收录的河南科技论文数将由2012年的7793篇上升到2025年的20 000篇以上。

表3-6　计量经济学方法与贝叶斯方法的预测结果
（国外主要检索工具收录河南科技论文数）比较

年份	发表国内科技论文数（篇）	研发经费（前两年）/亿元	技术引进支出总额前两年/亿元	科技活动人员数/人	计量经济学方法的预测	贝叶斯方法的预测
2015	64 378	265	6	357 267	11 784	10 886
2016	65 666	280	6	376 202	11 869	11 082
2017	66 979	313	7	396 140	12 635	11 885
2018	68 319	350	7	417 136	13 451	12 748
2019	69 685	391	8	439 244	14 322	13 676
2020	71 079	437	9	462 524	15 251	14 672
2021	72 500	489	10	487 038	16 242	15 742
2022	73 950	546	11	512 851	17 299	16 893
2023	75 429	611	12	540 032	18 427	18 129
2024	76 938	683	13	568 653	19 631	19 457
2025	78 477	764	14	598 792	20 916	20 885

第四节　本章小结

知识生产函数在分析国家、区域、产业范围内专利和论文等的产出时，是一种非常重要的工具和手段。它以专利和论文为因变量，而以科研经费、研发人员等为自变量。

SCI等收录的河南学者（包括与国内外学者合作）发表的论文数，与科技人员的人均国内论文发表数量、研发经费和科技人员数量成正比，而与技术引进支出总额成反比。

贝叶斯估计的参数值与传统的计量经济学方法估计的参数值有一定差异，

但二者都比较正确地拟合了数据，并且对未来的预测也基本一致。贝叶斯方法把由传统计量经济学方法得出的参数作为模型中未知参数的先验分布，由此求出未知参数的后验分布。与传统计量经济学方法相比较，在数据的变化趋势比较大的情况下，贝叶斯计量经济学推断出来的结果会更加稳定和合理一些，具有更加明显的优势。

第四章　创新驱动与传统产业的转型升级的评价指标体系

第一节　创新驱动与传统产业的转型升级的评价研究的现状和评述

后金融危机时期，我国经济发展面临严峻的挑战：国际竞争的压力、资源环境的制约，各种困难和矛盾交织在一起，经济发展方式的转变和产业结构的调整迫在眉睫。但往往挑战与机遇同在：经济危机的出现也往往孕育着科学技术革命，只要抓住机遇，加快科技创新，实现产业经济的转型升级，就能化危机为机会，促使经济发展重新恢复活力。2010 年 9 月 8 日，《国务院关于加快培育和发展战略性新兴产业的决定》〔国发（2010）32 号〕在国务院常务会议上正式通过，并由此确定了我国培育和发展战略性新兴产业的战略部署（陈江勇，2012）。

培育和发展战略性新兴产业，一种是通过研发新技术从而发展全新的产业，另外一种就是对传统产业进行改造升级，进而培育出新的产业。在我国，传统产业数量占整个产业数量的 2/3，生产总值占我国生产总值的 87%，为国家创造了约 70% 的财政收入（曾丹，2011）。但也正是由于过去我们一味追求量的提升和规模的扩大，忽视了技术研发相关的核心问题，从而导致传统产业在产品质量、能源消耗、技术等方面出现了一系列问题。鉴于这些问题的严重性和传统产业的重要地位，传统产业转型升级已成为我国实现经济升级的一项重要内容。

另外，科技迅猛发展，知识和科技在经济社会发展中的作用日益突出，知识的积累、科技的创新和应用、创新要素的优化配置，已经成为产业和产业发展的永续动力，创新驱动成为经济社会发展的核心动力机制。创新驱动与产业转型升级存在内在联系，前者是区域和国家发展的重要驱动力量，后者是形成区域和国家竞争力的关键。将两者结合起来进行研究，一方面可以深化对创新驱动一般规律的认识，另一方面可以增强对产业转型升级核心机理的把握。

以服装产业为例，在新型工业化背景下，服装产业升级被赋予了新的内涵。新型工业化的内涵在于通过提高产业信息化程度和技术含量、提高员工素质和水平、实施可持续发展，最终使产业的经济效益有所提高（姜铸和郭伟，2008）。考虑到服装产业面临的来自资源环境和国际竞争等的众多压力，产业转型升级变得尤为重要。通过对服装产业内部进行调整与改造，提高产业经济效益。因此，我们需要建立一种评价方法，以帮助我们对服装业甚至传统产业的转型升级做出科学、合理的决策。

一、创新驱动的相关研究

1. 创新驱动的概念

"创新驱动"概念最早是由迈克尔·波特（Porter，1990）提出的，他在《国家竞争优势》一书中，将国家竞争力发展分为要素驱动、投资驱动、创新驱动和财富驱动四个阶段，并全面阐释其特征及演进过程。此处使用的创新驱动概念是把创新作为推动经济增长的主动力，与其他阶段相区别，不是说创新驱动不需要要素和投资，而是说要素和投资由创新来带动（刘金华和尹庆民，2014）。

国内学者近几年开始探究我国转型动力问题，洪银兴（2013）对创新驱动概念理解较深入，认为转向创新驱动就是利用技术、知识、企业管理模式等创新要素对现有的各种资源进行重新组合和配置，从而提高企业的效益和科学管理水平。陈曦（2013）认为，创新驱动发展就是依赖创新，使生产要素高度整合、集聚、可持续地创造财富，从而驱动经济社会健康、稳步地向前发展，并提出了创新驱动的基本格局，主要是确立了两个重要系统：协同合作的创新主体系统和协同运作的创新方式系统。张银银和邓玲（2013）则把创新驱动具体分成了几个阶段，分为前端驱动、中端驱动和后端驱动，共同作用于传统产业向战略性新兴产业演进过程中科技创新路线的每个相应环节，促进了知识积累、学习、创造及扩散，推进传统企业技术结构、生产方式、组织结构等的变革，实现以传统业务为支柱向以新兴业务为核心转变。从创新驱动的意义的角度而言，惠宁等（2014）提出创新驱动的核心要素是技术创新。一是创新能够培育新的产业；二是创新有助于产业链延伸；三是创新促进产业升级。

从以上文献中可以看出，创新驱动发展是相对于生产要素驱动发展而言的。创新是将多种要素进行整合，避免了仅仅依赖单一要素，从而实现可持续发展，而且在此过程中生产力水平也会大大提高。

2. 创新驱动发展方式的评价标准

转向创新驱动，就意味着由主要靠物质（有形要素）投入推动增长转向创新要素驱动增长，这个过程的结果就是带动企业的转型升级。判定一个企业是否是以创新驱动发展或者评价产业的创新驱动力的时候，不同的企业会有不同的表现或评价标准，但在大方向上是类似的，基本上有以下三个定性的标准。

第一，创新要素的投入。创新驱动要素是实施创新驱动战略必不可少且具有驱动创新作用的构成要素，也是创新驱动最基本的组成部分。创新要素包括研发资金和人员的投入、科技进步贡献率、高端创新设备等。发达国家的科技进步贡献率通常较高，现在这个比例在某些国家可能更高；研发费用一般要占其GDP的2%以上，而科技创新企业数量一般要达到6%以上。可见，创新要素的集聚是创新力的保证。

第二，重视人力资本的投资。实施创新驱动战略要以人才为依托，不仅需要提高劳动者素质，更需要创新型和技术型人才。因此，转向创新驱动，人力资本比物质资本更重要，增加人力资本供给就能驱动创新。

第三，与科研机构和高校等之间密切合作。科研机构和高校属于创新人才和技术的孵化环节。创新驱动要求的创新投资应该更多地投向孵化和研发环节。孵化高新技术即科技创新的中游环节，从产学研合作角度分析，它是关键性环节，是连接知识创新和技术创新的桥梁和纽带。其效应是越来越多的新技术、新产品和新企业在这个阶段产生，从而成为创新驱动经济发展的重要表现。

二、产业转型升级的相关理论

1. 企业转型升级的概念

对于企业转型的研究，国内外学者从不同角度给予了广泛关注，但至今对企业转型还没有一个统一的定义。组织学家贝克哈德从组织行为学角度将企业组织转型定义为"组织在形式、结构和性质上发生的变革"；加里·格里菲（Gereffi, 1999）认为企业转型是企业转向新的业态，主要是指产业的转换和发展模式的转变，而企业升级则是指企业在产业链和价值链位置上的提升，主要体现在企业的资本获利能力的提高和技术的提升，一般通过创新和整合来实现。J. Humphrey 和 H. Schmitz（2000）认为，企业升级可以保证和提高发展中国家企业的收入，企业升级就是通过提高技术水平和市场能力，进而提高企业竞争力的过程。

国内学者对企业转型升级的理解也有不同。吴家曦和李华燊（2009）认为企业的转型升级可以从转型和升级两个层面来理解，转型是状态的转变，即企业在不同产业之间的转换和不同发展模式之间的转变，前者表现为转行，后者表现为转轨。其他学者多从核心竞争力和动态能力的角度出发，较多关注的是企业内部的升级。

2. 企业转型升级的类型

Humphrey 和 Schmitz（2000）提出了四种不同类型的升级方式：过程升级、产品升级、功能升级、部门间的升级。王吉发等（2006）结合企业外生成长理论和内生成长理论，提出了企业内生型转型（管理模式转型、产品与市场转型、业务过程转型）和企业外生型转型（行业转型）。邬关荣（2007）提出了四个主要的升级优化模式，即 OEM 阶段的弹性＋设计＋运筹＋品牌，同时根据"微笑曲线"上的主要环节提出了三个升级策略，即强化中间的生产制造优势、增强曲线左端的创新能力、增强曲线右端的品牌营销力量。

结合各位学者的见解大致可以把企业转型升级的类型分为以下几种（表4-1）。

表 4-1　企业转型升级类型

转型升级方式		主要内容
转型	转行	在保留原行业的基础上，发展新行业 放弃原行业，完全进入新行业 在本行业中向上游产业延伸 在本行业中向下游产业延伸 研究领域的转变
	转轨	企业类型转变 营销模式转型 开发新的市场 管理模式转型 创业者自身转型
升级	创新	开发新产品 提高产品技术含量 实施品牌战略 提高研发力度

3. 企业升级的衡量标准

根据前文对升级的内涵和路径的分析，总结出基于不同理论企业升级的类型和衡量标准（表4-2），并对此进行分析（毛蕴诗和吴瑶，2009）。

表 4-2　企业升级的理论依据及衡量标准

研究理论	升级的含义	升级的衡量
全球价值链	过程升级：通过对生产流程的改进和整合，提高生产效率	生产效率提高，产品质量提高
	产品升级：研发新技术和新产品，提高产品附加值	对旧产品的改进和新产品的快速推出，产品生命周期缩短，产品技术含量增加，产品功能增强，产品单价提高
	功能升级：获取新功能或放弃现存功能	从生产向设计和营销等利润丰厚环节跨越，如从 OEM 到 ODM 再到 OBM
	跨产业升级：促进产业之间的相互沟通与融合	产品的前期宣传力度和后续服务水平提高
核心竞争能力	实施差异性战略，强调产品、技术的独特性	形成技术、人才、品牌、管理等方面的核心竞争力
动态能力	长期形成应对不断变化的环境，更新发展自己的能力	知识、技能的获取和学习，管理水平的提高

（1）过程升级。要求企业对生产流程和技术进行改进和提高，这样不仅可以提高产品的质量与生产效率，还可以通过技术含量的增加提高产品的附加值。把产品定位在高附加价值上，这样才能与跨国企业在华生产的产品相抗衡，获取市场份额。这些产品相对于出口加工或出口一些低价值的产品而言有着更高的附加价值。

（2）产品升级。对旧产品的改进和新产品的快速推出，产品生命周期缩短，产品技术含量增加，产品功能增强，产品单价提高。

（3）功能升级。产品功能的增强也是企业升级的一种表现形式。这种升级方式提高了企业的竞争力，更有助于企业获得更高的利润。改变企业在全球价值链中所处的位置，从 OEM 到 ODM 再到 OBM。我国企业大多处于 OEM 阶段，这就要求企业通过对生产过程的学习，积累制造经验，同时对引进的设备、工艺进行摸索、探求、仿制和改进，形成自己的设计和初步研发能力之后，逐渐过渡到 ODM，然后通过自主研发和设计水平的提高及品牌战略的实施，向OBM 发展。

（4）跨产业升级。随着信息化的发展，各产业之间的沟通与合作更为紧密，在这样的环境下，企业不仅要注重产品本身的提高，还要提高与产品相关的一系列活动的水平。也可以从单一产品升级为系列产品。现代企业的竞争最终的赢家是顾客，提高企业的服务水平和宣传力度，可以更好地为顾客服务，有助于提高企业的快速反应能力和持续竞争能力，为企业升级带来源源不断的动力。

（5）实施差异性战略。企业要想立于不败之地，就要具备核心竞争力；要获得持续的竞争优势，就需要形成那些难以为竞争对手效仿的、属于企业专用的战略性资产。在初期，可以通过对外直接投资，从而增加国际竞争经验，或是借助兼并收购发达地区的企业，学习、吸收其先进技术和管理经验，增强企业的核心竞争力。

4. 企业转型升级的路径

Jary Gereffi（1999）从全球价值链的角度出发，总结出企业升级的路径就是生产模式从委托组装（OEA）和委托加工（OEM）到自主设计和加工（ODM）再到自主品牌生产（OBM）的升级过程（李红，2012）。

国内学者唐海燕和程新章（2006）以温州某打火机企业为例，从产品升级、过程升级、功能升级三个层面研究该企业的升级路径。毛蕴诗和吴瑶（2009）总结了五种基于产品升级导向的自主创新路径：替代跨国公司产品的产品升级、利用行业边界模糊的产品升级、适应国际产业转移的产品升级、针对行业标准变化的产品升级及通过加快模仿创新的产品升级。李薇（2008）通过对不同行业、不同类型的典型企业的案例进行对比研究，总结了企业 OEM→ODM→OBM 转型升级的演进路径。周锋（2010）研究了地区经济转型升级中政府的作用，对政府在经济增长中的作用进行了深入分析，并提出了政府推进经济转型升级的路径。滕晓梅（2011）从全球价值链理论和转型理论的研究视角，基于技术能力和市场拓展能力分析了晋江鞋企业的转型升级，提出了以技术能力和市场拓展能力为维度的企业转型升级的路径。

5. 纺织服装行业转型升级的相关研究

从影响因素和制约因素方面而言，贾艳玲等（2004）提出了纺织业升级中的内生性和外生性影响变量，其中内生性变量主要包括技术进步水平、创新能力、人员素质、制度因素等，外生性变量主要包括市场需求、相对成本变动、相关产业发展和产业政策等。姜铸和郭伟（2008）指出我国纺织产业升级的五个制约因素：传统优势地位被削弱、处于产业价值链底端、科研投入不足、传统生产模式需改进及市场营销能力薄弱，并相应地提出了挖掘传统竞争潜力、提升人才素质、推动技术创新、变革生产方式、强化市场力量五种提升途径。

就升级现状而言，卜国琴和刘德学（2006）从产品升级、价值链升级、产业能力升级、产业网络地位升级四个方面具体分析了中国服装加工贸易的升级现状，发现如果摆脱不了"世界代工厂"的身份，中国服装业在全球竞争中必然处于底端、被动的地位。

从升级路径的角度，黄永明等（2006）依据中国服装产业处在全球价值链底端环节的现实，基于全球价值链分析框架，分析了中国纺织服装产业升级面临的阻碍，并提出了三种产业升级路径，即技术扩张、市场扩张以及技术和市场组合扩张模式。杨叶辰（2009）以浙江省纺织产业转型为例，提出转型升级要注重发展产业的附加值、创新能力、特色化、国内外市场和可持续发展程度。

王月琴等（2009）指出，不同价值链驱动的产业价值链治理方式也不同，认为纺织服装产业属于典型的购买者驱动价值链上的产业，其治理要靠品牌建设、营销渠道建设来引领升级。仵志浩（2011）认为纺织服装产业升级应当从生产制造环节最底端的产品加工出口开始，在此基础上获得国外品牌产品生产和出口代理权，在代工的过程中引进和吸收外来新技术。

三、创新驱动转型升级的评价指标体系

目前，发达国家对创新驱动指标已有一些非常成熟的评估体系，如欧洲创新体系的测度与评估采用的是欧洲创新记分牌（EIS），主要由创新使能指标、企业行为指标和创新输出指标三大板块构成。美国竞争力委员会提出创新评价指标体系发展的四个阶段：第一代和第二代创新指标体系分别强调创新的投入和产出指标，第三代指标体系在整合了公共数据的基础上增加了一系列新的指标，到了第四代，创新指标主要分成了创新环境、创新条件、创新过程三大板块（李婉等，2010）。

随着关注度的提高，国内相关研究也逐渐成熟。在构建创新驱动或转型升级的评价体系时，一些学者会旨在评价转型升级，创新则是作为其中一个要素或一个指标。黄海标和李军（2008）则是从产业结构和系统运营效果的角度出发选建了一套指标体系；樊正强和李奇（2009）则从科技创新指标、政策创新指标和制度创新指标三个方面来建立创新转型的指标体系；胡迟（2014）比较创新的是选择了信息化水平和生产性服务业这两个指标；王玉燕等（2014）依据我国产业转型升级战略动因与六项要素指标，设计与构建出包括经济效益、技术创新、质量品牌、结构优化、智能化率、绿色驱动六大类要素指标及 25 项具体指标体系。

还有一些学者则旨在评定创新驱动力。基于党的十八大创新驱动战略提出的背景，国内学者王义娜和黄立新（2014）从科技进步、创新投入及创新突破三个维度对创新驱动力进行评价和监测。魏亚平和贾志慧（2014）从"创新要素"的角度构建创新城市创新驱动力的评价体系。将创新要素分成了四类：创新驱动主体要素、创新驱动资源要素、创新驱动效应要素和创新驱动环境要素。王珊珊等（2014）主要对开放创新模式下的新兴产业的创新能力进行研究，侧重考虑了资源整合方面的相关影响。周振华（2008）等搭建了城市创新驱动发展的评估框架，主要由两部分组成：一是反映城市创新能力和水平的基本要素，包括创新的投入、产出，以及由此产生的创新效益与效率；二是城市的创新基础条件，包括经济发展水平、制度、环境、政策（即软硬两方面）对整个创新链的支撑作用。

虽然创新驱动这一课题已引起学界和产业界的广泛关注，上述学者也都从不同的角度针对不同的对象建立了创新驱动能力的评价体系，但是对传统产业转型升级的关注度不够。因此，需要建立一种评价体系，根据评价结果提出更科学和合理的决策，以实现传统产业的转型升级。

第二节　创新驱动与转型升级的理论基础

一、创新驱动的理论基础

1. 创新驱动的概念

最早使用创新概念的是熊彼特，最早把创新驱动作为一个发展阶段提出来的是迈克尔·波特，他把经济发展划分为四个阶段：第一阶段是要素驱动阶段，第二阶段是投资驱动阶段，第三阶段是创新驱动阶段，第四阶段是财富驱动阶段（洪银兴，2013）。所谓创新驱动指的是创新成为推动经济增长的主动力。

我国长期依靠投资带动的要素驱动的经济增长方式，由于受到环境和资源的制约，功效已大大降低，所以我们需要寻求新的驱动方式，创新驱动会是一个很不错的选择。由要素驱动转向创新驱动，就是利用知识、技术、产业组织制度和商业模式等创新要素对现有的资本、劳动力、物质资源等有形要素进行新的组合，以创新的知识和技术改造物质资本，提高劳动者素质和科学管理水平，就是经济增长更多地依靠科技进步、劳动者素质提高和管理创新驱动。创新驱动的增长方式不仅可以提高产品质量和生产效率，更为重要的是依靠知识、人力资本和激励创新制度等无形要素实现要素的新组合，是创造新的增长要素。显然，创新驱动可以在相对减少物质资源投入的基础上实现经济增长。

2. 创新驱动发展方式的评价标准

转向创新驱动发展方式，不仅意味着由主要靠物质（有形要素）投入推动增长转向创新要素驱动增长，同时会带动产业结构的转型，不仅是要求创新产业，还要求新兴产业成为主导产业，科技产业成为主体，以及技术的进步。创新驱动的经济发展方式有个评价标准问题，一般说来，评价标准可从以下两个方面确定。

（1）科技进步对经济增长的贡献率。发达国家的科技进步贡献率一般可以达到70%～80%，现在这个比例在某些国家可能更高。我国目前的差距很大，所以我们更要重视创新驱动，重视科技发展在经济发展中的作用。

（2）研发投入标准。目前创新型国家的研发费用一般要占其 GDP 的 2.5%以上，而创新型企业一般要达到 6% 以上。对这个标准需要进一步说明的是，经济增长由物质资源投入转向创新驱动，可以相对节省物质资源、环境资源之类的物质投入，但不能节省资金投入（洪银兴，2013）。过去一般以产业研发投入占 GDP 的比重来衡量一个地区或产业的创新能力，这与产业为源头的技术创新模式相适应。现在突出的是以科学发现为源头的科技创新模式，因此，研发投入将越来越成为判断一个地区是否进入创新驱动型经济阶段的指标。

以上两个标准实际上是从投入和产出两个方面所做的评价，更多的是针对全国来讲的，是成为创新型国家的基本要求。除此之外，尤其是就某个区域或产业来说，转向创新驱动，还有三个定性的评价标准。一是创新要素的高度集聚。经济活动的空间集聚可以产生经济的集聚效应。发展创新型经济同样需要这种集聚效应，这就是建设和发展科技创新园区。二是人力资本投资成为创新投资的重点。实施创新驱动战略要以人才为依托，不仅需要提高劳动者素质，更需要高端创新创业人才。因此，转向创新驱动，人力资本比物质资本更重要。三是孵化和研发新技术成为创新投资的重点环节。孵化高新技术即科技创新的中游环节，从产学研合作角度分析，它是关键性环节，是连接知识创新和技术创新的桥梁和纽带。

二、产业转型升级的相关理论

1. 产业转型升级的概念

对产业转型升级的研究，国内外学者从不同角度给予了广泛关注，但至今对产业转型还没有一个统一的定义。Gereffi（1999）认为产业的转型是产业转向新的业态，即产业在不同产业之间的转换和不同发展模式之间的转变，而产业升级主要体现在产业产品上和技术上的提高，以及获利能力的提高、产业链和价值链位置的提升。从宏观角度来看，产业升级就是当资本（人力和物力）相对于劳动力和其他资源更加充裕时，国家转而发展附加值高和技术密集型的产业；从微观角度分析，产业升级就是制造商从生产劳动密集型、低附加值产品生产向生产更高价值的产品或技术密集型产品这样一种经济角色转移的过程。可见，无论从什么层面看，其共同之处就是：产业升级是产业由低技术水平、低附加值状态向高技术水平、高附加值状态演变的过程（林锐，2006）。

对于服装产业而言，在新型工业化背景下，服装产业升级被赋予了新的内涵。来自国际竞争和资源环境的压力，同时又伴随着信息科技革命的机遇，服装产业的转型升级迫在眉睫，而转型升级的关键就是创新，走新型工业化路子，即通过对服装产业内部进行调整与改造，以及与其他行业的沟通合作，达到产业内资源配置合理、竞争力提高和经济效益提高的效果。新型工业化主要体现在"新"字上，是相较于我国的传统工业化路子而言的，新型工业化的内涵在于提高生产过程中的科技含量和信息化水平，注重人才培养及人力资源管理和利用，坚持走可持续发展的路线，最终实现经济效益的提高。

2. 全球价值链下的服装业升级转型的相关理论

中国服装行业劳动力廉价和土地成本低，在全球服装行业进行第三次转移时，成功地嵌入全球价值链的中低附加值行列。在全球范围内，目前，服装产业价值链可分为五个级别，中国属于第三层次（雒明敏，2011），具体见表 4-3。

表 4-3　服装产业价值链的分布情况及特征

价值链的层次	国家/地区	特征
第一层次	美国、日本和西欧	在产业价值链中的顶级，高技术含量、高附加值产品出口，控制市场渠道和最尖端的技术，占据产业链的两端
第二层次	韩国、中国台湾和中国香港	新兴工业化国家和地区，掌握了服务机制，同时也为调整产业结构重点对原材料进行研发，掌握了产业链的前端
第三层次	中国	有一个巨大的工业基地，在制造业领域有突出优势，生产高附加值产品的一小部分，其自有品牌份额与国际水平差距大
第四层次	印度、巴基斯坦和印度尼西亚	劳动力成本有优势，纺织产业基础较好，目前致力于大力扩展纺织业的规模
第五层次	老挝、越南	劳动力成本低，具有接受纺织产业转移的部分条件

但是，随着产业链的前端技术被控制，完善的服务和市场终端渠道受制于人，中国只能赚取加工费用，利润微薄。20 多年的发展并没有改变被锁定在中低附加值环节的命运，一场金融危机使出口导向型的中国服装业受到了前所未有的重创。中国服装业的发展已经达到了一个临界点，我们必须做一些事情来改善我们在全球价值链中的地位，不要被淘汰，使用全球价值链理论来研究服装行业产业升级路径在这个时候具有非常重要的现实意义。

在 20 世纪 90 年代后期产业升级第一次被真正引入到全球价值链理论中。Gereffi（1999）的分析框架较早地分析了实现产业升级的相关问题。从资源配置的角度看，他将升级划分为四个层次：内部升级，产业间升级，地方或国家内部的升级和国际范围内的升级。按照不同的驱动因素，全球价值链可以分为生产者驱动型和购买者驱动型两种，前者指的是以发达国家的跨国制造商为代表的通过投资形成劳动制度的垂直分工体系，如汽车、计算机、航空等资本或技术密集型行业，在这些行业中，主要战略环节是研发和生产，发展中国家一般可以通过合资、合作或收购等方法嵌入全球价值链；后者指的是以国际品牌制造商、零售商为代表通过全球采购或 OEM、ODM 等国际商品流通的网络组织，如服装、鞋、玩具等劳动密集型产业，其战略环节主要集中在设计和营销（吴瑶，2010）。

纺织服装产业是典型的购买者驱动型商品链上的产业，其核心竞争力在于设计、品牌和营销。因此，服装业全球价值链应沿着从委托组装（OEA）到委托加工（OEM）到自主设计和加工（ODM）再到自主品牌生产（OBM）的升级路径来描述服装业升级轨迹（滕晓梅，2011）。OEA 到 OEM 可以认为是工艺升级，OEM 至 ODM 是产品升级，而 OEA、OEM 和 ODM 的这几个价值链环节都属于中低附加值环节。从 ODM 到 OBM 被认为是功能升级，也是产业链中附加值最高的环节。事实证明，服装业从 OEA 到 OEM 的升级比较容易些，其经历的时间短，升级成本较低，而 OEM 到 OBM 的功能升级却变得非常困难。这也就是我们所要讨论的转型升级的重点，也可以看出创新的必要性。

三、行业间的促进作用

1. 生产性服务业对服装业转型升级的作用

信息化已逐渐成为社会发展的主要趋势，同样也是我国贯彻落实"以信息化带动工业化"战略的重要举措，是带动传统产业转型升级的重要突破口。制造业，包括服装制造业，是生产性服务业的主要需求方，对生产性服务业发展有显著的拉动作用（张荣馨和陈桂玲，2013）。服装制造业对生产性服务业的需求能够带动生产性服务业的发展。在服装产业转型升级的过程中，对生产性服务业，尤其是商务服务和科技服务的需求拉动作用将进一步增强，同时也能促进生产性服务业产业结构升级。

生产性服务业对服装产业的支持作用。纺织业属于高污染的行业，服装制造业属于劳动密集型行业，和"绿色经济""服务型经济"的发展模式并不相符。服装产业的转型升级中，主要针对设计、品牌、商业模式和营销模式的创新，这就需要专业性、创新性强的生产性服务业的支持，如高端服装设计、面料研发人才，专业外包服务，品牌营销设计等

2. 金融业对服装产业转型升级的作用

传统产业转型升级，就是从资源密集、劳动密集阶段向资金密集、技术密

集迈进，这必然伴随着各种资源的重新整合和配置，在高度货币化的当代社会，这一进程能否成功实现很大程度上取决于金融体系是否健全、金融服务是否完备，因此，金融业的支持是产业转型升级的关键。

在现代经济中，科技和金融已经成为社会生产力中最活跃的因素，金融可以促进和保障技术创新，科技和金融结合具有客观必然性。任何一项技术成果在其研发阶段、应用阶段，直到工业化阶段，不仅有不断扩大的资本要求，并且通过金融市场规避风险，公司治理、激励约束、价格发现、流动性供给等功能，为技术创新提供了一个功能保证。扩大金融中介机构及其功能不仅能促进资本形成和经济发展，还能刺激全要素生产率和经济增长率的提高。金融业对于技术创新的作用主要体现在以下三个方面：第一，金融体系为高风险技术活动提供资金支持，技术创新需要大量的资金，金融体系能发挥其动员储蓄功能；第二，资源配置的金融体系的效率决定了技术创新的发展方向、质量和效果；第三，金融系统通过提供不同来源的资本组合来分散技术创新的风险。一般来说，越是专业化的技术，生产率越高，但收益的波动性也越大。为规避风险，投资者倾向于选择风险小但专业化程度较低的技术，导致高专业化的技术投资不足（周鹏，2011）。

金融系统通过减少金融合约的交易成本可以促进专业化、技术创新和经济增长。生产性服务业可以通过多种渠道和方式，来减少地区交易成本，有些通过劳动的专业化分工，有些通过范围经济，有些通过规模经济，有些通过先进的技术手段，如通过网络通信和信息，有些通过风险管理，还有些通过制度创新和安排等，现代制造业集聚和发展将产生巨大的"磁场效应"（周鹏，2011）。因此，生产性服务业成为现代经济增长的助推器和经济竞争力的牵引力，是现代经济增长的基本动力源。

第三节 服装业转型升级的路径研究

我国纺织服装产业作为典型的劳动密集型产业，曾经具有强大的国际竞争优势，2007 年出口产品占世界总出口额的比重达 25％。然而，自 2008 年金融危机以来，该产业的出口形势愈发严峻。在人工成本上升、原材料紧缺、人民币升值、欧美主要出口市场需求疲软、贸易摩擦加重及来自东南亚国家竞争等内忧外患的大背景下，我国纺织服装产品的比较优势逐步丧失，转型升级成为纺织服装业的重大课题和重要抉择（吴晓芳和葛秋颖，2014）。

一、创新驱动服装业转型的路径

1. 从高耗能型向节能减排型转变

纺织服装产业是我国的民生产业，也是国民经济发展的传统优势产业和十大振兴产业之一，我国现已发展成为全球第一大纺织服装生产国和出口国。但由于我国以化石燃料为主的能源结构现状，我国纺织服装行业的温室气体排放在工业部门中处于相对较高的水平。而且纺织服装产业还是我国能源资源消耗的大户，尤其是水资源消耗量更大。不管是从行业发展的角度还是从环境的角度考虑，纺织服装业必须提高能源利用效率，节能减排，主要可以从以下两个方面入手。

（1）优化工艺流程，降低能源消耗。工艺流程的差异对水的消耗量和二氧化碳的排放量有重要影响。在纺纱、漂白及染色等一些环节，对环境的污染较大，且附加值较低，如果能够优化这些流程，可以大大减少二氧化碳的排放；在布料的软化过程中，会造成大量水资源的消耗，如果可以用臭氧处理法等其他工艺代替，就可以有效地减少水资源的使用。所以优化工艺流程对纺织服装业节能降耗十分重要。

（2）技术创新，提高能源利用效率。技术进步、技术创新是纺织服装业提高能源利用效率的重要手段。经济规模、产业类别及技术水平相同而行业结构不同，势必会带来碳排放量的不同。在发达国家的低碳政策中，它们鼓励提高能效和开发新能源，注重低碳技术的研发、应用和转让。在煤的清洁高效开发利用技术方面，应重点开发煤炭高效开采技术及配套设备，重型燃气轮机等高效发电技术与装备，研究发展大规模煤气化，以及改进煤炭直接、间接液化技术（罗溪，2012）。对于服装业企业来说，调整产品结构、生产高附加值产品，是降低能耗的一条可行道路。

2. 从追求规模型转向提质增效型

作为世界的代工厂，我国的服装企业一直都在追求规模型生产，这样在初期还可以，但是不利于企业的长期发展，一方面是因为生产流程中技术含量较低，容易被替代，竞争力较低，另一方面是因为在生产的过程中能源消耗量也比较大，还会对环境造成污染。

因此，服装企业要转型升级，创造更高的附加值。目前我国出口纺织产品单价只有意大利的 1/3～1/4，长丝织物出口单价平均只有 1 美元，是进口的1/2，我们的差距主要在品质，在差异化和精细化上，提升潜力很大，这也是我们产品竞争提升的新空间。中国的纺织服装业要想发展，必须要重视自主创新，设计自己的服装，创立自己的品牌。这样企业不仅能提高自身的利润，对环境也没有负面影响。提高我国纺织服装业在产业链分工中的地位，要发展高性能、差异化纤维新材料、智能化纺织装备、功能性纺织面料、服装等，产业链上注重研发设计，支持培育具有国际影响力的自主品牌，发展特色营销渠道，提高纺织产品的整体质量、技术含量和附加值。

3. 从投资主导型转向多元驱动型

相较于原来的要素驱动，转变为创新驱动、多元驱动的模式，意味着不仅仅依赖于要素和资本的投入，更要注重科研、技术等的投入。

资本投入是企业运作的基本，但是服装业不能只追求"量"，要实现一元拉动向多元驱动的转变。首先，要提升品牌的知名度，强化消费者的品牌概念，进而提升企业的形象，品牌形象要与消费者的需求度相契合。其次，通过技术创新拉动营销。增加研发人员和资金设备的投入，技术的创新一方面可以助推差异化营销，另一方面还有利于开发新产品、开拓新市场。另外，可以通过完善产业链拉动营销。不断完善产业链对企业营销的意义，一方面可以增强企业创新能力和提高企业对市场的响应速度，另一方面可以获得更多的营销竞争优势，如由成本管理带来的价格优势、由供给管理带来的产品质量优势、由技术管理带来的新产品开发优势、由物流管理带来的分销优势等。

二、创新驱动服装业升级的路径

通过对所搜集资料的分析和总结，发现我国纺织服装业升级的路线严格遵循一般规律：向价值链附加值高的两端，即研发和营销提升，具体来说通过并购获得了高端品牌资源、全球或区域市场运作经验、销售渠道，以及先进技术或研发团队等战略性资产。

1. 品牌升级

虽然我国作为世界的"代工厂"，每年的服装出口量很大，但品牌在国际上的知名度还远远不够，所以我们要提升我们的品牌知名度。产品差异化、自主研发这些措施都可以提升品牌的识别度。但在新产品研发、品牌影响力这些方面我们跟国外的企业还存在差距，如果仅仅靠提升产品进而提升品牌知名度是远远不够的。为了更好地解决这个问题，近几年来，我国纺织服装业出现了一个新的现象：通过跨国并购获得升级。在并购企业的同时，可以获得被并购企业的销售系统，这个系统不仅继续销售所并购品牌（原品牌）产品，还可以推广收购方自身产品，借此提高自身品牌的知名度和品牌价值。同时，在收购的同时，还可以吸收到好的经验，更深入地了解国外的市场和顾客的需求，有利于企业和自身品牌的国际化。我国七家上市公司的跨国并购都获得了具有世界知名度的高端品牌或者全球性的品牌运作经验，这些品牌和经验对企业的知名度和学习能力提高都大有裨益，对 OBM 的发展具有不可估量的作用。

比如，山东如意的并购对象日本"声望"（Renown）拥有 100 多年的历史，是日本第一大服装品牌运营商，拥有"都本"等 35 个世界知名服装品牌，涵盖高中档男女正装、休闲装、运动装，拥有丰富的品牌运营经验。并购有助于如意将原始的面料品牌打向终端消费市场，能够在提高面料企业附加值的同时增强品牌服装的加价能力（吴晓芳和葛秋颖，2014）。还有雅戈尔并购美国 Kellwood 公司旗下主营男装业务的 Smart 公司和 Xin ma 公司，其中 Smart 公司不仅拥有 Nautica、Perry Ellis 等五个授权许可品牌，还是 Polo、Calvin Klein、Nautica、Perry Ellis 等 20 多个知名品牌的客户，大大提升了公司的品牌知名度和品牌国际运营能力。这些都是跨国并购成功的例子，这一做法不仅提高了本品牌的知名度和国际化程度，同时还吸收了先进的技术和宝贵的经验，拓宽了销售渠道。

除了并购国外品牌外，还可以向个性化、时尚化、定制化、小批量转型。如今随着生活水平的提高，人们买衣服已经不是单单为了蔽体或是保暖这些最原始的需求，会更注重衣服的款式和品牌，因此服装业向卖时尚设计、卖品牌文化转型。国际一线品牌的衣服之所以价格那么高，卖的就是它的品牌价值和设计。最近国内一些知名品牌也开始实施这一战略：七匹狼推出"品格映像"，九牧王推出"男裤文化"，帝牌推出"京彩系列"等。龙头企业纷纷向追求品牌文化内涵提升，为企业带来了丰厚的品牌价值回报。

2. 产品升级

产品升级是指通过新技术运用开发新的产品或提升现有产品品质，提高产品质量档次与附加值，这种升级主要在研发设计与加工制造环节体现。产品太相似、缺乏特点是造成中国服装产品竞争力低的主要原因，针对这一问题我们必须对产品进行升级，提高产品的差异化。

（1）加大新产品开发力度。随着社会的发展，服装从款式到面料推陈出新的速度很快，消费者对服装产品的需求也越来越个性化、功能化和品质化。企业在生产产品的过程中，就需要考虑到这些需求，加大研发力度，不断推出新的工艺和产品，这样可以使企业抢占领先地位，摆脱价格战的困扰。比如，在布料的生产方面，以新型纤维为例，山东海龙集团将创新能力集中于差别化化纤面料的开发上，通过对常规品种化纤进行创新以改进织物性能，目前产品毛利率达到 40%，远高于普通产品（梁文玲，2008）。

（2）针对细分市场提供差异化供给。服装是民生产品，需求个性化特征明显，企业要想实现差异化策略，就需要将市场进行深度细分，根据不同的细分市场制定出针对性更强的战略。比如，同样是女裤，年龄层次不同、工作种类不同，对裤子的版型、材质的需求也不同，将市场细分后，产品会更有针对性地满足受众群体的需求，产品本身的价值也会提高。

（3）密切关注市场需求新动向，积极寻找市场空白点。产品升级的根本还是在于创新。在原料阶段，要不断研发新材料，重点开发新型高科技纤维和高档多功能服装面料，提高差别化率；在设计阶段，要增强高档面料的设计和加工能力，在款式上不断推陈出新，在色彩、品种等多方面拓展产品系列，推动产品换代和结构升级；在生产阶段，要积极推广新型工艺技术，提高生产效率。

3. 生产流程升级

生产流程升级是指通过重组业务流程或引进使用先进技术设备提高纺织企业的工艺水平、产品质量与生产效率，这一升级主要体现在生产制造环节。

先进技术装备是企业效率提升的重要载体，也是产品质量的保障，目前利用机械设备进行流水作业是当下服装行业的主流生产模式，服装行业企业必须借助服装科技来武装自己，提高企业的核心竞争力，加快转变生产模式。

随着服装科技设备的深入研究与发展，传统型服装设备逐渐被新的自动化的服装设备所替代。很多环节都变成了机器智能完成，人工只需要操作机器就可以（叶奕莉，2013）。例如，智能拉布与电脑裁床改变了人工间生产效率；绣花、印花、家纺服装设备的高速发展，也在不断改变服装产业现状。但这些设备也存在一些问题，如对员工技术要求高、不同工艺要求差别大、作业效率不同步等严重制约了车间生产高效化进程。为了解决这一问题，研发了新型技术服装模板。服装模板结合服装工艺与服装样板技术，通过设定不同模板类型改变工艺作业模式，提高了生产效率，降低了工人技术要求，促进了车间生产标准化、流水化、现代化。在服装设计阶段，也越来越智能化，服装应用型软件改变了服装行业设计、技术部门的作业方式，传统手工转换成电脑数字化、智能化作业，二维款式设计软件改变了手绘设计模式，三维款式将沿着设计、成样、试衣、走秀的发展方式颠覆整个服装行业的传统模式。未来服装生产将走向数字化时代，数字化时代生产模式将颠覆传统促进服装行业大发展。

4. 管理模式升级

提高企业现场管理水平，保证产品品质。服装产品的市场竞争已转变为企业对市场响应速度、产品品牌和技术创新能力的竞争。而竞争的核心就在于服装企业对知识经济时代的理解和追逐，也就是服装企业的管理方式也要更加信息化。在这方面，服装行业与其他行业相比，却处于明显的劣势，存在着起步较晚、发展较慢两大现状，这与服装行业在我国的经济地位极不相称。据有针对性调查统计，我国服装企业应用财务软件和 CAD 设计软件相对比较普遍，而ERP 系统的应用比较少，甚至在许多中型、大型服装企业都不常见。

ERP（enterprise resource planning），即企业资源计划系统，是指建立在信息技术基础上，以系统化的管理思想，为企业决策层及员工提供决策运行手段的管理平台，集信息技术与先进的管理思想于一身，成为现代化企业的先进管理运行模式。ERP 是一个集合企业内部的所有资源，进行有效地计划和控制，以获取最大效益的集成系统（范福军等，2013）。

ERP 是将产业所有资源进行整合集成管理，简单地说是将产业的三大流，即物流、资金流、信息流进行全面一体化控制的管理信息系统。在产业中，一般的管理主要包括三个方面的内容：生产管理（计划、制造、人力）、物流管理（分销、采购、库存管理）和财务管理（会计核算、出纳管理）。这三大系统本身就是集成体，它们互相之间有相应的接口，能够很好地整合在一起来对产业进行管理。

5. 营销模式升级

产业升级的一个重要表现就是营销模式的升级。在信息化时代，网络营销已经成为一种非常重要的销售渠道。传统服装零售企业在开展电子商务的时候，应该使其营销策略与电子商务相互适应、相互促进。因此，在开展电子商务时，传统服装零售企业应该重新设计自己的营销策略。一个完整的电子商务策略包括产品策略、价格策略、渠道策略和促销策略，以下就这四个方面分别进行阐述。

（1）产品策略。产品策略主要包括以下三个方面。

首先，要制定以当季新品和热销款式为主，过时服装为辅的产品组合。电子商务平台不应该只是解决实体店国际商品库存问题的"收购站"，在年轻的消费群体中，线上购物的比重甚至要大于线下购物的比重。因此，服装网络零售商线上渠道的产品应当是当季新品和热销款式，比实体店更低的价格及极大的便利性将使网络零售商店的销售实现快速增长。当然，不可否认的是一大部分消费者选择网络购物的主要原因是价格便宜，对于服装是否过时，往往不甚介意。因此，服装网络零售商在其网上渠道也要适当地增添一些过时的服装，满足这部分顾客的需求，以求为服装零售商获得更多的利润来源。

其次，提供比线下实体店更多的服装品类、更多的服装样式。实体店有店面、房租的限制，所以展示的商品也很有限，这样一来，企业在开展电子商务时，就可以弥补这一缺点，在网上销售品类和样式更多的商品，这些多出的服装品类或者样式往往可以为零售商吸引一批新的顾客，带来新的利润增长点。另外，传统服装零售企业在开展电子商务时也可考虑提供特殊的产品，如高档时装，现在一些商场的一些国际品牌已经开始实施"网上下单，实店取货"的配送模式，这样不仅减少了实体店货物积压的风险，也使得高档时装在线销售成为可能。

最后，营销服务化。对于生产企业而言，从产品制造延伸到客户服务是创造新商机、增强企业竞争优势的重要内容。例如，今年国际面料展上，大部分面料商展示的不是面料而是终端制品，已经开始从单一的产品开发向为客户服务转型发展。纺织制造向服务化转型，重点是以消费者为核心，由生产环节向研发设计、营销及消费服务延伸，为客户提供个性化、系统化解决方案和差异化服务。

（2）价格策略。相对于实体店，服装的网络零售渠道具有更大的价格优势。对于服装这种易标准化、同质化程度又很高的产品，消费者在选择购买时，除了与自己的偏好相符以外，能够对比的指标似乎就只剩下价格了。因此，价格策略的合理性直接影响到顾客的购买意愿。目前，我国服装产品的定价可以分为三个档次：低档、中档和高档。其中以中档服装销售为主，大概占到网络整体销售的70%左右，价格基本定在100～300元。

（3）渠道策略。传统零售商开展电子商务面对的最重要的一个问题往往是如何将线下的资产与电子商务进行整合。零售商不应该将线上渠道和线下渠道看成两个独立的或者单独的业务单元，而应该将两者视为一个全新的商业模式中不可或缺的一部分，从而与利润最为丰厚的多渠道客户建立长期持久的合作关系。消除单一网络商店销售模式弊端的途径就是要利用传统零售商的实体店铺资源优势，将实体店铺与网络店铺进行有效的整合，同时要在产业链中引入新型的电子商务模式，建立能够实现良性循环且双赢的实体销售与网络销售并行的双渠道销售模式。

传统零售企业开展电子商务选择什么样的模式很重要，因为这关系着线上线下资源能否得到整合的问题。从已有的模式来看，B2B、B2C及C2C等几种纯网络销售模式也都取得了成功。除了这些传统的模式以外，随着传统产业产能过剩问题的加重，以及消费者个性化诉求的增长，C2B的发展模式将成为传统产业未来转型升级的重要方向。在电子商务领域，C2B订制服务开始快速发展。所谓C2B，就是消费者需求决定生产者生产，是一种个性化营销的新商业模式（施羽希和李曼雯，2014）。目前在服装、家具等行业都出现了一些企业在尝试 C2B 模式。消费者已不满足于以往单一的标准化产品，对个性化和体验式的消费诉求不断增强，而这一模式可以很好地满足这一需求。电子商务市场的发展不会是简单地由 PC 端向移动端的迁移，而是以个人消费者为中心，提供更加个性化的产品和服务。这种消费者方力量的增长，必然导致 C2B 成为未来的产业方向。

另外，从服装的网络销售渠道而言，其不太适合自建网络销售平台，自建网络销售平台所要求的技术实力及后期推广成本都是非常高的，是刚从传统零售业发展而来的电子商务企业所不具备的。从目前的销售数据来看，服装服饰类目网络销售总额的 60% 来源于第三方购物平台，所以建议服装零售企业在发展电子商务之初，采用入驻第三方平台的销售渠道策略，如天猫、京东、1 号店、亚马逊等，这些平台都是服装类目销售非常好的电子商务平台。

（4）促销策略。由于网络促销的成本较低，服装网络零售企业可以在网络上经常性地举办促销活动，甚至可以同时举办多个促销活动。由于受到时间、空间、资金成本及人力资源因素的影响，这种频繁性促销活动在传统零售渠道中是不可能的。

网络服装的消费群体主要是青年群体，收入和教育水平相对较高，这要求服装网络销售渠道在进行促销活动时，要针对用户特点进行精准促销。因此，年轻、时尚及活力应该是促销的主题。另外，要保证实体店和网上销售渠道同时进行，并保持实时互动，这样既能扩大促销的受众范围，又能对促销的效果进行适时比较。

在网络上销售的畅销服装，大多是知名品牌服装，具有一定的品牌号召力，所以在进行网络促销时，要加强对经营品牌的宣传力度。除此之外，可以以线上渠道的网页为媒介，为线下实体投放广告，提升网店的品牌形象，以吸引更多的消费者。

第四节　服装业创新驱动的路径

一、政府科技投入

产业的转型升级，政府的政策支持起到了举足轻重的作用。现在全国推广产业转型升级，政府就更应该在这方面下工夫，为产业提供更大的支持和便利。结合我国国情和现在所处的环境，在借鉴国外以创新政策驱动产业升级的成功经验的基础上，针对国内的现实压力及国际产业升级的发展规律，我国未来创新驱动产业升级的政策应关注以下重点。

（1）推进产业共性技术发展。产业共性技术（industrial generic technology）是指在很多领域已经或未来可能被普遍应用，其研发成果可共享并对整个产业或多个产业产生深度影响的一类技术（李梅，2012）。在产业发展过程中，产业共性技术作为基础的必备技术，对产业升级有着指导性的作用。目前，世界各国的产业发展政策都将此列为重要问题，意味着在产业共性技术的研发中政府起到了决定性的作用。但由于共性技术在研发阶段的难度和其效果的不确定性，共性技术的研发变得尤为困难。针对这一问题，可以从以下几个方面入手。第一，成立共性技术研究院。共性技术研究院是以科技创新为主的研究机构，一般是以从事产业共性技术的研究为主，并辅助于其他一些技术发展的需要，主要目的是提供行业共性技术或者相关的技术信息服务。第二，搭建产业共性技术创新平台。近年来，我国政府对产业技术进步的支持力度不断加大，但是现有的服务体系在具体实施时还存在一些问题，使得无法直接帮助各产业和领域的研究，可以通过建立产业共性技术创新基金来解决这一问题。建立创新基金首先也是最需要解决的就是资金来源问题。政府应在加强财政资金投入的同时，不断拓宽资金来源的渠道，广泛吸纳社会资金，为产业共性技术创新的发展消除资金的制约瓶颈。除此之外，还要进一步完善服务体系，如信息资源共享服务体系、技术标准与检测体系等。

（2）优化科技服务体系发展。介于技术创新源与技术创新体之间，在技术发明中引入生产体系并投放市场的过程中起桥梁和纽带作用的科技中介服务，在创新驱动产业升级过程中起到不可替代的作用。科研机构、产业与科技中介服务间的明确分工与密切协作是实现创新成果产业化、驱动产业升级的前提条件。而在我国，科技中介服务是整个产业创新链条中最薄弱的环节，它们发展缓慢，功能的欠缺不仅成为其不断完善的障碍，对我国产业或产业中的科技创新活动的实现也起到间接的影响作用。为了解决这些问题，首先，政府要积极支持风险投资的发展。在技术创新初期，需要大量资金投入，并且风险较高，而风险投资是与科技创新最为匹配的一种资本形态（李梅，2012）。因此，我国未来应进一步促进、发展和完善创新风险投资，把风险投资作为我国创新驱动产业升级的基础和必要条件，制定风险投资发展优惠政策，建立风险投资信息服务网络，畅通风险投资资金来源渠道。其次，要鼓励创新成果产业化，在鼓励创新成果产业化的过程中，科技财政投入结构的改善和优化，适度提高财政科技投入在创新成果转化与产业化方面的比重是重要的举措。例如，设立高新技术科技成果转化和产业化专项资金；由政府出资引导，积极吸引产业、科研机构、高校及其他社会资金注入等。

二、金融业投入

　　金融支持对纺织服装行业转型升级有着举足轻重的作用，是产业转型升级的必备条件，为了更好地促进服装业转型升级，金融业需要做到以下几点。第一，加强政策引导，做好信贷供给。银行业通过积极贯彻国家行业政策、地方产业政策和有关指导意见，加大对纺织业的政策引导力度，提高对纺织行业的授信效率和有效供给。第二，深化重点支持，推动节能技改。有些产业开发的新产品的品质和附加值得到很大提升，产品在色差、色牢度、缩水率等方面达到了目前国内的最高水平，价格定位从原来的中档上升到了高档，而且进行的节水技术改造，可节省 30％的用水量，用煤量和用电量也分别节省 20％，每年可节约成本上千万元（李淑芳，2014）。第三，加大创新力度，多方位提升金融服务。第四，善用网络平台助推产业转型升级。开辟投融资信息频道助力纺织服装小微产业，与大学经济学院开展战略合作，提升金融软实力，激活动产抵押登记业务，解决中小微产业融资问题。

三、人才培养

　　创新型人才建设是提升一个国家产业核心竞争力，实现以创新驱动产业升级的重要基石。我国服装产业转型升级的步伐加速推进，对国际化服装专业人才的培养提出了强烈要求。从产业发展看，应将服装设计类和品牌推广类人才作为重点培养方向；从职业使命看，国际化服装专业人才的培养应着力发展技术本科；从素质要求看，应在规范国际化人才培养标准和拓展国际化人才培养渠道的基础上大量融入世界先进元素（陈秀君，2013）。

　　（1）专业设置和专业群建设与产业紧密对接。高职院校专业设置和专业群建设方面只有与地方经济发展紧密结合起来，不断适应地方产业结构的变化，才能为区域经济和社会发展输送合格的人才，才能够实现毕业生的高质量就业。依托产业开设专业，根据岗位确定课程，对于高职院校尤为重要。纺织服装类专业的设置就要根据产业的转移，由原来的重视工艺型专业设置，向设计、品牌策划运作、陈列设计、营销、电子商务、服务和管理方面发展，这样才能适应产业发展的需要。

　　（2）课程体系搭建与产业需求紧密对接。在进行课程设置时要考虑到产业的特点和需要。例如，设计类课程，就要根据需要进行调整，加强面料设计、服装设计、服装制版、服装品牌策划、服装搭配、陈列设计等方面课程的设置和进行课时比例的加大。同时，针对电子商务人才需求增加，结合服装专业的特征，开设市场调研与预测、网络营销、服装摄影、网页设计等课程模块方向，拓展就业范围和加强岗位的针对性。工程类课程设置则要考虑到新材料、新设备、新工艺的使用，对运用新技术人才的需求增加。

（3）人才培养模式与产业紧密对接。实施"产学研"合作的培养模式。以职业为导向，充分利用学校内外不同的教育环境和资源，把以课堂教学为主的学校教育和直接获取实际经验的校外工作有机结合。学生在校内以受教育者的身份接受教育，在校培养要以生产性项目驱动教学。以项目为载体，以学生为主体，教学做一体化。在校外根据产业需求以员工的身份参加实际工作。提高学生的综合素质和就业竞争能力，同时提高学校教育对社会需求的适应能力。对于学习与工作相结合的教育模式，可以将产业的先进经验和文化提前渗透，使学生很快适应产业。

（4）完善人才国际交流机制。我国应进一步完善人才尤其是高层次人才的国际交流机制，通过人才的国际交流，学习和吸收国外先进的科研理论、技术与管理方法，也吸引国外众多优秀科学家、高级专业人才来我国工作，培养优秀创新型人才。毫无疑问，培养国际化人才的迫切感，必然要推动教育的国际化。这个过程应以"引进"和"输出"双向融通的方式来完成。"引进"旨在认识、理解、尊重及吸收世界优秀教育成果，主要包括引进师资（聘请外教）、引进课程（如教学标准、教学方案、教学内容、国际网络课程和原版国外教材等）、招收留学生及成立中外合作办学机构（主要有具备独立法人资格的国际大学或国际学院、非独立法人资格的二级学院）；而"输出"旨在推广本国优秀的教育成果进而获得世界的认识、理解和尊重，主要包括派出学生（如留学、游学或其他学习活动）、派出教师（如外出学习、交流访问或从事教学活动等）、设立教育和社会服务基地（如在非洲等发展中国家建立人才培训、科技服务与研发基地等）。

第五节　服装产业转型升级与创新驱动的评价指标体系

一、创新驱动相关评价体系的论述

所谓创新驱动，是相对于要素驱动而言的。长期以来，我们主要靠物质消耗、资金拉动及劳动力的低成本优势推动经济增长,但这种发展模式已经不再适应当今的发展形势。要实现科学发展,必须更多地依赖科技进步、劳动者素质提高及管理创新,必须用创新驱动代替要素驱动,因此对创新驱动能力的研究已引起国内学者广泛关注。基于党的十八大创新驱动战略提出的背景,国内学者王义娜和黄立新(2014)从科技进步、创新投入及创新突破三个维度对山东创新型省份建设中的创新驱动力统计监测。之所以这样设置,主要因为:首先,科技进步作为衡量区域创新驱动力的核心要素,是实施创新驱动战略的目标,能够反映区域创新驱动力现状;其次,创新投入能够反映区域创新驱动力的发展空间,为创新驱动提供人才、资金及组织保证;最后,管理创新活动能够突破瓶颈,为区域实现创新驱动开拓新的发展路径。从另一个角度来看,只有管理方式方法不断创新,才能为创新型省份建设塑造良好的环境,从体制机制上提高创新驱动力。因此,在参考科技进步、自主创新力、区域竞争力等指标体系的基础上,他们构建了创新型省份建设中创新驱动力统计监测指标体系。其包含3个一级指标、9个二级指标和24个三级指标,均为定量统计型指标,具体如表4-4所示。

表4-4　创新型省份建设中创新驱动力统计监测指标体系及权重

一级指标	二级指标	三级指标
Y1. 科技进步	E1. 技术进步	S1. 全员劳动生产率(万元/人) S2. 新产品开发项目(项) S3. 新产品销售收入(亿元) S4. 高技术产业主营业务收入(亿元)
	E2. 知识创造	S5. 三种专利万人申请授权指数(项/万人) S6. 国外主要检索工具收录我国科技论文(篇)
	E3. 企业转型	S7. 万元GDP能耗(吨标准煤/万元) S8. 工业废水COD排放量(万吨)
	E4. 产业升级	S9. 第三产业经济贡献率(%) S10. 技术市场成交额(万元) S11. 国家产业化计划项目数合计(项)
Y2. 创新投入	E5. 人才投入	S12. R&D人员全时当量(万人年) S13. 万人科技活动人员数(人/万人) S14. 企事业单位专业技术人才总量(万人)
	E6. 资金投入	S15. R&D经费支出占GDP比重(%) S16. 地方财政科技经费支出(亿元)
Y3. 创新突破	E7. 组织配置	S17. 规模以上企业有研发机构的企业所占比重(%) S18. 规模以上工业企业办R&D机构的企业数(个)
	E8. 政府扶持	S19. R&D经费支出中政府资金(亿元) S20. 工业污染治理完成投资(万元)
	E9. 创新驱动	S21. 规模以上工业企业有R&D活动的企业所占比重(%) S22. 规模以上工业企业技术改造经费支出(亿元) S23. 规模以上工业企业新产品开发经费支出(亿元) S24. 高技术产业投资额(亿元)

魏亚平和贾志慧（2014）从"创新要素"的角度构建创新城市创新驱动力的评价体系。他们将创新要素分成了四类：创新驱动主体要素、创新驱动资源要素、创新驱动效应要素和创新驱动环境要素。创新驱动主体要素是指具备创新能力和创新绩效的实体，包括企业、高等学校、科研院所及其他研发机构；创新驱动资源要素是指创新所需的资金、技术、人才等；创新驱动要素产生的效应主要体现在知识产出、产业集聚、技术依存度三者的综合作用上；创新需要承担更多的市场风险，所以更需要创新环境的保障，为创新提供市场空间和利润回报。根据上述创新驱动要素的含义，依从创新驱动要素含义确定一级指标和二级指标，借鉴创新型城市评价体系的基层指标，加以调整后作为三级指标，构建出一套四维三级的创新驱动要素评价指标体系（表 4-5）。

表 4-5　创新驱动要素评价指标体系

一级指标	二级指标	三级指标
创新驱动主体要素	企业主体规模	高新技术企业占全市企业总数比重（%）
	人才企业研发创新能力	企业研发经费/主营业务收入（%）
		企业研发人员/全市 R&D 从业人员总数（%）
		企业研发机构/全市研发机构总数（%）
		企业专利申请数/全市专利申请数（%）
		企业新产品销售收入/产品销售总收入（%）
创新驱动资源要素	基础资金投入	每万人 R&D 人员数量（人/万人）
		R&D 经费占 GDP 比重（%）
	高端资源整合	国家级科技企业孵化器数量（个）
		市级以上重点实验室和工程中心数量（个）
创新驱动效应要素	知识产出	每万人授权专利数（项/万人）
		高新技术企业增加值占经济增长比重（%）
	产业聚集	高新技术产业总产值占工业总产值比重（%）
		第三产业增加值占 GDP 比重（%）
	技术依存度	技术引进经费占 R&D 经费支出比重（%）
创新驱动环境要素	信息服务	每百人互联网用户数（户/百人）
	中介服务	技术市场成交金额占 GDP 比重（%）
	创新氛围	企业家信心指数
	政府支持	科技三项经费占财政支出比重（%）

国内学者王珊珊等（2014）主要对开放创新模式下的新兴产业的创新能力进行研究，分别从资源整合程度、创新驱动力量、资源整合条件三方面分析开放式创新下的新兴产业创新特点，提出新兴产业开放式创新能力包括创新投入能力、创新资源整合能力、创新产出能力和创新扩散能力，进而构建新兴产业开放式创新能力评价指标体系（表 4-6）。

表 4-6　新兴产业开放式创新能力评价指标体系

一级指标	二级指标	三级指标
创新投入能力	创新资金投入	科技活动经费支出占生产总值比重
	创新人才投入	科技活动人员占全部人员比重
	创新投入普及率	有 R&D 活动的企业比重
创新资源整合能力	产学研合作水平	境内高校和研究机构开展科技活动的经费支出比例
	产业关联程度	产业联盟数量
		产业转型数量
	国际合作水平	科技活动经费中引进外资比例
		科技活动经费中对境外支出比例
		进出口总额
		国际科技合作项目数
	社会文化开放性	消费者体验模式普遍性
		消费者信息集成度
	政府支持力度	科技活动经费中政府资金比例
	资源整合条件	科技资源共享服务平台建设水平
		协同创新中心数量
创新产出能力	产品	高新技术产品及技术性收入比例
		新产品数量
		新产品产值增长率
		产品技术元素与社会文化元素结合度
	自主知识产权	拥有专利数
		形成技术标准数
		专利增长率
	经济效果	总收入
		利税率
创新扩散能力	外向性	设立境外分支机构数
		出口总额
	市场化	产品市场覆盖率
		新产品销售收入增长率
	知识产权转化	技术标准实施程度
		专利所有权转让及许可数占专利总数比例

　　虽然创新驱动这一课题已引起学界和产业界的广泛关注，上述学者也都从不同的角度针对不同的对象建立了创新驱动能力的评价体系。但是对于传统产业或是在现有传统产业基础上激发培育新兴产业，关注极少甚至给予了否定。纵观现有新兴产业的发展历程，更多的新兴产业是建立在已有的一些传统产业基础和已有的技术、人才等要素的积累基础上的。因此，将新兴产业简单地理解为"推陈出新"，多数情况下只是"空中楼阁"式美妙幻景。当然，我们也必须清醒地认识到，并不是所有的传统产业都能够或应该实现转型升级。因此，我们需要建立一种评价方法，以帮助我们对传统产业的转型升级做出科学、合理的决策。本章拟针对传统产业的创新驱动能力进行评价研究，从而得出传统产业向战略性新兴产业转型升级决策的相关理论和方法。

二、传统产业创新驱动能力的评价指标体系的构建

基于创新驱动战略的背景，综合考虑传统产业创新驱动的路径及影响因素，并在借鉴和参考国内外学者的研究成果的基础上，本章主要针对传统产业从创新驱动能力、创新驱动的支撑条件、创新驱动转型升级三个维度对创新驱动能力进行评价，总结出了一个包括目标层、分类指标层和基本指标层的创新驱动传统产业转型升级的评价指标体系。该体系将总目标分解成既各有侧重又相互联系的指标，能够系统综合评价传统产业转型升级和创新驱动的依据。具体基本指标层如图 4-1 所示。

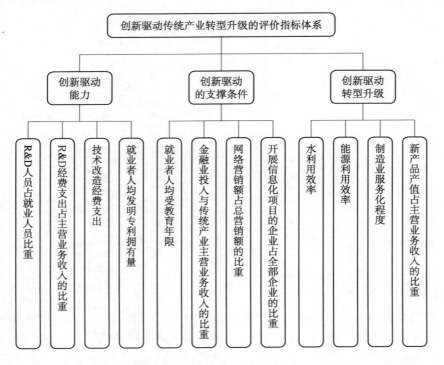

图 4-1 创新驱动传统产业转型升级的评价指标体系

1. 创新驱动能力

"创新驱动"是相对于"要素驱动"或"投资驱动"而言的，不能把"创新驱动"简单理解为不要或少要要素投入，或者是减少投资的需求、占用和消耗（刘志彪，2011）。这对我们把握创新驱动能力的内涵具有重要启示：首先，创新驱动型经济依然需要建立在充足的资源投入的基础上，不过不仅需要简单的

设备等投入，更要注重足够的 R&D、人力资本和高端整合资源的投入；其次，创新驱动不仅投入结构需要改变，投入程度也要提高。因此，本章主要选择 R&D 人员占就业人员比重、R&D 经费支出占主营业务收入的比重、技术改造经费支出，就业者人均发明专利拥有量四个指标进行评价分析。

2. 创新驱动的支撑条件

创新驱动的支撑条件是指创新所需的资金、技术、人才等。科技进步、人力资本与固定资产投资具有共协关系，共协就是指科技活动与固定资产投资过程中知识和资源的共享与流动（刘建华和姜照华，2015）。首先，传统产业转型升级，就是从资源密集、劳动密集阶段向资金密集、技术密集阶段迈进，这必然伴随着各种资源的重新整合和配置，在高度货币化的当代社会，这一进程能否成功实现很大程度上取决于金融体系是否健全、金融服务是否完备（韩剑和崔雪晨，2014），因此，金融业投入与传统产业主营业务收入的比重就成为评价创新驱动支撑能力的一个重要指标。其次，开展创新，除了先进的设备以外，更需要提高就业者的素质，因而选择了就业者人均受教育年限这一指标。

除此之外，信息化已逐渐成为社会发展的主要趋势，同样也是我国贯彻落实"以信息化带动工业化"战略的重要举措，是带动传统产业转型升级的重要突破口。为了适应品种多样、生产批量小、流行周期短、更新速度快、市场变化快等特点，传统产业在其生产、管理、销售过程中都离不开信息化。产品是这些数据和信息的物质载体（杨志刚，2008）。信息化技术已经应用到传统产业的各个环节内，从管理到设计生产再到销售都在实现信息化。信息化的管理方式和设备是现今产业转型升级的必备条件，是产业转型为"智能创造"的根本。所以本章主要选择了以下四个指标测算创新驱动的支撑条件：金融业投入与传统产业主营业务收入的比重，就业者人均受教育年限，网络营销额占总营销额的比重，开展信息化项目的企业占全部企业的比重。

3. 创新驱动转型升级

对于正处于产业转型期的中国纺织服装行业而言，以节能减排助推产业升级，无疑成为纺织服装产业结构调整的关键环节。纺织服装产业作为我国能源资源消费大户，尤其是水资源消耗量更大，所以必须积极推广节能减排重点工程以及节能新工艺、新技术和新设备，采取更有效的方式，减少服装生产过程中的水和能源的消耗量。因此，本章选择了水利用效率、能源利用效率来评价产业从高耗能型转向节能减排型的创新驱动能力。

创新驱动下的产业升级主要体现在技术的升级、新产品的研发、营销方式的多元化等方面。生产向信息化发展，将使与信息的产生、传递和处理有关的服务型生产资料的需求增长速度有可能超过实物生产资料。而生产的社会化、专业化分工和协作，必然使企业内外经济联系大大加强，从原料、能源、半成品到成品，从研究开发、协调生产进度、产品销售到售后服务、信息反馈，越来越多的企业在生产上存在着纵向和横向联系，其相互依赖程度日益加深。这就会导致对交通运输、物流以及广告、咨询、设备租赁维修等服务型生产资料的需求量迅速上升。这意味着，服务要素成为制造业企业越来越重要的生产要素，因此本章选择了新产品产值占主营业务收入的比重和制造业服务化程度这两个指标来判断产业是否具有创新驱动转型升级的能力，具体如表 4-7 所示。

表 4-7　创新驱动传统产业转型升级的评价指标体系

评价目标	分类指标	基本指标
创新驱动传统产业转型升级指数	创新驱动能力	R&D 人员占就业人员比重 R&D 经费支出占主营业务收入的比重 技术改造经费支出 就业者人均发明专利拥有量
	创新驱动的支撑条件	金融业投入与传统产业主营业务收入的比重 就业者人均受教育年限 网络营销额占总营销额的比重 开展信息化项目的企业占全部企业的比重
	创新驱动转型升级	水利用效率 能源利用效率 制造业服务化程度 新产品产值占主营业务收入的比重

三、评价方法及所用数据

1. 主成分分析法

主成分分析，首先是由英国的皮尔逊（Karl Pearson）对非随机变量引入的，而后美国的数理统计学家赫特林（Harold Hotelling）在 1933 年将此方法推广到随机向量的情形（Jackson，1992）。主成分分析法最早是作为多元数据的降维处理技术而提出的，它能使问题变得更为简单、直观，而且这些较少的综合指标之间互不相关，使计算结果更为客观的同时又能代表原有指标的绝大部分信息。在自然、生物、医学、管理、经济等领域均有广泛的应用（姜峰，2007）。主成分分析的降维思想从一开始就很好地为综合评价提供了有力的理论和技术支持。

2. 评价所用数据及其来源

纺织服装是河南省的四大优势传统产业之一。在上述指标体系基础上，本章对创新驱动河南省服装业转型升级进行评价。R&D 人员占就业人员的比重、R&D 经费支出占主营业务收入的比重、技术改造经费支出、就业者人均发明专利拥有量、新产品产值占主营业务收入的比重这几个指标的数据主要来源于河南省历年科技统计年鉴或者计算所得；水利用效率、能源利用效率指标的数据参照的是河南省历年统计年鉴，并进一步计算所得；制造业服务化程度和金融业投入与传统产业主营业务收入的比重是根据 1997 年、2002 年和 2007 年的河南省投入产出表测算出来，然后根据这三年来的变化趋势，模拟变化趋势测算出了其他历年的相关数据；就业者人均受教育年限这个指标，由于河南省的整体数据统计比较困难，所以参照的是河南新野纺织有限公司的年报中所提供的数据，该公司可以代表河南省服装行业在这方面的一个基本情况；网络营销额占总营销额的比重，参照的是全国网络营销额所占比重，经过调查估计河南省的情况跟全国大体相似；1996 年开展信息化项目的企业占当时企业总数的 25.8%，2010 年信息化投入与销售收入的百分比有所上升，开展信息化企业的比例达到了 70%（谢康和肖静华，2012），根据这些数据可以模拟测算出历年的开展信息化项目的企业占全部企业的比重。具体各指标原始数据如表 4-8 所示。

表 4-8　河南省服装产业历年来相关指标

指标	2004 年	2005 年	2006 年	2007 年	2008 年	2009 年	2010 年	2011 年	2012 年	2013 年
R&D 人员占就业人员比重/%	0.06	0.08	0.31	0.14	0.38	0.15	0.16	0.21	0.26	0.31
R&D 经费支出占主营业务收入的比重/%	0.03	0.05	0.07	0.08	0.098	0.06	0.08	0.09	0.10	0.11
技术改造经费支出/万元	638.6	850.4	823.3	716.8	801.7	741	797.4	821.1	1090.6	1106.5
就业者人均发明专利拥有量/(件/万人)	0	0	0.214	3.029	0.488	0.120	0.690	0.633	0.624	0.605
就业者人均受教育年限/年	10.65	10.68	10.70	10.70	10.73	10.85	10.92	11.10	11.16	11.17
网络营销额占总营销额的比重/%	0.7	1.1	1.6	2.4	19.6	25.2	20.5	21.3	21.8	22.28
金融业投入占传统产业主营业务收入的比重/%	0.16	0.21	0.27	0.28	0.32	0.37	0.43	0.49	0.56	0.65
开展信息化项目的企业占全部企业的比重/%	47.75	51.57	55.70	60.16	62.56	65.07	70	72.1	74.26	76.49
新产品产值占主营业务收入的比重/%	0.69	0.78	2.83	1.30	0.89	1.36	2.36	3.01	3.17	3.27

续表

指标	2004 年	2005 年	2006 年	2007 年	2008 年	2009 年	2010 年	2011 年	2012 年	2013 年
水利用效率/(亿元/万吨)	0.19	0.23	0.25	0.27	0.36	0.43	0.50	0.72	1.23	1.49
能源利用效率/(亿元/万吨)	2.31	2.53	3.59	2.56	4.52	6.09	7.67	10.22	16.21	18.51
制造业服务化程度/%	5.52	6.04	6.61	7.09	7.77	8.51	9.32	10.21	11.17	12.24

3. 权重的确定

传统产业创新驱动指数的评价模型为

$$I = \sum_{i=1}^{12} \theta_i X_i / X_{i0} \qquad (4\text{-}1)$$

其中，I 代表河南省服装业创新驱动的评价结果；X_i 代表第 i 个评价指标的实际值；θ_i 代表第 i 个评价指标的权重，该权重由主成分分析法确定；X_{i0} 代表第 i 个评价指标的标准值。权重由主成分分析法确定，根据所选的河南省的 12 个评价指标 2004～2013 年的实际值，标准化后，通过主成分分析法计算出前 8 个主成分的特征值及贡献率，详见表 4-9。

表 4-9　前 8 个主成分的特征值及贡献率

指标项	1	2	3	4	5	6	7	8
特征值	8.708	1.198	0.909	0.723	0.340	0.077	0.029	0.014
贡献率/%	72.566	9.984	7.578	6.021	2.836	0.639	0.245	0.113

利用河南省服装业的数据进行主成分分析，前三个特征值的贡献率为 72.566%、9.984% 和 7.578%，累积贡献率达到 90.128%（表 4-9），因而可以用于对各指标的评价。表 4-10 给出了决定各指标权重的前三个主成分分析结果及各指标的权重。

表 4-10　各指标的前三个主成分及各指标的权重

指标	第一主成分	第二主成分	第三主成分	指标权重
R&D 人员占就业人员比重/%	−1.3739	−1.1857	0.9786	0.09
R&D 经费支出占主营业务收入的比重/%	−1.8894	−1.082	−0.2745	0.109
就业者人均发明专利拥有量/(件/万人)	−1.3314	0.0776	−0.1027	0.084
技术改造经费支出/万元	−0.7257	−0.7257	−0.4832	0.027
就业者人均受教育年限/年	−1.0355	−0.8916	−0.7958	0.083
网络营销额占总营销额的比重/%	−1.221	−1.1833	−1.1361	0.071

续表

指标	第一主成分	第二主成分	第三主成分	指标权重
金融业投入与传统产业主营业务收入的比重/%	−1.3606	−1.0427	−0.6612	0.095
开展信息化项目的企业占全部企业的比重/%	−1.612	−1.2226	−0.8017	0.095
新产品产值占主营业务收入的比重/%	−1.2018	−1.1171	0.8138	0.082
水利用效率/（亿元/万吨）	−0.8371	−0.7483	−0.7039	0.086
能源利用效率/（亿元/万吨）	−1.3739	−1.1857	0.9786	0.086
制造业服务化程度/%	−1.8894	−1.082	−0.2745	0.093

4. 标准值的确定

表 4-11 中各评价指标的标准值，需要参照全国服装业的相关指标及服装业发展较为突出的省（自治区、直辖市）（广州、浙江、上海等）的相关指标的发展趋势来确定，确定的各指标的标准值详见表 4-11。这样，根据表 4-11 所列各指标的权重、标准值及各指标在 2004～2013 年的实际值，按照式（4-1），计算出河南省服装产业创新驱动程度，详见表 4-11 最后一行。

表 4-11 列出了各指标 2004～2013 年的评价结果。例如，"R&D 人员占就业人员比重"指标 2004 年的评价结果为 0.004，这个值是通过以下公式得到的，即

$$I_i = \theta_i X_i / X_{i0} \tag{4-2}$$

其中，I_i 代表河南省服装业创新驱动程度的第 i 个评价指标的评价结果；X_i 代表第 i 个评价指标的实际值；θ_i 代表第 i 个评价指标的权重；X_{i0} 代表第 i 个评价指标的标准值。而所有指标的评价结果相加，即得到总的评价结果如下：

$$I = \sum_{i=1}^{12} I_i \tag{4-3}$$

四、河南省服装产业创新驱动评价

1. 评价结果

图 4-2 是河南省服装产业"创新驱动传统产业转型升级指数"评价结果。2004～2013 年河南省服装产业创新驱动指数逐年上升，从 19.6% 提高到 48.8%。

表 4-11　各指标的标准值、权重及各年的评价结果

指标项	各指标的标准值	各指标的权重	2004年	2005年	2006年	2007年	2008年	2009年	2010年	2011年	2012年	2013年
R&D人员占就业人员比重/%	1.5	0.090	0.004	0.005	0.019	0.008	0.023	0.009	0.010	0.013	0.016	0.019
R&D经费支出占主营业务收入的比重/%	1.5	0.109	0.002	0.004	0.005	0.006	0.007	0.004	0.006	0.007	0.007	0.008
技术改造经费支出/万元	3128	0.084	0.017	0.023	0.022	0.019	0.022	0.020	0.021	0.022	0.029	0.030
就业者人均发明专利拥有量/(件/万人)	3	0.027	0.000	0.000	0.002	0.027	0.004	0.001	0.006	0.006	0.006	0.005
就业者人均受教育年限/年	13	0.083	0.068	0.068	0.068	0.068	0.069	0.069	0.070	0.071	0.071	0.071
网络营销额占总营销额的比重/%	40	0.071	0.001	0.002	0.003	0.004	0.035	0.045	0.036	0.038	0.039	0.040
金融业投入占传统产业主营业务收入的比重/%	1	0.095	0.015	0.020	0.026	0.027	0.030	0.035	0.041	0.047	0.053	0.062
开展信息化项目的企业占全部企业的比重/%	100	0.095	0.045	0.049	0.053	0.057	0.059	0.062	0.067	0.068	0.071	0.073
新产品产值占主营业务收入的比重/%	10	0.082	0.006	0.006	0.023	0.011	0.007	0.011	0.019	0.025	0.026	0.027
水利用效率（亿元/万吨）	3	0.086	0.005	0.009	0.007	0.008	0.010	0.012	0.014	0.021	0.035	0.043
能源利用效率/（亿元/万吨）	30	0.086	0.007	0.007	0.010	0.007	0.013	0.017	0.022	0.029	0.046	0.053
制造业服务化程度/%	20	0.093	0.026	0.028	0.031	0.033	0.036	0.040	0.043	0.047	0.052	0.057
河南省装备业创新驱动评价结果			0.196	0.221	0.269	0.275	0.315	0.325	0.355	0.394	0.451	0.488

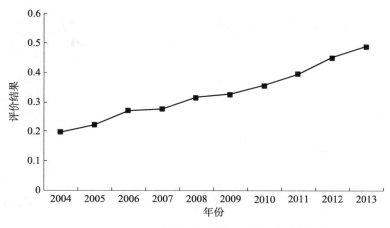

图 4-2 2004～2013 年河南省服装业创新驱动评价结果

2. 对各指标权重、贡献率及实现程度的分析

在表 4-12 所示的对河南省服装产业创新驱动的各评价指标的进一步分析中，从各个指标的权重、实现程度和贡献率来看，就业者人均受教育年限、开展信息化项目的企业占全部企业的比重、金融业投入占传统产业主营业务收入的比重、制造业服务化程度等指标的迅速增加是河南省服装产业创新驱动程度快速提升的主要因素。而这些因素多是属于创新驱动的支撑因素，得益于政府和其他行业的支持及服装产业生产模式的转型，说明在政策的支持和各行业的相互扶持作用下，服装产业的创新驱动能力已经逐渐提高。

表 4-12 各指标权重、贡献率及实现程度

权重	指标项	贡献率	指标项	实现程度	指标项
0.109	R&D 经费支出占主营业务收入的比重/%	0.150	开展信息化项目的企业占全部企业的比重/%	0.859	就业者人均受教育年限/年
0.095	金融业投入占传统产业主营业务收入的比重/%	0.145	就业者人均受教育年限/年	0.765	开展信息化项目的企业占全部企业的比重/%
0.095	开展信息化项目的企业占全部企业的比重/%	0.127	金融业投入占传统产业主营业务收入的比重/%	0.650	金融业投入占传统产业主营业务收入的比重/%
0.093	制造业服务化程度/%	0.117	制造业服务化程度/%	0.617	能源利用效率/（亿元/万吨）
0.090	R&D 人员占就业人员比重/%	0.109	能源利用效率/（亿元/万吨）	0.612	制造业服务化程度/%

续表

权重	指标项	贡献率	指标项	实现程度	指标项
0.086	水利用效率/（亿元/万吨）	0.088	水利用效率/（亿元/万吨）	0.557	网络营销额占总营销额的比重/%
0.086	能源利用效率/亿元/万吨）	0.082	网络营销额占总营销额的比重/%	0.497	水利用效率/（亿元/万吨）
0.084	技术改造经费支出/万元	0.061	技术改造经费支出/万元	0.354	技术改造经费支出/万元
0.083	就业者人均受教育年限/年	0.055	新产品产值占主营业务收入的比重/%	0.327	新产品产值占主营业务收入的比重/%
0.082	新产品产值占主营业务收入的比重/%	0.039	R&D人员占就业人员比重/%	0.207	R&D人员占就业人员比重/%
0.071	网络营销额占总营销额的比重/%	0.016	R&D经费支出占主营业务收入的比重/%	0.202	就业者人均发明专利拥有量/（件/万人）
0.027	就业者人均发明专利拥有量/（件/万人）	0.010	就业者人均发明专利拥有量/（件/万人）	0.073	R&D经费支出占主营业务收入的比重/%

另外，技术改造经费支出、新产品产值占主营业务收入的比重、R&D人员占就业人员比重、就业者人均发明专利拥有量及R&D经费支出占主营业务收入的比重等指标尚有很大的提升空间，这些也是产业转型升级的主要途径和河南服装产业应该着重发展的方向。因此，在新的阶段，这些指标的提升速度需要也将高于其他指标。

通过这些分析表明，2004～2013年河南省服装业创新驱动能力不断提高，这一阶段主要是产业生产模式的转型和政府及其他行业的扶持推动的，产业本身需要提升的空间还很大，尤其是在创新方面，新产品的研发及技术的改造则是主要策略和主要途径。

第六节　河南省服装业创新驱动转型升级的策略

一、河南省服装业发展现状

服装产业是河南省传统优势产业，也是重要的民生产业。近年来，服装产业的迅速发展引起了政府部门的高度重视，已经成为实现中部崛起、促进中原经济区发展的支柱性产业之一。

　　河南纺织服装产业相对于东南沿海地区起步较晚，但是基于传统的纺织优势，近年来发展迅速，尤其是郑州女裤已经占据了国内女裤市场的半壁江山。郑州市被中国纺织工业协会授予"中国女裤名城"和"中国新兴纺织产业基地"的称号，而安阳则被命名为"中国针织服装名城"。统计数据显示，2012年河南省纱产量占到全国产量的17.29％，位居第三；针织专用纱产量占全国的33.33％（王龙飞，2013）。同时，我们也要看到，河南的服装产业中还有相当比例的企业处于OEM阶段，从事低端的加工生产，处于微笑曲线的最底端，获利能力较低。这样的情况势必会影响到企业长期的发展。要想从一个纺织服装大省向纺织服装强省迈进，必须进行产业升级，向产业链的两端发展，提升企业获利能力，提升服装产业的整体实力。"十二五"期间，河南省确立化工、有色金属、钢铁、纺织服装是河南省四大优势传统产业。金融危机的影响及后金融危机时代的到来、"十二五"规划的启动、中原经济区的建立，给河南省经济发展带来机遇的同时也带来了前所未有的挑战。河南省服装业以此为契机，在服装业创新驱动转型升级方面有所提高，而创新驱动无疑是产业转型升级的根本。

二、转型升级的具体策略

　　实施"中国制造2025"为服装业的转型升级提供了很好的参考依据。"中国制造2025"是升级版的中国制造，主要体现为四大转变：一是由要素驱动向创新驱动转变；二是由低成本竞争优势向质量效益竞争优势转变；三是由资源消耗大、污染物排放多的粗放制造向绿色制造转变；四是由生产型制造向服务型制造转变。在这些战略对策中可以看出智能制造是主攻方向，这方面可以借鉴德国的"工业4.0"战略。"工业4.0"项目主要分为三大主题：一是"智能工厂"，重点研究智能化生产系统及过程，以及网络化分布式生产设施的实现；二是"智能生产"，主要涉及整个企业的生产物流管理、人机互动及3D技术在工业生产过程中的应用等，该计划特别注重吸引中小企业参与，力图使中小企业成为新一代智能化生产技术的使用者和受益者，同时也成为先进工业生产技术的创造者和供应者；三是"智能物流"，主要通过互联网、物联网、务联网，整合物流资源，充分发挥现有物流资源供应方的效率，而需求方，则能够快速获得服务匹配，得到物流支持（孙柏林，2014）。

　　从本章第五节河南省服装业创新驱动力的评价结果可以看出，从2004年到2013年河南省服装业创新驱动力水平逐渐提高，说明这一问题已经得到重视，但是还有很大的提升空间。各个指标的实现程度和贡献率，以及河南省服装业的现状为制定河南省服装业创新驱动转型升级的策略提供了依据。河南服装业发展的基本思路是按照集群化、市场化、品牌化、国际化的要求，充分发挥比较优势，以创新为动力，着力推进产业的转型升级和产业集群的完善，开辟国际市场，把河南建设成为综合实力和市场竞争力较强的全国重要服装工业基地。为此，为河南服装业的发展提出以下策略。

1. 注重品牌发展

品牌竞争已经成为现代企业竞争的核心，当今时代就是品牌的时代。尤其是对于服装企业来说，品牌就是产品的灵魂，强势的品牌将会给企业带来巨大的经济利益，也是企业持续发展的动力。河南的服装企业要改变"代工厂"的形象，加强企业品牌建设。虽然河南服装企业近几年发展较好，已经成长起一批国内驰名品牌，但数量较少且企业知名度还不够。这就要求企业要依据消费需求，从产品的功能性、时尚度、科技含量等方面着手，寻求产品的差异化和互补化，生产出满足不同消费需求的产品，提升质量，创造品牌。而要提升整个产业的影响力，就必须充分发挥龙头企业的带头作用，引领企业进行品牌营销，扩大知名度，提升企业品牌实力，形成区域品牌、集群品牌，从而提升河南服装产业的整体竞争力。

2. 加强自主创新与研发

产品的相似性是造成中国服装产品在国际竞争中的弱势地位的主因，这也是河南省服装业的一个重要问题，因而实现产品升级的主要路径是产品差异化战略。一味地模仿的结果只能是被淘汰，新功能、高品质、个性化成为服装品消费的主体诉求，尤其是在发达市场。国外的奢侈品牌、设计师品牌服装可以卖很高的价格，一方面是基于它们的品牌含金量，另一方面是雄厚的技术力量在做支撑。河南省服装业的衣服质量也很好，尤其像郑州女裤已经占领全国一半的市场，可是为什么知名度和价格却没有得到很好的提升，就是因为不够"新"，品牌特点不够突出。这就要求企业要更多地吸纳优秀研发人才和高科技的设备，重视自主研发，提升企业的核心竞争力。

3. "互联网＋服装业"：网络营销渠道

受金融危机的影响，近些年来一些原本以出口为主营业务的知名服装品牌也加入到了国内市场的竞争中，这无疑给河南省服装产业的发展带来了更大的挑战。河南省服装业一方面要提升自己的产品质量，另一方面还要拓展营销渠道。现今网络销售已成为企业寻求发展的一个新方向，而电子商务对于河南省服装业更是一片"蓝海"。河南省天然的交通和区位优势，再加上中原经济区和郑州航空港经济综合实验区的政策优势，可以提高现有物流资源供应方的效率并缩短物流时间；另一方面可以依托郑州跨境贸易电子商务服务试点城市的优势，拓展海外市场。郑州市关于 2014～2020 年的电子商务发展规划中已经提出，要大规模发展跨境电子商务，除了构建完善的电子商务平台以外，针对中小型企业和网店，鼓励利用速卖通、敦煌网等现有跨境平台开展业务，拓展海外市场，这些政策为河南省服装业的发展带来了新的契机。

4. 加快培育产业集群

当要素投入数量和质量既定的情况下，通过要素之间和生产环节之间的整合建立以专业化分工网络为基础的产业集群，能强化地区经济增长核心能力。联合开发新产品，开拓新市场，建立生产供应链，由此形成一种既有竞争又有合作的合作竞争机制（熊浩森，2009）。河南省服装业虽然已经有一些在国内占有一席之地的驰名企业，但是还有许多是跟大企业相比毫无竞争力的中小型企业，依旧集中在产品制造这一低利润环节上，而能涉及原料采购、产品设计、仓储运输、订单处理、批发经营和终端零售等高利润环节的企业数量还相对较少。针对这些企业，就要实行产业集群策略，构建一个完整的区域体系把各个企业联合起来，提升整个产业的竞争优势。目前，河南省拥有服装工商业企业6000 家以上，年产各类服装超过 6 亿件（套），产业集群已粗具雏形。在服装业产业链条上，郑州市已经形成了集原料生产、服装设计加工、流通销售运输为一体的服装产业集群；在产业布局上，已形成郑州纺织产业园服装加工区、郑州市二七区服装工业园、郑州曲梁服装工业区、南阳穰东服装名镇、鹤壁服装产业园等；在区域特色上，郑州女裤、安阳内衣、商丘棉衣、洛阳针织、新乡外贸等区域优势逐渐形成。

5. 加大政策扶持力度

河南服装产业的发展跟政府的扶持是分不开的。政府要制定进一步促进服装业发展的政策措施，在财政、税收、土地、金融信贷等方面给予支持。培育行业协会等中间组织，让协会在产业集群的发展过程中发挥积极的作用。一方面，在协会的组织下，可以方便企业间的相互合作和联系；另一方面，还可以积极开展对外联系，促进企业与其他优秀的企业交流合作。政府还可以对服装产业进行宏观调控，通过调研、比较，为产业的发展制定更为合理的规划，促进服装产业的发展。

第七节　本章小结

本章在借鉴和参考国内外学者的研究成果的基础上，针对传统产业，从创新驱动能力、创新驱动的支撑条件、创新驱动转型升级三个维度对创新驱动传统产业转型升级进行评价，构建了一个包括目标层、分类指标层和基本指标层的创新驱动传统产业转型升级的评价指标体系。

从对河南省服装产业"创新驱动传统产业转型升级指数"评价结果看，从2004年到2013年，河南省服装产业创新驱动指数从19.6％提高到48.8％。

从各个指标的权重、实现程度和贡献率来看，就业者人均受教育年限、开展信息化项目的企业占全部企业的比重、金融业投入占传统产业主营业务收入的比重、制造业服务化程度等指标的迅速增加是河南省服装产业创新驱动程度快速提升的主要因素。而这些因素多是属于创新驱动的支撑因素，得益于政府和其他行业的支持及服装产业生产模式的转型，说明在政策的支持和各行业的相互扶持作用下，服装产业的创新驱动能力已经逐渐提高。

而技术改造经费支出、新产品产值占主营业务收入的比重、R&D人员占就业人员比重、就业者人均发明专利拥有量及R&D经费支出占主营业务收入的比重等指标尚有很大的提升空间，这些也是产业转型升级的主要途径和河南服装产业应着重发展的方向。因此，在新的阶段，这些指标的提升速度需要也将高于其他指标。

通过这些分析表明，2004～2013年河南省服装业创新驱动能力不断提高，这一阶段主要是产业生产模式的转型和政府及其他行业的扶持推动的，产业本身需要提升的空间还很大，尤其是在创新方面，新产品的研发及技术的改造则是主要策略和主要途径。

第五章　战略性新兴产业专利技术分析方法与创新战略

第二次世界大战以来，世界经济经历了不同区域增长极引领和带动的快速增长时期，中国经济自改革开放以来也迎来了30多年的高速增长。伴随着中国乃至世界的工业化进程不断加快，能源资源危机、环境污染加剧等人口、资源、环境的矛盾越来越突出。其中，汽车产业作为很多国家国民经济的支柱和提升人们生活水平的重要产业，得到了飞速发展，美国、欧洲、日本等发达国家和地区的人均汽车保有量大都达到50%以上。与此同时，石油作为非可再生资源，储量有限，但石油作为传统汽车燃料的主要来源，消耗量却日益增加，这使得石油供需缺口不断增大，面临着巨大的石油危机。近几年，中国的汽车市场销量迅速增加，2013年全年销量突破了2000万辆，跃居汽车大国行列。而与此同时，中国的石油产量一直处于高产状态，过去五年连续保持在每年2亿吨之上，在此情况下，2014年我国的石油总需求对外依存度仍然达到59.6%，并且雾霾天气愈加频繁和空气质量下滑严重，这些都充分说明中国当前也面临着巨大的石油危机和环境污染问题亟待解决。由此可见，能源供应紧张、环境污染加剧、交通堵塞严重等问题已成为当前全球汽车产业可持续发展面临的共同挑战。于是，发展新能源汽车产业作为缓解能源危机和改善大气环境的重要举措，自然得到了很多国家的重视和支持。世界各大经济体都从战略的角度，加大支持力度，大力推进新能源汽车产业的技术研发和产业化。我国在2010年审议并通过《国务院关于加快培育和发展战略性新兴产业的决定》，将新能源汽车产业确立为战略性新兴产业加快培育和发展。新能源汽车主要是指混合动力汽车、纯电动汽车、燃料电池汽车，以及以氢、生物等清洁燃料为动力的汽车，不同的国家和企业因受技术积累、市场环境等因素的影响各有侧重。其中，新能源汽车的技术成熟度、市场成熟度和技术创新能力是影响新能源汽车产业能否健康快速发展的关键因素。如何使新能源汽车产业在具备可持续创新能力的同时，达到技术成熟度和市场成熟度的和谐一致，从而快速实现新能源汽车的商业化运营和普及化应用，进而实现投入—产出—资金回笼—再投资的良性循环和可持续发展，是当前面临的一个亟待解决和值得深入研究的问题。

党的十八大提出了实施创新驱动发展的战略，但在实施创新驱动促进传统产业转型升级的同时，加快新能源汽车、节能环保等战略性新兴产业发展，已成为中国经济新常态下推进创新驱动发展的主战场，是中国经济在新常态下迈向中高端阶段的必然要求。研究新能源汽车产业，既是我国节能减排、治理雾霾的迫切现实需要，同时也是作为新经济增长点的战略性新兴产业加快发展的战略需要。然而，在当今创新环境复杂多变、高度不确定的情况下，新能源汽车产业的创新发展实践却面临着信息、资金、人才、技术、市场等众多"高栏杆"，唯有企业、政府、高校（科研院所）、金融、中介、国外等创新各部门通力协作、协同创新，才能推动新能源汽车产业快速、健康、创新发展。而与此同时，为适应当今日益复杂多变的创新形势，指导创新实践的企业—政府—高校三螺旋创新理论和产学研协同创新理论也日益朝着包含企业、政府、高校（及科研院所）、金融、中介、国外等多部门协同创新的方向发展。

目前，我国新能源汽车等战略性新兴产业的创新体系尚处于培育和成长期，国内外影响因素众多，复杂多变。在当前重要的新常态机遇期（重要的新技术机会、新市场机会、新政策机会等），新能源汽车产业如果能够采用合适的创新战略并抓住机遇，将有可能很快带来新的产业革命，而构建基于企业、政府、高校（科研院所）、金融、中介、国外六部门合作的协同创新体系是新能源汽车产业抓住重要机遇的必要条件和重要举措。另外，在我国日益重视节能环保这一背景下，国家和地方出台了大量支持新能源汽车发展的一系列优惠政策，经过近几年的积极引导和大力培育，国内新能源汽车市场的成熟度已经有所提高，因此我国的新能源汽车产业今后有望实现快速发展。基于以上背景分析，本章拟在基于技术成熟度模型的基础上对世界上混合动力汽车、纯电动汽车、燃料电池汽车三大类新能源汽车的技术成熟度进行测算和分析，进而从多部门协同创新的角度构建我国新能源汽车产业的六部门协同创新体系，为我国制定促进新能源汽车产业协同创新发展的对策和措施提供依据。

第一节　技术成熟度分析方法

一、技术成熟度理论研究的现状和评述

国外关于技术成熟度的研究早已开始，美国早在 1969 年探讨未来空间新技术时就提到了技术成熟度（Mankins，2009），并在 20 世纪 70 年代提出了技术成熟度的分级和评价，是最早开始相关理论与方法研究的国家。国内学者从 20 世纪 90 年代开始对技术成熟度进行研究，研究内容主要集中在技术成熟度评估

理论和方法研究、技术成熟度的评估和预测应用研究。总体来看，国内外现有关于技术成熟度的研究可以归为以下几个方向。

1. 基于 TRL 的技术成熟度分级与评估研究

"技术"这个词最早来源于希腊语，意思是"一项艺术或技能的系统方法"。技术的发展并非杂乱无章，而是有章可循的，技术成熟度便是用于描述某项技术在遵循一定的规律和路径的技术发展轨道上达到的程度和阶段。

20 世纪 70 年代，美国国家航空航天局（NASA）提出了"技术完备等级"（technology readiness level，TRL）对技术成熟度进行分级，将标准等级划分为 9 个等级，用以评估新技术的成熟度。这是评价技术成熟度最早的度量标准，当时在欧美等发达国家的航天、军工、国防等大型项目中得到了广泛应用。之后，其他研究者在此基础上进行了拓展和深入研究，目前项目技术成熟度已经发展到涵盖生物医学技术完备等级（biomedical technology readiness levels，BTRLs）、材料完备等级（material readiness levels）、能力完备等级（capability readiness levels）等在内的众多领域（Tetlay and John，2009）。John C. Mankins（2002）首次尝试利用 TRL 来建立技术成熟度的难度索引和方法论。L. Nolte William 等（2004）在研究 NASA 的 TRL 分级基础上研究发明了产品技术成熟度计算器。国内学者蓝元沛和关志东（2009）运用 TRL 方法对航空复合材料的技术成熟度进行了等级分类，这为飞机设计人员在对主承力结构进行选材时，降低型号研制的风险及复合材料的应用对型号研制进度的影响提供了评价指导。王刚等（2012）基于 TRL 对航空航天产品研发项目的协调机制进行了研究，通过将研发活动分为技术导向集成（TOI）和时限导向集成（SOI）型开发活动，依据 TRL 原理，提出了适合高复杂产品研发管理的一种技术瓶颈与时限制约相协调的双路风险控制的研发组织体系，为航空航天企业建设规范的研发机制及相应的技术成熟度管理机制提供了参考。

2. 基于 TRIZ 理论的技术成熟度评估和预测研究

苏联的 G. S. Altshuller 教授通过对世界上 250 多万件专利发明的统计分析和研究发现，专利数量的变化趋势与产品技术发展的过程阶段有关，并得出产品的发明等级、发明数量、获利能力及性能与 S 形曲线表示的技术生命周期之间存在很强的对应关系，从而得出了四条标准曲线用以评估和判定技术成熟度（Altshuller，2006）。James F. Kowalick（1997）把这四条标准曲线称为四条关系曲线算子（the four relationship curves operator，FRCO）。Severine Gahide（2000）运用发明问题解决理论（TRIZ）分析了滚筒型纺纱机的产品技术成熟度，得出滚筒型纺纱机的技术已进入成熟期的结论。国内学者王秀红和周久常（2008）利用 TRIZ 方法对电动自行车技术成熟度进行了评估。李志广和檀润华（2012）利用 TRIZ 理论中的 S 曲线的技术预测方法首次对液晶显示技术进行评估，发现液晶显示技术处于成熟期后期或退出期初期。王琨等（2014）应用 TRIZ 预测技术首次对教育游戏行业的产品技术成熟度进行了预测，并绘制了产品技术成熟度预测曲线，得出我国教育游戏产品在当前阶段已算成熟的结论。

3. 基于文献计量学的技术成熟度研究

Rorter 等认为可以用期刊论文数与会议论文数之比这一指标来推测产品的技术成熟度。B. Godin（1996）提出运用文献中关键词性质的变化来推测和分析产品技术成熟度。例如，当关键词由描述产品技术的一般特性转向描述其材料特性、工艺特性或者系统分析特性时，可以推测认为这种产品的技术开始步入成熟阶段。J. P. Martino（2003）认为可以利用产品技术相关文献的数量及性质变化来分析产品技术成熟度，例如，当某种产品的 SCI 论文数量开始呈逐年减少趋势时，可以认定其产品技术尚处于基础研究阶段。国内学者娄岩等（2010）在梳理已有技术成熟度评价方法的基础上，提出了采用包括期刊与会议论文比例法、文献类型变换法和 Fisher-Pry 模型法等在内的基于文献计量学来判定技术成熟度的方法，并以城市污水处理系统的智能控制技术为例，对其进行技术成熟度实证分析，为技术成熟度评价提供了一种新的思路和方法。张嶷等（2012）以文献计量学方法为核心，综合运用定性分析与定量分析方法，在定量数据判定的基础上，引入了专家经验判断，构建了一套适用于宏观描绘新兴技术发展现状并预测其发展趋势的技术路线图绘制模型。

有关技术成熟度的其他研究。Norman 曾尝试从产品性能对顾客需求的满足实现程度的角度去研究产品技术成熟度问题，如果产品性能能够实现满足顾客的平均需求水平，就可以推测产品技术基本上接近成熟，但此方法只适合对产品技术做短期评价而不适合做长期评价。赵志华（2011）对产品技术成熟度的分析方法进行了适当的改进研究。杨良选（2011）曾尝试从技术发展路线的角度构建技术成熟度的多维度评估模型。

高德纳咨询公司是美国一家从事信息技术研究和咨询的公司，是全球最具权威的 IT 研究与咨询顾问公司。高德纳咨询公司拥有最全面和专业的全球研究团队，对推动商业及机构成功的技术进行深入研究和分析，以协助客户在进行市场分析、新兴技术选择、项目论证、投资决策时做出正确的抉择。自 1995 年开始，高德纳咨询公司依据其强大的研究团队和专业分析能力，预测和推论各种新兴和前沿技术的成熟演变速度及时间，并依据时间和市面可见度（媒体曝光度）两个维度将这个过程分成萌芽期、膨胀期、谷底期、复苏期和成熟期五个阶段，绘制出技术成熟度曲线（图 5-1），成为一种评估新兴科技的重要技术工具。之后，高德纳咨询公司每年发布一次年度《新兴技术成熟度曲线》报告，研究和分析当前新兴技术的成熟度和发展态势（陈骞，2014）。

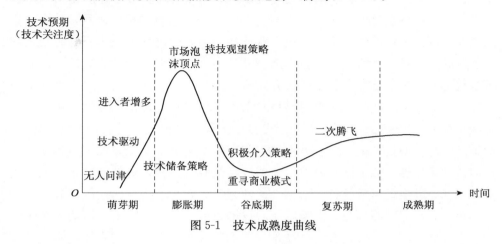

图 5-1　技术成熟度曲线

4. 技术轨道跃迁

1）技术轨道概念的提出及内涵特征

1962 年，美国学者库恩（Kuhn，1962）在其经典著作——《科学革命的结构》一书中第一次提出了"科学范式"（scientific paradigm）的概念。1977 年，美国学者纳尔逊和温特（Nelson and Winter，1977）最早提出了技术发展的"自然轨道"（naturaltrajectories）的概念，后来被用以刻画技术发展的积累（cumulative）和演化（evolutionary）特征，即技术发展要受到先前特定因素的规定及经济社会等环境影响，使其沿着特定的方向前进（Nelson and Winter，1982）。在库恩"科学范式"的启发下，意大利技术经济学家多西（Dosi）在总结前人研究成果的基础上于 1982 年首次提出了"技术范式"（technological paradigm）的概念，认为某一技术领域若有较大发展或突破，相应的技术体系即会形成一种技术范式，而技术范式决定了技术研究的领域、问题、程序和任务，是解决经过选择的特定问题的模式或模型（寇运国，2013）。技术范式由经济、社会、制度、技术等多种因素相互作用形成，会产生正向和负向诱导效应，它代表着技术变革的方向，规定着技术发展的轨迹，倘若该技术范式长期地支配某一领域技术创新的方向，那么就形成一条技术轨道。

多西认为技术轨道具有以下特征：技术轨道一定程度上会受到解释力的限制，同时也可以用解释力来刻画；不同技术轨道之间存在着互补性；技术轨道存在一个上限即技术前沿；技术沿着某条路径的进步是具有累积性的；不同技术轨道的选择存在机会成本；技术轨道的优越性难以事先估计。

2）技术轨道的跃迁原理

技术跨越主要是反映技术先行者与技术跟随者之间相对运动的速度和位置关系（中国科技发展战略研究小组，2002）。从技术跨越的范围来看，技术轨道跃迁大致可分为轨道内的顺轨型技术跃迁和轨道间的越轨型技术跃迁。轨道内的顺轨型技术跃迁（或渐进性技术跨越）是一个技术累积的过程，即在原有的既定轨道上，技术沿着自身发展的方向渐进连续地向更深层次和更高水平进一步发展，而技术发展的方向受现有技术水平和技术活动范围的限制，技术发展存在很强的轨道依赖性和确定性，因此技术的发展在很大程度上是可以预测的。轨道间的越轨型技术跃迁是一种"创造性毁灭"，通常是当科学技术取得重大突破时，技术发展突破了原有的技术轨道，导致原有路径依赖性的技术积累过程得以中断，并出现了新的技术轨道，这种方式具有技术变革的跳跃性和很大的不确定性，难以准确预测。但是，新的技术轨道一旦形成，便有可能带来全新的技术发展空间，也代表着这一技术发展的新前景，而在新技术轨道形成的初期，技术进入壁垒通常较低，这就为想进入这一新兴技术领域的企业提供了极好的机会窗口（庄明浩，2009）。

从技术生命周期的 S 曲线图的角度，有助于我们更清晰地理解技术跨越概念，如图 5-2 所示（寇运国，2013）。在 t_1 时刻，假如跟随者的技术为 T_1，用 S_1 曲线表示，而领先者的技术为 T_2，用 S_2 曲线表示，并已经开始进行 T_3 技术的研发，用 S_3 曲线表示，那么此时跟随者与领先者的技术差距为 $T_2 - T_1$。现在，假如跟随者与领先者以同样的技术进步速度，那么在 t_2 时刻，领先者的技术达到

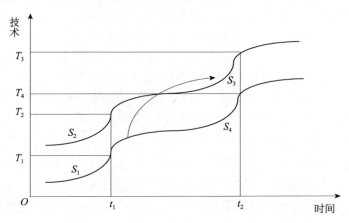

图 5-2　技术跨越概念示意图

T_3，跟随者的技术达到 T_4，用 S_4 曲线表示，即二者将仍然保持同样的差距，甚至还会进一步拉大。然而，假如跟随者在 t_1 时，通过技术跨越跨过 T_2 技术直接进入 T_3 技术的研发，则就有可能在 t_2 时刻赶上甚至超过领先者。跟随者采取的这种非连续技术进步方式即为技术跨越的行为方式。

5.性能价格比

性能价格比是指性能与价格的比值（performance/cost），简称性价比，这一比值越大说明某种产品的性价比越高，越值得购买。它是用来权衡商品在客观的可买性上所做的量化，是商品生产、商品营销和顾客购买所考虑的最重要的指标。因此，企业在开发产品和服务时应站在用户的角度去考虑，优先考虑和追求产品的高性能价格比，这样才能开发出畅销的产品和服务。通常来讲，提升产品和服务的性能价格比有以下五种途径：一是提升产品性能，价格保持不变；二是降低产品价格，性能保持不变；三是性能提升的幅度比价格提升的幅度大；四是价格下降的幅度比性能下降的幅度大；五是提升产品的性能，降低产品的价格（任俊琳和王迎朝，2011）。

二、新能源汽车技术成熟度评价体系构建与数据收集方法

1.新能源汽车多维度技术成熟度评价体系构建

此前关于技术成熟度评估方法的研究中大多是使用单个指标或少有的几个指标来判断产品的技术成熟度，由于反映的评价维度比较单一、不够全面，所以难以准确、有效地判定技术成熟度。另外，在关键技术的确定和分级评估中，都需要通过专家们大量的讨论分析来确定，主观因素太大，不够客观。但面对当今技术发展形势越来越复杂的特征，现有的评估方法因其种种局限已难以满足技术发展评估和预测的实际需要。鉴于此，本章基于第一节阐述的 TRL 分级理论、TRIZ 技术预测理论、媒体曝光度法等技术成熟度的理论与方法，以文献计量学中的论文数据和专利统计数据分析为基础，构建包括论文的异质性、专利的跨领域度、专利分布的空间结构性、EI 论文与 SCI 论文之比、会议论文与期刊论文之比、专利总数增长率、工艺专利与专利总数之比、专利网络结构效率、专利网络密度等指标在内的多维度技术成熟度评价指标体系，各指标的计算方法和含义如表 5-1 所示。下面对各指标选取的理论基础和含义进行更为详细的说明。

表 5-1　技术成熟度评价指标体系

指标	计算方法	含义
论文的异质性	计算公式：$1-\sum\limits_{i=1}(GP_i/GP)^2$ 其中，GP_i 是第 i 个领域的论文数，GP 是全部论文数	反映论文的创造性程度，亦即论文的不同领域的交叉度
专利的跨领域度	专利交叉度/该研究主题热度	反映专利相对于论文的重要性
专利分布的空间结构性	某国专利数/世界专利总数 （本书以日本为例）	反映专利的空间集中分布性
EI 论文与 SCI 论文之比	EI 论文数量/SCI 论文数量	反映工程应用相对于基础研究的重要程度
会议论文与期刊论文之比	会议论文数量/期刊论文数量	反映会议交流相对于期刊论文的重要程度
专利总数增长率	（第 t 年专利总数－第 $t-1$ 年专利总数）/第 $t-1$年专利总数	反映专利的增长速度
工艺专利与专利总数之比	工艺专利数量/专利总数	反映工艺技术专利和产品技术专利的相对数量比例
专利网络结构效率	利用 Ucinet 计算出的结构洞指标数据	反映专利网络的结构互动程度和网络整体有效性
专利网络密度	利用 Ucinet 计算出的整体网密度指标数据	反映专利网络的紧密程度

依据 TRL 分级理论和文献计量学方法，阐述技术基本原理、概念和应用的论文数量及分类，可以作为反映技术成熟水平的指标，因此这里选取会议论文与期刊论文之比和 EI 论文与 SCI 论文之比两个指标。通常来说，在新兴技术初期，由于关于新兴技术的争议和讨论较多，会议论文与期刊论文之比大多呈现上升趋势。SCI 论文反映自然科学研究成果，而 EI 论文反映科学技术研究成果在工程领域的应用。因此，通常来说 EI 论文与 SCI 论文之比越高，说明技术越成熟。

依据 TRIZ 技术预测理论，处于婴儿期的产品，通常原创性东西较多，从而论文或专利作者的空间分布较为分散，据此这里选取论文的同质性和专利分布的空间结构性两个指标。通常来说，在新兴技术出现初期，论文异质性较高，即论文的同质性较低，而随着技术越来越趋于成熟，反映该技术领域的论文的同质性越来越高。随着技术成熟度水平的不断提高，专利开发的主体会先从分散转向集中，进而由于出现新的分化而分散，相应地专利分布的空间结构性通常会呈现先上升后下降的趋势。

依据技术生命周期 A-U 理论和基于技术成熟度曲线的媒体曝光度方法，这里选取专利总数增长率和工艺专利与专利总数之比两个指标。一般来说，在技术开发的早期阶段，技术处于概念炒作的混沌时期，技术和产品概念较多，相应的产品专利较多，工艺专利较少，专利总数增长率相对较快；而在技术趋于成熟阶段，产品专利逐渐减少，更加注重产品的工艺改进和完善，工艺专利逐渐增多，专利总数增长率也逐渐变缓。

依据社会网络分析法，结合 Ucinet 软件工具的可行便捷性应用，这里选取专利的跨领域度、专利网络结构效率和专利网络密度三个指标。通常来说，随着专利不断增多，专利公开量和引用率不断提高，相应地专利网络密度和专利跨领域度不断提高，而专利网络结构效率可能会呈现先上升后下降再上升的趋势。

2. 数据收集方法及指标计算

本章拟测算新能源汽车产业中混合动力汽车、纯电动汽车和燃料电池汽车三个主要技术轨道的技术成熟度。根据本章建立的多维度技术成熟度评估模型，需要收集 EI 论文数量、SCI 论文数量、会议论文数量、工艺专利、专利总量、专利互引等数据。由于纯电动汽车和燃料电池汽车的数据收集方法与混合动力汽车的数据收集方法相同，只是检索式中主题词表述发生相应变化，所以本章仅以混合动力汽车数据收集方法为例说明相关指标的数据收集和计算方法。混合动力汽车的英文表述方式主要有 hybrid electric vehicle 和 hybrid vehicle 两种，其简称分别为 "HEV" 和 "HV"，另外，混合动力汽车专利申请的主要分类号为 X21-A01D、X22-P04A、X22-P04 和 X21-A01D1，这也代表混合动力汽车的技术主题，如表 5-2 所示。本章收集了混合动力汽车 1991～2013 年的相关数据，具体收集方法和指标计算如下。

表 5-2　混合动力汽车专利申请的主要分类号

分类号	技术主题
X21-A01D	混合动力车辆，利用电机与发动机
X22-P04A	电力型混合动力车辆
X22-P04	混合动力型车辆
X21-A01D1	并联式混合动力车辆

1）会议论文与期刊论文之比和 EI 论文与 SCI 论文之比

EI 论文在 Engineering Village 数据库中以 "HEV or HV" 为主题词进行检索，检索 1991～2013 年各年的混合动力汽车论文记录数。SCI 论文在 Web of Science 数据库的核心合集中，勾选引文索引选项中的 SCI 选项，设置时间跨度（以年为单位），并以 "TS＝HEV or TS＝HV" 为主题词检索式进行高级检索，检索记录每年的混合动力汽车 SCI 论文数量。以同样的方法，勾选引文索引选项中的 CPCI-S 选项，检索出每年的混合动力汽车会议论文数。本章使用的期刊论文数量由 EI 论文和 SCI 论文加和得到。由此可以计算出"会议论文与期刊论文之比"和"EI 论文与 SCI 论文之比"两项指标。

2）专利总数增长率和工艺专利与专利总数之比

专利数据在 Derwent Innovations Index（简称 DII）世界专利数据库中进行查询，设置时间跨度（以年为单位），并以"mc＝x21－a01d or mc＝x22－p04a or mc＝x22－p04 or mc＝x21－a01d1 or ts＝hev or ts＝hv"为检索式进行高级检索，可检索出历年的混合动力汽车专利总数。再以"(mc＝x21－a01d or mc＝x22－p04a or mc＝x22－p04 or mc＝x21－a01d1 or ts＝hev or ts＝hv and ts＝"method") or (mc＝x21－a01d or mc＝x22－p04a or mc＝x22－p04 or mc＝x21－a01d1 or ts＝hev or ts＝hv and ts＝"process")"为检索式进行高级检索，可检索出历年混合动力汽车的工艺专利数据。由此可计算混合动力汽车"专利总数增长率"和"工艺专利与专利总数之比"两个指标。

3）专利分布的空间结构性

在 Derwent Innovations Index 专利数据库中，设置时间跨度（以年为单位），分别以"（mc＝x21－a01d or mc＝x22－p04a or mc＝x22－p04 or mc＝x21－a01d1 or ts＝hev or ts＝hv）and an＝Toyota、（mc＝x21－a01d or mc＝x22－p04a or mc＝x22－p04 or mc＝x21－a01d1 or ts＝hev or ts＝hv）and an＝Honda、（mc＝x21－a01d or mc＝x22－p04a or mc＝x22－p04 or mc＝x21－a01d1 or ts＝hev or ts＝hv）and an＝Nissan、（mc＝x21－a01d or mc＝x22－p04a or mc＝x22－p04 or mc＝x21－a01d1 or ts＝hev or ts＝hv）and an＝Denso""（mc＝x21－a01d or mc＝x22－p04a or mc＝x22－p04 or mc＝x21－a01d1 or ts＝hev or ts＝hv）and an＝Panasonic"为检索式可以检索出丰田、本田、日产、电装、松下等主要新能源汽车公司的混合动力汽车相关专利。由于日本在新能源汽车领域占有主导优势，而这几个公司的混合动力汽车相关专利基本上代表了日本在该领域的专利总量，从而可以计算出日本占全世界的混合动力汽车相关专利的比例，得到专利分布的空间结构性。

4）专利网络密度和专利网络结构效率

以丰田、日产、本田、电装、通用、现代、福特、戴姆勒世界八大汽车厂商为例，分别以"（（mc＝x21－a01d or mc＝x22－p04a or mc＝x22－p04 or mc＝x21－a01d1 or ts＝hev or ts＝hv）and an＝Toyota）and cac＝Toyota""（（mc＝x21－a01d or mc＝x22－p04a or mc＝x22－p04 or mc＝x21－a01d1 or ts＝hev or ts＝hv）and an＝Toyota）and cac＝Nissan""（（mc＝x21－a01d or mc＝x22－p04a or mc＝x22－p04 or mc＝x21－a01d1 or ts＝hev or ts＝hv）and an＝Toyota）and cac＝Honda""（（mc＝x21－a01d or mc＝x22－p04a or mc＝

x22—p04 or mc＝x21—a01d1 or ts＝hev or ts＝hv) and an＝Toyota) and cac＝
Denso""（（mc＝x21—a01d or mc＝x22—p04a or mc＝x22—p04 or mc＝x21—
a01d1 or ts＝hev or ts＝hv) and an＝Toyota) and cac＝GM""((mc＝x21—a01d
or mc＝x22—p04a or mc＝x22—p04 or mc＝x21—a01d1 or ts＝hev or ts＝hv)
and an＝Toyota) and cac＝Hyundai""（（mc＝x21—a01d or mc＝x22—p04a or
mc＝x22—p04 or mc＝x21—a01d1 or ts＝hev or ts＝hv) and an＝Toyota) and
cac＝Ford""（（mc＝x21—a01d or mc＝x22—p04a or mc＝x22—p04 or mc＝
x21—a01d1 or ts＝hev or ts＝hv) and an＝Toyota) and cac＝Daimler"等为检索
式，可检索出丰田、日产、本田、电装、通用、现代、福特、戴姆勒专利互引
数量，进而以同样的检索方式检索这8个公司1991～2013年历年的专利互引数
据，可构建八大汽车厂商的专利互引矩阵（8×8矩阵）。然后运用社会网络分析
工具 Ucinet 软件计算出它们之间的专利网络密度（用整体密度）和专利网络结
构效率（结构洞指标）两个指标。

5）论文的异质性

在 Web of Science 数据库的核心合集中，对检索到的结果进行分析，将分析
结果的前七大领域数据导出到 excel 中，然后对每个分类数据用表 5-1 中的公式
求出其异质性的值，即得到对应年份的论文的异质性指标数据。

6）专利的跨领域度

某研究主题的热度 U 定义为该主题论文被引数量与该主题论文发表量的比
例，而专利交叉度定义为按领域分类的专利数与专利总数的比例 V（这个比值
反映不同技术领域的专利交叉程度），而专利跨领域度定义为专利交叉度与该研
究主题热度的比例，即 V/U。

例如，对于混合动力汽车，以"ts＝HEV or ts＝HV"为主题词在 Web of
Science 核心集合中查询历年混合动力汽车论文记录数，在创建引文分析报告中
利用每年平均被引用频次作为论文被引用频次，可计算出 U。而"按领域分类
的专利数"的检索是，在 Derwent Innovations Index 专利数据库中，先采用检
索词"cp＝（（mc＝x21—a01d or mc＝x22—p04a or mc＝x22—p04 or mc＝
x21—a01d1 or ts＝hev or ts＝hv))"，如检索出 1991 年的数量为 633，然后在
"检索结果分析"中按国际分类代码从专利数从大到小统计出前 100 个领域的专
利数之和（这个和为 437）。本章把这个"前 100 个领域的专利数之和"定义为
"按领域分类的专利数"，因而可计算出 1991 年混合动力汽车专利交叉度为
69％，而计算出的研究主题热度为 1.3445，这样，1991 年混合动力汽车的专利
跨领域度为 0.5132。

这一节在综合论文分析和评述已有技术成熟度评价与应用研究的基础上，
提出构建包括论文的异质性、专利的跨领域度、会议论文与期刊论文之比、EI

论文与 SCI 论文之比、工艺专利与专利总数之比、专利分布的空间结构性、专利总数增长率、专利网络结构效率、专利网络密度九个指标在内的更加全面客观的多维度技术成熟度评价指标体系，克服了指标单一、结果不精确等问题，并以混合动力汽车为例，对各个指标的数据收集及计算方法进行了详细说明。

三、新能源汽车技术成熟度测算及分析

1. 新能源汽车技术成熟度评价体系指标计算

本节根据上述各指标数据的收集方法，可以收集并计算出混合动力汽车、纯电动汽车和燃料电池汽车 1991～2013 年历年的多维度技术成熟度评价体系的各指标数据，分别如表 5-3～表 5-5 所示。

表 5-3　混合动力汽车评价指标原始数据（1991～2013 年）

年份	论文的异质性（X_1）	专利的跨领域度（X_2）	专利分布的空间结构性（X_3）	EI论文与SCI论文之比（X_4）	会议论文与期刊论文之比（X_5）	专利总数增长率（X_6）	工艺专利与专利总数之比（X_7）	专利网络结构效率（X_8）	专利网络密度（X_9）
1991	0.3856	0.5132	0.0111	0.7597	1.0793	0.0080	0.2101	0.00	0.00
1992	0.4885	0.4799	0.0142	0.5673	0.9281	0.1122	0.1634	0.30	0.07
1993	0.6343	0.4682	0.0173	0.8316	1.4176	−0.0128	0.1856	0.45	0.04
1994	0.7693	0.7125	0.0198	0.6571	0.7854	0.1655	0.1975	0.32	0.02
1995	0.7634	0.8150	0.0368	0.7939	1.0304	−0.1605	0.2485	0.32	0.16
1996	0.8041	1.2422	0.0846	0.9626	1.5373	−0.0441	0.3446	0.51	0.29
1997	0.8263	1.4821	0.1242	0.9424	1.8464	0.0154	0.4758	0.64	0.57
1998	0.8229	1.6211	0.2134	0.9705	2.0574	−0.0985	0.5546	0.30	0.57
1999	0.7960	2.1528	0.3179	1.0048	1.5000	−0.0588	0.7464	0.27	1.73
2000	0.7980	2.5674	0.2911	1.0256	1.9620	0.4661	0.8124	0.50	2.02
2001	0.8196	2.3852	0.2991	1.1034	1.6349	−0.0146	0.8245	0.41	3.45
2002	0.8140	2.7114	0.2338	1.1732	2.0763	0.0470	0.8571	0.64	3.91
2003	0.8151	1.4731	0.3049	1.3193	2.1878	0.5372	0.9186	0.45	8.14
2004	0.8180	2.3468	0.4074	1.6285	1.9952	0.2857	0.9295	0.63	6.11
2005	0.8174	2.8385	0.4196	1.8891	1.9529	0.1589	0.9505	0.49	7.39
2006	0.8180	2.7783	0.4369	2.1115	1.8092	0.1644	0.9504	0.45	9.54
2007	0.8260	3.1269	0.4327	2.0459	2.1586	0.5029	0.9723	0.30	19.46
2008	0.8506	2.2158	0.3820	1.8616	1.6999	0.3926	0.9810	0.40	19.82
2009	0.8545	3.3156	0.3702	1.8463	1.9805	0.1603	0.9814	0.50	27.86
2010	0.8446	2.5716	0.3836	1.8689	1.1532	0.1506	0.9837	0.19	22.11
2011	0.8195	2.1190	0.2849	1.8305	1.2575	0.0748	0.9828	0.24	20.36
2012	0.8079	2.3965	0.2841	1.7208	1.6053	0.2093	0.9867	0.29	17.02
2013	0.8047	4.1204	0.2972	1.5361	1.4358	0.2084	0.9835	0.57	14.05

表 5-4　纯电动汽车评价指标原始数据（1991～2013 年）

年份	论文的异质性（X_1）	专利的跨领域度（X_2）	专利分布的空间结构性（X_3）	EI论文与SCI论文之比（X_4）	会议论文与期刊论文之比（X_5）	专利总数增长率（X_6）	工艺专利与专利总数之比（X_7）	专利网络结构效率（X_8）	专利网络密度（X_9）
1991	0.3600	0.1545	0.0050	0.5316	0.1111	−0.5300	0.2150	1.00	0.00
1992	0.3600	0.0889	0.0187	0.4716	0.1070	0.8700	0.1310	0.87	0.25
1993	0.3800	0.1715	0.0734	0.5599	0.1263	−0.2353	0.2063	0.62	0.42
1994	0.4200	0.1722	0.1083	0.7181	0.1049	0.2273	0.2023	0.42	1.75
1995	0.4300	0.1209	0.1023	0.7471	0.1593	1.0057	0.1634	0.53	2.08
1996	0.4300	0.1194	0.1083	0.6753	0.1756	0.1406	0.1469	0.49	1.17
1997	0.4100	0.1801	0.0763	0.7460	0.2284	0.0448	0.1645	0.46	1.25
1998	0.3700	0.1985	0.1046	0.6991	0.2219	0.1168	0.1281	0.44	2.42
1999	0.4000	0.2654	0.0857	0.7902	0.2002	0.0832	0.1498	0.49	2.08
2000	0.4200	0.2812	0.1144	0.9289	0.1809	0.1025	0.2127	0.50	1.67
2001	0.4200	0.4632	0.1305	1.0113	0.1790	−0.1716	0.2309	0.53	3.67
2002	0.4100	0.5400	0.1105	1.1075	0.1638	0.1424	0.3022	0.49	6.50
2003	0.3900	0.4174	0.1339	1.1500	0.1787	0.6497	0.3343	0.47	10.75
2004	0.4400	0.5256	0.1710	1.4275	0.1437	0.1116	0.3538	0.49	10.50
2005	0.4400	0.6730	0.2008	1.6813	0.1317	0.0901	0.3047	0.49	10.75
2006	0.4500	0.9987	0.2189	1.7139	0.1302	−0.0312	0.3057	0.47	14.25
2007	0.4800	0.7987	0.2153	1.7496	0.1258	0.2116	0.3276	0.49	15.92
2008	0.4700	0.6895	0.2319	1.7950	0.1000	0.5082	0.3266	0.48	22.75
2009	0.4800	0.6684	0.2206	1.9593	0.1055	0.1283	0.3471	0.50	24.42
2010	0.5000	0.5721	0.2060	2.0516	0.0722	0.3303	0.3571	0.51	21.92
2011	0.5100	0.3721	0.1753	2.0261	0.0673	0.2675	0.3367	0.50	24.50
2012	0.5500	0.3113	0.1234	2.1226	0.0832	0.4203	0.3295	0.51	20.00
2013	0.5700	0.2668	0.1239	2.1873	0.0781	0.3663	0.3185	0.61	15.83

表 5-5　燃料电池汽车评价指标原始数据（1991～2013 年）

年份	论文的异质性（X_1）	专利的跨领域度（X_2）	专利分布的空间结构性（X_3）	EI论文与SCI论文之比（X_4）	会议论文与期刊论文之比（X_5）	专利总数增长率（X_6）	工艺专利与专利总数之比（X_7）	专利网络结构效率（X_8）	专利网络密度（X_9）
1991	0.4940	1.0939	0.0000	4.0435	0.0920	0.1683	0.2016	0.40	0.05
1992	0.4140	1.4484	0.0000	2.6903	0.0402	0.2984	0.1988	0.00	0.00
1993	0.5650	0.9429	0.0072	2.5385	0.0522	−0.1408	0.1639	0.00	0.00
1994	0.4670	2.1772	0.0049	2.4481	0.0491	−0.0193	0.2604	0.40	0.05
1995	0.5830	1.2558	0.0154	1.9418	0.0522	−0.0418	0.2385	0.40	0.05
1996	0.5000	1.3476	0.0540	1.8873	0.0805	0.3769	0.2179	0.40	0.05
1997	0.4500	1.1182	0.0330	2.0040	0.1919	−0.0968	0.2082	0.40	0.05
1998	0.4000	1.1753	0.0390	1.6724	0.0746	−0.3134	0.3243	0.40	0.05
1999	0.4800	1.2897	0.0418	2.0029	0.1307	0.1502	0.3420	0.60	0.15

续表

年份	论文的异质性（X_1）	专利的跨领域度（X_2）	专利分布的空间结构性（X_3）	EI论文与SCI论文之比（X_4）	会议论文与期刊论文之比（X_5）	专利总数增长率（X_6）	工艺专利与专利总数之比（X_7）	专利网络结构效率（X_8）	专利网络密度（X_9）
2000	0.5200	0.3369	0.0723	1.9184	0.0811	0.7702	0.4027	0.32	0.50
2001	0.6100	0.2870	0.1089	1.7705	0.0931	1.0177	0.3501	0.57	2.10
2002	0.5200	0.2944	0.1251	1.9986	0.0570	0.8991	0.3926	0.57	4.95
2003	0.5000	0.7821	0.1301	1.9773	0.1033	0.6301	0.4118	0.57	11.85
2004	0.6200	0.5988	0.1342	2.2666	0.0531	0.3263	0.3712	0.39	17.35
2005	0.5640	0.6124	0.1632	2.6830	0.0697	0.1834	0.3481	0.45	18.75
2006	0.5100	0.7262	0.1655	2.0599	0.0678	−0.0507	0.3468	0.42	22.40
2007	0.5200	0.6080	0.1891	1.9431	0.0793	0.1306	0.3373	0.39	30.30
2008	0.4640	0.6338	0.2152	1.8989	0.0882	0.2011	0.3744	0.49	36.90
2009	0.4970	0.7255	0.2329	2.0400	0.1049	−0.0812	0.4091	0.40	43.40
2010	0.3820	0.8886	0.2434	1.7591	0.0713	−0.1640	0.4108	0.45	32.90
2011	0.4200	1.0824	0.1736	1.7714	0.0584	−0.1430	0.4162	0.46	23.65
2012	0.4600	1.6888	0.1579	1.7279	0.0829	−0.0636	0.4332	0.42	17.40
2013	0.4810	2.0602	0.1687	1.7512	0.0638	0.1278	0.4281	0.46	15.00

2. 新能源汽车技术成熟度测算

本章利用主成分分析法对新能源汽车技术成熟度各指标数据进行分析确权。首先对上述三类新能源汽车的原始数据进行标准化处理。为了使三者能够在同一标准下进行有效对比，这里确定统一的标准值，进行统一标准化处理，标准化后的数据分别如表5-6～表5-8所示。

表5-6　混合动力汽车评价指标标准化数据（1991～2013 年）

年份	论文的异质性（X_1）	专利的跨领域度（X_2）	专利分布的空间结构性（X_3）	EI论文与SCI论文之比（X_4）	会议论文与期刊论文之比（X_5）	专利总数增长率（X_6）	工艺专利与专利总数之比（X_7）	专利网络结构效率（X_8）	专利网络密度（X_9）
1991	0.45	0.17	0.03	0.25	0.54	0.01	0.21	0.00	0.00
1992	0.57	0.16	0.04	0.19	0.46	0.07	0.16	0.15	0.00
1993	0.75	0.16	0.04	0.28	0.71	−0.01	0.19	0.23	0.00
1994	0.91	0.24	0.05	0.22	0.39	0.11	0.20	0.16	0.00
1995	0.90	0.27	0.09	0.26	0.52	−0.11	0.25	0.16	0.01
1996	0.95	0.41	0.21	0.32	0.77	−0.03	0.34	0.26	0.01
1997	0.97	0.49	0.31	0.31	0.92	0.01	0.48	0.32	0.03
1998	0.97	0.54	0.53	0.32	1.03	−0.07	0.55	0.15	0.03
1999	0.94	0.72	0.79	0.33	0.75	−0.04	0.75	0.14	0.09
2000	0.94	0.86	0.73	0.34	0.98	0.31	0.81	0.25	0.10

续表

年份	论文的异质性（X_1）	专利的跨领域度（X_2）	专利分布的空间结构性（X_3）	EI论文与SCI论文之比（X_4）	会议论文与期刊论文之比（X_5）	专利总数增长率（X_6）	工艺专利与专利总数之比（X_7）	专利网络结构效率（X_8）	专利网络密度（X_9）
2001	0.96	0.80	0.75	0.37	0.82	−0.01	0.82	0.21	0.17
2002	0.96	0.90	0.58	0.39	1.04	0.03	0.86	0.32	0.20
2003	0.96	0.49	0.76	0.44	1.09	0.36	0.92	0.23	0.41
2004	0.96	0.78	1.02	0.54	1.00	0.19	0.93	0.32	0.31
2005	0.96	0.95	1.05	0.63	0.98	0.11	0.95	0.25	0.37
2006	0.96	0.93	1.09	0.70	0.90	0.11	0.95	0.23	0.48
2007	0.97	1.04	1.08	0.68	1.08	0.34	0.97	0.15	0.97
2008	1.00	0.74	0.95	0.62	0.85	0.26	0.98	0.20	0.99
2009	1.01	1.11	0.93	0.62	0.99	0.11	0.98	0.25	1.39
2010	0.99	0.86	0.96	0.62	0.58	0.10	0.98	0.10	1.11
2011	0.96	0.71	0.71	0.61	0.63	0.05	0.98	0.12	1.02
2012	0.95	0.80	0.71	0.57	0.80	0.14	0.99	0.15	0.85
2013	0.95	1.37	0.74	0.51	0.72	0.14	0.98	0.29	0.70
标准值	0.85	3	0.4	3	2	1.5	1	2	20

表 5-7　纯电动汽车评价指标标准化数据（1991～2013 年）

年份	论文的异质性（X_1）	专利的跨领域度（X_2）	专利分布的空间结构性（X_3）	EI论文与SCI论文之比（X_4）	会议论文与期刊论文之比（X_5）	专利总数增长率（X_6）	工艺专利与专利总数之比（X_7）	专利网络结构效率（X_8）	专利网络密度（X_9）
1991	0.42	0.05	0.01	0.18	0.06	−0.35	0.22	0.50	0.00
1992	0.42	0.03	0.05	0.16	0.05	0.58	0.13	0.44	0.01
1993	0.45	0.06	0.18	0.19	0.06	−0.16	0.21	0.31	0.02
1994	0.49	0.06	0.27	0.24	0.05	0.15	0.20	0.21	0.09
1995	0.51	0.04	0.26	0.25	0.08	0.67	0.16	0.26	0.10
1996	0.51	0.04	0.27	0.23	0.09	0.09	0.15	0.24	0.06
1997	0.48	0.06	0.19	0.25	0.11	0.08	0.16	0.23	0.06
1998	0.44	0.07	0.26	0.23	0.11	0.08	0.13	0.22	0.12
1999	0.47	0.09	0.21	0.26	0.10	0.06	0.15	0.24	0.10
2000	0.49	0.09	0.29	0.31	0.09	0.07	0.21	0.25	0.08
2001	0.49	0.15	0.33	0.34	0.08	−0.11	0.23	0.27	0.18
2002	0.48	0.18	0.28	0.37	0.08	0.09	0.30	0.25	0.33
2003	0.46	0.14	0.33	0.38	0.09	0.43	0.33	0.23	0.54
2004	0.52	0.18	0.43	0.48	0.07	0.07	0.35	0.24	0.53
2005	0.52	0.22	0.50	0.56	0.07	0.06	0.30	0.24	0.54
2006	0.53	0.33	0.55	0.57	0.07	−0.02	0.31	0.24	0.71
2007	0.56	0.27	0.54	0.58	0.06	0.14	0.33	0.24	0.80

续表

年份	论文的异质性（X_1）	专利的跨领域度（X_2）	专利分布的空间结构性（X_3）	EI论文与SCI论文之比（X_4）	会议论文与期刊论文之比（X_5）	专利总数增长率（X_6）	工艺专利与专利总数之比（X_7）	专利网络结构效率（X_8）	专利网络密度（X_9）
2008	0.55	0.23	0.58	0.60	0.05	0.34	0.33	0.24	1.14
2009	0.56	0.22	0.55	0.65	0.05	0.09	0.35	0.25	1.22
2010	0.59	0.19	0.52	0.68	0.04	0.22	0.36	0.25	1.10
2011	0.60	0.12	0.44	0.68	0.03	0.18	0.34	0.25	1.23
2012	0.65	0.10	0.31	0.71	0.04	0.28	0.33	0.25	1.00
2013	0.67	0.09	0.31	0.73	0.04	0.24	0.32	0.31	0.79
标准值	0.85	3	0.4	3	2	1.5	1	2	20

表 5-8　燃料电池汽车评价指标标准化数据（1991～2013 年）

年份	论文的异质性（X_1）	专利的跨领域度（X_2）	专利分布的空间结构性（X_3）	EI论文与SCI论文之比（X_4）	会议论文与期刊论文之比（X_5）	专利总数增长率（X_6）	工艺专利与专利总数之比（X_7）	专利网络结构效率（X_8）	专利网络密度（X_9）
1991	0.58	0.36	0.00	1.35	0.05	0.00	0.20	0.20	0.00
1992	0.49	0.48	0.00	0.90	0.02	0.20	0.20	0.20	0.00
1993	0.66	0.31	0.02	0.85	0.03	−0.09	0.16	0.20	0.00
1994	0.55	0.73	0.01	0.82	0.02	−0.01	0.26	0.20	0.00
1995	0.69	0.42	0.04	0.65	0.03	−0.03	0.24	0.20	0.00
1996	0.59	0.45	0.14	0.63	0.04	0.25	0.22	0.20	0.00
1997	0.53	0.37	0.08	0.67	0.10	−0.06	0.21	0.20	0.00
1998	0.47	0.39	0.10	0.56	0.04	−0.21	0.32	0.20	0.00
1999	0.56	0.43	0.10	0.67	0.07	0.10	0.34	0.30	0.01
2000	0.61	0.11	0.18	0.64	0.04	0.51	0.40	0.16	0.03
2001	0.72	0.10	0.27	0.59	0.05	0.68	0.35	0.29	0.11
2002	0.61	0.10	0.31	0.67	0.05	0.60	0.39	0.28	0.25
2003	0.59	0.26	0.33	0.66	0.05	0.42	0.41	0.29	0.59
2004	0.73	0.20	0.34	0.76	0.05	0.22	0.37	0.20	0.87
2005	0.66	0.20	0.41	0.89	0.05	0.12	0.35	0.22	0.94
2006	0.60	0.24	0.41	0.69	0.03	−0.03	0.35	0.21	1.12
2007	0.61	0.20	0.47	0.65	0.05	0.09	0.34	0.19	1.52
2008	0.55	0.21	0.54	0.63	0.05	0.13	0.37	0.25	1.85
2009	0.58	0.24	0.58	0.68	0.05	−0.05	0.41	0.20	2.17
2010	0.45	0.30	0.61	0.59	0.04	−0.11	0.41	0.22	1.65
2011	0.49	0.36	0.43	0.59	0.04	−0.10	0.42	0.23	1.18
2012	0.54	0.56	0.39	0.58	0.04	−0.04	0.43	0.21	0.87
2013	0.57	0.69	0.42	0.58	0.03	0.09	0.43	0.23	0.75
标准值	0.85	3	0.4	3	2	1.5	1	2	20

在对三类主要的新能源汽车评价指标原始数据进行统一标准化后，可以对统一标准化后的指标数据一并进行主成分分析，进而得到其相应的特征值和贡献率，如表 5-9 所示。

表 5-9　各指标的特征值和贡献率

指标项	X_1	X_2	X_3	X_4	X_5	X_6	X_7	X_8	X_9
特征值	4.127	1.615	1.224	0.941	0.588	0.247	0.135	0.074	0.049
贡献率	45.858	17.945	13.6	10.454	6.529	2.746	1.505	0.819	0.545

由表 5-9 可知，前三个指标的贡献率分别为 45.858%、17.945%、13.6%，而其累积贡献率为 77.403%，达到适用主成分方法进行分析的要求，因而可以用主成分分析法对各指标进行确权评价。因此，由主成分分析法进行确权分析后可得到相应的主成分和各指标的权重，如表 5-10 所示。

表 5-10　各指标的主成分及权重

指标	主成分 1	主成分 2	主成分 3	指标权重
论文的异质性（X_1）	0.439	−0.173	−0.055	0.1144
专利的跨领域度（X_2）	0.437	−0.023	−0.164	0.1220
专利分布的空间结构性（X_3）	0.426	0.177	0.23	0.1823
EI 论文与 SCI 论文之比（X_4）	0.074	0.627	−0.235	0.0799
会议论文与期刊论文之比（X_5）	0.42	−0.355	−0.03	0.0877
专利总数增长率（X_6）	0.022	0.128	0.548	0.0771
工艺专利与专利总数之比（X_7）	0.478	0.032	0.09	0.1671
专利网络结构效率（X_8）	−0.072	−0.145	0.72	0.0292
专利网络密度（X_9）	0.137	0.616	0.185	0.1401

由原始数据和标准值、在得到各指标的权重后，可建立如下技术成熟度评估指数模型，如式（5-1）所示。根据式（5-1）可以分别测算出混合动力汽车、纯电动汽车和燃料电池汽车三大类新能源汽车历年的技术成熟度指数，将其用图形表示，分别如图 5-3～图 5-5 所示。技术成熟度的评估指数模型为

$$I = \sum_{i=1}^{9} \theta_i X_i / X_{i0} \tag{5-1}$$

其中，I 代表技术成熟度；X_i 代表第 i 个评价指标的实际值；θ_i 代表第 i 个评价指标的权重，该权重可由主成分分析法进行确定；X_{i0} 代表第 i 个评价指标的标准值。

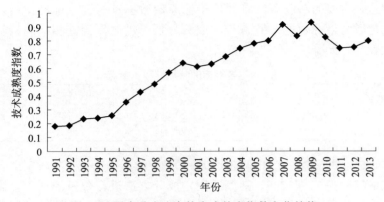

图 5-3　混合动力汽车技术成熟度指数变化趋势

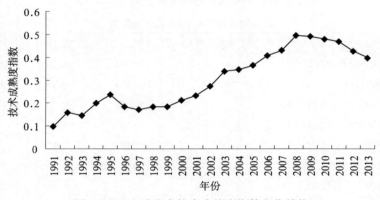

图 5-4　纯电动汽车技术成熟度指数变化趋势

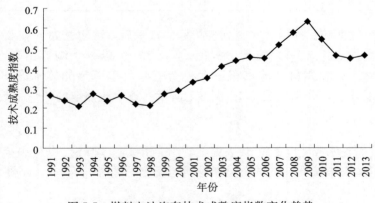

图 5-5　燃料电池汽车技术成熟度指数变化趋势

3. 新能源汽车产业技术成熟度分析与比较

由于本章在定义各指标的标准值时，并不是选取各指标的最大值或最小值，而是选择中上游水平的值，所以本章对技术成熟度的分级情况进行如下定义，如表5-11所示。下面分别对混合动力汽车、纯电动汽车和燃料电池汽车的技术成熟度进行分析和对比。

表 5-11　技术成熟度分级表

技术成熟度指数 I	$0<I<0.4$	$0.4<I<0.8$	$0.8<I$
技术成熟度等级	萌芽期	成长期	成熟期

1）混合动力汽车技术成熟度分析

混合动力汽车是指采用多种能量转换器提供动力源的混合型动力汽车，当前的混合动力汽车通常是采用传统内燃机和电动机两种动力系统，通过混合使用热能和电能转换为驱动汽车行驶的动能，从而达到提高燃油经济性和降低排放的目的。按动力传输路线和混合比两种指标可以进行如下分类（杨桂菊和刘善海，2013）。

混合动力汽车按照动力传输路线主要分为串联式混合动力汽车（series hybrid electric vehicle，SHEV）、并联式混合动力汽车（parallel hybrid electric vehicle，PHEV）和混联式混合动力汽车（split hybrid electric vehicle，SHEV）三种，其内燃机与电动机的功率分配通常如表5-12所示（徐峰，2013）。

表 5-12　混合动力汽车按照动力传输路线的分类

功率		串联式	并联式	混联式
功率分配/%	内燃机	50	70	40
	电动机	50	30	60

混合动力汽车按照电机的输出功率占动力系统总输出功率的比重即混合比，可以分为轻混、中混、重混三种，不同混合比的汽车其技术特性不同。具体分类及技术特性如表5-13所示。

表 5-13　不同混合比的分类特征及技术特性对比

项目	细分	电机	内燃机燃料	节省燃油	动力	减排效果	开发成本
混合动力汽车	轻混	集成启动电机（ISG）	汽油/柴油	20%以下	较好	稍好	增加几千元
	中混	ISG＋高压电机	汽油/柴油	30%	较好	好	增加3万～6万元
	重混	272-650V 高压启动电机	汽油/柴油	50%以上	较好	好	增加6万元以上

混合动力汽车因采用电动机和内燃机双驱动动力系统，较传统内燃机汽车在动

力性能、污染排放、噪声、燃油经济性、效率等方面具有很多优点，如表 5-14 所示。

表 5-14　混合动力汽车与传统内燃机汽车的性能比较

汽车类型	动力系统	动力性能	污染、噪声	燃油经济性	能量回收	发动机效率	CO₂排放	NOₓ	PM
传统内燃机汽车	内燃机	动力性能好，但工作时间一般	污染较大噪声大	一般	一般	一般	34 吨/年	260 千克/年	22 千克/年
混合动力汽车	内燃机＋电动机	动力性能好且工作时间长	污染小噪声小	节省34％～47％	回收25％～30％	提高45％～50％	26 吨/年	80 千克/年	7 千克/年

　　虽然不同的国家或企业因其技术积累、政策支持偏重等差异，在发展新能源汽车时选择优先发展哪一类型并不一定相同，但通过对多数国家和企业的分析发现，混合动力汽车作为从传统燃油汽车向新能源汽车过渡的重要产品，无疑是目前大多数国家在发展新能源汽车初期的首选。由图 5-3 可以发现，经过多年的技术研发和积累，世界上混合动力汽车技术在 2004 年基本达到了成熟。实际上，丰田在 1997 年发布首款混合动力汽车普锐斯时，世界上混合动力汽车的整体技术成熟度才达到 48％，刚进入成长期，这也充分说明了丰田公司在新能源汽车领域的领先地位。混合动力汽车的技术成熟度指数在 2009 年达到了最高点，近几年来有所下降，这是因为一些新的技术突破〔如比亚迪的 F3DM（双模）一代、二代新技术的不断突破等〕使这一曲线被拉低，这是符合实际情况的。

　　2）纯电动汽车技术成熟度分析

　　纯电动汽车是指以车载电源为动力，通过电机转换驱动车轮行驶，完全由可充电电池（如铅酸电池、镍镉电池、镍氢电池或锂离子电池等）提供动力源的汽车。纯电动汽车结构简单、易维修，现在的纯电动汽车的动力系统多采用近乎完美的零排放、零污染的锂离子电池。纯电动汽车最早诞生于 19 世纪的后半叶，甚至比传统的内燃机汽车还要早十几年，至今已有 100 多年的历史。但是，由于受制于当时动力电池和驱动控制技术等的不成熟，纯电动汽车的发展一直较缓慢且远远落后于传统内燃机汽车，仅限于某些特定范围内应用，市场较小。纯电动汽车具有环保、节能、可持续等优点，于是进入 21 世纪以来，由于受能源危机、经济危机、环境危机等的影响，纯电动汽车重新受到人们的重视，各国纷纷将其作为汽车发展的重点进行开发。

　　通过近些年来的支持和发展，纯电动汽车技术有了很大的发展，但是其技术仍然没有完全成熟，技术成熟度仍然是制约其进一步发展的重要因素。由图 5-4 可以发现，世界上纯电动汽车技术整体上至今仍然未达到成熟，尚处在技术的成长期。2009 年以来，由于纯电动汽车的某些关键技术领域不断取得技术上的新突破（如锂电池、铁电池等技术的不断发展和新突破），这使得这一曲线在最近几年呈现一定程度的下降，所以这一曲线的走势是符合实际情况的。

3）燃料电池汽车技术成熟度分析

燃料电池汽车主要是指氢（或其他高能量密度燃料）燃料电池汽车，本质上仍属于电动汽车的一种。燃料电池汽车的核心部件为燃料电池，其工作原理是通过氢气和空气中氧气的化学作用而不是经过燃烧直接变成电能动力，即将燃料中的化学能直接转化为电能来进行动力驱动的新型绿色环保汽车。燃料电池汽车具有排放物主要是水、燃料来源能量密度高、能量利用率高、燃料来源可再生等优点；但目前也存在着成本高和制氢、存储等技术瓶颈问题。

由图 5-5 可以发现，世界上燃料电池汽车的整体技术也还未达到成熟，尚处在技术成长期。

4）三类新能源汽车技术成熟度对比分析

这里将第二节测算的混合动力汽车、纯电动汽车和燃料电池汽车三大类新能源汽车的技术成熟度指数放在一幅图中进行对比分析，如图 5-6 所示。

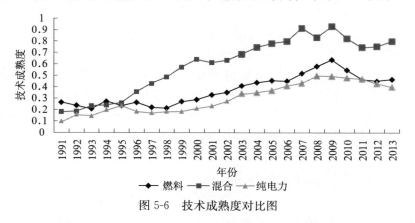

图 5-6　技术成熟度对比图

由图 5-6 可知，混合动力汽车技术在 1997 年前后发展加快，这与当时丰田发布首款混合动力汽车——丰田普锐斯引发的轰动效应有关，而纯电动汽车技术和燃料电池汽车技术则在 2001 年即进入新世纪以后发展较快，这与各国的技术积累和重视程度有关。从总体上来看，世界上混合动力汽车技术整体上在 2004 年左右达到基本成熟，而纯电动汽车技术和燃料电池汽车技术至今仍然处在成长期，且发展曲折。这里需要说明的是，本章测算的是世界上新能源汽车的整体技术成熟度，而个别新能源汽车企业在某一领域可能提前或推迟达到技术成熟。

由图 5-6 显示的三条技术成熟度曲线走势可知，在 2009 年前后三类新能源汽车的技术成熟度指数均出现了不同程度的下滑趋势。据分析，这是由于 2008 年金融危机之后，世界上很多国家在寻求产业发展出路时，将发展新能源汽车作为各国的战略性新兴产业予以大力扶持和发展，加大了在新能源汽车技术研发和创新方面的投入力度，催生了很多新的技术突破，使得技术成熟度指数被拉低，出现了一定的下滑趋势，这是符合实际情况的，也从一定程度上说明了我们构建的多维度技术成熟度评价体系和指数模型的有效性和评估结果的客观准确性。这种看似不正常的技术成熟度曲线走势却正是技术创新和发展变化规律的常态化表现，也正是技术不断创新和完善的客观需要。

这一节主要通过利用本章构建的多维度技术成熟度评价体系及成熟度评估指数模型，分别对混合动力汽车、纯电动汽车和燃料电池汽车三大类新能源汽车的技术成熟度进行了实证研究和分析，主要得到如下几点结论。

（1）测算结果表明，世界上混合动力汽车的技术成熟度整体上到 2004 年基本成熟，而丰田早在 1997 年发布世界上首款混合动力汽车——丰田普锐斯时世界上混合动力汽车的技术成熟度整体上才达到 0.48，这说明丰田在混合动力汽车技术领域大大领先。另外，根据测算结果，纯电动汽车和燃料电池汽车的技术成熟度至今整体上尚未成熟，仍处于成长期。

（2）由于 2008 年金融危机之后，各国纷纷将目光投向新能源汽车领域，把发展新能源汽车产业作为各国的战略性新兴产业给予重点支持，所以 2009 年以来，世界上新能源汽车技术领域取得了很多新的突破，使得世界上新能源汽车技术的整体技术成熟度曲线被拉低，出现了一定程度的下滑趋势，这一变化趋势符合实际情况，同时，也在一定程度上证明了本章构建的多维度技术成熟度评价体系和指数模型的有效性及评估结果的客观准确性。

四、各指标的发展趋势分析

前面对混合动力汽车、纯电动汽车和燃料电池汽车三大类新能源汽车的技术成熟度进行了测算和分析，使我们整体上对新能源汽车的技术成熟度水平有所认识。下面以技术成熟度已经基本成熟的混合动力汽车为例，从论文和专利角度分别对其各个指标这些年来的变化趋势逐一进行更深入的分析，以论述上述关于技术成熟度测算结果的客观准确性。

1. 论文指标变化趋势分析验证

1）EI 论文与 SCI 论文之比

由图 5-7 可知，EI 论文与 SCI 论文之比总体上呈上升趋势，说明关于混合动力汽车的研究越来越偏向于汽车工程和应用领域，更加注重汽车的性能优化和实用性改进，使混合动力汽车技术更加成熟。2007 年前后，这一比例有所下降，说明混合动力汽车技术在科学研究上不断取得新的突破，科学研究新突破总是领先于技术新突破，因此这与混合动力汽车技术成熟度曲线于 2009 年前后出现下降在逻辑上是一致的。

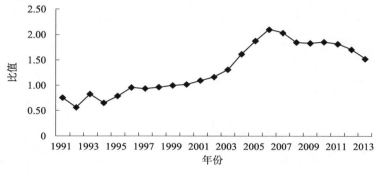

图 5-7　EI 论文与 SCI 论文之比

2）会议论文与期刊论文之比

由图 5-8 可知，混合动力汽车的会议论文与期刊论文之比在 1998 年之前呈上升趋势，之后趋向缓和呈小幅波动，在 2003 年达到顶峰，到 2007 年先于技术成熟度曲线开始出现下降趋势。这说明 1997 年之前，关于混合动力汽车的讨论在逐渐升温，这一技术主题成为讨论的热点话题，源于当时新能源汽车正在酝酿和兴起。1997 年世界上第一款混合动力汽车——丰田普锐斯上市，混合动力汽车研究迅速升温，技术逐渐完善。最近几年这一曲线有下降趋势，说明期刊论文增速越来越多地超过会议论文增速，混合动力汽车技术在科学研究上取得了新的突破。

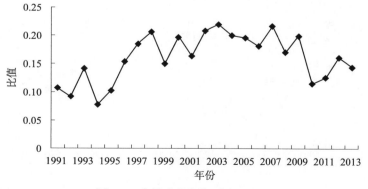

图 5-8　会议论文与期刊论文之比

3）论文的异质性

由图 5-9 可知，混合动力汽车领域论文的异质性在 1997 年之前增长较快，这正是处在当时混合动力汽车的酝酿时期；之后趋于平稳，说明关于混合动力汽车技术的论文创新性在下降，也从反面说明了混合动力技术逐步趋于基本成熟。

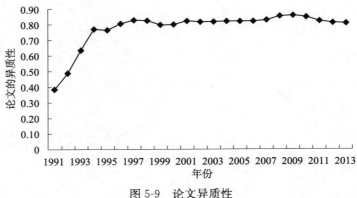

图 5-9　论文异质性

2. 专利指标变化趋势分析验证

1）专利总数增长率

由图 5-10 可以发现，混合动力汽车的专利总数增长率呈现较大幅度的跳跃性。在 2001 年之后，混合动力汽车的专利数量基本上呈现正增长，增幅基本上都在 10％以上，且在 2003 年和 2007 年增幅在 50％左右，这说明混合动力汽车领域的技术不断完善，技术创新成果不断涌现。

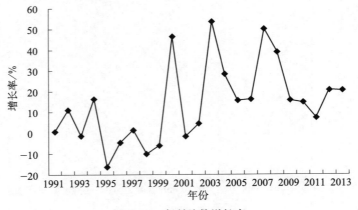

图 5-10　专利总数增长率

2）工艺专利与专利总数之比

由图 5-11 可知，工艺专利与专利总数之比呈明显上升趋势，说明混合动力汽车的工艺专利越来越多，而产品专利增长速度没有工艺专利增长速度快。其中，1997～2000 年这一比例加速上升，说明期间工艺专利增速最快，混合动力汽车的产品技术成熟度逐步提升，到 2009 年已达到 98％以上。通过分析不难发现，这是因为 1997 年丰田普锐斯上市后，混合动力汽车产品形态已经初步明确，研究的重点转向工艺技术研究，以提升性能、降低成本为重点，从而提升产品的性价比和市场占有率。

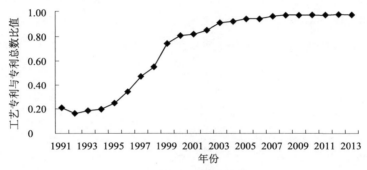

图 5-11 工艺专利与专利总数之比

3）专利的跨领域度

由图 5-12 可以发现，这一曲线整体上呈上升趋势，说明专利的跨领域度越来越高，技术越来越走向成熟。由于新能源汽车本身技术复杂程度就较高，涉及多个学科领域，所以技术的研发和专利的申请越来越倾向于联合或合作，交叉度越来越高。另外，这也反映出混合动力汽车的专利相对于论文更加重要和活跃，说明随着技术逐渐成熟，越来越多的企业更加注重于专利的申请和技术的完善。

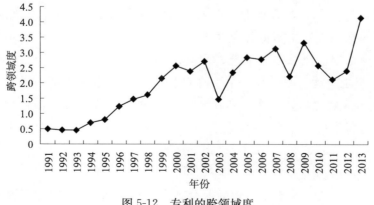

图 5-12 专利的跨领域度

4）专利分布的空间结构性

专利分布的空间结构性反映专利按国家的集中程度，日本作为世界新能源汽车主要生产国，其丰田、本田、日产等汽车巨头是世界新能源汽车的前几大主要厂商。这里由日本主要新能源汽车企业的混合动力汽车专利拥有量比上全世界的混合动力汽车专利数量代表这一指标。由图 5-13 可知，日本的混合动力汽车专利拥有量占全世界的混合动力汽车专利总量的比例总体上呈现大幅上升趋势，在 2007 年前后曾一度达到接近全世界专利总量的一半，这也反映了日本在新能源汽车领域一枝独秀，具有很强的领先优势。而随着此后其他国家的汽车企业纷纷加强在新能源汽车领域的投资和研发布局，日本混合动力汽车专利拥有量占全世界的混合动力汽车专利总量的比例有所下降，但仍然保持在 30％以上。

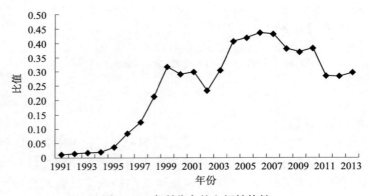

图 5-13　专利分布的空间结构性

5）专利网络结构效率

由图 5-14 可知，混合动力汽车的专利网络结构效率总体上呈现跳跃波动、稳中有升的态势。这说明世界上主要的混合动力汽车厂商的专利引用网络效率尚不十分稳定，但总体上来看，之间的引用频率在加强，效率在提高。其中，2004 年之后这一曲线有小幅下降趋势，这可能是因为混合动力汽车技术 2004 年基本成熟之后，主要厂商在技术研发方向上有所分歧而使得专利网络结构效率有所降低，但 2009 年之后由于新的技术突破出现，这一趋势开始有所扭转。

6）专利网络密度

由图 5-15 可知，世界上主要的混合动力汽车厂商之间的专利网络密度总体上呈现上升趋势，说明它们之间的专利网络引用紧密度在不断加强。在 2009 年

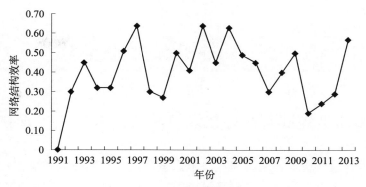

图 5-14　专利网络结构效率

以后呈回落态势，说明专利引用网络产生了社团分裂现象，这主要是美国等国的作用在突出，产生了新的不同于日本的社团。

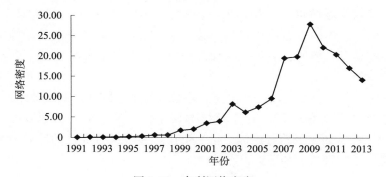

图 5-15　专利网络密度

　　这一节主要是以技术成熟度已经基本成熟的混合动力汽车为例，通过对其各指标变化趋势进行更加深入的分析，以论述和验证第三节利用多维度技术成熟度评价指标体系和技术成熟度指数模型进行新能源汽车产业技术成熟度测算的可行性和测算结果的客观准确性。通过本节的进一步分析发现，混合动力汽车的各指标变化趋势与整体技术成熟度曲线的变化趋势基本一致，这说明利用本章构建的多维度技术成熟度评价体系和指数模型对新能源汽车产业各技术轨道的技术成熟度进行测算的结果较为客观准确，具有较好的可行性。

第二节　投入产出网络分析方法

一、技术前沿领域与核心技术领域和技术领先产业分析

本节内容根据技术感应原理和技术影响原理，利用投入产出方法，构建了技术领域的影响力、感应力等测算模型，并应用于对混合动力汽车专利技术的分析中。

1. 技术感应原理

一个技术领域成果的取得，一方面来自该领域自身投入研究经费、装备、人员和时间进行创造和原始创新的结果，另一方面，取决于向技术网络中其他技术领域的学习、模仿、消化吸收和再创新。这是技术感应的结果，可称之为技术感应原理。

技术感应原理可以用投入产出分析方法进行定量阐述，假设技术网络中第 i 个技术领域的专利数为 X_i，第 i 个技术领域引用第 j 个技术领域的专利数为 X_{ij}，而由于投入研发经费等原因，第 i 个技术领域进行纯粹的原始创新而获得的专利数为 Y_i，那么有如下的关系式：

$$\sum_{j=1}^{n} a_{ij}X_{ij} + Y_i = X_i \quad (i,j = 1,2,\cdots,n) \tag{5-2}$$

其中，a_{ij} 表示第 i 个技术领域引用第 j 个技术领域的专利的感应效果系数。

参照投入产出分析方法中的直接消耗系数、完全消耗系数，以及相应的矩阵和感应度系数，直接感应系数的计算方法为第 i 个技术领域引用第 j 个技术领域的专利数与第 i 个技术领域的专利总数之比，用公式表示为

$$a_{ij} = \alpha_{ij}X_{ij}/X_i \quad (i,\ j=1,\ 2,\ \cdots,\ n) \tag{5-3}$$

完全感应系数记为 b_{ij}，指第 i 个技术领域每产出一项专利，对第 j 个技术领域的直接感应和间接感应之和。利用直接感应系数矩阵 A 计算完全感应系数矩阵 B 的公式为

$$B = (I-A)^{-1} - I \tag{5-4}$$

按照式（5-4）计算感应系数矩阵 B。相应地，感应力系数的计算公式如下：

$$U_j = \frac{\sum\limits_{i=1}^{n} b_{ij}}{\dfrac{1}{n}\sum\limits_{j=1}^{n}\sum\limits_{i=1}^{n} b_{ij}} \quad (i,j=1,2,\ldots,n) \tag{5-5}$$

式（5-5）中，$\sum\limits_{i=1}^{n} b_{ij}$ 表示完全感应系数矩阵中第 j 列的各项元素之和；

$\dfrac{1}{n}\sum\limits_{j=1}^{n}\sum\limits_{i=1}^{n} b_{ij}$ 表示完全感应系数矩阵的列和的平均值。感应力系数代表一个技术领域对技术网络中其他技术领域及自身领域的新技术的感应、学习和吸收及再创新能力，可以利用感应力系数的大小识别核心技术领域。

2. 技术影响原理

一个技术领域成果对技术网络的影响，一方面是对网络中的其他技术领域和自身的影响，表现为向网络中的其他成员进行技术输出；另一方面，是对网络外的技术的影响。

技术影响力原理同样可以用投入产出分析方法进行定量阐述，假设技术网络中第 i 个技术领域的专利数为 X_i，第 j 个技术领域中被第 i 个技术领域引用的专利数为 X_{ij}；专利技术引用，一方面是对网络内其他技术领域的影响 $\sum\limits_{i=1}^{n}\beta_{ij}X_{ij}$，$\beta_{ij}$ 是影响效果系数；另一方面，是对网络外的影响 $\lambda_j E_j$。因而，有如下关系式：

$$\sum_{i=1}^{n}\beta_{ij}X_{ij} + \lambda_j E_j = \rho_j X_j \quad (i,j=1,2,\cdots,n) \tag{5-6}$$

式中，$\rho_j X_j$ 表示第 j 个技术领域对网络内外总的影响效果。

同样参照投入产出分析方法中的直接消耗系数的定义方法，直接影响系数的计算方法为第 j 个技术领域中被第 i 个技术领域引用的专利数与第 j 个技术领域的专利总数之比，用公式表示为

$$K_{ij} = \beta_{ij}X_{ij}/X_j \quad (i,\ j=1,\ 2,\ \cdots,\ n) \tag{5-7}$$

式中 β_{ij} 表示第 j 个技术领域对第 i 个技术领域的专利的影响的效果系数。

同样也可以利用直接影响系数矩阵 K 测算出完全影响系数矩阵 D 为

$$D = (I-K)^{-1} - I \tag{5-8}$$

这样，在式（5-8）基础上，影响力系数的计算公式如下：

$$V_i = \frac{\sum\limits_{j=1}^{n} d_{ij}}{\dfrac{1}{n}\sum\limits_{i=1}^{n}\sum\limits_{j=1}^{n} d_{ij}} \quad (i,j=1,2,\cdots,n) \tag{5-9}$$

式中，$\sum_{j=1}^{n} d_{ij}$ 表示完全影响系数矩阵中第 i 行的各项元素之和；$\frac{1}{n} \sum_{i=1}^{n} \sum_{j=1}^{n} d_{ij}$ 表示所有完全影响系数矩阵的行和的平均值。影响力系数代表一个技术领域对技术网中其他技术领域及自身领域的新技术的推动、引导作用，可以利用影响力系数的大小识别前沿技术领域及技术领先企业或技术领先产业（苏敬勤，刘建华等，2015a）。

3. 数据来源

本书的专利数据来源于德温特创新专利引文索引（Derwent Innovation Index，DII）专利数据库，该数据库包含全世界四十几个专利机构授权的基本发明，其中有一千多万的发明专利和两千多万的专利情报数据，因此能比较全面客观地显示全世界各个国家的专利发展状况。首先选取有关混合动力汽车的 20 个技术领域，然后在德温特数据库中以每五年为一时间单元分别检索 1989～1993 年、1994～1998 年、1999～2003 年、2004～2008 年及 2009～2013 年的专利数据。检索方法举例：如检索技术领域 H01M-010/40 在 1989～1993 年的专利数量，则打开德温特数据库，点击高级检索，然后在高级检索框中输入检索式"IP＝H01M-010/40"、时间限制为 1989～1993 年，检索出技术领域 H01M-010/40 的专利数量。

在德温特数据库中，每条专利信息包含专利号（PN）字段，如果此专利有引用的专利，则还会包含引用专利信息（CP）字段。本书需要对检索所得的数据进行处理，构建专利引用矩阵，在此基础上测算各个技术领域的感应度系数和影响力系数。数据处理过程说明如下所示。

第一步，利用 Python 编程语言，提取每条专利的 PN 字段和 CP 字段。PN字段列出的是一族专利号，为了能统计全部的专利信息，本书将 PN 字段中的所有专利号进行提取，并将其导入 SQL 数据库，构建 PN 数据集。

第二步，由于引用专利 CP 字段包含了原专利与其所引用专利的专利号、专利权人和发明人等信息，造成数据处理的困难。本书接下来对提取的 CP 字段中的多余信息进行了剔除，只保留其中的专利号信息，此过程依然用 Python编程实现。然后将 CP 字段中包含的所有专利号导入 SQL 数据库，构建 CP 数据集。

第三步，在 SQL 数据库中分别对这 20 个技术领域在 1989～1993 年、1994～1998年、1999～2003 年、2004～2008 年及 2009～2013 年的 CP、PN 数据集进行匹配，每五年构建一个 20×20 的专利引用矩阵，该矩阵中列标签为原技术领域分类号，行标签为被引用的技术领域分类号。例如，对于技术领域 H01M-010/40 和 B60K-006/00，如果我们想要得到 H01M-010/40 在 2008～2013 年对 B60K-006/00 的引用数据，则将提取得到的此五年间 H01M-

010/40 的 CP 数据集与 B60K-006/00 的 PN 数据集进行匹配。同样的，如果我们想得到 B60K-006/00 对 H01M-010/40 的引用数据，则将 B60K-006/00 的 CP 数据集与 H01M-010/40 的 PN 数据集进行匹配。我们发现匹配结果中会有重复项，造成矩阵值偏高，因此本书又对所有的匹配结果进行去重处理，删除重复项。

第四步，至此，我们已经得到了 1989～2013 年每五年的专利引用矩阵（共五个表）。接下来，我们计算各技术领域的直接感应力系数矩阵和直接影响力系数矩阵，进而利用 Matlab 分别计算出各技术领域的完全感应力系数矩阵和完全影响力系数矩阵。需要特别说明的是，本书在最初计算完全引用系数矩阵时，有些年份的计算结果中出现了负值，通过仔细思考和反复试验，最终发现问题出在计算直接引用系数矩阵上。以计算各技术领域直接感应力系数矩阵为例，其计算公式为 $a_{ij} = \alpha_{ij} X_{ij} / X_i$（$i$，$j = 1$，$2$，$\cdots$，$n$），即第 i 个技术领域引用第 j 个技术领域的专利总数与第 i 个技术领域的专利总数之比，在分母 X_i 的选取上，最初的方案是直接除以在德温特数据库中检索得到的各领域的专利数据总数。例如，我们在德温特数据库中检索到技术领域 B60K-001/00 在 2004～2008 年的专利总数为 1600 条，我们在计算直接感应力系数时就用引用矩阵中 B60K-001/00 所在的行数据分别除以 1600，以此类推计算其他技术领域的直接感应力系数，但这种方法会导致得到的系数矩阵数值明显偏大，造成在计算完全感应力系数矩阵时出现负值。于是我们就换了第二种方案：由于本检索的时间间隔是五年，考虑到这一时间上的特点，我们将计算公式的分母 X_i 改为 $5 \times X_i$，但这种方案仍然会出现某些年份的完全感应力系数矩阵中出现负值。于是我们试验了第三种方案：考虑到本书是以提取的 PN 字段中所有的专利号作为 PN 数据集，而前面的两种方案的 X_i 是检索得到的专利总数，这个数据一定是小于 PN 数据集中的 PN 总数的，因为 PN 字段包含的一族专利号，因此，我们在第三种方案中将计算分母设定为 $5 \times X_{pn}$，即用年间隔数 5 乘以第 i 个技术领域的 PN 总数。最终结果证明第三种方案得到的计算结果最为合理，因此本书选取第三种方案作为本书的直接感应力系数矩阵和直接影响力系数矩阵的计算公式，进而得到各技术领域的完全感应力系数矩阵和完全影响力系数矩阵，并据此测算 1989～2013 年每五年间各个技术领域的感应力系数和影响力系数。

4. 混合动力汽车的核心技术领域

感应力系数代表一个技术领域对技术网络中其他技术领域及自身领域的新技术的感应、学习和吸收及其再创新能力。我们可以利用感应力系数的大小识别核心技术。

混合动力汽车主要技术领域感应力系数的计算结果如表 5-15 所示。从表中可以看出，在最初五年间（1989～1993 年），电池技术领域（H01M-010/38、H01M-002/00、H02J-007/00）的感应力系数排在前三位，且在接下来的1994～1998 年，二次电池及其制造技术 H01M-010/40 感应力系数也排在最高，这些数据说明混合动力汽车在最初的发展阶段主要是围绕电池技术发展的。接下来的10 年间（1999～2008 年），属于系统布置和安装技术领域的 B60K-006/00 感应力系数排名提升明显，分别以 0.1540 和 0.1640 排在第一，B60K 在德温特数据库中的分类号为 X21-A01D，代表了电机技术，可见在这 10 年中，电机技术活跃度显著增加，得到了快速发展，是这段时期的重点研发技术和前沿技术。到了 2009～2013 年，控制技术成了混合动力汽车的核心发展领域，B60W-020/00 专门适用于混合动力车辆，即具有两个或多个不止一种类型的原动机。控制技术涉及车辆传动及其控制系统技术领域，其在一定程度上也代表了混合动力汽车耦合系统，该技术正是混合动力汽车的关键技术点之所在。此外，针对不同工作模式及其之间的转化都需要依靠准确控制来实现，目前混合动力汽车技术中的难点之一就在于优良的控制策略和准确控制执行，因此车辆控制技术近些年的发展较为迅速。此外，值得注意的是，电池技术领域的 H02J-007/00 和H01M-010/00 的感应力系数和排名也有了较为明显的提高，这表明目前电池技术有了新的突破和创新，处于快速发展期。

综合上述分析，混合动力汽车核心技术领域基本上是沿着电池技术（H01M）→系统布置和安装（B60K）→控制技术（B60W）这一路径来进行发展的。

5. 前沿技术领域

影响力系数代表一个技术领域对技术网中其他技术领域及自身领域的新技术的推动、引导作用。可以利用影响力的大小识别前沿技术领域。

混合动力汽车主要技术领域影响力系数的计算结果如表 5-15 所示。从表5-15 中我们可以发现，混合动力汽车核心技术领域基本上是沿着电池技术（H01M）→系统布置和安装（B60K）→控制技术（B60W）这一路径来进行发展的。

此外值得注意的是，系统布置和安装技术（B60K-001/00 或 B60K-006/00）的影响力系数在这 25 年间一直排在前两名，说明此技术领域一直是混合动力汽车最主要的核心技术之一。车辆控制技术（B60W-020/00）的影响力系数在近 15 年间也一直保持在 0.1 以上，且排名逐年上升，说明控制技术一直保持着良好的发展势头，在未来将依然是混合动力汽车主要前沿技术之一（王智琦等，2015）。

表 5-15 混合动力汽车各技术领域的影响力系数

排序	1989~1993 年		1994~1998 年		1999~2003 年		2004~2008 年		2009~2013 年	
	PIC 分类号	影响力系数	PIC 分类号	影响力系数	PIC 分类号	影响力系数	PIC 分类号	影响力系数	PIC 分类号	影响力系数
1	H01M-010/40	0.3865	H01M-010/40	0.1176	B60K-006/00	0.1386	B60K-006/00	0.1487	B60W-020/00	0.1335
2	B60K-001/00	0.0574	B60K-006/00	0.0834	B60W-020/00	0.1115	B60W-020/00	0.1354	B60K-006/00	0.0812
3	H02J-007/00	0.0523	F16H-061/00	0.0805	H01M-010/40	0.0914	H01M-010/40	0.0829	H02J-007/00	0.0794
4	H01M-004/00	0.0467	H02J-007/00	0.0731	B60K-001/00	0.0775	B60K-001/00	0.0583	H01M-010/00	0.0695
5	G01R-031/00	0.0440	B60K-001/00	0.0702	H02J-007/00	0.0615	H02J-007/00	0.0580	B60K-001/00	0.0502
6	F16H-061/00	0.0438	H01M-010/00	0.0581	F16H-061/00	0.0539	H01M-010/00	0.0501	H01M-010/40	0.0494
7	B60K-006/00	0.0435	H01M-006/00	0.0503	B60W-010/00	0.0460	F16H-061/00	0.0487	F16H-061/00	0.0480
8	H01M-002/00	0.0420	B60W-020/00	0.0492	B60L-011/00	0.0446	B60W-010/00	0.0471	B60W-010/30	0.0463
9	B60L-011/00	0.0395	H01M-010/38	0.0441	H01M-010/00	0.0429	H01M-002/00	0.0405	F16H-003/66	0.0458
10	H01M-006/00	0.0372	B60L-011/00	0.0419	B60W-010/30	0.0403	B60W-010/30	0.0377	H01M-002/00	0.0456
11	B60W-010/00	0.0358	B60W-010/30	0.0415	H01M-006/00	0.0388	F16H-003/66	0.0376	B60L-011/00	0.0456
12	H01M-010/00	0.0355	H01M-002/00	0.0414	H01M-002/00	0.0387	B60L-011/00	0.0369	B60W-010/00	0.0430
13	B60K-017/00	0.0336	H01M-004/00	0.0407	H01M-004/00	0.0347	B60K-017/00	0.0356	B60K-017/00	0.0398
14	H01M-010/38	0.0333	B60W-010/00	0.0364	B60K-017/00	0.0328	H01M-004/00	0.0344	F16H-003/00	0.0385
15	F16H-003/66	0.0279	F16H-003/66	0.0347	H01M-010/38	0.0324	H01M-010/38	0.0319	H01M-010/38	0.0358
16	H02H-007/00	0.0246	G01R-031/00	0.0311	F16H-003/66	0.0293	H01M-006/00	0.0292	H01M-006/00	0.0352
17	H02J-007/35	0.0164	H02H-007/00	0.0282	H02H-007/00	0.0221	F16H-003/00	0.0278	H01M-004/00	0.0335
18	B60W-010/30	0.0000	B60K-017/00	0.0272	G01R-031/00	0.0215	H02H-007/00	0.0213	G01R-031/00	0.0269
19	B60W-020/00	0.0000	F16H-003/00	0.0265	F16H-003/00	0.0207	G01R-031/00	0.0209	H02J-007/35	0.0266
20	F16H-003/00	0.0000	H02J-007/35	0.0239	H02J-007/35	0.0206	H02J-007/35	0.0170	H02H-007/00	0.0261

我们的研究发现，各技术领域感应力系数和影响力系数在以每五年为一时间单元中的排名基本一致，特别是在 1994～2013 年。这一现象说明，在混合动力汽车领域，前沿技术领域和核心技术领域是相同的技术领域，混合动力汽车领域既是核心技术领域也是前沿技术领域。

6. 影响力系数变化趋势与前沿技术领域的演变

表 5-16 给出了影响力系数出现在各时间单元前五位的 9 个技术领域，这 9 个技术领域相较于感应力系数排在前五位的技术领域增加了测试装置技术（G01R-031/00），但其排名一直不高，且发展趋势较弱（图 5-16）。从影响力变化趋势图（图 5-16）中我们可以发现，值得我们关注的技术领域依然为电池技术、系统布置和安装技术，以及控制技术，这三个技术领域一直或间断地处于较为显著的地位，电池技术领域 H01M-010/40 的影响力系数虽然在最初 10 年呈直线下降趋势，但其数值依然高于技术网络中其他成员，说明在最初 10 年，电池技术的迅速发展带动了混合动力汽车的发展，对技术网络中其他成员的发展有较强的带动作用。此外，电池技术（H01M-010/00）影响力系数在近十几年增长态势稳定，其对混合动力汽车节能效能的影响日益明显，在未来，具有符合混合动力汽车运行要求的充放电性能的牵引电池仍将是全球技术的研发重点之一。系统布置和安装技术领域 B60K 的影响力一直较高，这说明它对其他技术领域的发展一直都起着重要的带动作用，是混合动力汽车主要的核心技术之一。控制技术 B60K-006/00 同其感应力系数增长趋势相同，呈现出持续的发展态势，它在未来仍将是影响混合动力汽车发展的最主要的前沿技术之一，也应该是今后一段时期内的发展重点。

表 5-16　排名出现在前五位的技术领域的影响力系数

技术分类号	1989～1993 年	1994～1998 年	1999～2003 年	2004～2008 年	2009～2013 年
B60K-001/00	0.0574	0.0702	0.0775	0.0583	0.0502
B60K-006/00	0.0435	0.0834	0.1386	0.1487	0.0812
B60W-020/00	0.0000	0.0492	0.1115	0.1354	0.1335
F16H-061/00	0.0438	0.0805	0.0539	0.0487	0.0480
G01R-031/00	0.0440	0.0311	0.0215	0.0209	0.0269
H01M-004/00	0.0467	0.0407	0.0347	0.0344	0.0335
H01M-010/00	0.0355	0.0581	0.0429	0.0501	0.0695
H01M-010/40	0.3865	0.1176	0.0914	0.0829	0.0494
H02J-007/00	0.0523	0.0731	0.0615	0.0580	0.0794

从总体来看，电池技术、系统布置和安装技术、控制技术这三个重点技术领域的影响力系数同感应力系数呈现出的变化趋势基本相称，这再次验证了本书前文得到的结论，即混合动力汽车的核心技术和前沿技术领域的发展相辅相成，相互促进，前沿技术的发展离不开向技术网络中核心技术的学习、模仿、

消化吸收和再创新，核心技术进行技术扩散过程也是其自身发展创新的过程，进而逐渐成为新的发展前沿。

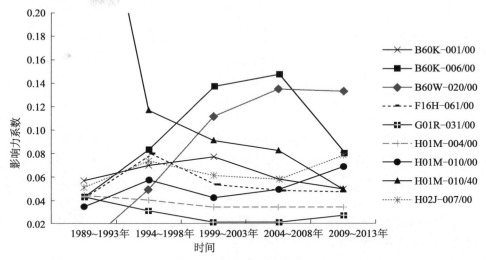

图 5-16 影响力系数的变化趋势

二、核心技术链分析

苏敬勤和洪勇（2008）提出核心技术链（由关键制造技术、核心元件技术和产品构架技术等的网络化的序列的链接而成）与核心产业链协同发展的原理。通常在一个产业技术系统中，存在着一条或几条核心技术链，如在 DVD 刻录机产业中，就存在着由激光头、机芯到整机的一条核心技术链（洪勇和苏敬勤，2007）。苏敬勤等在此基础上，提出了核心技术链识别的 APL 方法。

利用式（5-8）和式（5-12）可以分析某一技术领域感受其他技术领域的影响或对其他技术领域的影响，而 APL 模型（邓志国和陈锡康，2008）则可以突出多个技术领域间的核心技术链的联系。由投入产出模型可得

$$X=(I-A)^{-1}Y=LY=(I+A+A^2+A^3+\cdots)\,Y \qquad (5\text{-}10)$$
$$L=(I-A)^{-1}=I+A+A^2+A^3+\cdots$$

式中，L 为列昂惕夫逆矩阵（Leontief Inverse Matrix）。而相应于"直接分配系数矩阵"，有 Ghosh 逆矩阵，简写为 G。

$$G=(I-K)^{-1}=I+K+K^2+K^3+\cdots \qquad (5\text{-}11)$$

式中，I 反映了某技术领域增加一项专利对于其他技术领域的技术"需求"；G 反映了某技术领域增加一项专利对于其他技术领域产生的影响（Dietzenbacher et al.，2005），包括初始影响、直接影响 K、一步间接影响 K^2、二步间接影响

K^3、三步间接影响 K^4，以及更多步间接影响，等等。

而考虑多步间接影响的技术领域 i 对技术领域 j 产生影响的"步数""距离" APL 则为

$$\mathrm{APL}_{ij}=h_{ij}/g_{ij}=(1\times a_{ij}+2\times\sum_k a_{ik}a_{kj}+3\times\sum_k\sum_m a_{ik}a_{kn}a_{mj}+\cdots)/g_{ij},$$
$$i\neq j \tag{5-12}$$
$$\mathrm{APL}_{ii}=h_{ii}/(g_{ii}-1),\quad i=j \tag{5-13}$$

在式（5-12）和式（5-13）中的 h_{ij} 按照式（5-14）计算

$$H=[h_{ij}]_{n\times n}=G\,(G-I) \tag{5-14}$$

APL_{ij} 越小，说明技术领域 i 对技术领域 j 的直接影响相对强于间接影响，直接影响大而间接影响小，技术领域 i 达到技术领域 j 的步骤越少，技术领域 i 和技术领域 j 之间的"距离"越短；而 APL_{ij} 越大，技术领域 i 到达技术领域 j 的步骤越多，技术领域 i 和技术领域 j 之间的"距离"越大，技术领域 i 对技术领域 j 的影响层次越多，技术领域 i 和技术领域 j 之间的关系越复杂，技术领域 i 对技术领域 j 的影响越间接。

按照影响力的大小，并以 APL 小于 2.1 为阈值，分析 14 个技术领域所构成的核心技术链的"近距离关联"（直接影响路径）情况，详见表 5-17。

表 5-17　各技术领域之间的 APL 矩阵

IPC 分类号	B60K-001/00	B60K-006/00	B60K-017/00	B60L-011/00	B60W-010/00	B60W-010/30	B60W-020/00	F16H-003/00	F16H-003/66	F16H-061/00
B60K-001/00	1.4	2.0	1.8	1.9	2.5	2.4	2.1	2.5	2.1	2.2
B60K-006/00	2.0	1.6	1.9	2.1	2.1	2.1	1.8	2.2	2.2	2.3
B60K-017/00	1.8	1.9	1.2	2.2	2.1	2.2	2.1	1.8	1.9	1.8
B60L-011/00	1.9	2.1	2.3	1.4	2.3	2.3	2.0	2.8	2.8	2.5
B60W-010/00	2.3	2.1	2.1	2.3	1.4	2.3	2.1	2.2	2.5	2.0
B60W-010/30	2.3	2.0	2.1	2.3	2.3	1.4	1.9	2.7	2.9	2.0
B60W-020/00	2.2	1.8	2.2	2.0	2.0	1.9	1.6	2.3	2.3	2.2
F16H-003/00	2.5	2.2	1.8	3.1	2.3	2.7	2.3	1.4	2.0	2.0
F16H-003/66	2.1	2.2	1.9	2.8	2.7	2.9	2.3	2.0	1.5	2.1
F16H-061/00	2.2	2.3	1.9	2.6	2.1	2.0	2.2	2.0	2.1	1.4
G01R-031/00	1.9	2.1	3.0	1.6	2.1	2.3	2.1	4.0	3.0	2.4
H01M-002/00	1.8	2.5	3.3	2.6	3.8	3.7	2.9	4.0	4.0	4.0
H01M-004/00	2.8	3.0	0.0	3.0	3.0	5.0	0.0	0.0	0.0	0.0
H01M-006/00	2.7	2.0	4.0	0.0	2.3	2.0	0.0	0.0	0.0	0.0
H01M-010/00	0.0	2.8	0.0	2.4	2.5	3.1	0.0	0.0	0.0	0.0
H01M-010/38	0.0	0.0	0.0	0.0	0.0	0.0	0.0	0.0	0.0	0.0
H01M-010/40	0.0	0.0	0.0	0.0	0.0	0.0	0.0	0.0	0.0	0.0
H02H-007/00	3.5	2.3	3.0	2.2	1.8	1.9	2.2	4.0	2.0	2.3
H02J-007/00	1.9	2.0	2.7	1.7	2.3	2.2	1.9	3.2	3.0	2.7
H02J-007/35	2.1	2.7	5.0	1.9	2.8	2.8	2.4	3.0	5.0	2.2

续表

IPC 分类号	B60K-001/00	B60K-006/00	B60K-017/00	B60L-011/00	B60W-010/00	B60W-010/30	B60W-020/00	F16H-003/00	F16H-003/66	F16H-061/00
B60K-001/00	0.0	1.8	2.8	2.7	2.2	2.8	0.0	2.8	1.9	2.7
B60K-006/00	0.0	2.3	3.7	2.0	2.7	2.7	0.0	2.1	2.0	3.0
B60K-017/00	0.0	2.7	0.0	0.0	0.0	0.0	0.0	3.0	3.3	0.0
B60L-011/00	1.7	2.1	4.3	2.2	2.6	4.0	0.0	2.1	1.7	2.3
B60W-010/00	0.0	3.0	5.0	3.8	3.0	6.0	0.0	1.9	2.4	3.0
B60W-010/30	0.0	3.6	3.7	2.4	3.2	4.0	0.0	2.5	2.3	5.0
B60W-020/00	2.0	2.9	4.0	2.4	3.0	3.3	0.0	2.0	1.9	2.5
F16H-003/00	0.0	3.0	0.0	0.0	0.0	0.0	0.0	0.0	0.0	4.0
F16H-003/66	0.0	4.0	0.0	0.0	3.5	0.0	0.0	4.0	0.0	4.0
F16H-061/00	0.0	3.3	4.0	4.0	3.3	4.0	0.0	4.0	3.8	0.0
G01R-031/00	1.1	3.0	2.0	1.8	2.0	2.0	0.0	1.3	1.3	1.4
H01M-002/00	0.0	1.3	2.0	1.8	1.9	1.8	0.0	4.0	1.6	2.0
H01M-004/00	0.0	2.0	1.4	1.9	2.0	2.2	0.0	0.0	2.0	2.0
H01M-006/00	0.0	1.8	1.9	1.3	1.9	1.8	0.0	0.0	1.8	2.0
H01M-010/00	0.0	1.9	2.0	1.9	1.5	1.9	0.0	0.0	1.8	1.8
H01M-010/38	0.0	1.7	2.3	1.8	0.0	1.3	0.0	0.0	0.0	0.0
H01M-010/40	0.0	0.0	0.0	0.0	0.0	0.0	1.5	0.0	0.0	0.0
H02H-007/00	1.3	2.0	2.0	1.8	2.0	0.0	0.0	1.2	1.4	1.4
H02J-007/00	1.3	1.6	2.0	1.8	1.7	2.1	0.0	1.4	1.2	1.3
H02J-007/35	1.3	1.8	3.3	3.3	1.8	0.0	0.0	1.4	1.3	1.1

由于 APL_{ij} 越小，说明技术领域 i 对技术领域 j 的直接影响越强，因而选取阈值为 APL 小于 2.1，得到如图 5-17 所示的直接影响较强的 14 个技术领域之间的关联路线图。在图 5-17 中，箭头表示技术领域 i 直接影响技术领域 j。例如，H02J-007/35 直接影响 H01M-010/00，而 H01M-010/00 又和 H02J-007/00 相互影响。如果选取阈值为 APL 小于 1.9，则得到如图 5-18 所示的直接影响较强的 10 个技术领域之间的关联路线图。

本书在 APL 分析所获得的数据基础上，取阈值为 APL 大于 1.9，考虑间接影响，采用 Ucinet 软件对混合电动汽车的中介中心性进行分析，得到如图 5-19 所示的结果。本书发现，车辆控制技术领域（B60W-010/00、B60W-010/30、B60W-010/20）以及系统布置和安装（B60K-006/00）的中介中心性最高。这说明车辆控制技术领域及系统布置等是目前混合动力汽车技术研究开发的关键技术领域。慎金花和温娇娇（2014）等的研究表明，近年来，丰田、日产、福特、通用等企业的技术研发热点，大都集中在安装/变速控制、车辆控制系统、电力推进、二次电池制造、引擎控制系统等领域，这与本书的研究结果基本一致。进一步的研究，可以在测算出 APL 的基础上，进行 k-核分析。k-核（k-cores）（陈悦，2008）是指在一个小团体里，其中每个成员都至少与该小团体的其他成员保持 k 条关系，k 值越大，所形成的小团体关系越为密切（刘君和乔建忠，

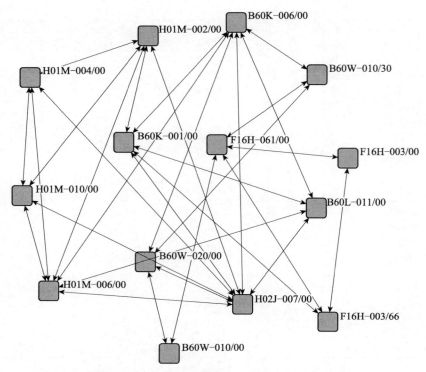

图 5-17　14 个核心技术领域之间的关联路线图（阈值为 APL 小于 2.1）

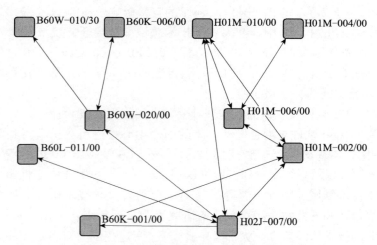

图 5-18　10 个核心技术领域之间的关联路线图（阈值为 APL 小于 1.9）

2015；Sato，2012；贾思媛等，2013）。

通过上述研究得到如下结论。

（1）在专利网络中，存在着由关键制造技术、核心元件技术和产品构架技

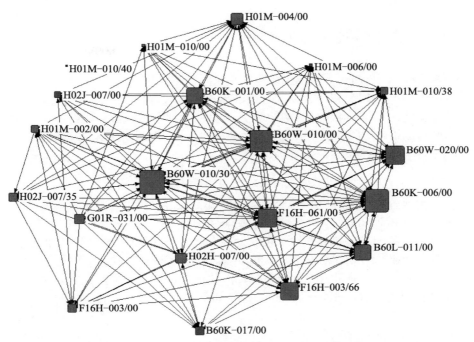

图 5-19　混合动力汽车专利技术网络的中介中心性分析（阈值为 APL 大于 1.9）

术等链接而成的核心技术链；而构成专利网络的各技术领域之间存在相互技术
感应和相互影响的双重作用。

（2）利用投入产出分析方法，可以定量测算出某个技术领域在技术网络中
的感应力、影响力，并可以利用感应力的大小识别前沿技术，因为该种技术是在
感知了大量的其他技术基础上而研究开发出来的；也可以利用影响力的大小识别
核心技术；中介中心性高的技术则属于关键技术；而所谓热点技术，即在专利网
络中以 APL 值计算的"度中心性"高的技术。有些技术领域既有可能是关键技术
领域、核心技术领域，又有可能是前沿技术领域，或许同时也是热点技术领域。

（3）通过基于 APL 的测算的中介中心性的分析，B60W-020/00、B60W-
010/30、B60K-006/00 等是目前混合动力汽车技术研究开发的关键技术领域，
B60W-020/00、B60K-006/00、H01M-010/00、H01M-010/40、H02J-007/00 这
五个技术领域是最前沿的技术领域，B60W-020/00、B60K-006/00、H01M-010/
00、H02J-007/00、H01M-010/40 这五个技术领域是最核心的技术领域，B60W-
020/00、B60K-006/00、F16H-061/00 等是热点技术领域。

（4）各技术领域自身对自身的直接影响力最强，其次为同一类领域（如电
池技术类的各技术领域）之间的影响也普遍较强。而按照 APL 小于某一阈值，
则得到直接影响力较强的若干技术领域之间的"近距离"关联路线图（直接影
响路径），由此确定核心技术链。

三、技术扩散与技术吸收分析

借鉴 Wydra（2011）等论述的测算产业间技术扩散效应的方法，通过结合各技术领域专利引用量和发表专利总量的投入产出表，构造若干时间段的技术矩阵，并定义前向专利引用流量系数矩阵 F_c 和后向专利引用流量系数矩阵 L_c，对不同技术领域的扩散效应和吸收效应进行测算，进而分析技术效应的变化过程。

前向专利引用流量系数矩阵为

$$F_c = C\,(\tilde{X})^{-1}(I-K)^{-1} \tag{5-15}$$

式中，C 表示各技术领域之间的专利引用矩阵，$(\tilde{X})^{-1}$ 是由各技术领域的专利总量形成的对角矩阵的逆矩阵，K 为直接影响系数矩阵。

F_c 的第 i 行含义是第 i 个技术领域发表专利而对其他技术领域产生的扩散效应，是第 i 产业作为专利研发活动扩散贡献者对各个技术领域扩散效应的衡量，其行的和表示第 i 产业进行专利研发活动产生的总的扩散效应的衡量，称之为扩散效应或流出效应（sending effect），计算如下

$$MF_c = F_c \cdot E^{\mathrm{T}} \tag{5-16}$$

式中，$E = (1,\ 1,\ \cdots,\ 1)$。

后向专利引用流量系数矩阵为

$$L_c = C\,(\tilde{X})^{-1}(I-A)^{-1} \tag{5-17}$$

式中，A 为直接感应系数矩阵。

与前向专利引用流量系数矩阵相对应，L_c 的第 j 列表示其他技术领域进行专利的研究与开发活动对第 j 技术领域产生的扩散效应，是第 j 技术领域作为专利研发活动受益者从各技术领域获得的吸收效应的衡量，其列的和表示第 j 技术领域从各个技术领域获得的扩散效应的合计，是 j 技术领域从其他技术领域专利研发活动产生的扩散效应中获得的总的受益的衡量，将其称为吸收效应或流入效应（receiving effect），计算如下：

$$ML_c = E \cdot L_c \tag{5-18}$$

式（5-18）的吸收效应实际上是关于专利引用扩散效应的后向乘数，因此称 L_c 为后向专利引用流量系数矩阵。

扩散效应和吸收效应分别从流出与流入角度反映了专利研发活动的技术间效应，通过对比这两个指标可以发现各技术领域专利研发活动效应的特点。

四、结构分解分析

根据夏明（2006）介绍的结构分解分析方法（Structure Decomposition Analysis，SDA），设 A 为专利技术群之间的引用矩阵（$n \times n$ 矩阵），$E = VX^{-1}$，

其中 X 为各专利技术群的专利产出量所构成的列矩阵，$u=V_i$，而 $i=$（1,1, …,1)^T；再设 $S=(I-A)^{-1}$，则有以下推导。

因为 $u=EX$，$X=(I-A)^{-1}Y$，则

$$u = E(I-A)^{-1}Y = ES[Y/(i^T Y)](i^T Y) = ESY_s Y_u \tag{5-19}$$

式中，Y_S 为由研究开发中投入的经费、人员等决定的"知识源动力"结构，Y_u 为"知识源动力"总量。得出

$$\begin{aligned}
\Delta u &= E(2)S(2)Y_s(2)Y_u(2)u(2) - u(1) \\
&= E(2)S(2)Y_s(2)Y_u(2) - E(1)S(1)Y_s(1)Y_u(1) \\
&= (\Delta E)S(2)Y_s(2)Y_u(2) + E(1)(\Delta S)Y_s(2)Y_u(2) \\
&\quad + E(2)S(2)Y_s(2)Y_u(2) + E(1)S(1)(\Delta Y_s)Y_u(2) \\
&\quad + E(1)S(1)Y_s(1)(\Delta Y_u)
\end{aligned} \tag{5-20}$$

式（5-20）把专利技术引用矩阵的变动分解为专利产出率变动、技术关联方式变动、"知识源动力"结构的变动、"知识源动力"总量的变动所引致的综合结果。

五、基于动态投入产出的专利量预测

在专利的引用数据和被引数据的基础上，可以对专利量的演化趋势进行预测。设某领域第 t 时期的专利量为 $P(t)$，而这些专利引用了 $X(t)$ 项专利，同时在 $t-1$ 时期这个领域的专利的被引量是 $Y(t-1)$。

而专利增长即 $P(t+1) - P(t)$ 的动力来自三方面：一是自身的复制力，它与 $P(t)$ 成正比；二是产业创新环境和该领域创新条件对该领域专利的淘汰力，它与 $P^2(t)$ 成反比；三是专利引用和被引用所形成的网络关系所产生的创造力，它与 $X(t+1)Y(t)/t$ 成正比。对于专利的增长，时间是一种惰性因素，而专利引用和被引用则是创造力的源泉和重要动力。因而，专利增长的动力学模型可以写为

$$P(t+1) = \alpha_1 P(t) - \alpha_2 P^2(t) + \alpha_3 X(t+1)Y(t)/t \tag{5-21}$$

式中，$P(t)$ 代表第 t 时期的专利量，$X(t+1)$ 代表 $P(t+1)$ 项专利引用其他专利以及引用自身的数量，$Y(t)$ 代表 t 时期 $P(t)$ 项专利的被引量。现以生物制药领域的第六类技术［国际分类号 IPC 检索式为 IP＝C12N·AND（TS＝antibody OR TS＝vaccines OR TS＝nucleic acid OR TS＝stem cell），包括微生物或酶，其组合物，繁殖、保藏或维持微生物，变异或遗传工程，培养基］为例，这个技术群的专利数量在 1991～2014 年始终位于整个生物制药专利的 9 个专利技术群的首位（数量最多），是生物制药技术的前沿领域和核心技术领域。详见表 5-18。

表 5-18　生物制药的 9 个技术领域（技术群）的专利授权量

技术领域	1991~1993年	1994~1996年	1997~1999年	2000~2002年	2003~2005年	2006~2008年	2009~2011年	2012~2014年
IP=A01H·AND(TS=antibody OR TS= vaccines ORTS=nucleic acid OR TS= stem cell)	63	121	481	1123	1489	1363	1616	1216
IP=A61K·AND(TS=antibody OR TS= vaccines OR TS= nucleic acid OR TS= stem cell)	2936	3785	6488	11234	13275	10396	11877	10538
IP=A61P·AND(TS=antibody OR TS= vaccines OR TS= nucleic acid OR TS= stem cell)	340	649	2414	5978	6374	6781	9046	6864
IP=C07K·AND(TS=antibody OR TS= vaccines OR TS= nucleic acid OR TS= stem cell)	2473	3350	6413	11996	12771	8497	9996	9057
IP=C02F-003/34	554	764	967	944	1243	1204	2183	2921
IP=C12N·AND(TS=antibody OR TS= vaccines OR TS= nucleic acid OR TS= stem cell)	3155	4246	8385	15867	18936	12962	15317	14099
IP=C12P·AND(TS=antibody OR TS= vaccines OR TS= nucleic acid OR TS= stem cell)	2189	2702	4511	7770	9805	5135	4651	2890
IP=C12S	438	521	460	397	391	383	722	341
IP=C12Q·AND(TS=antibody OR TS= vaccines OR TS= nucleic acid OR TS= stem cell)	1608	2259	5081	10723	12710	8155	8356	6980

基于第 6 个技术群的专利量、专利引用量、专利被引量建立的模型见表 5-19。

表 5-19　专利增长的动力学模型

因变量：$P(t+1)$

模型估计方法：最小二乘法

样本范围：2002～2008 年

有效观察值的个数：7

解释变量	系数	标准误	t 统计量	概率
$P(t)$	1.946 627	0.314 038	6.198 705	0.003 4
$P^2(t)$	−0.000 068 6	0.000 017 4	−3.941 9	0.016 9
$X(t+1)Y(t)/t$	0.000 000 779	0.000 000 351	2.221 045	0.090 5
样本决定系数	0.925 055	因变量的均值		12 830.29
调整后的样本决定系数	0.887 583	因变量的标准差		4 962.571
回归标准差	1 663.884	赤池信息（AIC）		17.969 22
残差平方和	11 074 042	施瓦茨信息量（SC）		17.946 04
对数似然比	−59.892 28	DW 统计量		1.314 844

因而，第 6 个技术群专利增长的动力学模型可以写为

$$P(t+1) = 1.947P(t) - 0.000\,068\,6P^2(t) + 0.000\,000\,779X(t+1)Y(t)/t$$

$$(5-22)$$

而按照式（5-22），对 2015～2017 年（第 8 时期）和 2018～2020 年（第 9 时期）的第 6 个技术群专利的变化趋势的预测如表 5-20。从表 5-20 中可以看出，2009～2020 年的十年多时间里，第 6 个技术群的专利量将比较平稳地在 13 500 项至 15 500 项之间波动。

表 5-20　第 6 个技术群的专利量预测

时期	$P(t+1)$	$P(t)$	$X(t+1)$	$Y(t)$	t
1994～1996 年	4 246	3 155	54 347	34 298	1
1997～1999 年	8 385	4 246	97 540	55 079	2
2000～2002 年	15 867	8 385	160 370	87 248	3
2003～2005 年	18 936	15 867	135 546	164 412	4
2006～2008 年	12 962	18 936	86 653	137 339	5
2009～2011 年	15 317	12 962	74 987	87 528	6
2012～2014 年	14 099	15 317	27 304	75 486	7
2015～2017 年	14 293	14 003	50 000	90 000	8
2018～2020 年	14 138	14 293	45 000	72 000	9

六、投入产出与 DSGE 结合的仿真模拟分析

企业对创新费用投入的决策主要取决于对企业增加值增长（经济增长）和

企业专利技术开发及知识产权的预期。利用中兴通讯 1998～2010 年的数据，建立创新费用（用 S_t 表示）与专利（用 P_t 表示）、增加值增长（用 Y_t-Y_{t-1} 表示）之间的关系模型（知识生产函数模型）如下：

$$S_t=0.0128P_t+0.3(Y_t-Y_{t-1}) \tag{5-23}$$

而中兴通讯研发投入与增加值、生产人员占就业人员的比重的计量经济学模型是

$$S_t=Z_tY_{t-1}^{0.83}N_t^{1.734} \tag{5-24}$$

利用动态优化方法对企业在不确定环境下的行为决策进行刻画，从而得到基于企业创新偏好的跨期优化行为方程，也就可以充分分析企业层面的创新行为中的周期性、动态性等特征。为此，在式（5-24）所表示的模型基础上，建立如下的分析中兴通讯创新周期的 DSGE（动态随机一般均衡）模型框架。

$$\max E\left[\sum_{i=0}^{\infty}\beta^i\frac{P_t^{1-\eta}}{1-\eta}+\omega\ln(1-N_t)\right] \tag{5-25}$$
$$\text{s. t. } S_t=0.0128P_t+0.3(Y_t-Y_{t-1})$$
$$S_t=Z_tY_{t-1}^{0.83}N_t^{1.734} \tag{5-26}$$
$$\lg Z_t=\sigma\lg Z_{t-1}+\varepsilon_t,\ \varepsilon_t\approx i.i.d.\ N(0,\ \sigma_\varepsilon^2) \tag{5-27}$$

式（5-25）中，E 表示预期；β 是贴现因子；P_t 是企业所获得的专利权；η 表示企业的相对风险规避系数，$\eta>0$，$1/\eta$ 表示专利权的跨期替代弹性；N_t 是生产人员占就业人员的比重；ω 是研究开发人员等的权重；S_t 是研究开发经费；Y_t 是增加值。式（5-26）中，Z_t 表示企业的科技与经济的关系。式（5-27）则表示 Z_t 一般情况下是波动的，Z_t 是引致创新状态变量 P_t 等周期波动的原因。

进一步的工作是把 DSGE 方法与投入产出方法结合起来，设 X 为各专利技术群的专利产出量所构成的列矩阵

$$X=(I-A)^{-1}R \tag{5-28}$$

其中，R 为由研究开发中投入的经费、人员等决定的"知识源动力"结构向量，而 R 亦可以用专利引用论文的数量计量。A 是技术网络中的专利引用矩阵。

$$\lg R_{it}=\sigma\lg R_{it-1}+\varepsilon_{it},\ \varepsilon_{it}\approx i.i.d.\ N(0,\ \sigma_\varepsilon^2),\ i=1,2,3,\cdots \tag{5-29}$$

因而式（5-25）～式（5-29）可以用于分析中兴通讯的创新周期，这是一个企业层次的简单的 DSGE（动态随机一般均衡）模型框架。

第三节　知识生产函数分析方法

本节基于时间—空间—属性（结构等属性）分析框架，构造知识生产函数。

在此基础上，对混合动力汽车专利技术的知识生产函数进行构建。

一、时间-空间-属性分析框架与知识生产函数的构造

分布函数（distribution function）（表 5-21）主要是概率理论所分析的函数形式，用来描述随机变量具有的统计规律性。当前科学计量学和专利计量学均应用分布函数研究论文和专利随时间的分布问题。

表 5-21　分布函数的若干主要形式

分布函数	函数形式	参数估计方法
联合分布函数	$f_{12}(y_1, y_2) = ((1+\theta y_1)(1+\theta y_2) - \theta)\mathrm{e}^{-y_1-y_2-\theta y_1 y_2}$	计量经济学方法，
瑞利分布函数	$p(x) = (x/\mu^2)\mathrm{e}^{-x^2/(2\mu^2)}\,(x \geqslant 0, \mu > 0)$, $p(x) = 0\,(x < 0)$	贝叶斯方法， 极大似然法， 校准方法，
小波基分布函数 （墨西哥草帽 小波基函数）	$\psi(t) = \dfrac{2}{\sqrt{3}}\pi^{\frac{-1}{4}}(1-t^2)\mathrm{e}^{\frac{-t^2}{2}}$	最优化方法： $\min-L\,(\theta_1, \theta_2, \cdots, \theta_m)$
帕累托分布函数	$f(x) = \dfrac{1}{\beta}\left(1+\varepsilon\dfrac{x-u}{\beta}\right)^{-1/\varepsilon-1}, x \geqslant u$	$=-\prod\limits_i^n f\,(x_i, \theta_1, \theta_2, \cdots, \theta_m)$ $G_j\,(\theta_1, \theta_2, \cdots, \theta_m) \geqslant 0$
威布尔分布	$f(x, \lambda, k) = \begin{cases} \dfrac{k}{\lambda}(\dfrac{x}{\lambda})^{k-1}\mathrm{e}^{-(x/\lambda)^k}; x \geqslant 0 \\ 0; x < 0 \end{cases}$	$(i=1, 2, \cdots, q)$

小波基分布函数。作为小波基分布函数的墨西哥草帽小波（mexh）基函数如下：

$$\psi(t) = \frac{2}{\sqrt{3}}\pi^{\frac{-1}{4}}(1-t^2)\mathrm{e}^{\frac{-t^2}{2}} \tag{5-30}$$

式中系数 $\dfrac{2}{\sqrt{3}}\pi^{\frac{-1}{4}}$ 主要是保证 $\psi(t)$ 的归一化，即 $\|\psi\|^2 = 1$。这个小波基函数使用的是高斯平滑函数的二阶导函数。由于波形与墨西哥草帽（Mexican Hat）侧面轮廓线相似而得名。

关于论文产出的计量多数采用分布函数（如普赖斯指数分布、威布尔分布）进行研究。运用分布函数研究专利产出的研究成果主要集中在技术轨道与技术生命周期的研究，其依据是 S 形曲线理论。另外，起源于新增长理论的研究则运用知识生产函数方法研究专利投入与产出的关系。而本书通过引入时间、空间和结构等多元变量，把分布函数与知识生产函数相结合，提出时空型知识生产函数，用于对专利产出量的计量分析。时间-空间-属性分析框架下的知识生产函数建构主线详见图 5-20。

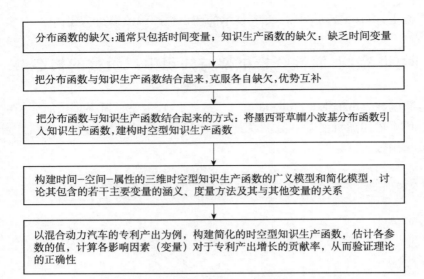

图 5-20　时间-空间-属性分析框架下的知识生产函数建构主线

分布函数研究的局限性。分布函数研究通常只有一个时间变量作为自变量，如技术生命周期。但是产业链创新产出的前因并不是由单个维度决定的，创新产出是由多重因素决定的。因此，有必要从知识生产函数的角度分析创新轨道运行轨迹。

知识生产函数包括 C-D 型生产函数（即总量型生产函数）和时序型生产函数，后者形式为 $\dot{A}=\delta L_A^\lambda A^\phi$。但是，对于创新产出有决定影响的因素并不限于研发课题和项目数，以及研发人员和研发资金投入。仍有其他对创新产出有决定影响的因素需要考虑，时间、空间和结构维度的一系列要素就是对创新产出有决定影响的要素，但是现有研究并没有将它们纳入知识生产函数的分析维度中。以往知识生产函数不包括时间变量，而本书把分布函数与知识生产函数结合起来，既包括时间变量，又包括同质性等其他众多变量，从而拓展了知识生产函数的研究视野（刘则渊等，2015）。

本书提出知识生产函数的形式如下：

$$p=f\,(x_1,\ x_2,\ \cdots,\ x_l;\ y_1,\ y_2,\ \cdots,\ y_m;\ z_1,\ z_2,\ \cdots,\ z_n)\qquad(5\text{-}31)$$

式中，x 表示时间变量；y 表示空间变量，$y=(y_1,\ y_2,\ \cdots,\ y_m)$，代表各种空间变量，如专利空间分布集中率；$z$ 表示属性变量，$z=(z_1,\ z_2,\ \cdots,\ z_n)$，代表各种属性变量，如异质性、中介中心性、技术范围等。

属性变量包含很多种类型。同质性与异质性是比较重要的变量，其他变量如"结构性"。

时间变量代表除空间变量和属性变量以外的其他的与时间密切相关的、同步的变量。

为此，我们还给出式（5-32），它是产业链创新轨道的实证分布公式，该式是式（5-31）的一个具体形式。

$$P = a_1(y,z)(a_2 - a_3 x^{\mu_1})^{\mu_2} e^{-a_4(a_5 + x^k)^h}$$ (5-32)

产业链创新轨道的基本的形式是有多个波峰和多个波谷，波峰代表专利总量的相对高点，波谷代表专利总量的相对低点。式（5-32）是墨西哥草帽小波基函数的扩展形式，共有 10 个参数。由于参数多，给实际的参数估计工作带来了困难，因此有必要对该理论公式进行简化，并得到后面的简化公式（5-33）。

二、简化的时空型知识生产函数

式（5-33）是一种简化形式的知识生产函数

$$P_t = Y_{t-2}{}^{a_1} Z_{t-2}{}^{a_2} X_{t-2}{}^{a_3} E_t{}^{a_4} t^{-\beta_1 m_{t-2}^2} 10^{\beta_2 t^2 / m_{t-2}^2}$$ (5-33)

式中，P_t 代表第 t 年的专利授权量；Y_{t-2} 代表第 $t-2$ 年授权的专利在 $t-2$ 年、$t-1$ 年、t 年的三年被引量之和；Z_{t-2} 代表第 $t-2$ 年的专利异质性；X_{t-2} 代表第 $t-2$ 年专利的空间分布集中率与专利深度的比值；E_t 代表第 t 年的专利技术产品的性能价格比；m_{t-2} 代表第 $t-2$ 年专利网络结构密度指数；t 代表时间，在下述混合动力汽车的例子中，1999 年为 1，2000 年为 2，以此类推。对专利深度，本书是用相应专利技术领域的文献数量等数据信息来度量专利涉及领域的技术深度。计算公式为：论文异质性×论文被引频次/论文数量。其中，论文被引频次指论文发表后的三年内（包括发表当年），被其他论文引用的次数；类比于专利异质性，论文异质性指论文所涉及技术领域的离散程度，定义及测算公式同样参照赫芬达尔指数。论文异质性公式为

$$LH = 1 - \sum_{i=1}^{n}(U_i/U)^2$$

其中，LH 表示论文异质性，U_i 表示第 i 个技术方向的论文数，U 表示论文总数。

三、混合动力汽车专利技术的知识生产函数

在德温特专利数据库中，选择高级检索，设定主题为"mc＝x21－a01d or mc＝x22－p04a or mc＝x22－p04 or mc＝x21－a01d1 or ts＝hev or ts＝hv"，获得 1997～2013 年每年的混合动力汽车专利信息。在 web of science 核心合集中，以"ts＝HEV or ts＝HV"为主题词进行高级检索，获得相应的文献信息。

专利空间集中率反映专利分布的地域的集中程度，以专利最多的国家的专利数占总的专利数的比值进行测量，在本书混合动力汽车的案例中，专利最多的国家是日本；对 1997～2013 年的专利信息，三年被引量的测算将时间限定在专利发表后的三年以内，相比于总被引量更加合理有效，更能反映一个专利的质量、受关注程度及影响力。

然后利用 Eviews 得到回归结果，由此得出如下的专利与专利深度、性能价格比等之间的关系模型

$$P_t = Y_{t-2}^{1.19} Z_{t-2}^{1.19} X_{t-2}^{0.23} E_t^{0.766} t^{-0.147 m_{t-2}^2} 10^{0.000\,033\,8 t^2 / m_{t-2}^2} \tag{5-34}$$

这是一种小波函数与威布尔分布函数的结合形式，从式（5-34）中可看出：一是第 t 年的专利量与第 $t-2$ 年专利的三年被引量呈正向关系，因为技术成果的获得一部分来源于自身的投入，另一部分来源于对先前成果的吸收学习，而作为技术成果载体的专利，如果第 $t-2$ 年专利的三年被引量较高，说明第 $t-2$ 年的专利的质量和影响力较高，也就为以后的科研奠定了良好的基础，对第 t 年的专利量起正向作用；二是第 t 年的专利量与第 $t-2$ 年专利的异质性呈正向关系，第 $t-2$ 年专利的异质性越大说明涉及的技术领域越扩散，为第 t 年在多个技术领域的研发奠定了基础，从而提高第 t 年专利量；三是第 $t-2$ 年的专利空间分布集中率与专利深度的比值对第 t 年的专利量有促进作用。

第四节　颠覆性技术的分析方法

基于技术轨道理论和德温特创新专利引文索引数据库，利用 Python 编程语言获取专利引用数据，以智能手机颠覆传统手机为例，分析了专利量、专利引用量和专利引用率等随时间变化的 M∆L 型曲线，从而揭示了颠覆性技术的演化轨道，建立了颠覆性技术演化的分析框架，并提出了"专利影响因子"这一计量指标，提高了对颠覆性技术进行早期识别的准确性。

一、动态创新能力

动态创新能力是动态能力的一种，Teece 等（1997）首先提出了一个较为系统的动态能力理论架构，认为动态能力是由流程（process）、位势（position）和路径（path）三个构面（3P）所形成的，基本要素是"外部感知"（external sensing）能力和"组织行动"（organizational action）能力，并将动态能力定义为：为了适应快速变革的外部环境，企业整合、建立和重组内部和外部组织技

能、资源和职能的能力。

苏敬勤和张琳琳（2013）把动态能力纳入创新国际化的理论分析中，把创新国际化过程划分为三个阶段，即起步阶段（走出去阶段——学习）、发展阶段（走进去阶段——创新能力积累）和高级阶段（走上去阶段——形成动态创新能力）。所谓动态创新能力是指，在具备相当的创新能力和技术基础的条件下，当技术环境和市场环境正在发生转折性变化时，基于原有技术迅速转变创新方向，进入新的创新轨道，从而形成研发出颠覆性技术的能力。

比亚迪以电池起家，后凭借其在电池生产领域的技术积累和供应关系，逐渐向手机等 IT 领域渗透和拓展。2003 年，比亚迪宣布收购西安秦川汽车，成立了比亚迪汽车有限公司，从此跨入汽车行业。在原来锂电池技术基础上，比亚迪于 2008 年开始转变战略方向，进入新能源汽车领域。2008 年第一款自主研发的双模电动车 F3DM 的问世和 2010 年纯电动汽车 E6 的问世，标志着其战略转移的成功（图 5-21）。苹果公司 2000 年以前主要从事计算机和互联网的研究开发设计，2001 年开始转变创新方向，2001～2006 年先后开发和发布了 6 代 iPod 音乐播放器，从 2007 年开始，苹果公司进行了更大角度的创新方向的转变，发布了第一代 iPhone 智能手机这种颠覆性技术产品（图 5-22）。

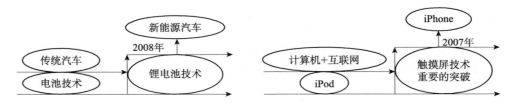

图 5-21　比亚迪的动态创新能力与产业转型升级（从磷酸铁锂电池动态转向、进军到新能源汽车）

图 5-22　苹果的动态创新能力与产业转型升级（从 iPod 转向、进军到 iPhone）

清华大学在碳纳米管领域的研究一直处于国际先进水平。2015 年 7 月检索德温特数据库，清华大学共拥有纳米专利 607 项，占世界纳米专利总量的 6.1%，但所占比例是呈现逐年上升的趋势（图 5-23）。清华大学从 2003 年开始有碳纳米管领域的专利公开，2005～2010 年一直呈现稳定的增长趋势，2009～2013 年，其专利比例都高达 7.8% 以上，特别是 2010 年，达到了 10%。在碳纳米管研究积累了大量的纳米技术实力和国际合作的基础上，清华大学开始进行科研方向的转变，转到了石墨烯的研究上，并达到了国际一流水平。根据苗军等（2014）的统计，清华大学的石墨烯专利申请量在世界主要专利权人中排在第六位，这表明清华大学的纳米研究已经成功地转到了新的前沿方向，详见图 5-24。

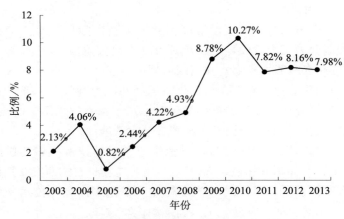

图 5-23　清华大学在碳纳米管专利中所占的比例
资料来源：德温特专利数据库

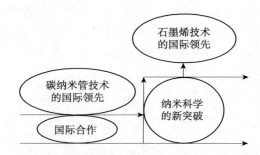

图 5-24　清华大学纳米技术的动态创新能力与科研转向

二、颠覆性技术的 MΛL 曲线

智能手机和传统手机专利量随时间变化的趋势图（图 5-25）中，传统手机呈现出 M 形；而智能手机尚未呈现出 M 形，目前仍处于快速发展阶段。此外，传统手机专利量在 2009 年前一直处于较为稳定的快速增长阶段，而之后出现了迅速的下滑，2010～2013 年又有所回升，但力度较弱，随后再次下降。这段时期也恰恰是智能手机专利技术大量出现的时候，智能手机专利技术从 1993 年出现到 2013 年，一直处于增长态势，特别是在 2006 年以后，发展极其迅速，呈线性增长趋势。苹果公司于 2007 年发布了第一代 iPhone 智能手机，之后智能手机技术被迅速普及，得到了业界和消费者的广泛关注。智能手机这一发展路径和图 5-25 所展现出的专利量变化趋势图是高度吻合的。

智能手机和传统手机专利引用量随时间变化的趋势图（图 5-26）显示，智

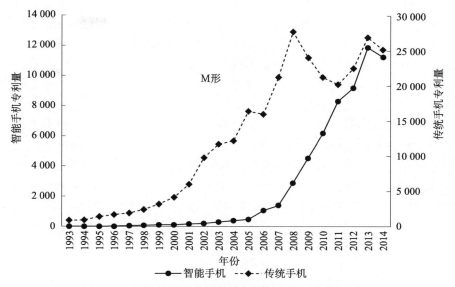

图 5-25　智能手机和传统手机专利量随时间变化的趋势

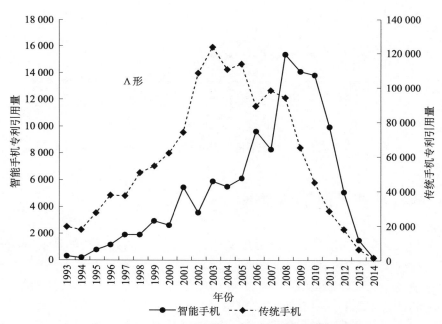

图 5-26　智能手机和传统手机专利引用量随时间变化的趋势

能手机和传统手机专利引用量的演化轨道都呈现 Λ 形，但拐点区别明显。智能
手机的峰值出现在 2008 年，即苹果公司于 2007 年发布第一代 iPhone 之后；传

统手机的峰值出现在 2003 年，正逢手机市场巨头诺基亚的辉煌时期。传统手机的专利引用量 2002～2005 年是表现最为突出的几年，但其专利量是在 2008 年达到的历史最高值；智能手机的专利引用量 2009～2010 年很高，而其专利量目前仍在快速增加。这说明专利引用量不仅仅与专利量相关，与专利创新程度也是密切相关的，专利量能够反映出某项技术在市场上的商业化程度，而专利引用量可以在一定程度上反映此项技术的创新程度。

所谓专利引用率，即用专利总被引量除以专利量，它在一定程度上反映当年某项技术的突破性创新程度。智能手机和传统手机专利引用率随时间变化趋势图（图 5-27）显示，两条曲线基本上都呈 L 形的变化趋势，但是智能手机引用率呈现出高引用率特点。1993～1997 年是智能手机第一阶段的突破性创新，而 1999～2006 年则是智能手机第二阶段的颠覆性创新（苏敬勤，刘建华等，2015b）。

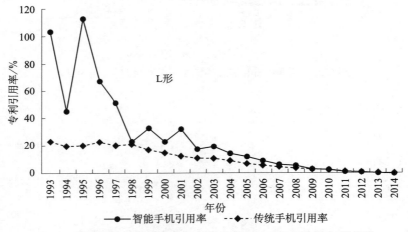

图 5-27　智能手机和传统手机专利引用率随时间变化的 L 形曲线

三、颠覆性技术的早期识别

专利量、专利引用量和专利引用率这三个指标虽然可以清晰地展现颠覆性技术与传统技术在发展轨迹上的区别，但是，很显然单一的专利量指标无法判断出一项技术是否为颠覆性技术，而在引用量的统计上，我们统计的是每年申请的专利从公布之初一直到现在的引用总量，这个数据是相对滞后的，其对应的专利引用率也是滞后的，因此，这三个指标对于处于生命周期早期的颠覆性技术无法实现准确的预测。

借鉴期刊影响因子的概念（刘雅娟和王岩，2000），我们提出"专利影响因子"的概念，它更具有动态性和时效性，为实现颠覆性技术的早期识别提供了更可靠的计量指标。所谓"专利影响因子",就是指一项专利技术在其公开当年的引用量、第二年的引用量,以及第三年的引用量之和与该技术在此年的专利量之比。显然,这一个计量指标的时效性更强,对于颠覆性技术的监测也更加准确。

德温特专利数据库中提供了引用原始专利的专利链接,我们通过爬虫程序爬取这些链接所指向专利的公开年份,通过对提取到的年份数据进行统计分析,绘制出了智能手机和传统手机的三年引用率随时间变化的趋势图(图 5-28),需要说明的是,对于 2014 年的专利引用率,我们计算的是 2014 年专利引用量和 2015 年专利引用量两年的总引用量除以专利量。从图 5-28 中我们可以看到,智能手机技术三年引用率在早期表现较差,明显低于智能手机,但是在 1999 年以后,开始高于传统手机的三年引用率,这段时间对应的是图 5-28 中智能手机技术的第二次颠覆性创新。特别是在 2001 年,智能手机的三年引用率明显高于传统手机,说明智能手机技术实现了重要的创新突破,并引起了广泛关注。

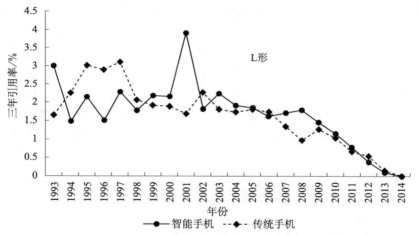

图 5-28　智能手机和传统手机的三年引用率随时间变化的曲线图

对比图 5-27 和图 5-28,图 5-27 中颠覆性技术在早期技术突破时出现的高引用率主要是因为颠覆性技术在后来引起了广泛的关注后而导致的对先前专利的高引用,这一特性在前三年引用率(图 5-28)中无法体现,但是通过两幅图可以总结出如下结论,颠覆性技术的演化需要多次技术突破。在早期首次技术突破时,专利量较少,也可能未引起广泛关注,因而三年引用率较低,在这种情况下,只依靠专利三年引用率这一单一指标,不容易识别出颠覆性技术;而在后继技术突破中,开始引起广泛关注,因而专利三年引用率大大高于被颠覆的技术专利的三年引用率,这时,可以采用专利三年引用率这一指标识别出颠覆性技术轨道,但这通常属于颠覆性技术成熟过程中的中期阶段。

本书通过对德温特专利数据库中智能手机和传统手机的技术专利进行深入分析，对其专利量、专利引用量及专利引用率随时间变化的 MΔL 曲线进行了分析，从而揭示了颠覆性技术的演化轨道，并通过引入"专利影响因子"概念——专利前三年引用率——实现了对颠覆性技术的早期识别。主要得出了以下结论。

第一，专利量的变化趋势与技术商业化程度密切相关。在技术发展初期，颠覆性技术专利相对较少，但当其出现成为主流技术的苗头时，专利量也会随之大幅增加，这是市场开始关注这项新的技术，并开始实现商业化的结果。

第二，传统手机的专利量变化趋势呈 M 形，而智能手机目前仍处于高速发展阶段，尚未呈现明显下降趋势。智能手机和传统手机专利的引用量呈现 Λ 形的演化轨迹，但智能手机的峰值出现在 2008 年，即苹果公司于 2007 年发布第一代 iPhone 之后，而传统手机的峰值出现在 2003 年，此时手机市场巨头诺基亚正处于最辉煌的时期。智能手机技术专利的引用率呈现 L 形，并且历年的引用率基本上都高于传统手机技术专利的引用率。

第三，专利引用量不仅仅与专利量相关，与专利创新程度也是密切相关的，专利量能够反映出某项技术在市场上的商业化程度，而专利引用量可以在一定程度上反映此项技术的创新程度；智能手机的专利引用率随时间变化的趋势显示，1993～1997 年是智能手机第一阶段的突破性创新，而 1999～2006 年则是智能手机第二阶段的颠覆性创新。

第四，借鉴期刊影响因子的概念，本书提出了"专利影响因子"，即专利的前三年引用率，这一指标相比专利量、专利引用量及专利引用率能更准确地对颠覆性技术进行早期识别。

第五，颠覆性技术的演化需要多次技术突破，通常在实现第二次技术突破时，才会引起广泛关注，这时引用率较高，可以采用引用率来识别。

第五节　最优专利量分析方法

一、专利技术及其知识产权的成本测算模型

利用中兴通讯 1998～2010 年的数据建立创新费用与专利数量之间的关系模型如下：

$$S = 5.65 + 0.014\ 65P \tag{5-35}$$

式中，S 表示创新费用；P 表示专利数。式（5-35）表明，创新费用中用于专利

技术及其知识产权运营等的费用为 $0.01465P$。据此，我们可以测算出平均每件专利的成本为 0.01465 亿元。

二、专利的市场价值模型

根据创新驱动与经济增长的共协理论以及中兴通讯的数据，得到下列综合模型：

$$Y = 0.0091(HL)^{0.425}(SD/L)^{0.342} + 0.207K + 0.00061SH/K + 3.45$$

$$(5-36)$$

式中，Y 表示中兴通讯的增加值；S 表示中兴通讯的科技投入；D 表示中兴通讯的固定资产投资额；L 表示中兴通讯的员工人数；H 表示中兴通讯员工受教育年限；K 表示上一年的固定资本存量。其中，SH/K（科技投入×固定资产投资/固定资本存量）这一项代表科技创新与固定资产投资的互动作用。

根据式（5-35），式（5-36）可以写为

$$Y = 0.0091(HL)^{0.425}(5.65 + 0.01465P)^{0.342}(D/L)^{0.342} \qquad (5-37)$$
$$+ 0.207K + 0.00061(5.65 + 0.01465P)H/K + 3.45$$

根据专利的市场价值（价格）等于其边际收益的原理，则每件专利的市场价值为

$$\frac{\partial Y}{\partial P} = 0.00000456(HL)^{0.425}\left[(5.65 + 0.01465P)D/L\right]^{0.342} \qquad (5-38)$$
$$/(5.65 + 0.01465P) + 0.0000089H/K$$

式（5-38）是式（5-37）通过对专利数求偏微分而得到的。

三、最优专利量模型

确定最优专利量，需要把所有专利的市场价值减去其成本后最大化，即下式最大化

$$U = 0.00000456(HL)^{0.425}\left[(5.65 + 0.01465P)D/L\right]^{0.342}P \qquad (5-39)$$
$$/(5.65 + 0.01465P) + 0.0000089PH/K - 0.01465P$$

式（5-39）最大化亦即 U 对专利数 P 的导数为零，则得到如下的最优专利量测量模型：

$$P_m = (0.341V/R + 0.00061H/K - 1)R^2/0.0033V \qquad (5-40)$$

式中 P_m 为最优专利量；V 是劳动报酬；R 是研究开发投入；H 是就业者教育年限；K 是固定资本存量。关于中兴通讯每件专利的市场价值、每件专利的平均

成本、最优专利量的测算结果，详见表 5-22。

表 5-22　中兴通讯的专利价值与最优专利量

年份	平均每项专利的市场价值/亿元	专利的平均成本/亿元	专利的价值/专利的成本	最优专利量/件
1998	0.056 29	0.014 65	3.8	809
1999	0.039 56	0.014 65	2.7	854
2000	0.031 86	0.014 65	2.2	1 020
2001	0.034 81	0.014 65	2.4	1 786
2002	0.027 99	0.014 65	1.9	1 021
2003	0.024 70	0.014 65	1.7	1 161
2004	0.028 52	0.014 65	1.9	4 120
2005	0.025 13	0.014 65	1.7	2 983
2006	0.028 40	0.014 65	1.9	6 050
2007	0.029 89	0.014 65	2.0	6 548
2008	0.030 35	0.014 65	2.1	7 530
2009	0.033 14	0.014 65	2.3	11 585
2010	0.022 62	0.014 65	1.5	7 909

第六节　协同创新理论与战略性新兴产业的六部门协同创新体系

一、协同创新理论

1. 协同创新

协同理论最早是由德国物理学家 Haken 于 1971 年在系统论中提出的，强调系统整体联合行为产生的互动效应大于单独个体效果，创新理论则是由经济学家熊彼特在 20 世纪初期提出的，他认为创新是通过各种生产要素的有效组合生产新产品并投放市场获得经济效益的过程（张武军和翟艳红，2012）。随着创新环境和实践的发展，创新范式也逐渐从"线性范式"向"网络范式"转变，加之多学科交叉趋势和科技经济结合趋势不断加强，协同思想后来逐渐被移植到创新系统研究领域，形成协同创新思想和理论。

我国 20 世纪 90 年代提出实施"产学研联合开发工程",算是产学研协同创新研究的开始,之后促发了大量相关研究。陈晓红和解海涛(2006)针对中小企业技术创新外部"正"效应内部化的问题,提出了中小企业协同创新体系的构想,基于企业、政府、高校(科研机构)和社会服务体系建立了中小企业技术创新的"四主体动态模型",并分析了其协同创新的运行模式。

2011 年 4 月,胡锦涛在清华大学成立 100 周年庆祝大会上,首次提出协同创新的概念。此后围绕协同创新这一主题学者们展开了诸多研究,形成了一个研究热潮。何郁冰(2012)通过对产学研协同创新的理论模式的研究,提出了"战略—知识—组织"三重互动的产学研协同创新模式。李祖超和梁春晓(2012)、李京晶(2013)、陈劲和阳银娟(2012a)对协同创新的运行机制、驱动机理等进行研究和分析。蒋石梅等(2012)运用产业集群产学研协同创新理论,以保定市新能源及输变电产业集群为例进行了实证研究,探讨了我国科技型产业集群的产学研协同创新过程及其运行机理。施进发等(2014)以郑州航空港经济综合实验区为例,对航空经济发展的协同创新体系构建进行了研究。

2. 关于多部门合作创新理论的研究

1)三螺旋理论的提出及应用

三螺旋的提法最初是应用在生物领域,用于描述和阐释 T-DNA(也叫三螺旋 DNA)的三螺旋结构。1994 年,雷迭斯多夫(Leydesdorff and Meyar,2003)在一次关于"技术研究中的新方向"的研讨会上提出,在知识经济时代,要构建一种新型的大学—产业—政府关系模式,以消除知识商品化过程中各种障碍性因素(林学军,2010)。1995 年,美国学者亨利·埃茨科威兹(Henry Etzkowitz)和雷迭斯多夫(Leydesdorff et al.,1999)等三人一起合著了《大学和全球知识经济:大学—产业—政府关系的三重螺旋》的论文集,首次将三螺旋理论引入社会学领域,用以解释知识经济中大学、产业、政府三者之间的新型互动关系。在此基础上,后来围绕三螺旋创新的主体、运行机理、动力机制等问题涌现了很多研究成果。国内学者周春彦是三螺旋研究的集大成者,翻译并评介了埃茨科威兹著的《三螺旋》(亨利·埃茨科威兹,2005)一书,将三螺旋理论引入我国,并对三螺旋创新模式及国内外关于三螺旋理论研究的热点和前沿问题进行了探讨(周春彦和亨利·埃茨科威兹,2008;周春彦等,2011)。此外,自三螺旋理论引入我国以来,国内其他学者也曾根据我国的具体情况和问题,对三螺旋理论进行了实证研究。刘建华和姜照华(2007)尝试利用三螺旋理论对我国的区域创新效率进行解释,柳岸(2011)以中国科学院为例从三螺旋的视角对我国的科技成果转化模式进行了研究。

2）多重螺旋创新理论的发展

三螺旋主要聚焦于大学、产业、政府之间的相互关系，尤其强调了高等教育在创新中的作用，即知识生产和创新的重要性。随着螺旋创新范式研究的不断深入，大学—产业—政府三螺旋争论的焦点开始转向是否存在第四个螺旋的问题。由于创新成果最终都要普惠到公众这一社会群体，那么公众作为创新成果的最终享用者和评判者，其对创新的态度是一个重要影响因素。因此，一些学者提出可以将公众视为第四螺旋，但公众可能对开展创新活动积极支持和鼓励，也可能因担心创新会带来破坏性的负面影响而反对和限制创新，于是这就需要一个兼具公众这一重要维度但又不能导致原有的三螺旋创新系统动力减弱的更完善的模型。在此背景下，周春彦和埃茨科威兹（2006）提出了大学—公众—政府可持续发展三螺旋，将起监督和约束作用的公众因素纳入到社会创新系统，这是对传统创新三螺旋的补充和发展，也就是后来的双三螺旋。后来，借鉴创新三螺旋理论的思想，学者们根据具体的环境和研究问题，不断尝试拓展和融入新的影响因素构建多重螺旋分析模型。Elias G. Carayannis 和 David F. J. Campbell（2010）认为在知识经济社会网络中，知识的民主化、大众化对知识生产和创新具有影响，于是他们通过加入基于媒介和文化视角的"社会公众"因素，将原来的三螺旋创新模型拓展为包括"大学、产业、政府、社会公众"的四螺旋创新模型，近年来随着生态环境问题愈加频发，他们认为创新的过程也更应考虑对"环境（主要指自然环境）"这一生态要素的影响，于是又提出一个基于可持续发展和社会生态学的跨学科的五螺旋分析框架，以分析知识、创新和生态环境之间的相互关系，增强了创新对生态因素的敏感性。

国内学者金潇明（2010）对三螺旋模型进行了拓展，提出由政府、企业、科研院所、中介服务机构四种力量交叉互动的"四螺旋"结构模型，以强调中介服务机构在产业集群知识共享中的催化剂作用。屈会芳（2014）以云计算、三螺旋和协同创新为理论基础，提出了应用云计算技术架构"政、企、校、研、中、金"六部门螺旋协同创新平台的设想，但实质上这是五螺旋模型，因为高校和科研院所在创新中基本具有同类的功能，可以归为一个部门，且并没有对各螺旋主体的功能及其运行机制进行较为详尽和系统的阐释。

3. 六部门协同创新体系

协同创新实际上是产学研合作的"升级版"或可以被称为"产学研合作的2.0版"，是解决技术创新外部正效应内部化问题的有效途径，是提升自主创新能力和建设创新型国家的必然要求。对此，不同的研究者基于不同的视角和出发点给予了不同的解释。复旦大学前校长杨玉良院士认为，协同创新是相同或相似单元之间通过良好合作，产生相互作用关系和共振放大效应，从而形成高效有序的创新机制的行为过程。陈劲和阳银娟（2012b）认为协同创新的前范式是协同制造和开放式创新，而相对于此，协同创新则是一种更加复杂的创新组织方式，是科技创新的新范式，其关键是形成以大学、企业、研究机构为核心要素，以政府、金融机构、中介组织、创新平台等为辅助要素的多元主体协同互动的网络创新模式。协同创新需要促进系统内创新资源的无障碍流动及各个创新要素的有效整合，本质上是以知识增值为核心，以企业、高校科研院所、政府、科技中介部门为创新主体的价值创造过程。

本章认为在当今知识经济、信息网络、金融资本等的配置和流通全球化及企业创新行为国际化的新形势下，协同创新是指在适宜的经济、社会、文化、生态等创新生态环境中，创新要素在覆盖区域、国家乃至国际的创新体系中无障碍流通，企业、高校、政府、金融、中介、国外六部门主体多元互动和多边多样化合作，以优势互补、资源共享为前提，以合作各方的共同利益为基础，形成长期稳定的合作创新稳态、利益协调机制和协同创新氛围的六部门协同创新网络模式，如图5-29所示。

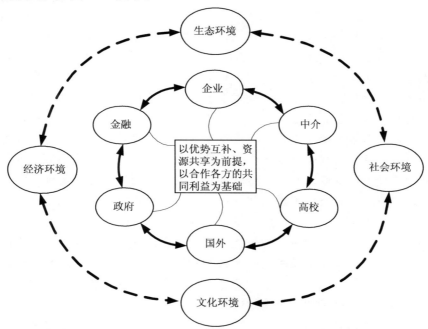

图 5-29 企业、政府、高校、金融、中介、国外六部门协同创新体系

1）六部门协同创新主体的界定

本章提出的六部门协同创新的六个创新主体分别为：①提供科技、产业、信贷等政策引导和支持的各级政府；②提供人才的培养、知识的创新和衍生高

新技术企业的高校；③旨在整合各种创新资源，生产出性能价格比高的产品及服务的企业；④提供天使投资、IPO、信贷等支持的金融投资机构和资本市场；⑤提供项目、技术、人才、资金等信息对接服务的中介服务机构；⑥"国外部门"是指与国内的创新主体在创新组织、创新资源、创新行为上有密切关联（合作关系、交易关系、交流关系等）的国际组织（如 OECD）、国外机构（如国外的企业、大学、国际技术贸易机构、中国在国外建立的研究开发机构等）、国外资源（如 Derwent Innovations Index）等。

2）新能源汽车产业六部门协同创新的各主体关系

新能源汽车产业是以锂电池、氢燃料电池等系列重大技术突破和节能减排、治理雾霾等巨大市场需求为基础，知识技术密集、物质资源消耗少、成长潜力大和生态环境效益好的战略性新兴产业，具有知识密集性、技术密集性、人才密集性、资金密集性、引领带动性等特征。

新能源汽车产业的知识和人才密集性特征要求高校等知识生产部门为其提供丰富的知识生产和创新成果以壮大"科技知识池"，并为其培养和输送充足的高素质创新人才（而不是普通的劳动力），同时也要求企业自身"内育"其急需的工程和管理创新人才。技术密集性要求其除了吸收来自高校（及科研院所）提供的部分待转化的科技成果外，更要充分发挥企业在创新中的主体地位，加大研发和科技成果转化及市场推广的投入力度，切实提升企业的自主创新能力。资金密集性要求政府、金融等部门为其提供充裕的引导和发展资金保障，政府部门主要通过设立引导基金等方式发挥资金杠杆作用，吸引社会、民间资本参与，以重点支持处于"蹒跚"起步阶段的早中期、初创期创新型企业，助力创业创新和产业升级；但天使投资、风险投资等股权投资机构和银行、资本市场等国内外金融部门仍然是新能源汽车产业创新发展的主要资金来源。因此，新能源汽车产业的技术创新必须与金融创新有机结合起来，必须得到风险投资和金融市场的支持。政府除了提供部分引导资金外，更重要的功能还是提供财税金融、市场、人才等方面的创新政策供给，这对于我国新能源汽车产业的发展来说显得尤为重要。引领带动性是指新能源汽车产业作为科技、产业前沿领域的先导产业，其产业链条长和关联度高的特性，使其对相关及配套产业具有很强的引领带动作用。从技术创新的角度看，主要就是位于核心地位的龙头企业对居于链条前后及周围的中小企业的技术传播和扩散的问题，而这一问题的解决离不开技术评估和交易等科技中介机构，且初创企业的孵化等也需要科技孵化器等科技中介部门。另外，在当今创新网络全球化的环境中，新能源汽车产业的国际化创新发展更是离不开来自国外的知识、技术、人才、资金等的合作与支持。

通过分析新能源汽车产业协同创新体系的六个主要行为主体——企业、高校（及科研院所）、政府、中介机构、金融机构和"国外部门"之间的相互需求和协同互动关系可以发现，六部门协同创新体系中各主体的相互关系主要包括由产业技术成熟度和生产成本等决定的产品性能价格比螺旋式上升中的各部门非线性互动作用关系，政府部门、国际部门和市场对企业技术创新投入的引导关系，市场需求、政府补贴、投资和充电桩建设、性能价格比提高等对新能源汽车销量增长的推动关系等，具体如图 5-30 所示。

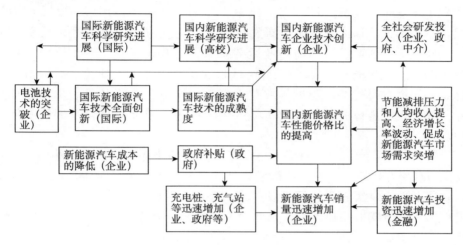

图 5-30　六部门协同创新体系中各主体的相互关系

3）六部门协同创新体系的结构和运行机制

六部门协同创新体系既具有产学研合作的一些结构特征和运行机理，同时又突出了主体的多样性和合作的广泛性特征。实际上，任何一个创新的过程都是由多个主体交互作用构成的非线性复杂协作网络结构，成功的创新源自多主体间良好的互补、协作和互动。本章构建的六部门协同创新体系主要应包含以下四种运行机制：一是基于不同利益主体驱动和市场拉动的多主体深度交互和协同创新以降低风险的动力机制；二是基于复杂适应协作创新网络的多主体自适应机制；三是基于创新不同阶段多主体角色转换的动态平衡机制；四是创新生态环境对创新主体参与创新的鼓励和推动机制。

二、战略性新兴产业的六部门协同创新体系

1. 积极推行国际化的六部门协同创新战略

在当前阶段，我国应鼓励和支持国内外企业、政府、高校、金融、中介等机构共同参与我国新能源汽车产业的发展，不断创新合作模式、深化合作层次、

拓宽合作领域。同时，加强在政策和标准制定、技术和产品开发、市场和资本运营等方面与国外相关主体的协同与合作，努力构建我国新能源汽车的国际化六部门协同创新体系。

（1）企业。企业作为市场上自负盈亏的决策主体、创新主体、生产主体，因其身居市场前沿最具敏锐的嗅觉和知觉，能够迅速探测和感知到市场的最新需求变化和趋势，具备创新的自主性、内生性和迫切性等特性。因此，我国新能源汽车企业必须充分发挥创新的决策主体和实施主体作用，高度重视创新发展，不等不靠，加大自身科技研发投入力度，适应市场新的需求变化，大力开发新技术、新产品，创新商业运营模式，加快市场化步伐。同时，新能源汽车企业还要积极融入政、产、学（研）、用、中介、国外等多部门协同创新体系，发挥自身优势，积极寻求建立与其他企业、高校及科研机构乃至国外相关先进机构主体的新能源汽车技术创新联盟，不断提高自身的技术创新能力。

（2）政府。政府在我国新能源汽车产业多部门协同创新体系中的作用主要是建立各项引导机制，努力营造激励创新和鼓舞创新的公平竞争环境。具体来看，政府应坚持以新能源汽车市场需求为导向，以吸引和留住创新人才为先，遵循技术和市场发展规律，扩大企业在新能源汽车产业创新决策中的话语权，不断完善以企业为主体、市场为导向的新能源汽车产业技术创新机制。另外，政府还应实施严格的知识产权保护制度，打破各地新能源汽车市场的市场分割和人为壁垒，改进准入制度和管理模式，努力形成资源、要素价格倒逼的创新机制，引导和推动我国新能源汽车产业快速健康发展。

（3）高校（及科研院所）。高校（科研院所）作为科学知识生产、创新人才培养和科研成果产出的机构主体，应找准定位，充分发挥自身在新能源汽车产业多部门协同创新中的特色优势和积极作用，在不断深化与新能源汽车企业合作的同时，还要协调好与企业之间的责权、基础研究与应用研、科学研究与科技成果转化等的关系。鼓励在新能源汽车技术研发领域有条件的高校和科研团队衍生相关高新技术企业，自主转化新能源汽车技术新成果。同时，高校应充分利用好教育部"2011计划"的良好契机，联合在新能源汽车领域具有较强技术研发实力的高校和科研团队组团申报面向新能源汽车行业的协同创新平台，并积极利用协同创新中心和平台的优势资源和有利条件，开展当前急需的新能源汽车产业关键技术研究，培养和输送该领域的高级复合型创新人才。

（4）金融。科技创新过程中的研发试验、成果转化及商业化推广运营（如对消费者提供无息贷款或贷款补贴）等都需要资金的支持，这就要求必须有金融部门的支持。因此，以新能源汽车产业为代表的战略性新兴产业作为科技和产业前沿的结合体，其发展更离不开来自金融部门的充足资金支持和助推。这些资金除了一少部分来自政府创新引导或扶持基金等公共金融部门的支持外，更主要的还是来自如企业初期的天使投资、成长期的风险投资、股权投资、银行贷款、资本市场上市融资等市场金融主体和部门的多形式参与和支持。因此，必须继续加强科技与金融的紧密结合，围绕新能源汽车产业链部署创新链、围绕创新链完善资金链，在保证直接融资渠道畅通的同时，要拓宽我国新能源汽车产业的间接融资渠道，完善风险投资、创业投资机制和创业板上市机制，加快国际板等多层次资本市场建设，强化资本市场对新能源汽车产业技术创新的支持，积极引入国际战略投资者，鼓励有条件的新能源汽车企业到国外上市融资，充分发挥国内外金融部门对我国新能源汽车产业创新发展的保驾护航作用。

（5）中介。中介部门主要是通过搭建创新要素互通信息平台和优化创新生态系统，加速创新项目与所需要素的对接，提高创新效率。为加快我国新能源汽车产业的技术创新和产业化进程，当前我国应加快发展面向新能源汽车行业的科技咨询机构、技术进出口和转移转化服务机构、技术交易市场、第三方检验检测认证机构、资产评估和上市服务机构、创业孵化机构、知识产权保护机构等中介机构，以期为我国新能源汽车产业的多部门协同创新发展提供科技管理咨询、科技人员培训、资产评估、企业上市服务、科技成果转化和新创企业孵化等服务。

（6）国外。当今知识经济化和经济全球化的趋势日益明显，大型跨国公司为整合全球创新资源，纷纷加速国际化步伐。另外，一些新兴经济体发展壮大的企业也纷纷开始主动加快全球化布局，瞄准全球化资源，寻求国际化合作，甚至涌现了一批从成立之初便具有国际化视野的新创国际化企业（如 BYD）。以新能源汽车产业为代表的战略性新兴产业的发展基于全球科技创新的成果，因此在我国培育和发展战略性新兴产业过程中，国际化是必然之路，必须深化国际合作，深入参与全球化的研发、制造和市场等各个环节，加速新能源汽车产业的国际化和市场化进程。鼓励我国的新能源汽车企业积极与国外的新能源汽车企业、当地政府、国际金融机构、中介机构等部门开展多层次、多部门、多边等合作，不仅通过技术溢出、市场换技术等形式吸纳国外先进的新能源技术，更要注重平等的技术研发合作进行技术协同创新，以加快推进我国新能源汽车产业国际化协同创新发展。

2. 着力构建新能源汽车产业协同创新的新生态

能源革命带来的汽车能源结构的变化要求我们应加快构建新能源汽车产业发展新生态。在新能源汽车产业发展的初期阶段，存在技术和市场不成熟、成本较高、配套设施不完善等问题，这一阶段新能源汽车企业会更多地依赖政府的政策扶持，政府应发挥主导推动作用。但是，政府补贴等激励性政策只能发挥短期市场效应，只能在产业起步阶段起到助力爬坡作用，从长期来看是不可持续的，而产业长期健康发展仍然更多的是依托市场的自主发展。这样，政府在进行政策设计时，就要考虑到企业的政策依赖性和政策效应的市场化放大机制。所以，应处理好政府和市场的关系，实现二者的有效配合，才能构建良好的产业新生态。为此，针对我国的新能源汽车产业，政府应从以下几个方面正确处理自身与市场的关系。

1）创新监管模式，放宽市场准入

当前，新能源汽车革命尽管存在着很大的不确定性和风险，但也给人们提供了丰富的想象空间，吸引了众多的投资者。伴随着我国新能源汽车产业的技术产业链、商业模式、市场培育逐步走向成熟，政府应该发挥市场引导和筛选作用，转变监管模式，逐步放宽市场准入限制，让投资者自主决策和承担风险。政府则负责搭建好平台，担当守门人的职责，职能转向努力打造活力有序的竞争市场，吸引更多投资者进入新能源汽车产业，适当加大试错风险，推动产业升级。

2）刺激市场需求，助力产业化

目前，传统燃油车市场已相当成熟，而与之相比，新能源汽车的节能减排效应属外部效应而非内部效应，驱动作用有限，且价格昂贵、续航里程低、充电基础设施不完善等制约因素使其在成本和配套上仍很难与燃油车相媲美。另外，新能源汽车替代燃油车并不是燃油车自身的原因，而是国家有意的战略部署，故缺乏内在的市场驱力，因而推广和使用新能源汽车必定是个漫长的过程。那么，如何渡过孕育期而不致流产，关键是要破解市场瓶颈，打开市场出口，挖掘市场潜力，扩大市场需求，助力产业化进程。具体来看，在高能电池短期难以取得技术突破、续航里程难以短期大幅度提高的情况下，多部门协同联合加速布局和完善城市充电桩等基础设施建设，以上班族为首要目标细分人群，满足其日常上班出行和300千米左右省份内探亲出行需求，鼓励和支持其购买，加快新能源汽车的市场化步伐，或许能走出一条具有我国特色的新能源汽车产业化和市场化之路。

3）创新商业模式，加速市场化进程

在具备条件的地区，政府应鼓励企业尝试推广"以租代买、分时租赁及以租促用"等新兴的商业模式，支持开发立体车库停车和自动充电技术破解停车难、充电难等难题，这样可以在一定程度上解决车价高和续航里程短等问题，加速新能源汽车的市场化进程。同时，政府还要借鉴美国、欧盟等国外支持创新、培育产业的做法，适时合理地跟进和完善相关的配套政策、标准修订及基础设施等，以释放市场潜力。

4）打破地方保护和壁垒，建立长期稳定预期

一方面，我国一些新能源汽车试点城市存在着较浓厚的地方保护主义色彩，

通过设立各种区域壁垒限制非本地产品进入，导致原本较小的市场规模严重受限，而新能源汽车、电池、充电桩等都属于规模经营和规模效益行业，只有通过市场竞争、规模化运营才能更好地发展。这种地方保护和壁垒无法培育我国新能源汽车产业的竞争力，必将延缓产业化进程，因此必须采取措施予以破除。另一方面，新能源汽车产业链长，涉及汽车、能源资源、基建等诸多创新和投资，需要政府等多部门参与，必将经历漫长的周期。原有的短期政策已难以适应新的市场环境，需要出台新的政策，而政策衔接期会引致较大的市场波动，这种不确定性可能导致一些有投资意向的企业举棋不定或选择退出。因此，要求政府适时更新政策，建立激励和倒逼机制，并将新能源汽车产业纳入产业乃至国家战略，为全社会建立长期稳定的预期，以引导长期投资，促进更好地发展。

3. 积极搭建国际化的新能源汽车产业技术创新联盟

新能源汽车产业技术复杂程度高，涉及多学科、多领域、多行业、多部门，单一的力量很难将这项重大的系统工程推向真正的产业化和商业化。国外关于新能源汽车产业技术创新主要采用产业联盟的组织形式来进行技术创新活动，如丰田汽车联合日产汽车、政府、外资企业等国内外机构组建的日本电动车联盟。我国自 2009 年 3 月北京新能源汽车产业联盟（国内第一个新能源汽车产业联盟）成立起，大部分省（自治区、直辖市）也相继建立了几十个不同类型的新能源汽车产业联盟，如安徽以省内新能源汽车整车和关键零部件生产企业为主体（安凯汽车、江淮汽车、奇瑞新能源汽车等），联合高等院校（中国科学技术大学、合肥工业大学等）、科研机构、金融机构（中国建设银行安徽分行、安徽省创投资本基金）和科技中介服务机构（安徽省科技成果转化服务中心）等成立了安徽省新能源汽车产业技术创新战略联盟。这些联盟的层次、大小、发展水平各有不同。总体来看，区域性联盟较多，国家乃至国际层面的联盟较少，中小联盟居多，大规模的联盟极少，区域性、行业性、中小型的联盟发展水平和创新效率总体不高。

在新能源汽车技术领域，美国、日本、欧洲等发达国家和地区由于其汽车工业历史悠久、实力雄厚，在新能源汽车领域的技术研发开始得较早，掌握和引领当今世界新能源汽车的多项先进技术。我国的新能源汽车经过近几年的技术研发和示范运行，在电池、电机、电控等关键技术领域取得了明显进步，且插电式混合动力汽车和纯电动汽车也已经开始小规模投放市场，已初步具备了产业化发展的基础。但与先进国家相比，我国尚未完全掌握新能源汽车的关键核心技术，尤其是在纯电动和燃料电池汽车方面与世界先进技术还有一定差距。

因此，为加快培育和推动我国新能源汽车产业国际化发展，我国应注重建立引入国外掌握先进新能源汽车技术的企业和组织，积极谋划、推动和主导建立国际新能源汽车产业技术创新联盟和国家级多部门新能源汽车产业技术联盟和行业中介组织，瞄准国际前沿技术，攻克行业关键技术和共性技术。同时，政府应引导和推动我国传统汽车制造企业向新能源汽车领域发展，培育新能源汽车行业的龙头企业和跨国公司，鼓励新能源汽车龙头企业"走出去"，在海外投资建厂；鼓励国内新能源汽车企业在境外申请专利，参与国际标准制定，逐步与国际标准接轨。

三、比亚迪的技术跨越及其获得的高强度支持

1. 比亚迪的发展历程

比亚迪股份有限公司（简称比亚迪）是一家集 IT、汽车和新能源技术三大产业为一体的高新技术民营企业，凭借其在电池和汽车两个领域的强大技术实力和资源，快速成为我国自主汽车品牌的领军者之一，尤其新能源汽车技术方面更是走在了世界的前列。比亚迪自 1995 年成立以来大致经历了三个发展阶段。

第一阶段是从成立至 2002 年。比亚迪以电池起家，后凭借其在电池生产领域的技术积累和供应关系，逐渐向手机等 IT 领域渗透和拓展。比亚迪从一开始就注重以国际化的视野开拓国际市场，积极寻求与摩托罗拉、诺基亚等国际国内手机生产厂商的合作，取得了骄人的业绩。2002 年比亚迪在香港上市创下的最高发行价纪录，表明了中国民营企业正逐渐赢得世界的认同和信任。

第二阶段是 2003～2008 年。2003 年，比亚迪宣布收购西安秦川汽车，成立了比亚迪汽车有限公司，从此跨入汽车行业。2005 年 4 月，比亚迪首款新车 F3 正式下线，并采取分站上市的营销策略成为汽车界营销的一个经典案例。比亚迪 F3 上市后相继获得了关注度最高的"自主创新奖"等各类奖项 68 个，享尽了盛誉，一时间"比亚迪汽车"开始走进寻常百姓的视野。2007 年在 F6 下线仪式上，王传福宣布比亚迪到 2015 年做到中国第一、到 2025 年达到世界第一的两大目标，一时间震动了整个汽车界和舆论界。

第三阶段是 2008 至今，重点布局新能源业务。其实，比亚迪自 2005 年起就开始布局在新能源领域的研发了，彼时公司提出建太阳能电站、储能电站和开发电动汽车三大绿色梦想。2008 年，比亚迪自主研发的第一款双模电动车 F3DM 问世，这是全球第一款上市的不依赖专业充电站的双模电动车，获年度节能环保车型先锋奖、年度汽车技术创新奖，比亚迪成为最佳可持续发展年度

企业。2009 年比亚迪自主研发的纯电动汽车 E6 问世,给出租车公司带去了巨大的经济利益的同时,也为加速公交电动化进程开辟了一条现实可行的道路。

目前,美国通用和克莱斯勒等国际巨头都与比亚迪有较多合作,比亚迪与国际一流品牌客户的合资合作,也进一步提升了其技术水平与国际品牌影响力,其中包括 2010 年与戴姆勒奔驰签署的电动车合作项目和 2011 年与英特尔一起合作研发生产新能源汽车等(杨桂菊和刘善海,2013)。这为比亚迪新能源汽车打开国门走向世界开辟了新的通道。2010 年,美国《商业周刊》评选出全球 IT100 强,比亚迪公司超越苹果成为全球最具创新性的企业,名列第一。2013 年比亚迪又推出新能源汽车比亚迪·秦,这是比亚迪自主研发的 DM 二代高性能新能源汽车。2014 年 10 月,比亚迪与戴姆勒奔驰合作的第一款纯电动汽车腾势(DENZA)电动汽车于 2014 年 9 月 26 日在上海率先正式上市,这标志着比亚迪国际化合作创新的巨大成功。比亚迪主要车型及其上市年份见表 5-23。

表 5-23　比亚迪主要车型及其上市年份

上市年份	燃油汽车	新能源汽车
2003	福莱尔(已停产)	
2005	F3	
2007	F3R	
2008	F0、F6(已停产)	F3DM
2009	G3	
2010	L3、G3R、M6	
2011	G3R、G6、S6	E6
2012	速锐	K9
2013	思锐	秦
2014		腾势
2015		唐

资料来源:作者根据汽车网整理

比亚迪在"技术为王、创新为本"企业文化的引领和指导下,成功实现三个发展阶段的转型,三大领域的内在关系和相互支撑作用如图 5-31 所示。

2. 比亚迪的技术优势

比亚迪的第一款混合动力汽车当属 2008 年上市的搭载 DM 技术(双模多引擎技术)的 F3DM。DM 双模技术是一种将混合动力系统和电动车系统共同使用,在纯电动和混合动力两种模式间进行切换的技术。如果将混合动力简称为 HEV,纯电动简称为 EV,那么比亚迪 DM 电动汽车就是 HEV+EV,也就是可外接充电的插电式混合动力电动汽车。这种双模切换混合系统是对相对成熟的油电混合系统(如最成熟的丰田普锐斯)的巨大挑战,最终将会逐渐取代传统的油电混合系统,成为世界上新能源汽车混合动力系统的主流,也将大大提升人类的环保进程,具有划时代的意义。比亚迪 F3DM 上搭载的是 DM 第 1 代技

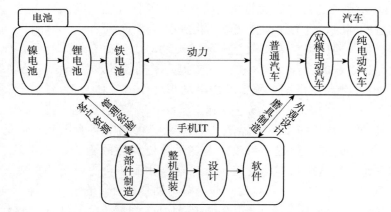

图 5-31　比亚迪三大领域的内在关系及相互支撑作用

术，此后，比亚迪通过采用高电压、高转速电机（110 千瓦）＋高密度、高电容比＋1.5TID 组合，并将动力电池管理系统由集成式（PBMS）改为分布式（DBMS），同时对电控系统的各主要零部件进行了轻量化优化设计等技术手段，对 DM1 代混合动力系统进行了技术优化改进和完善，不但降低能耗还提升了效率，开启了 DM2 代技术。DM2 代还使用了比亚迪全新研发的铁电池技术，将系统的电压由原先的 330 伏提升到 500 伏，这大大提升了这套混合动力系统的效能。

目前，首款搭载双模 2 代动力系统的是 2013 年上市的比亚迪·秦，但秦只有双引擎（1.5T 发动机＋单电机）。2015 年年初，搭载更高双模 2 代动力系统的比亚迪插电混动 SUV "唐" 采用 2.0T 发动机及前后桥各一个电动机的动力组合，实现了双模三引擎，并通过两台电机独立驱动前后轴实现四驱驱动。唐以 30 万的售价，首次网络预售 100 辆车在 12 分钟内便被抢购一空，开创了中国汽车的 "第一"。唐作为比亚迪 "542 战略"（即 "5" 秒内破百千米、电控 "4" 驱系统和 "2" 升以内油耗）下的首款产品，配备了双模三引擎（2.0T 发动机＋双电机）动力系统，实现了百千米加速 4.9 秒，同时还实现了将油耗控制在 2 升以内的燃油经济目标；据透露，在不久的将来，还有一款比亚迪 "汉" 将搭载一台未知排量的发动机＋四电动机的动力系统（双模四引擎），其百千米加速仅需 3.9 秒，进一步推动比亚迪双模多引擎技术向前发展，比亚迪不断地向我们展示着其技术创新和新能源汽车技术的新成果。

比亚迪的混合动力技术除了出色的 DM 多引擎技术之外，还有不断实施的一些小的技术革新，如其绿混、绿净技术。绿净技术是通过监测车内 PM2.5 的浓度来净化和改善车内空气质量的技术革新。绿混技术则是通过将动力电池和启动电池结合使用形成的一套绿色、环保、经济的混合动力技术，这打破 100 多年来汽车启动电池采用铅酸电池的成规，而启用不含铅的 48 伏铁电池技术，并配套开发低电压、大扭矩、双绕组电机技术，从而实现智能控制汽车上的能量流动，解决电源能量管理及能量损耗的问题，提升能量转换效率，达到更加节能环保的目的。近年来，比亚迪凭借着"技术为王、创新为本"的企业创新精神和文化，在混合动力汽车技术和产品方面取得了很多创新成果，见表5-24。

表5-24　比亚迪混合动力技术及产品性能

动力	产品	节油	百千米加速	能源种类	技术、特性
双模双擎（三擎）	秦、唐	省5升	秦：5.9秒 唐：4.9秒	新能源＋传统能源	铁电池、高转速电机、快、省、绿
绿混	速锐	省1.5升	速锐绿混：7.4秒	传统能源为主，新能源为辅	技术集成、能源管理、节能环保

3. 技术成熟条件下比亚迪的技术跨越

1）产品性价比优势

依托重大技术突破，适应主流社会需求，提出全新的产品概念，开发具有合理性价比的标志性目标产品，既是原始性创新的本质性体现，也是战略性新兴产业形成的标志和基础（王永顺和沈炯，2012）。企业创新所面临的最大挑战是对技术成熟度和市场成熟度的把握，市场上所有成功的产品，都表现出这两个成熟度的高度一致（刘迎建和冯立新，2007）。在混合动力汽车技术成熟的情况下，针对中国消费人群大但消费水平相对较低导致市场成熟度有限的情况下，比亚迪运用其精准的营销策略准确定位市场，并充分发挥其垂直整合和低成本战略优势，努力开发性价比高的产品，追求技术创新效应的内部化，以获取较高的市场占有率和销售额。比亚迪开发的几款高性价比的混合动力汽车大都受到了市场的认可和消费者的青睐，取得了技术创新的巨大成功。下面以比亚迪的混合动力汽车秦为例，与市面上同级的两款混合动力汽车的性价比进行比较，见表5-25，由此可见，比亚迪·秦的性价比比一汽奔腾B70和一汽丰田普锐斯的都要高。

表5-25　几款混合动力汽车性价比比较

制造商 （车型）	一汽奔腾 奔腾B70（2014尊贵型）	比亚迪 秦（2014尊贵型）	一汽丰田 普锐斯（2012标准版）
性能表现（40）	30.70	38.00	35.00
发动机技术（10）	7.00	9.50	9.00
变速器技术（5）	3.80	4.60	4.40
动力表现（5）	4.40	4.80	4.10
燃油经济性（10）	7.00	9.60	8.50
环保达标（10）	8.50	9.50	9.00
操控与舒适性（40）	32.00	36.70	33.00

续表

制造商 （车型）	一汽奔腾 奔腾 B70（2014 尊贵型）	比亚迪 秦（2014 尊贵型）	一汽丰田 普锐斯（2012 标准版）
操控性能（10）	7.20	9.50	7.80
驾乘舒适度（10）	8.30	9.00	8.00
行李箱空间（5）	4.30	4.20	4.50
车内噪声（5）	4.30	4.70	4.10
空气调节系统（5）	4.10	4.50	4.30
音箱系统（5）	3.80	4.80	4.30
内饰（30）	24.00	26.60	26.00
仪表盘与中控台（10）	7.80	8.80	9.00
内饰材料与品质（10）	8.20	8.60	8.60
车内布置人性化（10）	8.00	9.20	8.40
工艺水平（20）	16.40	18.20	16.40
车身工艺（10）	8.20	9.00	8.60
内饰工艺（10）	8.20	9.20	7.80
安全性能（40）	31.45	35.45	34.88
电子辅助设备（10）	7.80	9.00	8.60
安全气囊（10）	8.20	8.80	8.60
制动性能（10）	7.80	8.60	8.60
防盗装置（5）	3.80	4.40	4.40
其他主被动安全（5）	3.85	4.65	4.28
品牌（10）	7.20	9.00	9.50
外观设计（10）	9.20	9.10	8.00
总分（200）	150.95	173.05	162.78
新车零售价/万元	14.98	15.66	19.88
性价比	10.08	11.05	8.19
优点	外观设计较好，价格相对较低	动力很好，燃油经济性高	内饰较好，空间较大
缺点	胎噪较大，油耗偏高	行李箱空间较小	胎噪较大，价格较高

资料来源：作者根据汽车之家提供的基本参数和口碑评分综合打分测算

2）技术轨道跃迁

根据我们的分析，国际上混合动力汽车技术在 2007 年已总体上成熟，而比亚迪在 2005 年才开始涉足和布局新能源领域，2008 年开发出第一款具有自主知识产权搭载双模多引擎的混合动力汽车 F3DM，并在 DM 技术积累基础上不断进行改良和优化升级，向着混合动力技术的先进水平和前沿技术迈进。此外，比亚迪在积极开展混合动力技术研发和创新的同时，也积极布局纯电动汽车领域，其自主研发的首款纯电动四驱轿车 E6，因融合了 SUV 和 MPV 的唯美外观设计理念和特点，以及最高时速 160 千米以上、续驶里程可超过 300 千米、耗电量仅为百千米 20 多度电（相当于节省燃油车能耗成本的 70%）等卓越的性能而赢得了市场的称赞，这也充分体现了比亚迪在纯电动汽车技术领域的先进技术水平。2011 年个人版 E6 在深圳上市获得国家新能源汽车补贴 6 万元和深圳补贴 6 万元的巨大政策优惠，这大大提升了其性价比。比亚迪的这些技术创新成果和产品表明，在国际上混合动力汽车技术趋于成熟的条件下，比亚迪不仅实现了沿着混合动力汽车技术轨道的顺轨跃迁，还成功实现了进入电动汽车领域的跨轨技术跃迁。

3）获得的高强度支持

战略性新兴产业的技术创新根植于国际科技发展前沿，并在未来具有广阔的技术提升空间和市场大规模突破的可能性，但因其不确定性大、风险高等特性，需要各类机构投入大量的人力、物力、财力才能将其扶植起来。在国际上混合动力汽车技术趋于成熟的条件下，比亚迪凭借其"技术为王、创新为本"的企业技术创新精神和多年在电池领域的技术积累，不断加大在作为战略性新兴产业支撑的新能源汽车领域的研发投入力度，着实取得了很多骄人的成果。但是，通过分析比亚迪的创新过程不难发现，比亚迪在新能源汽车领域取得的这些成功，除了自身高强度投入之外，重要的还有来自政府、高校、金融、国外和中介等部门的高强度支持和协同合作创新，即构建了包括企业（比亚迪）、政府、高校、金融、中介、国外六部门的协同创新体系，对其成功起到了重要作用，各部门在不同时期担任的角色和发挥的作用（图 5-32）如下。

（1）企业。比亚迪成立以来，始终坚持着"技术为王、创新为本"的创新发展理念，形成了以技术创新为主包括生产流程、管理及营销创新在内的全方位创新系统，其不懈的创新使其在较短的时间内由一个成立之初的小企业发展到现在拥有世界先进技术和管理水平的大型跨国企业。通过分析发现，比亚迪主要采取了以下几种创新策略。

一是基于低成本战略的分解创新策略。比亚迪凭借拥有的大量高素质低成本劳动力优势对其生产流程进行再造，把发达国家全自动化的生产线分解为一系列的工序和工位，探索采用人工替代机器的人工＋夹具办法实现低成本创新战略。

二是基于垂直整合战略的集成创新策略。比亚迪通过将各个事业部进行垂直整合的战略，使得汽车总成所需的 70％的配件及专用仪器设备实现了自主设计、自主研发和自主生产，除了最大限度地利用资源和大大降低市场交易成本之外，也有利于其通过多种技术的集成创新实现产品的优化组合和性价比大幅度提高。

三是基于逆向创新的破坏创新策略。比亚迪以逆向创新思维为指导，通过对丰田花冠等中高端汽车的拆解和研究及对中国汽车市场细分的准确分析，采取了精准的营销策略，开发出了性价比很高的中低端产品 F3，对固有的低端市场结构造成了破坏性的冲击，大大提升了其品牌知名度和影响力。

四是基于模仿创新的自主创新策略。比亚迪从最初模仿日本的锂电池生产工艺、模仿富士康筹建自己的手机代工生产线，到进入汽车领域后，F3 模仿丰

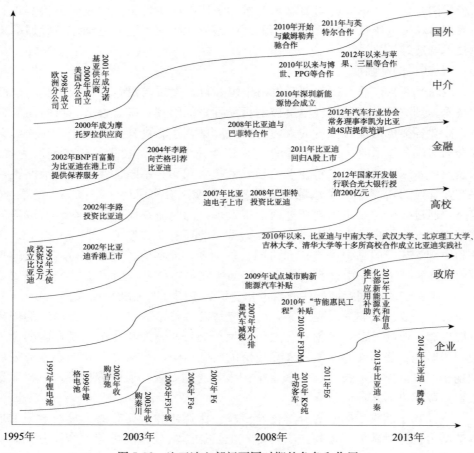

图 5-32　比亚迪六部门不同时期的角色和作用

田花冠、F0 模仿丰田 AYGO、F6 模仿丰田凯美瑞等，一直给人以模仿的姿态印象。但是，比亚迪的模仿不只是单一的和永久的模仿，而是为了得到开发平台和超越，为了研发出比模仿的产品更优秀的产品。正是基于这样的创新思维，比亚迪在模仿创新的过程中非常注重自身技术的积累和创新，通过引进、消化、吸收、再创新和集成创新等方式储备丰厚的技术实力，并在高铁电池、电机电控等方面掌握了国内乃至国际上先进的自主核心技术。

（2）政府。我国政府给予节能和新能源汽车产业一系列政策引导和扶持，2001 年国家启动了国家 "863" 电动车专项计划，建立 "三纵" "三横" 的布局。2010 年将新能源汽车产业列为七大战略性新兴产业之一，并相继出台了关于节能环保优惠补贴和推广示范运营等一系列金融财税和产业扶持政策，单在 2014年国家就密集出台了十多项新能源汽车政策，这些政策对推动我国新能源汽车产业快速发展和加快产业化步伐起到了重要作用。比亚迪作为我国新能源汽车的主要代表,其 F3DM、E6、比亚迪·秦、纯电动汽车腾势等都不同程度地享受了来自中央或地方政府一系列政策补贴和扶持,如纯电动汽车 E6 获得最高达 12 万元的补贴,纯电动汽车腾势在上海和北京等地的上市也获得 9 万～12 万元不同额度的补贴。另外,政府还通过大力推行制度创新、机制创新、产学研协同创新等措施努力营造战略性新兴产业发展的良好创新生态环境,这些来自政府的政策补贴和创新环境构建是比亚迪等新能源汽车企业持续开展创新的助推器。

(3)高校。高校为企业的创新发展培养和输送了大量的创新人才,比亚迪每年都通过校园招聘等形式招聘大量的工程研发、运营管理等高素质的创新人才作为公司的技术研发和管理创新的人才储备。另外,比亚迪还非常注重加强校企合作,从 2010 年开始,通过筹建"比亚迪营销实践社"的形式,在全国范围内筛选如中南大学、清华大学、北京理工大学等重点高校加强校企合作。其中,在 2013 年,比亚迪与北京理工大学机械与车辆学院联合成功研制出的线控自动驾驶实验汽车,为无人驾驶汽车技术提供了一个非常方便的研究测试平台,这证明了校企合作在其创新中的重要作用。

(4)金融。比亚迪筹建之初,掌门人王传福从其表哥吕向阳那里获得 250 万元天使投资成立了比亚迪股份有限公司。2002 年 7 月 31 日,比亚迪在香港联交所主板发行上市,募集资金 16.5 亿港元。2008 年,美国著名投资者"股神"沃伦·巴菲特通过旗下中美能源控股公司,以每股 8 港元的价格认购比亚迪 2.25 亿股股份,注资约 18 亿港元。2011 年 6 月 30 日,比亚迪股份有限公司在深圳证券交易所上市发行,募集资金 14.2 亿元。2012 年国家开发银行联合光大银行授信 200 亿元,以支持其新能源汽车销售。这些来自金融投资机构和资本市场的资金为比亚迪开展创新业务和实现创新发展提供了强大的资本支持和后盾。

(5)国外。比亚迪从成立之初就非常注重以国际化的视野开拓国际市场,早在 1998 年便成立欧洲分公司,1999 年开始设立中国香港分公司和美国分公司,此后又在日本和韩国设立办事处,国际化布局越发明显。比亚迪还积极与新加坡地铁有限公司(SMRT)合作,为其提供环境可持续发展的绿色交通解决方案。但是,比亚迪的国际合作创新远不止于此,与传统的"市场换技术"中外合资企业模式不同,比亚迪与戴姆勒奔驰的合作堪称比亚迪国际化合作创新的典范,这是中外企业本着品牌和技术平等的合作。从技术上看,比亚迪主要提供其具有优势的电池电机电控等核心技术,而奔驰主要提供其优越的外观、整车性能及安全等方面的理念和技术,双方将共同创立及拥有一个新品牌,且品牌注册在中国。双方合作的首款纯电动汽车品牌腾势电动汽车于 2014 年 9 月 26 日在上海率先正式上市,这标志着比亚迪国际化合作创新的巨大成功。

（6）中介。BNP 百富勤和瑞银证券分别为比亚迪在香港和 A 股上市融资提供了保荐服务。积极参与汽车行业协会举办的一些诸如技术交流大会等行业合作活动，还不定期邀请行业协会精英为其员工提供汽车培训。华裔基金投资人李路曾向巴菲特推介比亚迪，促成巴菲特对比亚迪投资，而巴菲特作为国际知名战略投资者投资比亚迪本身就是对比亚迪价值的肯定，向外界起到很好的信息传递和品牌推介作用。

本节以我国新能源汽车企业的代表——比亚迪公司为例，从企业层面分析了技术趋于成熟条件下新能源汽车企业的六部门协同创新体系构建。首先对比亚迪公司的基本情况和发展历程进行了回顾；然后对比亚迪在混合动力技术领域的技术创新、高性价比的产品及技术轨道的跃迁进行了阐述；最后从企业、政府、高校、金融、国外、中介等部门对比亚迪企业在技术趋于成熟条件下采取的六部门协同创新策略进行了分析和研究。

第七节　河南新能源汽车产业发展现状与策略

汽车产业作为促进河南省经济发展的支柱产业之一，近几十年保持了较快的增长速度，并且在今后较长一段时期，汽车的需求量仍将继续增长。但是由此带来的环境污染和能源紧张问题将更加突出。加快培育和发展新能源汽车成为解决该问题的关键，既能够有效缓解河南省的环境和能源压力，也可以推动汽车产业可持续发展，加快汽车产业转型升级。本节在充分整理《宇通客车年度报告》内容的基础上，提出河南新能源汽车产业发展策略。

一、现状分析

河南省将新能源汽车产业作为战略性新兴产业之一，不仅是为了响应国家的号召，更是为了还人们一片蓝天。省会郑州市现有新能源汽车相关生产企业近 20 家（郑政，2013）。郑州宇通客车股份有限公司（简称宇通公司）和河南少林汽车股份有限公司主要生产混合动力客车、纯电动客车，目前已经在新能源客车整车控制、系统集成等核心技术上取得重大突破，其中，宇通公司的插电式混合动力客车技术居国内外领先水平；郑州日产汽车有限公司主要生产纯电动多功能乘用车、纯电动工程车，目前已掌握电动汽车控制系统关键技术和整车集成技术；海马轿车有限公司主要生产纯电动轿车，目前已掌握整车安全设计、整车动力系统匹配、整车控制系统（VCU）开发等关键技术；河南龙瑞新能源汽车有限公司、河南森源鸿马电动汽车有限公司等企业主要从事低速电动轿车或场地用车的研发和生产；中航电动汽车（郑州）有限公司主要从事动力总成关键技术专用电机和驱动控制器的研发，其永磁同步电机技术已达到国内先进水平；河南千熙新能源科技有限公司以改装生产换电式纯电动轿车为主，在电动汽车充换电成套设备、电池成组及维护技术等方面成效显著。电动汽车在河南电力公司组织的充电、放电测试实验中顺利通过，河南省电力公司在郑东新区已建成大型充电站，既有快速充电设施也有慢充设施。郑飞公司在推出电动轿车的同时在郑飞小区建成了 40 多个汽车充电桩，个人购买者可刷卡充电。到 2015 年，规划建设 150 座充电站，到 2020 年拟建 348 座充电站，电动汽车可以达到出行无忧。

2013 年，财政部、科学技术部、工业和信息化部、国家发展和改革委员会组织专家对各地申报的新能源汽车推广应用方案进行了审核评估，确认 28 个城市为第一批新能源汽车推广应用城市，其中郑州市和新乡市列于名单上。

河南十分重视新能源汽车产业的发展和示范推广工作，省、市政府相继出台了《河南省人民政府关于加快电动汽车产业发展的意见》《郑州市人民政府关于支持电动汽车产业发展的意见》《郑州市人民政府关于印发郑州市电动汽车示范运营方案的通知》《郑州市人民政府关于印发郑州市汽车产业发展专项规划的通知》《郑州市节能与新能源汽车示范推广试点实施方案》《郑州市新能源汽车示范带动和产业发展行动计划（2013—2015 年)》《新乡市新能源汽车推广应用实施方案》《新乡市人民政府关于加快新能源汽车推广应用的意见》等文件，从政策层面保障新能源汽车的示范推广工作顺利开展。

2011 年《郑州市人民政府关于支持新能源汽车产业发展的意见》出台，提出一系列补贴政策。由郑州市工业和信息化委员会牵头，每年组织汽车企业实施一批新能源汽车重大技术攻关和产业化项目，由郑州市财政部门按照企业项目投入的 10% 给予补贴。鼓励企业研发新车型进入国家节能与新能源汽车示范推广应用工程，对于被列入工业和信息化部《节能与新能源汽车示范推广应用工程推荐车型目录》的新能源车型，市政府给予一次性奖励 10 万元。对于被列入国家节能与新能源汽车重点项目的，市政府按照国家补助标准给予 1：1 配套支持，支持新能源汽车企业做大做强。对于新能源整车生产企业，各类新能源汽车年产销量首次突破 1000 辆、5000 辆、10 000 辆的，分别给予 30 万元、60 万元、100 万元的一次性奖励，用于支持新能源汽车产业的研发。鼓励单位、个人购置新能源汽车，市政府按国家补贴标准给予 1∶1 配套补贴。鼓励社会力量参与配套设施建设，对于经验收合格的充（换）电设施，按设备投资额的 5％ 给予投资者一次性补贴，最高补贴金额不超过 300 万元。

2013 年郑州市发布了《郑州市新能源汽车示范带动和产业发展行动计划（2013—2015 年）》，指出四项工作重点：加大示范运营推广力度和推广的领域与范围；着力突破关键核心技术；做大产业规模；加快配套设施建设。设定的发展目标是，到 2015 年，市内公交当年新增、更新车辆全部采用新能源客车，其中，纯电动客车占 20％ 以上；新能源客车占城际公交当年新增、更新车辆的50％ 以上，力争全市纯电动出租车运营车辆达到 750 辆。2015 年的第一个季度已经完结，要达到目的需要加快推广应用的脚步。

二、宇通客车新能源汽车的开发

郑州宇通客车股份有限公司是带动河南省经济发展的领先企业，也是中国客车行业的一面旗帜。该公司谋求企业发展、技术创新，并着力研发和应用新能源客车技术，节能减排，为整个客车行业指引方向，宇通公司新能源汽车的发展历程在一定程度上代表着整个河南省新能源汽车产业的发展。

技术创新是宇通公司前进的不竭动力，1999 年宇通公司生产出行业首款纯电动车，率先建成最先进的整车电泳生产线、国家级客车试验中心。2012年，公司投资 22 亿元建设的 1 万辆节能与新能源客车生产基地建成。近两年，支持新能源汽车产业发展的政策大量出台，国家对新能源客车的补贴升级，这将进一步刺激新能源客车的采购。2013 年，新能源客车市场快速增长，公司累计销售新能源客车 3897 台，较 2012 年增长 117.59％。2014 年，在客车行业不景气的环境下，宇通公司在纯电动客车方面取得突破性进展，"国家电动客车电控与安全工程技术研究中心"成功入户，纯电动客车销量超过 1400台，公司 2014 年度大中型客车国内销量同比增长 4.6％，其中新能源客车销量同比增长 90.02％。

2015 年，"河南省新能源客车技术重点实验室"——宇通省级重点实验室顺利通过验收。"河南省新能源客车技术重点实验室"值得关注的是纯电动客车技术、插电式混合动力客车技术、替代燃料客车技术、新能源客车测试评价技术等。该实验室形成自主知识产权的新能源客车开发技术，已超越国际新能源客车的先进水平，建设期内累计销量达 6292 辆，销售额超过 50 亿元。

近五年内，宇通公司通过募集资金来建设节能与新能源客车生产基地，该项目募集资金 2012 年度投入金额达到 156 063.05 元，2013 年度投入金额达到

40 357.08 元，2014 年度投入金额达到 135 177 798.80 元，可以看出 2014 年对节能与新能源客车生产基地项目的投入巨幅增加，该项目基本完成，并达到了预期收益。

公司的在建项目能够在一定程度上反映公司的发展方向。通过查阅宇通公司年报，发现有关新能源汽车的在建项目个数不断增加；有关新能源汽车的在建项目年末账面余额占公司所有在建项目年末账面余额总和的比例，在 2012 年和 2013 年都超过了 50%，2014 年的占比下降但额度依然很高，而 2011 年则只占 5.10%。从这些比例可以看出，2012 年至今公司都侧重建设新能源类项目。这些都能反映公司的发展战略，即抓住新能源客车的发展机会，做好新能源客车的技术研发和推广工作，引领新能源客车发展，为国家的环境改善工作和产业转型升级做出贡献。宇通公司新能源类在建项目的具体情况如表 5-26 所示。

表 5-26　新能源类在建项目

年份	新能源类在建项目个数	项目名称	年末账面余额/元	占比/%
2011	1	新能源项目	15 338 724.08	5.10
2012	2	新能源项目 新能源技术改造项目	52 231 850.32 19 053 087.78	56.57
2013	3	新能源项目 新能源技术改造项目 新能源基地销售中心与研发中心项目	138 037 569.52 148 478 941.58 15 488 928.20	68.00
2014	3	新能源项目 新能源技术改造项目 新能源基地销售中心与研发中心项目	30 167 625.18 30 988 877.12 251 960 350.51	32.76

注：占比是指单个在建项目的年末账面余额占公司所有在建项目的年末账面余额总和的比例
资料来源：作者在阅读宇通公司年报的基础上自行整理

新能源汽车的发展离不开政府政策的推动。2013 年 9 月，国家发布的《关于继续开展新能源汽车推广应用工作的通知》确定了 2013~2015 年新能源汽车推广的补贴标准，继续对新能源汽车销售给予补贴。河南省政府也持续在财政上支持宇通公司新能源客车的研发和生产。通过统计 2010~2014 年涉及政府补助的新能源类项目，发现这类项目的个数不断增加，新能源类项目期末账面余额占比在 2013 年和 2014 年高达 50% 左右，而政府对产业发展的激励作用是不可缺少的。宇通公司涉及政府补助的新能源类项目情况如表 5-27 所示。

表 5-27　涉及政府补助的新能源类项目

年份	项目个数	项目名称	期末账面余额/元	占比/%
2010	3	低地板混合动力城市客车研发专项款	1 200 000.00	21.22
		混合动力城市客车研发及产业化项目	20 450 000.00	
		新能源城市客车研发及产业化（电动汽车）	10 100 000.00	
2011	3	低地板混合动力城市客车研发专项款	1 200 000.00	24.73
		混合动力城市客车研发及产业化项目	9 299 999.96	
		节能与新能源客车项目	33 200 000.00	
2012	4	混合动力城市客车研发及产业化项目	7 749 999.92	29.37
		节能与新能源客车项目	24 453 771.43	
		节能与新能源研发项目（纯电动）		
		新能源技术及示范运营项目	28 119 000.00	
2013	7	混合动力城市客车研发及产业化项目	6 199 999.88	53.86
		节能与新能源客车项目	82 211 476.29	
		新能源技术及示范运营项目	35 441 332.55	
		纯电驱动客车关键技术开发及产业化	18 000 000.00	
		插电式混合动力校车研究开发及示范应用	1 700 000.00	
		增程/插电式重型商用车驱动	308 300.00	
		新能源汽车产业技术创新工程整车项目奖励		
2014	6	混合动力城市客车研发及产业化项目	4 649 999.80	48.63
		节能与新能源客车项目	71 135 847.81	
		新能源技术及示范运营项目	31 234 922.42	
		纯电驱动客车关键技术开发及产业化	18 000 000.00	
		插电式混合动力校车研究开发及示范应用	2 279 179.68	
		纯电动商务车研发及示范项目	12 000 000.00	

注：占比是指单个在建项目的年末账面余额占公司所有在建项目的年末账面余额总和的比例

资料来源：作者在阅读宇通公司年报的基础上自行整理

　　表 5-25 和表 5-26 从在建项目和涉及政府补贴的项目两个方面反映出当前是新能源汽车产业发展的兴盛阶段，是最关键的一环，需要好好把握这个发展阶段，充分发挥政府的先锋领导作用，积极引导消费者的消费理念，不断推动企业加大产品研发力度、提高技术水平、满足消费者需求，合力将河南省的新能源汽车产业发展壮大。

三、河南省新能源汽车产业发展的技术战略选择及对策

　　由于不同技术领域的技术成熟度不同，技术轨道演化所处的阶段也就不同，因此这就要求在不同技术成熟度条件下相应采取的技术战略选择也应不同。通过前面部分对世界上混合动力汽车、纯电动汽车和燃料电池汽车三大类新能源汽车的技术成熟度测算、分析和对测算结果的验证，我们对世界上三大类主要的新能源汽车技术轨道的整体技术成熟度和发展阶段有所认识和把握，这为本节在当前世界特别是中国新能源汽车产业整体技术成熟度状况这一背景下，结

合河南省新能源汽车发展的现状和要求，提出适合河南省新能源汽车产业发展的有针对性的技术战略选择及对策，奠定了坚实的理论基础和依据。

另外，从当前新能源汽车发展的形势和能源及环境要求看，新能源汽车逐步代替传统内燃机汽车而成为汽车消费市场的主流是一个迟早的过程。而从新能源汽车各技术轨道来看，混合动力汽车虽也有较多的优点，但其最大的不足就是高速行驶并不节省燃油消耗，环保性并不显著，这就违背了发展新能源汽车的初衷，也注定其不可能成为未来汽车技术发展的长期范式，而只能作为一个过渡。随着纯电动汽车各项技术的不断创新和成熟，纯电动汽车因其优越的性能和环保特性必将逐步替代传统燃油汽车乃至混合动力汽车，而成为今后重点发展的新能源汽车主流技术轨道，且存在着技术轨道跃迁的机会窗口。燃料电池汽车技术因其技术积累薄弱且制氢、存氢等技术瓶颈制约较大而短期难以取得较大突破，各国尚未有太大差距。鉴于以上分析，本章从世界上新能源汽车产业各技术轨道的整体技术成熟度状况和我国新能源汽车产业发展的现状出发，分别从不同的技术轨道提出适合河南省新能源汽车产业发展的技术战略选择，并结合政府在支持产业发展中发挥的重要主导作用，提出新能源汽车发展的具体对策。

1. 混合动力汽车应采取技术改进战略

根据本章对混合动力汽车技术成熟度的分析，混合动力汽车的技术成熟度在 2007 年已基本成熟，亦即混合动力汽车技术领域已经出现一些主导设计或产业技术标准，形成了既定的技术轨道，难以短期内取得较大技术突破以改变原有路径。为此，河南省的新能源汽车企业应改变"重引进，轻改造和吸收创新"的传统做法，可以选择在既定的技术路径上，通过技术改进对现有技术进行适当的革新，以谋求后来居上，抢占产业主导地位的机会，且不至于花费巨大成本却突破无果而导致损失惨重。

2. 纯电动汽车应采取技术超越战略

根据本章对纯电动汽车技术成熟度的分析，世界上纯电动汽车的技术成熟度至今尚未成熟，且 2009 年以来新的技术突破不断涌现，这说明在纯电动汽车技术领域还未形成通用的主导设计或产业技术标准，主流技术轨道尚未形成，这样就可以通过加大在重大关键或共性技术领域的投入和研发力度实现技术突破，以掌握产业技术标准，主导技术轨道形成。另外，一方面河南省在纯电动汽车领域具有较好的技术积累，以宇通等为代表的我国新能源汽车企业近几年来在纯电动汽车技术领域取得较大进展，具备技术跨越和赶超的可能性；另一方面纯电动汽车作为未来代替混合动力汽车的主要新能源汽车技术轨道，更应该引起企业和政府的高度重视，给予重点支持和发展。

为此，新能源汽车企业可以采取技术跨越和赶超战略，在现有纯电动汽车技术积累的基础上，加大在电池、电机、电控等纯电动汽车关键技术领域的投入力度，整合各种技术创新资源，积极构建良好的企业、政府、高校、金融、中介、国外等多部门协同创新体系，力求搭建定位高端和运行高效的国际化新能源汽车产业技术创新联盟，集中精力攻克技术难关，积极谋求新的技术突破，实现技术跨越和赶超，以在纯电动汽车技术轨道形成过程中占据主导地位，发挥主导作用，主导新轨道的方向和主要标准制定。

3. 燃料电池汽车应采取技术先行战略

根据本章对燃料电池汽车技术成熟度的分析，世界上燃料电池汽车的技术成熟度至今尚未成熟，且 2009 年以来新的技术突破不断涌现，这同样说明在燃料电池汽车技术领域主导设计或产业技术标准还未出现，技术轨道尚未形成，存在着取得关键技术突破和占据主导地位的机会窗口。在燃料电池汽车技术领域，虽然河南省甚至整个国家的技术积累并不丰厚，但总体上来看，世界上燃料电池汽车技术整体差距并不是很大。因此，河南省新能源汽车企业可以采取技术先行战略，通过提升自主创新能力，加大在燃料电池汽车技术领域的投入力度和研发力度，加强技术管理和预测，积极探索并力争引领燃料电池汽车技术的新方向。此外，河南省的新能源汽车企业还可以通过加强与欧美等发达国家的新能源汽车企业和组织在燃料电池汽车技术领域的合作，谋求在这一领域的技术轨道形成过程中，共同主导标准制定和轨道方向。

4. 充分发挥政府的主导推动作用

在我国公有制为主体的特殊国情背景下，政府掌握着大量公共资源的配置权，通过宏观调控、政策扶持、财税优惠等直接或间接的手段在推动产业发展中发挥着独特而重要的作用。任何产业的良好发展都离不开政府的有效引导和大力支持。因此，新能源汽车产业作为我国提出的战略性新兴产业，其快速发展更是离不开政府的大力支持和积极推动。河南省及郑州市人民政府也从政策层面上积极促进新能源汽车的推广。具体来说，政府应从以下几个方面推动河南省新能源汽车产业的发展。

（1）确立错位竞争、各具特色的发展思路。既要抢抓机遇、不等不靠，又要理性分析、不能盲从。政府在支持新能源汽车产业发展时，应坚持"有所为有所不为"的原则，坚持错位竞争的发展思路，在深入分析国内外各新能源汽车发展现状的基础上，结合自身具体情况、实力和优势等特点，有选择性地加以支持和发展，避免盲目投资和同质化发展，力争形成各具特色和优势的新能源汽车重点企业或产业集群。

（2）加大科研扶持力度，重点突破关键共性技术。围绕整车技术、动力电池技术、充换电技术、电机电控技术等新能源汽车的关键共性技术，在确立企业为主体的创新体系中，充分发挥政府的支持、引导和协调作用，整合龙头企业、高校、科研院所、金融部门、交通管理、电力系统和全行业科技资源，积极搭建高层次的新能源汽车技术创新联盟，促进政产学研用协同创新，努力攻克技术难关，突破关键技术制约瓶颈。同时，加大税收扶持力度，对符合条件的新能源汽车及关键零部件企业，全面落实研发费用加计扣除政策，调动企业研发投入积极性。

（3）扩大示范运营，加速产业化进程。一方面，建议在现有的郑州和新乡两个新能源汽车试点城市基础上，积极争取河南省更多的城市入围国家示范运营试点城市，并通过政府采购等形式加大公共机构购置新能源汽车的力度。各级政府及公共机构在采购车辆时，应优先考虑新能源汽车品种，逐步扩大采购规模和比例。同时，要打破各地新能源汽车市场的市场分割和人为壁垒，改进准入制度和管理模式，构建统一的新能源汽车公共机构采购市场。另一方面，要认真落实河南省关于个人购买新能源汽车的优惠补贴政策，提高补贴力度，促使财政补贴及时到位。同时，可在具备条件的地区，鼓励企业尝试推广"以租代买、分时租赁及以租促用"等新兴的商业模式，支持开发立体停车库和自动充电技术破解停车难、充电难等难题，以鼓励和提高个人购买新能源汽车的积极性，从而引导和加速新能源汽车的产业化进程。

第八节　本章小结

新能源汽车产业作为当前各国重点推进和发展的战略性新兴产业之一，是缓解能源资源危机、大气环境污染和交通道路拥堵的重要举措，也是我国经济进入新常态下推进创新驱动转型升级和经济发展向中高阶段迈进的必然要求。然而，新能源汽车的技术创新和产业化推广受其技术成熟度、市场成熟度、创新能力的制约，新能源汽车的技术创新水平和创新能力的提升主要取决于多部门协同创新的程度。因此，本章基于技术成熟度理论、协同创新理论、六部门结构及相互关系理论等理论，通过对混合动力汽车和纯电动汽车的技术成熟度进行测算和分析，进而研究了新能源汽车产业的企业、政府、高校（及科研院所）、金融、中介、国外六部门协同创新战略和策略。通过本章的研究，主要得出以下几点结论。

（1）通过对混合动力汽车和纯电动汽车的技术成熟度的测算和分析发现，

世界上混合动力汽车技术整体上在 2004 年基本上达到了成熟，但在 2007 年之后由于科学研究上出现的新趋势，各项指标曲线相继出现一定程度的下滑。而世界上纯电动汽车技术至今尚未成熟，发展空间很大，国际竞争的加剧，很多新的科学和技术研究成果相继开始涌现。

（2）在当前混合动力汽车技术基本成熟，纯电动汽车技术发展势头良好的条件下，从新能源汽车企业层面来讲，应该充分发挥积极能动性，加强与政府、高校（科研院所）、金融、中介、国外等部门的合作，努力构建有利于新能源汽车技术创新的六部门协同创新体系，以提升自身的技术创新能力。

（3）在当前混合动力汽车技术基本成熟，纯电动汽车技术发展势头良好的条件下，从我国新能源汽车产业创新发展层面，应该积极推行国际化六部门协同创新战略，着力构建新能源汽车产业协同创新的新生态，同时还要积极搭建国际化的新能源汽车产业技术创新联盟，以加快提升我国新能源产业技术创新能力和整体竞争力。

（4）利用投入产出分析方法，可以定量测算出某个技术领域在技术网络中的感应力、影响力，并可以利用感应力的大小识别核心技术，因为该种技术是在感知了大量的其他技术基础上而研究开发出来的；也可以利用影响力的大小识别前沿技术；中介中心性高的技术则属于关键技术；而所谓热点技术，即在专利网络中以 APL 值计算的"度中心性"高的技术。有些技术既有可能是关键技术、核心技术，又有可能是前沿技术，或许同时也是热点技术。

通过运用投入产出分析方法，测算混合动力汽车各主要技术领域感应力系数与影响力系数，表明在混合动力汽车发展的最初 10 年，其前沿技术与核心技术是电池技术，接下来 10 年左右的时间是系统布置和安装（电机技术），而现阶段的发展重点是控制技术。即混合动力汽车的前沿技术发展方向为电池技术→系统布置和安装（电机技术）→控制技术。电池技术的影响力和感应力在近 15 年都呈现稳定的递增趋势，这说明电池技术在现阶段仍然有较大创新机会。混合动力汽车的运行需要高效的具备充放电性能的牵引电池，作为混合动力汽车的核心子系统，其性能的提升将极大促进混合动力汽车的发展。因此电池技术在未来将会得到重点发展。

（5）可以利用投入产出的 APL 模型方法识别多个技术领域之间构成的核心技术链。各技术领域自身对自身的直接影响力最强，其次为同一类领域（如电池技术类的各技术领域）之间的影响也普遍较强。而按照 APL 小于某一阈值，则得到直接影响力较强的若干技术领域之间的"近距离"关联路线图（直接影响路径）：核心技术链。

（6）运用前向专利引用流量系数矩阵和后向专利引用流量系数矩阵可以测算扩散效应和吸收效应，它们分别从流出与流入角度反映了专利研发活动的技术间效应，通过对比这两个指标可以发现各技术领域专利研发活动的外部效应的特点。

（7）分布函数研究通常只有一个时间变量作为自变量，如技术生命周期研究。但是产业链创新产出并不是由单个维度因素决定的，创新产出是由多重因素决定的。因此，有必要把以往的知识生产函数与分布函数结合起来分析创新轨道。而基于时间-空间-属性（结构等属性）分析框架，可以构造一种小波函数与威布尔分布函数相结合的时空型的知识生产函数。

（8）动态创新能力是研发出颠覆性技术的能力。当技术环境和市场环境正在发生转折性变化时，在具备相当的创新能力和技术基础的条件下，应迅速转变创新方向，进入新的创新轨道。通常产业专利数量的变化呈现出 M 形趋势（通常有多次突破），而这些专利的被引数量的变化呈现出 Λ 形趋势；专利引用率（即专利被引量除以专利量）在一定程度上反映某项技术的突破性创新程度。颠覆性技术的专利引用率呈 L 形的变化趋势，并在某个阶段显著高于被颠覆的技术。颠覆性技术在早期技术突破时往往出现高引用率。

（9）关于技术机会识别。新的技术机会往往出现在前沿技术领域、核心技术领域或热点技术领域；在技术尚未成熟的早期也有大量新产品专利的机会，在技术接近成熟的后期尚有一定新工艺专利的机会；在核心技术链的薄弱环节、"空白部分"、"结构洞"等区域也存在着大量的技术机会；当某项技术已"横行"较长时间时，颠覆性技术就有可能出现；而通过时间-空间-属性分析而建立的专利生产函数、通过计算专利边际收益而测算出最优专利量或通过动态投入产出而预测专利量，也可以发现现有专利数量的不充足，因而发现新的专利技术机会。

J 系统理论对科学的大量案例研究表明，组成一个科学理论的概念通常可以划分为四个概念集，与此对应，组成一项技术体系的概念通常也可以划分为四个概念集。因而通过对科学概念集及其对应的技术的概念集的分析，也可以发现有些已出现在科学中并且也可以应用在技术体系中的概念，从而发现新的技术机会。

第六章 协同创新下的创新人才培养

第一节　协同创新下的创新人才培养研究的现状

随着科学技术的迅猛发展与自然资源的过度使用，科技在国民经济的可持续发展中扮演的角色越来越重要，创新已成为我国未来发展的主旋律，是我们必须长期坚持和贯彻的思想路线。为了大力提升高等学校的创新能力与高等教育的质量，教育部和财政部联合发布了《关于实施高等学校创新能力提升计划的意见》，该计划的提出不仅为我国高等学校今后的创新发展指明了前进的方向，而且将会成为提高我国自主创新能力，加速创新型国家建设的有力支撑。科技是第一生产力，但人才是关键，因此加强创新人才的引进与培养，在实践中改革、建立和完善具有中国特色的面向全球化的国家创新体系已迫在眉睫。

一、创新人才的界定

关于创新人才的定义，目前学术界依然存在争议，本章认为，创新人才是具有很强的创新意识及创新能力，并将或已经取得一定创新成果的人才。在本章的研究中，又进一步将创新人才的范围缩小，聚焦在科技型创新人才上面。科技是第一生产力，而通常情况下，社会生产力的进步与发展与创新人才的引进和培养又有着密切的关系（杜谦和宋卫国，2004），因此，研究一个国家的创新人才从本质上讲就是研究一个国家的科技型创新人才的引进和培养。

根据联合国教育、科学及文化组织的定义，科技活动主要是指在科学技术领域内，与科技知识的产生、发展、传播和应用密切相关的有组织的系统活动，具体可以分为三类：R&D 活动、R&D 成果应用活动及科技服务活动。结合《中国科技人力资源发展研究报告》对科技活动人员的范畴界定，本章将科技创新人才定义为从事以下几个方面工作的人才：①R&D 活动；②R&D 成果应用；③科技教育与培训；④科技服务；⑤科技管理（中国科学技术协会调研宣传部，2008）。在后文中提到的创新人才，如果没有特殊说明，均指科技创新人才。

二、创新人才研究现状

国外学者在研究创新人才时大多从心理学角度出发。例如，在20世纪70年代，J. P. Guilford（1959）将创新人才的人格特点总结为八个方面并逐一阐述；德国大学在洪堡的"完人"与雅思贝尔的"全人"教育理念的影响下，着重培养学生的创造性与积极性，从而培养出全面发展的学术人才和高级专业人才（陈建成等，2009）。值得注意的是，创新人才的培养模式通常会随着知识这一创新基本要素的获得方式不同而有所不同。传统意义上的高等教育重在对学生进行知识灌输，这种途径只能使学生获得显性知识；而对于隐性知识，必须通过"干中学"的培养方式来进行获取和积累。因此，除了传统意义上的高等教育，国外很早就尝试通过校企合作式教育（即国内的产学研合作）对创新人才进行培养，其中德国的"双元制"教育与美国的产学研合作教育具有重要的借鉴意义。而对于校企合作式教育的培养效果而言，David Stern（1997）认为，这种模式下培养出来的学生比常规教育下培养出来的学生在就业方面具有更为显著的优势，并有更大的机会提高薪酬待遇和晋升空间。但P. E. Barton（1996）却指出，必须在一定的条件下才能保证合作教育能够培养出社会所需的人才，并进一步提出了两点措施：一是学生未来的工作应同所学专业相关，并且能够运用和巩固学生的知识；二是学校的导师与企业的负责人对学生进行联合指导，以提高创新成果转化率。而从人力资源开发管理的角度来看，Leonard和Nadler（1989）认为，人力资源开发是"在某一特定时期内，为了提高雇员行为绩效和促进个体成长，企业雇主所提供的有组织的学习活动"。根据R. Desimone等（2002）的研究，人力资源开发的主要工作应该是为职工提供一系列有针对性的、系统的职业活动，帮助他们学习新技能和提升工作能力，以便更加胜任当前或未来的工作。

我国同样越来越重视创新人才方面的研究，以下是几个具有代表性的研究学者及其观点。郑斌斌（2006）从财政学和金融学两个方面入手较为系统地研究及总结了人才开发政策工具。通过深入分析和借鉴国内外相关理论及文献，提出了能促进我国人才开发的财政与金融政策工具。陈松林（2007）从人和组织匹配的角度分析了人才引进中存在的问题，即基础工作薄弱、引进手段匮乏、职业规划不足，这使得个人和组织很难兼容。殷凤春（2009）在充分阐述我国企业自主创新人才开发的内涵与特征的基础之上，从内部和外部两个角度提出了自主创新人才开发的内部因素与外部环境，并进一步指出创新人才的开发需要抓住机遇，提高企业对人才的激励力度，通过提升企业人才的创新能力来不断满足社会发展对创新人才的需求。也有学者从人才聚集的角度来分析研究如何提升人才创新能力，牛冲槐等（2006）提出人才聚集效应的同时表明其八个子效应之间存在着某种潜在的联系：人才聚集的某些效应对创新效应存在一定的影响。芮雪琴等（2011）通过研究和探索科技型创新人才在创新网络中的聚集效应，发现这种效应在创新网络中主要体现在科技型人才的技能净增量与知识存量上。在产学研合作教育上，我国也在积极地进行探索，本章通过整理相关资料，将产学研合作教育同传统高校人才培养进行了对比，如表 6-1 所示。

表 6-1　传统高校人才培养模式与产学研人才培养模式的对比

比较项目	传统高校人才培养模式	产学研人才培养模式
培养特征	封闭式培养	开放式培养
培养内容	理论知识（显性知识）	理论＋实践（显性知识＋隐性知识）
参与主体	高校、学生	校企、学生
创新培养	知识创新	技术创新
模式优点	规模效应、高效	创新型、复合型
模式缺点	容易与实际脱离，缺乏创新	容易"一锤子买卖"，管理成本高

三、创新人才培养效果的评价

关于创新人才培养效果的评价，虽然在学术界有激烈的讨论，但目前依旧难以建立起一套完善的评价体系，而本章认为可以从人才所属的组织所拥有的知识规模和创新资源规模来间接反映。一般来说，组织内部的知识存量和创新资源越丰富，越有利于创新人才的培养，同时也越能反映出创新人才培养的效果。而知识存量可以用组织发表的论文数、专利的授予量来度量；创新资源规模则可以通过技术转让费用、高技术产业总产值等指标来衡量。另外，R&D 人员数量在一定程度上同样可以反映出组织内部创新人才引进和培养的效果，通常情况下，引进和培养效果越好，R&D 人员数量越多。

第二节　协同创新与复杂系统方法

一、协同创新

1. 协同创新研究综述

协同创新是产学研合作的"升级版"，是提高自主创新能力，建设创新型国家，培养创新人才的重要途径。协同概念最早是由德国物理学家 Haken 于 1971

年在系统论中提出的，20 世纪 80 年代后，协同思想逐渐被应用到创新系统理论中。协同创新指的就是在协同理论指导下所进行的各种创新活动，由于大量的创新主体在这个过程当中进行交互，同时各种流也在各节点间不断流动，所以协同创新涌现出了非线性与多样性的特点。W. M. Cohen 和 D. A. Levinthal（1989）所提出的吸收能力模型与 K. Pavitt（2003）所提出的非线性模型，帮助人们正确地认识到了科学研究和企业运作之间的交互关系；而 J. H. Dyer 和 H. Singh（1998）的研究表明，组织竞争力的提高可以通过增加创新主体的投入，加强双方合作意愿及提高资源共享率来实现；D. Harhoff（1999）在研究西德区域产业集群形成的过程中发现，在那些技术密集型行业当中大多数的企业都与大学或者科研院所保持着密切联系。另外，还有许多研究将重点放在了产学研的结合模式上，如 Y. Caloghirou 等（2001）调查研究了在 1983～1996 年来自 42 个国家的约 6000 家研究合作组织（RJVs），并发现大约有 67％的大学在 1996 年参与了这一组织；B. H. Hall 等（2001）发现，美国将近 60％的研究项目受到了校企联合先进技术项目（ATP）的资助。

国内学者对协同创新的研究主要集中在协同创新的本质内涵、影响因素、运行机制、效率评估等方面，比较有代表性的观点如下。陈劲和阳银娟（2012b）认为协同创新的前范式是协同制造和开放式创新，而协同创新是一种更加复杂的创新组织方式，并通过整合、互动两个维度研究和探索了协同创新的理论框架和内涵；陈元志（2012）从"战略—知识—组织"三个方面探讨了宝钢协同创新的内涵实质，认为协同创新分为组织内协同和组织间协同两种方式，而后者主要指产学研之间的协同；冉龙和陈晓玲（2012）以吉利汽车为案例，探讨了协同创新的运行机制和动态演变规律；邵云飞等（2012）则认为，以高校为核心的协同创新不同于以企业为核心的协同创新，它应是高校协同科研院所、国外科研机构、行业企业等创新主体，在地方政府及科技中介服务机构等的支持下形成的开放、稳定的组织系统；而对于在协同创新中遇到的问题，赵更申和雷巧玲（2006）发现组织迫切需要突破的瓶颈是寻找真正有利于自身未来发展的创新模式；柴国荣和宗胜亮（2010）通过构建以知识共享为目的的博弈模型，分析指出了企业与学研机构之间的知识共享程度与双方合作的周期长度、制度的严厉程度及协同系数成负相关，而创新联盟的征信体系、信用机制与协同效应则对组织内部知识流的流动与共享有重要影响。

2. 协同创新下创新人才培养的优势分析

不难发现，随着学研机构同企业合作的不断深入，创新人才的培养已经从高校延伸到了社会的其他领域，培养模式也从单一的封闭式教育向着多元化发展。作为产学研合作模式的"升级版"，协同创新合作模式在创新人才培养方面具有更为明显的优势，表 6-2 详细列出了两种模式的常见合作方式及优缺点对比。

表 6-2　产学研合作与协同创新合作对比

对比项目	合作方式	表现形式	优点	缺点
产学研合作	委托研究	企业向学研机构提出自己的技术需求，并承担研发经费和提供其他保障	权责分明	合作周期较短，缺乏有效交互
	技术转让	学研机构把创新成果或技术成果直接转让给企业，同时企业需要支付相应的费用	操作简单，权责分明	缺乏长期支持，知识共享不充分
	联合攻关	在统一项目的基础上，由各个合作方派出精英成员，共享资源并成立临时团队，共同完成研究课题	交互充分，有利于知识交流	缺乏稳定性
协同创新合作	内部一体化	学研机构成立自己的企业，利用自身科研资源来自行研制创新产品	充分发挥学研机构的知识优势及科研优势	缺乏商业化方面的知识和经验，不利于技术创新上的培养
	共建研发实体或科研基地	产学研双方共同建立某种研发实体或科研基地，学研方提供知识和技术，企业方提供资金和其他支持	各种知识及信息能在内部及时流通，知识增值效果显著	双方在利益取向上的不同会给合作及人才培养带来负面影响
	人才联合培养	学研机构与企业之间定期进行交流，双方存在着稳定的学习与合作机会	有效促进知识创新和技术创新的结合与转化，为创新人才的培养提供有利平台	合作具有临时性和非正式性等缺点

通过上述对比分析可以看出，与传统产学研合作相比，协同创新下的创新人才培养模式克服了缺乏稳定性和持续性的缺点，能够长期有效地为创新人才的培养提供必要的学习交流平台和成长环境，是一种促进知识创新与技术创新相结合的长效机制。

其实，学研机构和企业在进行合作之前还存在许多成本和风险，如搜索成本、合作成本及由不确定因素造成的随机成本。由信息经济学的相关理论可知，搜索成本随着搜索时间的增加而急剧上升，并且当资源分散时，搜索成本将提升更多。越是高成本的搜索，主体在寻求合作时希望得到的收益就越高以补偿搜索带来的损失，这样合作失败的风险就越大，容易形成恶性循环。另外，由于合作次数少，双方在文化接受程度、人员熟悉程度、知识共享程度上均存在不同步的情况，进一步提高了随机成本和风险，不利于创新人才的培养。但如果能够使双方协同创新，结成战略同盟并形成稳定的合作关系，上述成本和风险均会得到缓解。首先，战略同盟的缔结能够使双方在同时具有创新合作需求时优先考虑对方，从而在一定程度上减小了搜索其他合作伙伴的可能性；其次，随着协同创新的深入，双方在文化协同、人员协同和知识共享上均会达到甚至超越一般合作的协同水平，从而有效提高合作成功率，降低合作成本；最后，由于学研和企业双方默契程度的提高，大大减少了合作中的不确定因素，因此随机成本和风险也得到了降低，确保创新人才培养顺利进行。

综上所述，协同创新人才培养模式具有诸多优势，是一种潜力巨大的新兴人才培养途径。因此，协同创新下的创新人才培养具有非常大的研究价值，是我国实现"2011 计划"，提高自主创新能力的有力举措。

二、复杂适应系统

1. 复杂适应系统的基本概念

复杂适应系统（complex adaptive system，CAS）理论是由美国的约翰·霍兰（2000）于 1994 年正式提出的，其基本思想可以表述为：适应产生复杂性。该理论主要包括微观和宏观两个方面。在微观方面，主体在同其他主体或者环境的交互中通常会满足刺激—反应模型，他们可以根据环境对自身行为的反馈来改变自己的行为规则，从而体现出适应性；在宏观方面，由大量具有适应性的主体构成了一个极为复杂的系统，单个主体将在与其他主体或环境的相互作用中得到不同程度的发展，从而体现出宏观系统中的分化、涌现等复杂的演化过程。

作为对复杂适应系统的理论支撑和延伸，霍兰进一步提出了复杂适应系统的四个基本性质和三个机制。前者包括集聚（aggregation）、非线性（non-linearity）、流（flows）和多样性（diversity）；后者包括标志（tag）、内部模型（internal models）和积木（building blocks）。值得指出的是，内部模型和积木的提出让人们能够从新的角度来观察和认识事物：把较低层次的内容和规律作为内部模型"封装"成一个整体参与到较高层次的交互中去，从而把焦点放在这个积木与其他积木之间的交互和影响上，不再过多考虑内部细节。这种思想与计算机领域的模块化技术以及近年来作为软件设计、开发主流技术的"面向对象的方法"是完全一致的（方美琪和张树人，2011）。由此，可以通过上述特性和机制对复杂事物进行较为深入的理解和认识。

2. 复杂适应系统研究综述

目前，运用复杂适应系统理论来研究创新人才的文献数量非常有限，但应用于创新方面的文献数量还是非常可观的。Gregory A. Daneke（1998）通过研究非线性经济及美国创新系统的演化过程，运用非线性理论、自组织理论进一步完善了熊彼特的创新理论，并发现促进经济增长的关键要素之一就是技术创新，而且这一要素也将影响到其他社会要素。Lee Fleming 和 Olav Sorenson（2001）利用 N-K 模型和复杂适应系统理论研究了技术的发明流程，通过专利数据的实证研究得出了结论：个体间相互依赖程度的高低对技术发明的成功与否起到了决定性的作用。国内学者也在创新方面对复杂适应系统应用进行了尝试。任锦鸾和陆剑南（2003）在比较不同创新系统模型的基础上，根据复杂适应系统理论提出了复合三链螺旋创新系统网络模型，应用 Swarm 仿真平台对创新系统的运行过程进行了仿真分析，认为最理想的创新模式就是在政府的宏观调控和良好的创新环境下，各技术创新主体通过自组织进行相对自由的合作创新；刘建华（2008）利用复杂适应系统理论创造性地构建了区域研究开发投入强度模型，并提出了基于复杂适应系统思想的区域创新体系经济发展战略选择；马飞虹（2012）结合复杂适应系统理论、自组织理论和三螺旋创新理论，对官产学合作创新系统进行了较为深入的研究，提出了基于 Swarm 仿真平台的官产学合作创新系统的建模思路。

3. 复杂适应系统在本章研究中的适用性分析

一个事物能否运用复杂适应系统进行分析，取决于这个事物是否具有复杂适应系统的典型特性，如适应性、非线性等。协同创新下的创新人才培养是一个复杂系统，具有复杂适应系统的诸多特点，下面从主体的适应性和交互的非线性两个方面来具体阐述。

（1）主体的适应性。学研机构与企业在进行交互的过程中，创新人才作为一类特殊的主体，既是合作双方之间的"流"，又是需要同两者进行知识、技能等交互的独立主体。在这种持续不断的交互作用过程中，学研机构、企业与创新人才能够不断地学习和积累经验，并且根据学到的经验改变自身的结构和行为方式来适应环境变化：能随着社会创新需求增加而提升创新力的人才和组织得以发展，而不适应的则被淘汰，同时组织会引进新的人才作为替代和补充。另外，还有一类主体间接参与创新人才的引进和培养，他们会根据社会的需求变化不断影响着交互的进行，如政府和中介机构等。

（2）交互的非线性。复杂适应系统理论认为个体之间相互影响不是简单的、被动的、单向的因果关系，而是主动的"适应"关系。学研机构与企业在交互过程中，一方面基于历史经验，一方面结合社会需求变化，来培养或引进更加适应社会需求的创新人才；而创新人才既要参与学研机构在基础研究方面的培养，又要参与企业市场化方面的训练，还要不断与外界环境进行交互来获得更多知识和资源以进一步提升创新力。除此之外，政府、中介机构等组织还会通过政策的制定、平台的搭建等方式直接或间接地影响创新人才的引进和培养过程，形成一个错综复杂的关系网。正因为这样，上述过程才变得难以预测，复杂系统才会经历曲折的进化过程并表现出丰富的状态。

综上所述，协同创新下的创新人才培养是一类符合复杂适应系统特点的研究对象，可以运用该理论进行研究。

通过以上文献综述可见，虽然国内外学者在上述三个领域当中均取得了丰硕的研究成果，但很少有人将三者综合起来，运用复杂适应系统理论来研究协同创新下的创新人才培养问题。一方面，协同创新是一种新兴的合作模式，在创新人才培养上有着巨大的研究价值，有助于提高我国自主创新能力和建设国家创新体系；另一方面，协同创新又是一个复杂的过程，应用复杂适应系统理论能够更好地理解其内在规律，分析影响协同创新下创新人才培养的关键因素和优化方法。因此，本章将上述三者结合起来，尝试用一种新的思路和新的方法来研究创新人才的培养问题。

第三节　创新人才培养机制

一、复杂适应系统理论下的协同创新人才培养模式分析

基于前面的研究，本节需要更进一步地结合复杂适应系统理论分析学研机构与企业这两类创新主体在协同创新中的适应性，并建立协同创新下的创新人才培养机制，以便接下来更好地对协同创新下的创新人才培养进行建模分析。

1. 学研机构与企业的适应性分析

根据复杂适应系统的刺激—反应模型，主体在与其他主体或环境的交互中都会将探测器收集到的信息与自身的一系列 if/then 准则相匹配，并根据匹配度激发下一步行动。高校与科研机构这类学研组织在协同创新的过程中，会根据自身的发展状况产生创新需求，并在一定范围内进行搜索。在搜索合作企业的过程中，学研方会根据潜在合作伙伴的生产规模、硬件设备、研究能力等条件来比较判断是否进行合作，并选取最优企业作为最终的合作对象。对于同一家企业，随着合作次数的增加，双方之间的信任度也会增加；如果合作的次数达到一定程度，信任度大到足够使双方结盟，形成稳定的合作关系，也就是从产学研合作模式升级成为协同创新模式。不过由于双方利益的驱动，如果在形成协同创新合作关系后不能保证合作的成功率，那么也会对双方的信任度造成一定影响；当这种影响过大时，双方的这种合作关系就会破裂，重新回到产学研

合作关系这种"一锤子买卖"模式中。

与学研机构类似，企业在与其他主体或环境进行交互时同样也遵循着自身的一系列 if/then 准则，但不同的是，企业在寻找合作伙伴时更加注重的是对方的研发能力与知识水平。当企业的产品不能保证稳定的市场份额或竞争者的产品威胁到自身市场的时候，企业就会产生研发需求。如果企业有固定的学研机构作为合作伙伴，那么企业会优先选择跟它们进行合作；如果没有，那么企业将不得不进行搜索。另外，在合作当中，企业与学研机构所扮演的角色也不同：学研机构主要负责研发方面的事宜，而企业大多负责提供资金和其他支持，因此企业所承担的风险更大。一旦合作失败，企业的投资将会付诸东流；而如果企业的创新产品不能及时夺回市场占有率，那么将面临着被环境淘汰的危险。不过对于学研方，同样存在着一些不可控的随机成本，如研发过程中出现的偶然因素会造成研发成本的增加、研究人员的流失等。

2. 协同创新过程中的知识流与知识共享

通过上述分析可以发现，双方在进行协同创新的过程中，不可避免地存在着知识流的流动与知识共享，只有当知识积累到一定程度后，才能促使知识增值及创新的出现，为创新收益的增加做好准备工作。从知识共享的角度来看，双方对知识学习的过程就是对转移后的知识流进行消化处理的过程：学研机构转移给企业的全部知识在经过企业消化和处理之后，只有那些被企业认为具有商业化价值的知识，才会被企业学习并掌握；同样，企业在合作中所展示的市场和商业化方面的知识，只有被学研机构确定为那些能够将其创新成果有效转化的知识，才会被它们吸收和运用。双方为了追求各自利益最大化，会在知识共享过程中时刻与环境进行交流，以便调整自己的行为规则，整个过程充分体现出了复杂适应系统的两个基本性质——流和非线性。

值得注意的是，在协同创新合作的过程中合作双方形成了一个共享知识库，知识能够被学习吸收多少取决于双方的需求取向。不可否认的是，共享知识库的形成有利于提高内部人员的创新能力，因为无论是从学研方的角度还是从企业的角度，双方的知识都是在经过对方筛选处理后才被吸收的，均是以自身发展为前提。而且在合作当中，一些隐性的知识还能在实践中得到更为形象化的传授，类似于"干中学"的概念。协同创新这一模式为创新人才的培养提供了一个良好的学习环境和氛围，知识的前沿性和实用性都得到了保障，将知识创新与技术创新有效结合。

3. 刺激——反应模型分析

通过上述对学研机构和企业的适应性分析，并结合复杂适应系统的相关理论，我们可以得到在协同创新中两者对应的刺激—反应模型，如图 6-1 所示。

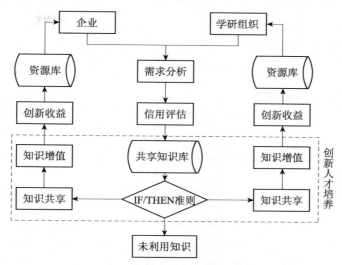

图 6-1　协同创新下创新人才培养的刺激—反应模型

在协同创新过程中，创新人才的培养其实不仅仅局限于共享知识库部分，尤其是对于企业而言，提升人才创新力更多发生在产品商业化过程中。不过考虑到这里提出的共享知识库概念是综合整个协同创新过程所涉及的各类知识的集合，因此用一个符号统一代表。对于模型中提到的未利用知识，H. Chesbrough（2006）在其著作 *Open Innovation Researching a New Paradigm* 中认为，创新主体对于自身无法商业化的创意不应该将其束之高阁，而应该通过技术转让等方式向外扩散，这样不仅可以从中获得收益，也能够帮助其他潜在的创新主体获得所需的创意。因此，从创新扩散的角度来看，协同创新同样有利于知识共享和外部组织创新人才的培养，但需要学研方或者企业能够及时意识到未利用知识的重要性及潜在的商业价值，否则只会造成知识的白白浪费。

4. 回声模型分析

不同于刺激—反应模型所关注的单个主体在交互过程中自身的学习和适应过程，Holland 教授在复杂适应系统中所提出的回声模型的重点在于从宏观层面来观察大量主体交互过程中涌现出的规律。本章建立的协同创新下的创新人才培养的回声模型从知识共享的角度宏观地描述了学研机构和企业在协同创新过程中对创新人才的培养过程，如图 6-2 所示。

该模型展示了协同创新下创新人才培养过程中合作双方的交互作用。学研机构和企业在交互初始会通过自身进攻标志与对方防御标志的匹配程度来判断

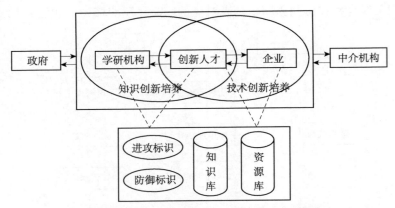

图 6-2　协同创新下创新人才培养的回声模型

是否进行合作，如果合作，那么通过知识共享与知识增值会提高自身知识库存量，同时提高创新人才的创新力；知识的增值会带来创新收益的提高，进一步增加自身资源库的存量，这将会同时提高组织对外部创新人才的吸引力。在知识创新培养阶段，学研机构对创新人才进行知识共享式培养；在技术创新培养阶段，企业对创新人才进行"干中学"式培养；整个过程当中，政府与中介机构的行为时刻影响着协同创新的进行。但是要看到，知识创新培养与技术创新培养并不是孤立存在的，两者在整个培养过程中是相互渗透、相互支持的有机整体；学研机构与企业的培养也不是割裂开来的，两者通过协同合作与优势互补在协同创新过程中共同完成人才培养工作。

二、协同创新下创新人才的培养机制

1. 协同创新下创新人才培养机制的基本框架

刺激—反应模型与回声模型分别从微观和宏观的角度对协同创新下创新人才的培养机理进行了分析，但这仅仅是运用复杂适应系统对人才培养过程的一个理论上的描述，如何将理论与实际操作联系起来是接下来要做的事情，即构建协同创新下创新人才的培养机制。

协同创新下的创新人才培养机制是学研机构与企业所构成的协同创新体系内部各因素之间相互影响和制约的功能或机理。在本章中，将上述机制具体划分为动因机制、目标机制、运行机制、利益分配与风险分担机制、激励机制和绩效评估机制六大方面，如图 6-3 所示。每一个部分都与其他各个要素相互配合与支持，缺一不可。

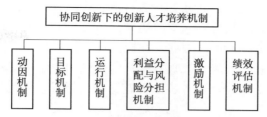

图 6-3　协同创新下的创新人才培养机制基本框架

2. 动因机制

学研机构与企业在寻求协同创新的时候所持有的动因并不相同，但都可以分为内因和外因两类。内因主要包括自我发展需求和利益驱动两方面，外因则主要指市场拉动和政策推动两个要素，在一定条件下，外因是可以转化为内因的。

对于学研机构，在目前知识爆炸的社会环境中，如何快速创新、保持自己的学术优势是攸关存亡发展的当务之急，而引进和培养创新人才则是维持和巩固自身地位的重要途径。因此，学研机构需要同企业合作，一方面得到企业的资金等其他资源支持，来保证自身研发等事务的正常运作；一方面利用企业的商品化能力来检验自身技术等知识资源的应用前景，并在合作中为创新人才的引进和培养提供条件。这一点在 E. Geisler 和 A. H. Rubenstein（1989）的研究中得到了证实，他们通过定性分析法对高校协同创新活动进行研究分析，认为高校协同创新的动机主要来源于与产业界的合作能够为高校的师生提供接触实际问题的机会及增加经费来源的途径。

而从企业的角度来看，它们的一切行动原则均可以用"利益最大化"来概括。不同的企业由于自身各种条件的制约，在不同程度上都存在创新不足、核心竞争力不强的问题，对于中小企业更是如此。为了能在激烈的市场竞争中保持自己的市场份额，并进一步拓展市场，必须要进行技术创新，提高自身产品的性能的同时降低成本。在内部创新不足的情况下，与学研机构合作进行优势互补，联合培养或引进创新人才便顺理成章。另外，为了推动产业发展，政府也出台了各种政策大力支持协同创新，"卓越工程师计划""2011 计划"的提出便是顺应我国发展的重大举措。

3. 目标机制

根据学研机构与企业的动因分析，对应的创新人才引进和培养的目标也有所不同。学研机构在协同创新中希望获得和提升的是创新的转化能力与市场化能力，换言之，创新人才的培养重点在于如何提高创新人才运用基础理论创造市场价值的能力，即技术创新能力。而对于企业而言，它们最关心的是如何保持自己的技术领先，这就需要它们的研发人员有着坚实的理论基础与强大的原始创新力，即知识创新能力。因此，在协同创新过程中，双方均为对方的创新人才的引进和培养提供便利，实现双赢：学研机构的学者能够在企业当中获得自身技术的应用反馈数据，进一步改善并提高创新成果转化率，学习和积累市场运作知识并指导今后基础研究的课题方向；而企业能够让自己的研发人员深入学研机构内部，根据自身需求有选择地学习和掌握基础理论及前沿技术，或者引进那些具有扎实理论功底和前沿技术的创新人才，来帮助丰富自身的知识储备。

4. 运行机制

1）外部运行机制

协同创新下的创新人才培养外部运行机制主要涉及四个因素：学研机构、企业、政府及市场，它们互相依存、互相制约，如图 6-4 所示。

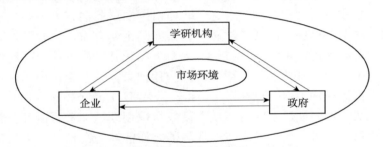

图 6-4　协同创新下的创新人才培养外部运行机制

学研机构作为主要的知识创新培养单位，主要培养创新人才的知识创新能力。它们一方面在科研、教育中要维持与国家和市场的相对独立性，一方面又要像企业一样适应强大的市场规律，成为追求个体经济利益的独立实体。与此同时，学研机构也不得不受控于政府的管理，并从中获得政策与资金上的扶持。在知识创新培养阶段，学研机构的培养效果直接影响到下一步的技术创新培养，也直接关系到整个协同创新培养效果。企业作为主要的技术创新培养单位，主要负责创新人才的技术创新能力的培养工作，与学研机构建立双向参与结合的关系。不仅要让学研机构认识到创新成果利用的实际情况，使它们弄清楚今后研究的重点在哪里，还要帮助学研机构充实自身的市场知识以及帮助实现知识创新向技术创新的过渡。政府也会根据国家发展需要和国际环境来为学研机构和企业制定相关政策，引导国际前沿领域的基础研究和国家急需产业项目的联合攻关。

从创新人才培养的阶段来看，主要包含两个过程：知识创新与技术创新。

前者以基础研究为主，主要在学研机构里进行；后者主要涉及创新成果商业化，多发生在企业当中。虽然创新人才的培养在不同层面上的重点不一样，但基本内容都是通过学习的方式提升自身的知识库存量并进而提高创新能力。而知识又分为两种：显性知识与隐性知识。显性知识的学习比较容易，只需要进行知识的交流并加以指导即可实现，表现为信息的共享效应；而隐性知识无法通过常规的教学方式达到目的，必须通过"体验式"培养才能实现，即知识的溢出效应。在知识创新阶段，创新人才的培养以知识的吸收和消化为主；而在技术创新阶段，原始创新需要通过企业的商业化实现价值增值，因此创新人才的培养更多地体现为"干中学"的模式，如表6-3所示。

表6-3　创新人才的培养阶段

培养阶段	学习方式	知识属性	培养主体
知识创新	以信息共享式学习为主	以显性知识为主	学研机构
技术创新	以知识溢出式学习为主	以隐性知识为主	企业

2）内部运行机制

协同创新合作中为了实现创新人才的培养，需要合作双方遵循以下两个重要原则。

第一，知识的共享性原则。协同创新与传统的产学研合作相比，最大的优势就在于在合作双方之间建立起了一个稳定的合作关系，共享知识库的形成为双方培养创新人才打下了坚实基础。因此，确保知识的共享性直接关系到人才培养的成败。与此同时，如何利用共享知识库最大限度地获取自身需要的知识也成为协同创新中一个必须解决的问题。Dickenson（2010）对中国高技术产业集群和合作企业进行了实证研究，研究结果表明知识共享效率最能够衡量研发人员的研发能力。G. Szulanski（1996）在对知识联盟的知识共享研究中指出，在知识共享行为的初始阶段，知识供给方的可靠性及传授能力对知识转移效率均有一定影响。

第二，信任分派原则。信任是双方在长期合作中，基于历史经验所培养起来的一种对对方无条件的认同感，产学研合作关系的建立离不开信任，更何况是具有长期稳定性的协同创新合作关系。喻科（2010）通过产学研合作创新网络演进过程中主体间信任关系的变化，探究了合作创新主体知识传递模式的演变，并进一步提出了知识传递模式的演变是以信任为基础，而且与产学研合作创新网络的演进过程相关。信任分派原则就是指在双方合作过程中，伴随着成功次数的增加，双方之间的信任程度也会增加，当增加到一定程度时就突破了"一锤子买卖"的信任边界，使之结盟并升级为协同创新合作关系。但需要注意的是，如果双方的合作出现了失误，那么同样会对信任度产生影响，原有的协同创新关系很可能会随着信任度的下降而面临破裂的风险。

5. 利益分配与风险分担机制

协同创新具有很大的不确定性，合作双方都面临着不同程度的风险，这些风险可能来自技术、市场甚至联盟本身。为了各自利益最大化，双方必须建立一套公平合理的利益分配和风险分担机制，确保协同创新的健康稳定运行。学研机构在帮助企业进行技术创新的过程中，不仅仅是收取技术成果转让费，还会以一定方式参与企业的盈利分成，主要分为以下几种利益分配方式：①提成支付，即按照约定的比例来对创新收益进行分成，对应的风险也会按比例分担；②混合支付，企业预先支付一笔固定金额的费用，然后再按照提成支付的方式对技术转让方进行支付；③按股分利，即协同创新双方根据自己的资产规模及需求，按一定比例入股，之后再根据入股比例分配收益和风险。

无论是上述哪种方式，都存在着自身的优势和弊端，如何取舍取决于合作双方的经济实力、研发能力、市场前景等诸多因素。但可以确信的是，在良好的信任分派下，双方会最大限度地提高收益率、降低风险率，保证协同创新关系的稳健发展。

6. 激励机制

协同创新下的创新人才培养与一般的高校培养相比，一个最大的特点在于充分挖掘人才的隐性知识。显性知识可以通过正常的授课来进行学习，但隐性知识并非如此，它存在于生产生活经验之中，难以显性化，必须通过实际操作才能真正掌握。根据王润良的研究，隐性化策略能够实现隐性知识的显性化，达到知识创造和增值的目的，这与"干中学"具有相同的培养效果。王润良等（2001）在其研究中进一步指出，隐性化策略主要有两种方式：一种是通过创造一定的环境，使得潜在创新人才将自身的隐性知识表达出来；另一种是先通过社会化过程传递给组织内部成员，再经过外在化和整合化过程达到显性化。

因此，为了能让更多的创新人才在协同创新过程中主动把自己拥有的隐性知识显性化，以促进集体学习效应，就要最大限度地排除学研机构与企业之间的知识共享障碍，实行隐性知识显性化的激励：第一，提倡组织学习，形成知识共享的心智模式；第二，实施有效激励，促进隐性知识共享；第三，完善受教育者的奖罚与淘汰制度。要将对隐性知识的学习充分融入到组织乃至个人的直接利益之中，这样才能充分调动人员积极性，把隐性知识显性化作为一个必须完成的任务。这样才有利于提升联盟内部的知识共享率，并有效提高创新人才的创新能力，真正实现协同创新培养的价值。

7. 绩效评估机制

科学有效的评估机制能够帮助人们观察所研究事物的发展状态及预测未来

趋势。如前文所述，关于创新人才的培养效果的评价，目前还难以建立起一套完善的评价体系，而对于协同创新下的创新人才培养，可借鉴的文献更是有限。从现有文献来看，技术创新战略联盟绩效的评价具有较高的参考价值，这些研究主要集中在伙伴关系对联盟绩效的影响、联盟绩效考核指标的构建和联盟绩效考核方法这三个方面。另外，本章认为可以从组织或联盟为创新人才的培养所创造的环境的有利程度，即所拥有的知识规模和创新资源规模来间接反映。一般来说，组织内部的知识和创新资源越丰富，越有利于创新人才的培养。而知识规模可以以组织发表的论文数、专利的授权量来度量，创新资源规模则可以通过技术转让费用、高技术产业总产值等指标来衡量。与此同时，R&D 人员数量在一定程度上同样可以反映出组织内部创新人才引进和培养的效果，通常情况下，引进和培养效果越好，R&D 人员数量越多。

为了确保绩效评估的正确性，还要遵循以下几个原则：

（1）科学性原则。绩效评估指标体系的构建一定要概念清晰、逻辑严谨，能够反映事物的本质并客观描述。

（2）系统性原则。评价指标间要相互联系，从不同的方面来综合反映创新人才培养的效果，但一定要避免重复描述。

（3）可操作性原则。对于指标的选取，一定要考虑是否能够量化，计算是否可行。如果有需要，可根据实际情况对其内涵和外延进行准确描述后设立定性指标。

第四节　硅谷与中关村创新人才培养对比

硅谷作为世界上最负盛名的高新技术产业集聚区，在创新人才的引进和培育上有着丰富的先进经验；而中关村作为我国科技创新的前沿阵地，其创新人才的培养也能代表我国的最高水平。两者都依托学研机构与企业的协同创新作用不断提高自身的创新能力与创新人才的引进和培养能力。因此，通过对比两者，既能够证明协同创新在高技术产业的创新人才培养中所起到的关键作用，又可以发现我国在创新人才的引进和培养上与世界先进水平的差距，帮助我们找到解决问题的突破口。

一、将可能超越硅谷的中关村

硅谷地处美国加州北部，北起帕洛阿尔托南至圣何塞，是一段长约 50 千米、宽约 14 千米的狭长地带，目前全球电子和软件企业排名前 100 的企业中有 20% 位于硅谷。作为世界的创新引擎，同时也是协同创新的世界级典范，硅谷一直以那些具有雄厚科研实力的美国一流大学，如斯坦福大学、加州大学伯克利分校和加州理工学院等高校为依托，以高技术的中小企业群为基础，充分运用区域内的一切创新资源，培养和引进创新人才，为创新人才的成长提供沃土。

中关村始建于 1988 年，是经国务院批准的我国首个高科技园区，总面积 232.52 平方千米，园区内集聚了一大批优秀的企业和大学。中关村有着丰富的知识资源、浓厚的创新氛围，是中国协同创新的楷模。园区内有联想、用友、百度等高新技术企业 2 万余家，北京大学、清华大学等高等院校 39 所，中国科学院、中国工程院、北京生命科学研究所等科研院所 200 多家，不仅创新实力雄厚，还为创新人才的培养营造了有利环境。

丰富的创新资源和优越的创新氛围是创新人才引进和培养的有力保障，而卓越的创新能力和充足的创新人力资源在获取创新资源和营造创新氛围方面又有着举足轻重的影响。下面从创新能力及创新人力资源两方面来对硅谷与中关村在创新人才引进和培养上的能力进行比较分析。

二、创新能力对比

硅谷作为世界上最成功的创新基地之一，丰富的创新资源是保证其不断发展的重要条件。在硅谷云集了大量世界顶尖科学家和工程师，不断为这里注入创新活力，使其保持科技创新上的高效高产。图 6-5 展示了 1990～2014 年硅谷的专利数量分别占加州和美国的比例随时间的变化。

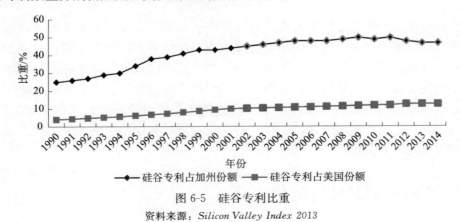

图 6-5　硅谷专利比重

资料来源：*Silicon Valley Index* 2013

由图 6-5 可见，硅谷的专利数量整体上呈上升趋势，其占加州的专利数量和美国的专利数量的比重不断提升，说明硅谷在 1990～2014 年这 25 年间创造并积累了丰富的创新资源，大大提高了创新能力，不仅为创新人才的培养提供了"教材"，也提高了对外界创新人才的吸引力。

中关村作为中国的"硅谷"，在创新能力上同样位于国内先列。表 6-4 展示了 2009～2012 年海淀区专利及技术成交额情况。

表 6-4   海淀区专利及技术成交额情况

年份	专利授予量			技术成交额		
	海淀区/件	北京市/件	占北京市比重/%	海淀区/万元	北京市/万元	占北京市比重/%
2009	10 697	22 921	46.67	8 165 328	12 362 260	66.05
2010	13 839	33 511	41.30	9 071 136	15 795 367	57.43
2011	16 800	40 888	41.09	9 677 248	18 902 752	51.19
2012	19 862	50 511	39.32	11 344 140	24 585 034	46.14

资料来源：《北京统计年鉴》

由表 6-4 可见，海淀区的专利授予量和技术成交额虽然逐年提高，但是占北京市的比重却逐年下降，说明中关村在知识创新和技术创新的衔接上出现了断层。中关村的专利授予量占北京市的比重从 2009 年的 46.67% 下降到 2012 年的不到 40%，而同时期的硅谷专利数量占加州的比重从未低于 45%，中关村依然需要提高其创新能力，为创新人才的培育提供养料。

三、创新人力资源对比

提高创新能力的关键在于创新人才的引进和培育，而创新人才数量和质量的提高又能促进创新能力的提升，两者相互联系、相互依存。硅谷历来重视培养高素质的创新人才及引进海外人才资源，如表 6-5 和表 6-6 所示。

表 6-5   学士及以上学历科学与工程学学位授予情况

年份	学士及以上学历科学与工程学学位授予数		
	硅谷/个	美国/个	比重/%
2007	11 437	327 403	3.49
2008	11 627	329 254	3.53
2009	11 904	333 416	3.57
2010	12 017	358 438	3.35
2011	12 403	379 719	3.27

资料来源：*Silicon Valley Index 2013*

表 6-6 拥有学士以上学历的国外人才数量

年份	拥有学士以上学历的国外人才数量/人	
	科学与工程	其他产业
2007	98 280	146 302
2008	113 657	158 575
2009	97 701	153 735
2010	104 271	162 511
2011	108 553	161 761

资料来源：*Silicon Valley Index 2013*

由表 6-5 可知，2007～2011 年，硅谷在科学与工程方面的创新人才培养数量虽然存在小幅波动，但每年的学位授予量占当年全国学位授予量的比例都超过了 3％。通过表 6-6 可以看到，硅谷近些年来吸引了越来越多的国外人才到这里就业发展，表明硅谷在进行本土培养的同时也十分重视向外界引进创新人才。图 6-6 展示了 1990～2014 年硅谷和美国每个工人的人均增加值，可以发现硅谷内以创新为核心竞争力的 R&D 人员的人均增加值要远高于美国人均增加值，突显了创新所带来的巨大经济效益。

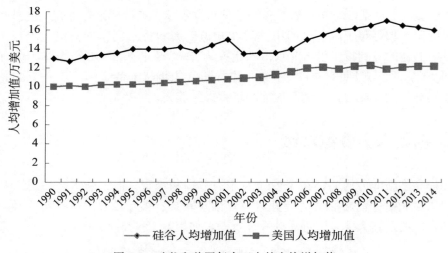

图 6-6　硅谷和美国每个工人的人均增加值
资料来源：*Silicon Valley Index 2013*

中关村在创新人力资源上的投入同样巨大，表 6-7 显示了 2001～2011 年北京市与全国的 R&D 强度及北京市 R&D 人员情况。

表 6-7　北京市创新人力资源情况

年份	R&D 支出/当地 GDP/%		北京市 R&D 人员情况	
	北京市	全国	折合全时当量/人年	占全国比重/%
2001	4.62	0.95	95 255	9.57

续表

年份	R&D 支出/当地 GDP/%		北京市 R&D 人员情况	
	北京市	全国	折合全时当量/人年	占全国比重/%
2002	5.09	1.07	114 919	10.35
2003	5.12	1.13	110 358	10.95
2004	5.25	1.23	152 132	11.53
2005	5.45	1.33	177 765	13.65
2006	5.33	1.39	168 875	15.03
2007	5.35	1.40	204 668	17.36
2008	5.58	1.47	200 080	19.65
2009	5.50	1.70	191 779	22.91
2010	5.82	1.76	193 718	25.54
2011	5.76	1.84	217 255	28.83

资料来源：《北京统计年鉴》

由表 6-7 可知，北京市的 R&D 强度远高于全国水平，为全国水平的 3 倍以上，其中中关村起到了重要作用。而 2001～2011 年这 11 年间，北京市 R&D 人员数量有了明显上升，其数量占全国的比重也稳步提升，说明北京市在创新人才引进和培养上同样取得了显著成就。但对比硅谷与中关村的高学历人才可以发现（表 6-8），中关村在培养高层次创新人才上依然与国际领先水平有一定差距（文树勋等，2003）。

表 6-8　创新人力资源对比

对比项目	中关村	硅谷
人员总数/万人	89.993	255.4692
研究生以上学历人员比重/%	9.3	18

资料来源：根据《北京统计年鉴 2008》和 *Silicon Valley Index* 2009 计算得出

四、硅谷与中关村的对比带来的启示

通过上述对比可以发现，中关村在创新人才的引进和培养上正在向着国际先进水平不断靠近，但是在前进过程中依然存在一些问题。

首先，创新人力资源有限，对国外的优秀人才引进力度不大。在硅谷的约255.5 万各类人才中，有超过 40 位诺贝尔奖得主和大量院士，而加州博士总人数的 17% 左右都来自硅谷（孙智慧等，2013）。随着高科技人才移民数量逐年上升，硅谷的人口流动在保证了知识结构不断更新的同时，更是从外界带来了新的创意和想法。而北京市的流动人口多是本地人员，即使留学归国的人才能够在一定程度上改善中关村的人才分布和结构，但依然无法改变创新人力资源结构单一的现状。

其次，协同创新运行效率不高，人才之间缺乏有效交流。硅谷地区的创新网络较为发达，内部定期召开工程师协会和技术协会，企业家与科研工作者有很多机会能够交流知识和经验，有效提升了学研机构与企业的知识共享率。随着交流的增多，逐渐建立起信任，进一步提升了今后合作的可能性与成功性。而中关村地区的企业相较之下缺乏内部交流，使得知识的流动性变差，不利于培养和提高创新人才的知识创新能力和技术创新能力。

最后，政府与金融机构的职能作用不明显。虽然中关村积极响应国家推出的一系列促进创新人才引进和培养的计划，如"千人计划"、北京市"海聚工程"，来提高自主创新能力，但考虑到硅谷在经历过长时间的改革和发展后，其政府无论是在政策的制定上还是在职能的发挥上都越来越好，因此相较之下中关村的各项政策的制定和落实还有待提高，需要深入研究如何完善政策和转变政府职能来为企业的创新活动服务。与此同时，硅谷的金融体系对创新支持力度很大，如硅谷银行就是专门为中小企业创新提供资金的商业银行。而中关村的风险投资依然以政府融资为主，非市场化运作使得资本利用率偏低，从而使大批杰出人才流失，政府风险投资对高级人才的吸引力有限。

第五节　河南省创新人才队伍的现状与发展目标

创新人才是河南省人才资源的重要组成部分，是科技创新的关键因素，是推动社会经济发展的重要力量。加快河南省创新人才队伍建设，对河南省全面实现人才强省战略、推进创新型河南和中原经济区建设，都具有非常重要的意义。如何建立一支规模宏大、结构合理、素质优良的科技人才队伍，有力支撑创新型河南建设的总体目标的实现，是河南省当前人才队伍建设的主要任务之一。

一、河南省创新人才队伍的发展现状

1. 人才队伍规模不断扩大，质量稳步提高

据河南省科技厅统计，2005～2013 年河南省科技活动人员数从 15.8 万人上升到 33.1 万人，年均增长率 10.3%，其中 R&D 活动人员在科技活动人员中所占比例从 55.09% 上升到 65.26%，年均增长 7.94%，超过同期全国 R&D 人员平均 7.06% 的增长速度。其中，2013 年河南省 R&D 人员数量达到 21.6 万人，

位居中部 6 省第一，占整个中部地区的 23.1%。

近年来，河南省加快实施科教兴豫和人才强省战略，启动实施了创新型人才队伍建设工程，以领军人才培养和使用为突破口，建设高层次科技创新人才队伍。创新型人才队伍发展势头良好，规模不断扩大，队伍发展较快。

2. 自主创新能力不断提升

"十二五"以来，河南省创新型科技人才自主创新能力不断提升。2010 年，河南省专利申请量首次突破 2 万件大关，达到 25 149 件，居全国第 12 位；专利授权量 16 539 件，居全国第 11 位；2011 年，河南省专利申请首次突破 3 万件，达 34 076 件，较上年同期增长 35.5%；2013 年，专利授权量 29 482 件，同比增长 9.9%。这是近年来河南省着力构建自主创新体系、支撑中原经济区建设发展战略所取得的标志性成果。

3. 科技创新环境不断改善

一方面，科技政策环境逐步优化。河南省省委、省政府先后出台了《关于增强自主创新能力建设创新型河南的决定》《关于加强企业研发中心建设提高企业创新能力的意见》《关于加快科技创新促进产业发展的意见》等政策文件，颁布了《河南省中长期科学和技术发展规划纲要（2006—2020 年)》《河南省知识产权战略纲要》《河南省科技人才发展中长期规划（2011—2020 年)》及《河南省创新型科技人才队伍建设工程实施方案》等。这些政策的出台，为领军人才和团队开展创新活动提供了有力的政策保障，促进了河南省创新型科技人才队伍的发展壮大（陈俊，2012）。另一方面，科研投入不断增强。2000 年以来，河南省 R&D 经费支出以年均 24.2% 的速度增长，高于全国平均速度 1.2 个百分点。这表明，大中型企业已成为河南省科技投入的主体。全省科技投入特别是企业的科技投入持续增长，为高层次科技创新人才的发展奠定了良好基础。

二、河南省创新人才队伍建设中存在的主要问题

1. 科技创新人才分布不合理

首先，大量科技创新人才尤其是博士和硕士集中在高等院校和科研机构，尽管在省内一些大型企业中也有部分省级科技拔尖人才，但比例很小，难以满足企业科技创新要求。其次，科技创新人才主要集中在第二、三产业，而第一产业中科技创新人才缺口较大，与河南农业大省地位不相符（严秋菊，2011）。

最后，地区分布不均衡。R&D人员大都集中在郑州、洛阳、焦作、新乡和南阳五个地区，其他地区较少，地区差异很大。总体来说，河南省高层次、高技能、复合型创新人才紧缺，高新技术、重点产业等领域的高层次人才流失严重，这显然不利于河南省整体经济发展。

2. 创新人才培养投入需要加大

科技创新人才的培养，离不开地方政府的财政支持。一方面，科技投入力度不够。科学技术部2013年科技进步水平监测结果显示，河南省R&D费用295亿元，在全国居第9位，远远低于广东、江苏、山东等省的R&D投入；R&D费用占GDP的比重为0.92%，居全国第19位，远远低于全国1.7%的平均水平。无论是R&D投入绝对值还是强度值，河南省都与发达省份存在着很大差距，R&D费用不足直接导致科技创新动力不足，从而影响了河南省科技竞争力的提高。另一方面，科技投入分布不合理。首先，R&D费用内部支出项目分布不均衡。2013年，河南省实验发展经费占R&D投入的94.08%，基础研究、应用研究经费比重太小，这会直接导致企业把技术引进和模仿作为工作重心，而忽视自主创新，这样就无法真正实现创新的效果。其次，R&D经费内部支出地区分布不均衡。从2013年河南省各地市R&D经费支出情况来看，郑州、洛阳、新乡、许昌、平顶山、焦作和南阳七市共支出271.2亿元，占全省经费总支出的76.32%，地区分布很不平衡，不利于地区经济的平衡发展。

3. 高校的基础作用未得到充分发挥

创新人才的培养离不开高校，但当前高校在人才培养过程中的作用并不突出。主要是因为一些课程教材老化，学校培养重理论轻实践，忽视了社会需求的变化，使得较难培养出具有较强社会适应性的创新型人才。同时，高校人才培养自我封闭的局面尚未完全打破，与企业之间的互动合作仍然存在体制性障碍，无法实现产学研的紧密结合，这也制约了创新人才的培养。

4. 科技创新人才的支撑体系尚未形成

目前，河南省科技创新人才支撑体系尚未形成，科技创新人才流失现象较为严重，每年都有高职称、高学历的人才外流到其他省份或国外，给河南经济发展带来不利影响。这与人才政策力度不够有很大的关系。河南省地处内陆，社会经济发展相对落后，与东部地区相比，对人才尤其是创新型人才的吸引力较弱。近几年出台的关于创新型科技人才开发的政策，多是一些宏观政策，并且配套措施也不完善；不少政策停留在文件上，落实不了，在吸引人才方面远远落后于沿海城市。

三、河南省创新人才队伍的发展目标

创新人才队伍的培养、引进和使用与社会经济发展的方方面面密切相关，那种"就人才论人才"，独立地看待人才队伍的建设问题的观念是不行的，而必须将其与经济社会发展的总体目标及各行各业的发展规划相衔接。考虑到河南省自身的情况及当下在创新人才培养方面所存在的问题，在制定创新人才队伍的发展目标时要考虑到以下问题。

1. 满足实现中部崛起和全面建设小康社会的需要

河南省的科技人才队伍建设必须以河南省经济和社会发展的需要为根本出发点，为全面建设小康社会，实现中部崛起提供坚实的人才保证和智力支持。河南省未来经济和社会发展的主要目标是：在优化结构和提高效益的基础上，确保人均 GDP 到 2020 年比 2000 年翻两番以上，达到 3000 美元，基本实现工业化，努力使河南省的发展走在中西部地区前列，实现中部崛起（任瑞萍，2011）。河南省未来经济和社会发展的主要任务是：建设中原经济区，实现产业结构的升级换代、产业竞争力的提升，以及经济和社会的协调均衡发展。

2. 满足河南省开放带动战略的需要

河南省未来开放带动战略的主要目标是：适应经济全球化和我国加入世界贸易组织的要求，依照国际惯例和规则积极参与国际经济合作与竞争，进一步推动全方位、多层次、宽领域的对外开放合作。要实现此目标，对于河南省来说，一方面，必须在全球产业分工中对自身进行准确定位，把握全球产业分工变化和全球产业格局调整的重要机遇期，实现河南省产业的升级换代；另一方面，要坚持两个开放，既要充分学习经济发达省份的成功经验，避免少走弯路，又要加强创新，形成自身独特的、差异性的竞争优势。

3. 满足河南省产业结构升级、产业竞争力提升的需要

多年来，河南省在经济高速增长的同时，产业结构却没有得到有效优化，产业的整体竞争力也没有获得相应提升。支柱产业不突出，名、特、优产品少；基础设施落后，整个经济小而全、小而散。新时期，河南省经济建设的重点任务是：加快工业结构战略性调整，促进工业结构的优化升级；发挥比较优势，推动优势资源转化和深加工，拉长产品链条，培育和壮大支柱产业；加快运用高新技术和先进适用技术改造传统产业，积极实施品牌战略，培育一批知名品牌和优势企业；加快发展高新技术产业，形成具有后发优势的支柱产业；积极

发展劳动密集型加工业，提高市场占有率和创汇能力；以信息化带动工业化，以工业化促进信息化，实现跨越式发展。这一经济发展战略的转型，从根本上要求河南省必须将人力资源建设提升到发展战略的高度，将人才强省作为基本策略。

4. 满足河南省经济增长方式的战略性转变的需要

发展循环经济，保护生态环境是21世纪经济社会发展的主旋律。《河南省全面建设小康社会规划纲要》把坚持可持续发展，实现经济发展与人口资源环境相协调，加强环境保护和生态建设作为河南省全面建设小康社会的重要保障措施。传统的粗放型经济是河南省经济的最大特点，农业经济较为粗放，高优农业、现代农业在农业经济中的比重相当小；工业经济大部分是资源型工业，科技含量低、成本高、污染大、市场抗风险能力低。因此，发展高优农业、现代农业，推进农业产业化进程，是农业发展的方向；发展科技型企业，加快企业技术改造，是工业经济增长方式转变的主要途径。而加快经济增长方式的战略性转变，促进地方经济高质量地快速发展，关键还是要拥有高素质的科技人才。因此，河南省科技人才队伍建设要围绕河南省小康规划提出的战略目标，一方面大力建设大批高素质的科技型企业家人才队伍，另一方面对科技人员灌输循环经济、可持续发展的理念。

结合以上各点，根据河南省科技厅的数据，对2005～2012年河南省科技活动人员数量和R&D人员折合全时工作量进行统计，并预测出2020年河南省的科技活动人员数量应达到46.3万人左右（表6-9）。

表6-9 河南省科技活动基本情况（2005～2020年）

年份	科技活动人员数量/万人	R&D人员折合全时工作量/人年	企业科研人员数量/万人	企业R&D人员折合全时工作量/人年	科研机构人员数量/万人	科研机构R&D人员折合全时工作量/人年	高校科研人员数量/万人	高校R&D人员折合全时工作量/人年
2005	15.8	50 887.6	12.2	37 018.7	1.7	7 560.0	1.1	4 198.3
2006	17.7	58 716.2	14.0	43 792.5	1.6	7 962.0	1.2	4 463.7
2007	19.2	64 887.6	15.4	48 126.5	1.6	9 457.0	1.3	4 852.1
2008	21.0	72 830.3	17.1	56 288.5	1.6	9 206.0	1.4	4 854.8
2009	23.1	92 571.0	17.7	74 252.0	1.6	9 102.0	3.2	5 286.0
2010	26.2	101 668.1	18.2	82 142.1	1.6	9 803.0	5.3	5 925.0
2011	29.3	118 266.2	21.0	98 557.7	1.7	9 652.0	5.5	6 134.3
2012	30.6	128 322.5	22.3	107 383.4	1.7	10 438.0	5.4	6 565.1
2020	46.3	275 070.7	33.2	230 185.9	2.6	15 091.3	8.7	10 943.3

第六节　加快河南省创新人才集聚与培养的策略

一、增强人才聚集能力

对于那些参与协同创新的主体，尤其是像身处硅谷或中关村这样的高技术产业集聚区的企业和学研机构，不仅有着丰富的创新资源，同时聚集着大量的创新人力资源。如何合理配置和利用这些充满潜在创新力的人力资源，产生经济性效应成为能否保证创新人才培养工作有效进行的重要方面。牛冲槐和江海洋（2008）认为，人才聚集现象会导致两种对立的结果：不经济效应与经济效应。判别两种效应的最根本的标准就是看人才聚集的总效应是否大于独自加和后的效应。通过他的一系列研究得出的结论是，人才聚集最突出的特征就是创新效应。在人才聚集的产业集聚区，人才之间的流动与交互时刻影响着区域创新能力，人才的流动越频繁、交互次数越多，人才之间的信息共享效应与知识溢出效应便越明显。隐性知识作为协同创新合作中最突显的知识增量，通过人才聚集和交互实现了传统高校教学所无法比拟的培养效果，显著提高了创新人才的隐性知识储备，进一步激发了创新效应。而随着区域创新能力的提高，其他人才也逐渐受到激励，纷纷加入其中，创造了一种积极的集体学习效应。这样往复下去，形成良性循环，马太效应越来越明显，最终将发展成为像硅谷那样具有规模效应的产业集聚区。

为了增强人才聚集效应，需要重视增强区域创新功能，建立良好的区域创新网络。创新网络科技型人才聚集效应的产生和提升，伴随在创新网络目标实现的过程中（芮雪琴等，2011）。创新网络的生命周期可以看作是基于创新任务的知识创造过程，而创新人才则是知识的载体，创新网络则为知识创造提供了一个平台。根据创新任务及目标，建立适合的创新网络，将有利于创新人才聚集效应的产生和发展。

二、建立信息共享机制和平台

相当规模的知识存量是知识生产和知识增值的必要条件，也是创新人才培养的重要前提。在知识爆炸的今天，跟上时代的步伐，走在世界知识的最前沿，提高知识共享率是最有效的措施之一。《国家信息化"九五"规划和2010年远景目标》和《国家信息资源开发利用规划》的提出都是国家重视信息资源建设的表现（魏宜瑞，2004），只有加强信息资源共享基础设施的建设，才能对学研机构和企业在协同创新中的知识共享起到促进作用，创新人才的培养才能取得显著成效。

鼓励有条件的企业建立院士工作站、博士后科研工作站和博士后产业基地，同时密切联系科研院所，推进产学研合作平台建设；引进海外科技资源，支持跨国公司、国外知名高校和科研机构来河南省建立研发中心；鼓励国内外各类人才尤其是高层次人才，通过兼职、技术转让、技术入股、技术承包、合作研究、培训讲学、学术休假、网络咨询等多种方式为河南省服务；鼓励各单位、各企业采取岗位聘用、项目聘用、人才租赁等灵活多样的方式自主聘用创新型科技人才；重点支持高新技术创业服务中心、大学科技园、留学生创业园等的规划与建设，从政策、环境、资金、服务等方面给予扶持。

三、完善人才引进机制

在建立国际化的协同创新平台的同时，还需要完善人才引进机制，尤其是高层次人才和国外的创新人才。

一是针对河南省经济社会和科技发展重点，采取团队引进、核心人才带动引进等多种方式，大力引进高层次人才和紧缺人才，特别是两院院士、长江学者、国家有突出贡献的中青年专家、省部级学术技术带头人、博士生导师、博士及拥有自主知识产权和科技成果转化所需的管理人才；实施中原经济区建设百千万海内外人才引进工程，建立吸引人才的"绿色通道"，进一步完善和落实高层次人才项目申报和资助、子女入学就业、创新创业、团队搭建等各项扶持政策。

二是围绕中原经济区建设尤其是新型工业化、产业体系现代化对人才的需求，大力培养装备制造等战略支撑产业、新能源与新材料等战略性新兴产业和能源、交通等战略基础产业急需紧缺的专门人才。同时，要注重35岁以下青年科技人才的培养，加大资助力度，帮助他们独立开展科研工作；加强科研团队建设，拓宽青年科技人员的职业通道，增加青年科技人才到国内外高水平研究机构进修、开展学术交流的机会，为青年科技人才潜心研究和尽快成才创造条件。

三是完善创新人才育引政策，创新人才的培养，需要国家、地方、企业及个人的多方投入，即要构建科技创新人才培养的多元投资体系。首先，国家和地方政府应加强对科技创新人才的重视程度，加大对其的支持力度，充分发挥财政拨款的引导作用，在创新型人才的评价、报酬分配等方面给予政策倾斜。

其次，政府应出台相关政策，加强人才投资风险方面的管理，以法律形式保证人才投资主体的利益，积极引进国外和省外资金。最后，企业应充分认识到科技创新人才的生产力，增加企业科研经费投入，为科技创新人才的培养提供便利条件。

四、加强产学研合作

长久以来，协同创新的开放程度很大程度上受到制约，许多高校、科研院所无法与企业进行长久的合作，创新人才的培养更是无法实现，其中的一个重要原因就是没有使产学研各方在合作利益上达成共识。从经济学角度来考虑，企业只有在合作中获得的经济收益大于其付出的成本的情况下使其机会成本最小，才最有可能进行合作；同样，高校与科研院所只有在协同创新中能够最大限度地获得研究成果与资金支持，合作才会发生。如果想要在协同创新中实现创新人才培养，就必须协调好两者的利益取向。

积极采取区域协调发展的各种政策，鼓励和促进创新型科技人才的流动和交流，引导创新型科技人才为基层服务、向一线流动；通过加强和促进地区科技合作和交流的方式，鼓励企业与高校、科研机构共建工程中心、重点实验室，加快形成以企业为主体，以科研院所和高校为依托，产学研相结合的技术创新体系；积极培育和发展技术服务市场，为产学研合作提供优质服务，支持重大科技成果转化和产业化。

充分发挥高校科技创新人才培养的基础作用。首先，扩大河南省高校招生规模，争取国家级院校在河南省的招收比例，为河南省培养优秀科技人才提供基础支持。其次，开展各高校间的对口帮扶活动，优化科技创新人才的培育机制，突出高校特色专业和优势专业，不断完善河南省科技创新人才培养体系。最后，河南省高校要加强与国内外名校及重点企业之间的合作，共同培养高科技项目开发人才、大型企业管理性人才等高端科技创新人才。

五、营造创新人才成长的良好环境

一是要加快人才资源信息化、网络化建设。完善创新型科技人才需求信息采集机制，建立统一规范的人才基础信息库和高层次、高技能人才信息库，定期发布创新型科技人才需求岗位目录，为人才选拔、培养、引进工作提供信息支持。二是改善引进人才的生活环境。优先优待解决青年杰出人才和高端、紧缺人才的住房问题，实施人才宜居工程。在人才用房建设上，各级政府要开辟绿色通道，强势推进人才专项用房建设进程。三是构建有利于人才发展的人文环境，积极营造勇于创新、敢于创业、积极竞争、宽容失败的城市文化。通过报刊、电台、电视、网络等新闻媒体，广泛宣传创新型科技人才取得的重大成就和涌现出的先进典型，营造浓厚的社会创新氛围。四是创新生态环境建设。各级部门应优先支持高层次创新创业人才申报国家、省和市各类科技计划，对申报成功的，可按照一定比例给予经费支持，保障科研人员有足够的时间和资金从事科研活动。五是重视人才福利待遇。鼓励和支持科技人才在实践中成就事业并享有相应的社会地位和经济待遇，表彰有突出贡献的创新型科技人才，着力提升高层次创新型科技人才的社会知名度和影响力；引导和鼓励用人单位采取安家补贴、科研启动经费、购买商业保险、建立企业年金等方式，为引进的创新型科技人才改善工作、生活条件，提高福利待遇，解除后顾之忧。

第七节　本章小结

在创新驱动经济时代，智力因素变得越来越重要。科技逐渐成为第一生产力，但人才才是关键，随着经济全球化深入发展，加快人才发展是在激烈的国际竞争中赢得主动的重大战略选择。为了突破传统高校培养的单一性和传统产学研培养的局限性，探索协同创新下创新人才的培养具有极大的研究价值。协同创新作为产学研的"升级版"，克服了"一锤子买卖"给人才培养带来的不连续性和不稳定性，能够将知识创新与技术创新有效结合起来，使创新人才在一个良好的创新环境中得到培养。因此，本章从协同创新的角度来研究创新人才培养，运用复杂适应系统理论分析协同创新下创新人才的培养机制，并可以进一步通过多主体仿真建模来对培养机制进行机理验证。

通过对比传统高校培养模式与传统产学研合作培养模式，以及对比产学研培养模式和协同创新培养模式可以看出，协同创新作为一种新兴的创新模式在创新人才培养上具有独特的优势，不仅克服了前两种培养模式的弊端，还进一步增强了创新人才的培养效果。因此，需要探索协同创新下创新人才培养的机理，使协同创新培养模式从理论上的可行性变为操作上的可行性。

第三篇

产业结构优化和转型升级

第七章　基于可持续发展的产业结构优化

本章针对河南区域可持续发展对产业结构优化的要求，再结合有关产业结构优化的影响因素，从四个方面展开了讨论。第一个方面，阐述产业结构优化理论。第二个方面，将可持续发展量化成对经济增长、人口就业、能源消耗、科技投入、固定资产投资这五个指标的调控，并根据这些调控建立起产业结构优化模型。结合河南省 2005～2012 年的数据对这些问题进行实证分析，通过优化模型求解得到产业结构优化的预测值。第三个方面，建立产业结构优化评价指标。第四个方面，根据以上分析，提出可持续发展视角下河南省产业结构优化的对策。

第一节　基于可持续发展的产业结构优化研究的现状和评述

当今经济发展不单单指一个国家或地区生产总值的不断增长，更重要的是与之相伴的经济结构的改进和优化，特别是产业结构的不断变动和优化。我国改革开放 30 多年的经济发展证明，转变、优化产业结构才能更好更快地发展经济，经济发展的过程是经济结构不断调整升级的过程。产业结构调整主要是结合区域的资源、资本、技术、劳动力等生产要素在不同产业间的重新组合，发挥地区的比较优势。在现代经济的发展进程中，不但要加大生产要素的投入力度，更主要的是对其合理化地配置，充分利用，提高效率，最大化经济资源对经济的贡献。产业结构调整能够促进经济资源在各产业间的合理流动，提高资源的优化配置效率，提高产业间的高效运转，把社会各种资源不断转化为各种产品和劳务；能增强产业聚合度，加大产业间的经济技术关联度，从而提高产业结构的综合效益；能够转变经济增长方式，促进产业适应经济体制，实现经济增长方式从粗放型向集约型转变。

在经济全球化的国际背景下，经济实力的竞争日趋显著。从大卫·李嘉图提出的比较优势理论中可知，各国或地区自身的资源及利用能力迥异，必须根据自己的实际情况调整产业结构，建立优势产业。随着我国加入世界贸易组织及现在要进入到改革的攻坚期、深水区，应对当前严峻形势所需，产业结构优化是加快经济发展所需，是提升民生质量所需。产业结构的优化能够保证产业运行的高经济效率和产品竞争优势，提高产业竞争力，在全球化利益分配中谋求发展。产业结构的优化升级是实现未来经济发展的康庄大道，因而在此背景下全面分析产业结构演变情况，探讨产业结构构成机理，促进产业结构优化调整具有前瞻性和时代性意义。

可持续发展一直是大众关心的问题，在现代经济发展进程中，经济得到了空前的大发展，但与此同时伴随着自然资源的枯竭及环境的严重污染，对人类的生存和发展构成了威胁，这些都是由于经济结构发展的不平衡，对自然资源不合理地开发利用，破坏了生态环境。在这种形势越来越严峻的情形下，可持续发展的战略地位得到了重视，为经济的持续性发展指明了前进的方向。产业结构的优化调整也要朝着这个方向发展，在保证经济增长的同时，更要考虑社会、资源和环境因素。通过产业结构的调整，调整那些高消耗、高污染的产业，开发新兴产业，发展绿色行业，进一步推进节能减排，让经济与社会、资源、环境协调发展。

河南省作为我国农业大省、人口大省，所面临的土地、资源、生态、环境等各方面的压力，尤其是资源和环境问题，制约着河南省经济的可持续发展。当前，河南省经济社会的发展总体上虽然在不断提高，但是在发展速度和发展结构上仍存在不少问题：粗放型的经济增长方式，能源、环境问题突出；第一产业比重偏高，且现代化程度不高；第二产业的发展水平不高，新兴产业和高技术产业发展得比较慢；第三产业发展缓慢，服务业的总量和水平偏低，对经济的贡献率还不明显。这些问题的存在限制了河南省未来经济的可持续发展，必须及时有效地加以解决。所以，探究基于可持续发展的河南省产业结构优化，找出河南省产业结构存在的问题，对于河南省如何进行产业结构调整具有重要的理论和现实意义。

一、国外文献研究综述

国外在促进经济发展的研究中，主要是从可持续发展和产业结构优化两个角度进行的，相关文献归纳如下。

1. 可持续发展的角度

丹尼斯·麦多斯（1997）提出了可持续发展理论，构建"零增长模型"，分析得出按照当时发展利用资源的方式，会导致人口及工业能力衰减。解决的最佳办法就是必须保持经济发展与自然资源、生态环境的协调发展。

　　紧接着，英国经济学家鲍尔丁（Boulding，1966）和经济学家舒马赫（Schumacher，1973）认为在经济系统内，循环使用各种物质，既能保护环境，也能使经济持续性发展。也有学者认为要实现可持续发展需要节约资源。佩奇（Page，1988）认为对自然资源的利用每代人都有着相等的权利。霍华思（Howarth，1991）分析了把传统效率标准存在片面性、资源有效配置和持续性之间存在互补性两者结合起来的方式。赫尔曼·戴利（Daly et al.，1994）则认为对资源的开发利用应建立在该资源的恢复的基础上，对污染物的排放应该建立在环境对污染的承受能力的基础上。

　　1998 年 P. K. Ann 和 M. K. Daniel（1998）在 *National Trajectories of Carbon Emissions Analysis of Propasals to Foster the Transition to Low-carbon Economies* 这篇文章中最早研究了"低碳经济"，指出通过建立国际碳排放机制发展低碳经济，从而遏制气候变暖趋势。

　　2. 产业结构优化的角度

　　在产业结构演变方面，E. F. Denison（1976）在研究了美国 1929～1957 年经济增长之后，发现其中的 12% 是由产业结构改变引起的。

　　德国经济学家霍夫曼开创性地研究了工业内部结构的演变问题，发现消费要素工业净产值与资本要素工业净产值之比是持续下降的，为以后人们研究产业结构与经济增长的联系开辟了道路，是优先发展重工业的理论基础。

　　紧接着，英国统计学家克拉克（Clark，1957）以三次产业分类方法为依据，对多个国家和区域不同时间段的劳动力在三次产业之间的转移、流动方式进行了数据分析，发现伴随着人均国民收入水平的不断提高，劳动力开始逐渐向第二、三产业转移，特别是第三产业增幅较大，第一产业比重不断降低，第二、三产业的比重逐渐提高，尤其是第三产业。

　　美国经济学家西蒙·库兹涅茨（1985）研究了美国的经济增长，认为产业结构变动引起了经济增长 10% 的变化，此后继续分析了经济发展过程中产业结构调整的变化，研究了产业结构变化对人均国民收入的影响，从而产生的产业重心转移、产值变动及就业结构的变动。深化了产业的划分，把第一、二、三次产业分别具体细化为农业部门、工业部门和服务业部门，并详细规定了每个部门的具体产业。

　　美国经济学家列昂惕夫提出了投入产出理论，通过研究量化产业之间的投入和产出，进而研究两者之间的关系，为产业结构的研究提供了系统化的量化工具，很多国家通过此方法编制的投入产出表就是该理论的实际运用。

　　美国经济学家钱纳里（Chenery，1953）深入研究了产业结构，以发展中国家为研究对象，研究了工业化进程，通过对 100 多个国家产业结构的研究，得出产业结构先是初级产品生产的起步阶段，进而进入工业化发展阶段，最后达到经济发达阶段。这一研究成果为其他地区产业结构的研究提供了指导，在促进产业结构调整和推动经济进步方面具有重要意义。

到了近代，英国学者莫里斯研究了英国各个区域产业之间的联系程度（Morris，2001），而美国学者以 OECD 国家为研究对象，量化了工业结构的变化对经济的贡献（Yeneder，2003）。

波特（Porter，1990）从国际竞争力角度分析，认为产业结构的发展方向是向在国际上具有竞争力的优势产业发展，并提出了对国家和地区发展战略具有影响力的波特钻石理论。

美国学者 Batty（2001）分析了区域产业均衡度和产业集中度，对区域的产业结构变动进行了研究。

美国经济学家格鲁斯曼和克鲁格（Grossman and Krueger，1995）在一定理论基础上，发现了产业结构的变动规律，发现随着经济的不断发展会带来经济中心的转移进而优化升级产业结构、影响环境质量，实现从污染低的农业向高污染的工业转变，再回归到低污染的服务业。

在研究传统产业和高耗能产业的发展级问题上。赫尔曼·戴利（2001）在产业结构演进过程中，鼓励扩大无污染或低污染型产业，尽量控制资源密集型和高能耗型产业的发展。

戴维·里德（1998）分析了产业结构的调整方向，建立在实现可持续发展的立场上，认为应该改造生产能力过剩的产业，用高新技术提升传统产业，加快发展电子、信息、生物、环保等新兴产业。

在产业结构调整方面，福雷斯特尔（Forrester，1971）是第一个研究通过产业结构优化实现可持续发展，把"系统动力学"的分析方法应用于"增长有限论"中的人，他首次提出产业环境的概念，建议在产业结构优化进程中把协调好产业发展与环境保护之间的关系考虑进去。

米勒和布莱尔（Miller 和 Blatr，1985）根据投入产出方法分析了能源使用对环境产生的影响，并量化分析了经济活动中能源投入和污染物排放之间的关联度，指导了产业结构调整的方向。

尼古拉斯·乔治斯库·罗根（2001）引入热力学原理的方法，深入分析了环境资源稀缺问题，认为应通过调整工业结构、发展高新技术产业来解决经济与环境的矛盾。

V. Dolezal（1995）、Pardalos（2000）等采用经济优化方法分析产业结构有关问题，从某个角度设定可以控制的变量、预期目标及约束条件，构建适当的模型，从而利用一定的方法求解。

早期的古典经济学对产业结构调整的研究，最早来源于 18 世纪的英国古典经济学家亚当·斯密（Adam Smith）的《国富论》，认为为了参与国际贸易，国家和地区会生产自己占有绝对优势的产品，从而产生了国际分工，进而对产业结构产生了影响。在这个基础上，英国另一位古典经济学家大卫·李嘉图（2005）认为两国进行国际贸易，交换产品，不是由生产产品的绝对成本决定的，而是相对成本。后来，日本的经济学家提出了产品的比较优势是可以转化的，这种优势是动态的而不是静态的。从长远的发展进程看，通过政策支持和保护，即使是劣势产业也可能转变为优势产业，成为有利的竞争产业。

瑞典经济学家赫克歇尔和俄林（Heckscher and Ohlin，1991）从生产要素方面进行考虑，提出了要素禀赋理论，继承和发展了比较优势理论，认为是由于地区生产要素的不同而带来的优势。

美国经济学家罗斯托（1988）在《从起飞进入持续增长的经济学》一书中提出了主导产业部门理论，认为在经济发展的任何阶段都存在迅速增长且对其他产业部门有带动作用的主要产业，而且从低级向高级转变。产业结构的变动受到世界整体经济发展的影响，受到国际分工，尤其是国际贸易联系紧密地区的影响。

美国经济学家刘易斯（Lewis，1969）研究发现，农业可以为工业发展提供大量的廉价劳动力，使得工业在劳动力上面的成本降低，提高了劳动生产率，带来了巨额利润，加之储蓄率高的特点，可以吸纳农业剩余劳动力。通过这种积累效应，工业和农业在边际生产率方面趋于等同，从而消除了二元经济，转化成一元经济。

美国经济学家赫希曼（Hirschman，1960）针对资源的使用效率方面，提出了两种不平衡增长的途径，一是投资于直接生产资本，引起社会资本短缺，这种是"短缺的发展"；二是投资于社会资本，降低直接生产成本，促使产生更多的投资，这种是"过剩的发展"。平衡两者之间的矛盾之后，再重复这一过程。

日本很多学者针对本国的实际发展情况，提出了相关的产业结构调整理论。

筱原三代平（1957）从赶超型经济发展的角度，通过政府的扶持产业政策，把处于劣势的产品转变成优势产品，再结合本国的产业调整情况，提出了"筱原二基准"，即收入弹性基准和生产率上升基准。认为在产业结构优化升级方面，应发展收入弹性大、生产率高的产业，因为这些产业市场空间大、经济效益好、成本低。

在筱原三代平研究的基础上，赤松指出产业的发展应该按照进口、国内生产、出口这种类似于三只飞翔大雁的形态发展，提出了"雁形形态理论"，产业比较落后的国家要逐步调整产业结构，按照这种发展思路，实现产业的升级，向高度化发展（苗明杰，2005）。

W. Chihiro（1999）研究日本产业结构变动与能源消耗的关系，发现产业结构调整可以改变能源消耗，进而得出可以通过产业结构的变动来发展经济的可持续性。

关满博（1997）指出，随着日本产业发展成熟，过往的产业结构不能适应现代的发展要求，必须改变原有的产业结构体系，发挥自己的相对优势，与亚洲周边国家形成具有联动关系的经济网络。

二、国内文献研究综述

1. 产业结构优化理论研究综述

对于产业结构优化的含义，许多学者持有不同意见。周振华（1992）是较早关注产业结构内涵的，把产业结构优化理解为产业结构的高度化和合理化，对具体的内容作了较为深刻的剖析。苏东水（2000）则认为，推进产业结构合理化和高度化是实现产业结构优化的过程。李红梅（2000）的理解却不同，认为升级产业结构、提高技术和资本密集程度意味着产业结构的优化。张立厚等（2000）建立在前人分析的基础上，认为产业结构优化必须是产业结构合理化和产业素质高度化的统一，两者相互影响、相互促进。产业结构优化除了产业结构合理化和高度化理论以外，黄继忠（2002）提出了产业结构的高效化概念，进一步完善了产业结构优化的内涵。

在产业结构优化的影响因素方面的研究，不同的学者研究的方向不同。宋锦剑（2000）、陈静和叶文振（2003）为了对产业结构优化升级进行测度，指出需求结构、资源的供给、劳动者素质、科技的进步等都会对产业结构优化产生影响。

徐杏（2000）认为产业结构优化还受到就业结构的影响。而王剑婷等（2005）把环境因素考虑到产业结构优化的过程中。

在产业结构优化的研究方法上也各不相同，姜照华和刘则渊（1999）根据可持续发展的基本要求，构建产业结构优化模型，并给出了求解方法。潘文卿（2002）研究经济增长与产业结构的关系，并建立优化模型，对未来进行预测和考量。张智光等（2003）研究林业的产业结构优化问题，建立目标与约束条件，进行系统分析，为林业调整提供决策。王维军（2006）建立可持续发展与产业结构的关联，通过测算这种关联，来分析产业结构优化方向。张瑞等（2007）采用面板模型，以我国 29 个省（自治区、直辖市）为研究对象，时间跨度从1985 年到 2004 年，定量分析了在产业结构变化的过程中资源的消费及经济的增长，以及它们之间的关系，最后分析得出：资源消耗在很大程度上受到产业结构的影响，而且在不同的阶段，产业结构调整对资源消耗的影响程度还不一样。原毅军和董琨（2008）通过目标规划方法研究产业结构动静态优化问题。任曙明等（2011）通过可计算一般均衡模型，分析了征收硫税对辽宁省产业结构的影响，表明硫税通过改变消费者的需求偏好有效地促进了产业结构，减少了硫资源的需求，以及加速了资本和劳动力向第三产业的转移。常宁（2014）提出了一个结合连锁分析和多目标规划方法来识别对于达到减排目标的关键二氧化碳部门和优化产业结构，结果表明，合理地调整产业结构能够减少二氧化碳的排放。

2. 可持续发展与产业结构优化的研究

国内学者，根据具体的省市情况分析可持续发展与产业结构优化问题。朱德明（1998）在《产业结构失衡对可持续发展的影响与环境政策选择》一文中，研究江苏省产业结构引起的污染物问题，得出要通过产业结构优化来改善环境。王向阳（2005）在《山东产业结构调整及其可持续发展》这篇文章中分析了在可持续发展的角度上，产业结构应该如何改变，进而指出了山东省产业调整方向和目标：提高经济质量、节约资源、保护环境及促进就业。

简新华和于波（2001）在《可持续发展与产业结构优化》一文中，提出发展第三产业、高新技术产业和环保产业，以产业优化促进可持续发展。王奇和叶文虎（2002）在《可持续发展与产业结构创新》一文中，提出了符合可持续发展的第四产业，建立了新的产业结构体系。徐建中和赵红（2001）提出为保障资源型城市的可持续发展，必须在城市发展到一定阶段，就要着手准备经济结构的调整、城市类型的转换。黄少鹏和胡登峰（2010）研究资源型城市的可持续发展，通过产业结构来转型主导产业。张昌蓉和薛惠锋（2006）从循环经济的角度，先是分析了我国产业结构不满足循环经济的一些问题，如利用资源得到的产出比较低、回收和再利用资源的程度偏低、环保产业的发展还不够等，然后提出在循环经济的条件下产业结构应该从高度化、合理化及可持续化的角度来调整优化，从而符合循环经济的发展观念。吉小燕等（2006）也是按照循环经济的发展要求，提出了产业结构的调整优化要依靠改善环境，改良资源供给，发展保护环境，减少污染物排放及日益发达的科技水平，尤其是利用技术手段促进产业结构调整，顺应循环经济的发展道路。

第二节　基于可持续发展的产业结构优化模型

一、理论基础

产业结构优化模型的建立是根据可持续发展对产业结构的基本要求，建立约束条件与目标函数，从而求出最优解问题。所以，对可持续发展理论的分析显得尤为重要，本节先是对可持续发展进行界定，然后在此基础上提出可持续发展的基本要求。

1. 可持续发展的界定

（1）经济的可持续发展。只有经济得到了发展，才能促进社会的和谐，满足人们的物质需求，所以它是可持续发展的重中之重。经济在量上的增长不是衡量发展的唯一标准，不能单纯地只追逐经济总量上的变化，而忽视了更重要的经济质量上的发展。经济发展，不是经济增长，它包含着诸多因素，如经济结构的变化、消费结构的变动、社会结构的变化、收入分配的变化等，这些都是实现可持续发展的要求。

（2）社会的可持续发展。在社会中，人是主要组成部分，而由其引起的问题关系着整个社会的发展。人口数量的不断增加带来就业的压力，人口结构的发展不平衡导致人口老龄化的产生。这些社会问题的存在，与生产力的发展不相适应，遏制了经济的增长。

（3）可持续发展的能源问题。资源是有限的，这与经济增长过程中对其使用量不断加大产生了矛盾，阻碍了经济的可持续发展。产业在发展的过程中对能源的利用问题，已经引起了人们的广泛关注。随着经济发展对能源消费需求的加大，产生了对能源的过度开采和使用，引发了能源危机。

（4）可持续发展的环境问题。在经济发展过程中，工业生产产生的废水、废气及固体排放物，造成了环境污染。如果得不到有效的处理，就会引发严重的环境问题。环境问题改变了人们的生存环境，引发了社会问题，且还会进一步影响能源的开发利用，加剧能源问题。

2. 可持续发展对产业结构的基本要求

（1）经济的持续增长。可持续发展的根本问题是实现生态经济和社会资源的合理分配，在资源分配和配置上应特别注意发展中国家的基本需求，不损害经济落后地区的利益，并优先考虑解决贫困问题。

（2）充分就业。可持续发展要求以人为本，在人口压力面前，要实现人口向人力的发展，这就需要提供更多的劳动岗位，实现充分就业。这需要从两方面做起，首先改善人口结构，不仅包括人口数量的变化，更要注重人口素质的提升，以适应就业岗位对人才的要求；其次，调整产业结构，发展对就业贡献大的产业，实现产业之间多余劳动力的转移，实现充分就业。只有就业稳定，才能为企业输送人力资源，在保持社会稳定的基础上发展经济。在充分就业的基础上，提高劳动生产率，进而加大人力资本对经济的贡献。

（3）节能减排。经济的发展不能建立在牺牲下一代利益的基础上，也就是说要实现可持续发展。在能源的使用，特别是在不可再生能源的利用方面，每一代人都应该有均衡的权利，不能为了暂时的利益而忽视长远的发展，建立在牺牲后人利益的基础上，这不符合可持续发展的要求。所以要节约能源，提高能源的利用效率，保证能源的使用增长速度不能超过能源的产生速度或者替代能源的转化速度。

污染物排放量的逐年提高，已经引发了诸多问题，面对严峻的形势，减排工作已经刻不容缓。通过科技创新提高对资源的使用效率、减少污染物的排放，还可以通过提升污染治理效果的科学技术，进一步解决环境问题。

（4）创新驱动。创新驱动，就是要求以科技的发展提高自主创新能力，从而引起经济发展方式的改变，促进经济的内生增长。科技创新可以提高能源的利用效率，在一定程度上解决由于资源的有限性，经济得不到快速发展的问题；科技创新促进了战略性新兴产业和高科技产业的发展，加速了产业之间的流动和变化，改变了产业结构方式，进而转变经济发展方式，提升经济发展的内在动力和活力，实现经济又快又好发展。

（5）以固定资产投资为基础。固定资产投资为扩大社会再生产注入了实物资本，其增长在一定程度上可以拉动经济的增长。固定资产可以提高劳动生产率，发展新部门，发展新产业，增加就业岗位，从而促进就业；可以提供和改善公共设施，为人们的生活提供便利；提供基础设施的设备和资金支持，为科学研究提供良好的发展环境，促进技术创新的发展，带动创新驱动；通过调整固定资产投资项目，可以促进资源节约型、环境友好型产业的发展。

保持一定的固定资产投资规模，会促进经济的发展，但也不要忽视投资结构调整带来的产业结构的变动。调整固定资产投资，有利于可持续发展。比如，通过降低高耗能行业、产能过剩行业及高污染行业的投资，来限制其发展，同时加大国家发展战略性新兴产业及绿色产业的投资，更好地推进其发展。

二、模型的设定

可持续发展首先必须要求经济不断增长，由此确定的产业结构优化的目标函数为

$$\max \sum_{i=1}^{n} \sum_{j=1}^{n} T_{ij} Y_i Y_j \tag{7-1}$$

其中，n 是按一定的标准划分的产业个数。对于不一样的划分标准，n 的取值是

不一样的，如按照常规的三次产业的划分，n 取 3。除此之外，也可以将国民经济划分为 33 个部门（n 取 33）或 99 个部门（国际标准产业分类 ISIC，n 取 99）。Y_i、Y_j 分别表示产业 i、j 的国内增加值，而 T_{ij} 表示产业 i 和 j 之间的关联度

$$T_{ij} = (v_{ij} + v_{ji}) / (v_i + v_j) \qquad (7\text{-}2)$$

其中，v_{ij} 是 i 产业消耗 j 产业的产品价值；v_{ji} 是 j 产业消耗 i 产业的产品价值；v_i 和 v_j 分别是产业 i 和产业 j 的总产值。因而

$$\begin{cases} v_{ij} = a_{ij} v_i \\ v_{ji} = a_{ji} v_i \end{cases} \qquad (7\text{-}3)$$

$$T_{ij} = (a_{ij} + a_{ji} v_i / v_j) / (1 + v_i / v_j) \qquad (7\text{-}4)$$

其中，a_{ij} 是投入—产出中的直接消耗系数，a_{ji} 代表 j 产业对 i 产业的消耗与 j 产业的产出的比值。根据式（7-4）可以知道

$$T_{ii} = a_{ii} \qquad (7\text{-}5)$$

按照可持续发展的其他要求，这里选取了就业人数、能源消费、科技投入及固定资产投资作为约束条件

$$\begin{cases} \sum_{i=1}^{n} L_i \leqslant L \\[2mm] \sum_{i=1}^{n} E_i \leqslant E \\[2mm] \sum_{i=1}^{n} S_i \leqslant S \\[2mm] \sum_{i=1}^{n} D_i \leqslant D \end{cases} \qquad (7\text{-}6)$$

其中，L_i 是产业 i 可以容纳的就业人数，L 是该地区或国家达到充分就业时的人数；E_i 是产业 i 的能源消费，E 是符合可持续发展的要求达到产业结构优化时能源消费的总量；S_i 是产业 i 的科技投入，S 是该地区或国家按可持续发展要求所要求的科技投入；D_i 是产业 i 的固定资产投资，D 是该地区或国家按照可持续发展要求的固定资产投资。

为了使产业结构达到最佳优化，把约束条件中的不等式变成等式，即

$$\begin{cases} \sum_{i=1}^{n} L_i = L \\[2mm] \sum_{i=1}^{n} E_i = E \\[2mm] \sum_{i=1}^{n} S_i = S \\[2mm] \sum_{i=1}^{n} D_i = D \end{cases} \qquad (7\text{-}7)$$

这样按照可持续发展的要求，产业结构规划问题就可以归纳为下述最优化问题

$$
\begin{cases}
\max \sum\limits_{i=1}^{n} \sum\limits_{j=1}^{n} T_{ij} Y_i Y_j \\
\text{s. t.} \sum\limits_{i=1}^{n} L_i = L \\
\sum\limits_{i=1}^{n} E_i = E \\
\sum\limits_{i=1}^{n} S_i = S \\
\sum\limits_{i=1}^{n} D_i = D
\end{cases}
\tag{7-8}
$$

为了求解优化模型（7-8），引入如下参数系数

$$
\begin{aligned}
\alpha_{1i} &= L_i / Y_i \\
\alpha_{2i} &= E_i / Y_i \\
\alpha_{3i} &= S_i / Y_i \\
\alpha_{4i} &= D_i / Y_i
\end{aligned}
\tag{7-9}
$$

这样，模型（7-9）就变成

$$
\begin{cases}
\max \sum\limits_{i=1}^{n} \sum\limits_{j=1}^{n} T_{ij} Y_i Y_j \\
\text{s. t.} \sum\limits_{i=1}^{n} \alpha_{1i} Y_i = L \\
\sum\limits_{i=1}^{n} \alpha_{2i} Y_i = E \\
\sum\limits_{i=1}^{n} \alpha_{3i} Y_i = S \\
\sum\limits_{i=1}^{n} \alpha_{4i} Y_i = D
\end{cases}
\tag{7-10}
$$

第三节　数据来源和处理

一、数据来源

本章所使用的数据来源于《河南统计年鉴》《河南科技统计年鉴》《中国统计年鉴》《中国能源统计年鉴》。

按照国家统计局数据库中对物质生产部门的划分方法及行业对产业结构的影响程度，把三次产业又进一步具体划分了行业来作为研究对象，其中，第一产业为农林牧渔业，第二产业进一步划分为采矿业、制造业、电力、燃气及水的生产和供应业和建筑业，第三产业进一步划分为交通运输、仓储及邮政业、批发零售和住宿餐饮业、现代服务业及其他行业。按以上划分标准，优化模型中的 n 取 9。

科技投入用 R&D 经费支出来表示，R&D 投入是用来说明一个国家或地区科技发展水平的重要指标，R&D 经费支出数据可通过查阅《河南科技统计年鉴》获得，但由于 2005～2012 年的《河南科技统计年鉴》中对 R&D 经费支出按行业的分类标准有所不同，为了和本章分行业划分保持一致，选择了 2008 年、2009 年、2011 年和 2012 年这四年的数据。这种选取对优化模型数据的处理产生了一定的误差，但是这种误差可以忽略不计，整体上的处理还是可行的。

根据优化模型设定中式（7-2）～式（7-5），通过比较可知产业之间的关联度可以用产业间的直接消耗系数代替，通过 2002 年、2007 年和 2012 年的投入产出表分别算出各年的直接消耗系数，发现这三年的数值变化不是很大，所以本章选取 2012 年的直接消耗系数来代替产业之间的关联度。

二、数据的处理和分析

通过 2005～2012 年河南省经济指标数据，可以分别求出 2005～2012 年分行业就业人数、能源消费、科技投入及固定资产投资与增加值的比例，见表 7-1～表 7-4。

从河南省三次产业就业人员构成情况的分析得出：2005～2012 年三次产业从业人员占比从 55.4%、22.1%、22.5% 变化到 41.8%、30.5%、27.7%，在此期间，第一产业下降了 24.6%，第二产业上升了 38.1%，第三产业上升了 23.2%。虽然第一产业近年来一直处于下降趋势，从业人员在近 8 年内减少了510 多万人，但就业人口构成比例仍然很高，这是由于河南省是一个传统的农业大省，农业人口基数大，劳动生产率一直较低；第二产业就业人员构成比例持续上升，第三产业就业人员构成比例缓慢上升，但都低于低收入和低消费的农林牧渔业，与它们在产业结构的增加值的占比不符合。从总量的变化趋势可以看出，劳动力开始从第一产业向第二、第三产业转移，整体的产业结构呈现出良好的发展态势，但第一产业本身没有因此受到遏制，反而得到了提高，这说明第一产业的劳动生产率获得了提升，第一产业的人均收入也得到了提高，所以应该提高河南省农业生产效率，扩大机械化程度，把大批富余的劳动力转移到第二、三产业。第二产业由于自身的特点，是主要的物质生产部门，生产主要的有形产品，对劳动力的接收程度是非常有限的，主要集中在资本比较密集的制造业。第三产业由于其劳动密集型的特性，应该成为吸收就业的主要部门，从业人员 8 年增加了近 500 万人，但是河南省第三产业整体发展缓慢，发展层次不高，对劳动力的贡献力没有充分发挥，内部结构之间还存在矛盾，这些都影响就业人数的提高进程。

表 7-1　河南省 2005～2012 年分行业就业人数与增加值的比例　（单位：%）

年份	农林牧渔业	采矿业	制造业	电力、燃气及水的生产和供应业	建筑业	交通运输、仓储及邮政业	批发零售和住宿餐饮业	现代服务业	其他行业
2005	1.658 99	0.067 86	0.190 59	0.071 66	0.722 42	0.299 25	0.508 68	0.424 00	0.241 43
2006	1.591 25	0.056 26	0.168 36	0.057 68	0.689 07	0.255 52	0.463 44	0.380 78	0.196 58
2007	1.316 84	0.049 51	0.146 47	0.049 65	0.684 18	0.229 19	0.411 54	0.305 29	0.171 10
2008	1.070 91	0.036 20	0.125 28	0.045 53	0.599 06	0.195 87	0.365 52	0.276 74	0.202 72
2009	0.998 49	0.032 07	0.128 55	0.061 69	0.533 22	0.252 19	0.379 38	0.239 48	0.129 60
2010	0.832 30	0.032 11	0.106 44	0.060 50	0.489 03	0.244 06	0.341 11	0.202 17	0.129 53
2011	0.760 33	0.028 61	0.099 79	0.039 65	0.443 92	0.226 52	0.298 63	0.169 37	0.122 59
2012	0.697 17	0.032 97	0.092 63	0.039 63	0.408 53	0.193 39	0.271 02	0.153 94	0.113 87

表 7-2　河南省 2005～2012 年分行业能源消耗与增加值的比例　（单位：%）

年份	农林牧渔业	采矿业	制造业	电力、燃气及水的生产和供应业	建筑业	交通运输、仓储及邮政业	批发零售和住宿餐饮业	现代服务业	其他行业
2005	0.243 74	1.965 34	2.242 09	4.491 71	0.105 88	1.038 44	0.178 64	0.186 98	3.743 09
2006	0.251 97	1.624 74	2.115 14	3.842 95	0.098 58	0.910 39	0.170 69	0.174 91	3.129 27
2007	0.212 66	1.480 15	1.868 36	3.920 73	0.088 66	0.891 03	0.139 26	0.138 69	2.658 30
2008	0.182 58	1.313 78	1.584 93	3.964 56	0.074 30	0.768 70	0.120 49	0.135 54	3.323 24
2009	0.179 36	1.076 48	1.609 89	4.623 30	0.081 93	1.063 33	0.133 15	0.111 62	2.175 77
2010	0.167 29	0.825 12	1.297 16	4.107 66	0.102 16	1.535 10	0.132 35	0.114 17	2.481 91
2011	0.183 52	0.978 75	1.154 55	4.494 47	0.114 34	1.340 29	0.159 34	0.129 37	2.839 45
2012	0.184 82	0.791 41	1.127 12	3.033 04	0.102 71	1.231 49	0.163 98	0.136 06	2.950 24

表 7-3　河南省 2008～2012 年分行业科技投入与增加值的比例　（单位：%）

年份	农林牧渔业	采矿业	制造业	电力、燃气及水的生产和供应业	建筑业	交通运输、仓储及邮政业	批发零售和住宿餐饮业	现代服务业	其他行业
2008	0.000 21	0.012 52	0.015 29	0.004 04	0.010 25	0.000 11	0.000 00	0.015 20	0.000 00
2009	0.000 20	0.010 05	0.018 18	0.014 64	0.008 60	0.000 14	0.000 00	0.014 63	0.000 00
2011	0.000 16	0.012 89	0.019 29	0.009 30	0.006 46	0.000 12	0.000 00	0.013 75	0.000 00
2012	0.000 14	0.014 19	0.021 08	0.007 82	0.005 77	0.000 21	0.000 00	0.011 74	0.000 00

表 7-4　河南省 2005～2012 年分行业固定资产投资与增加值的比例

(单位:%)

年份	农林牧渔业	采矿业	制造业	电力、燃气及水的生产和供应业	建筑业	交通运输、仓储及邮政业	批发零售和住宿餐饮业	现代服务业	其他行业
2005	0.029 95	0.276 02	0.290 39	1.102 99	0.012 20	0.748 32	0.152 78	0.921 82	0.155 59
2006	0.036 50	0.311 45	0.370 63	1.069 66	0.023 62	0.718 62	0.198 26	1.134 69	0.207 98
2007	0.062 15	0.391 49	0.489 03	0.900 29	0.021 65	0.471 12	0.223 24	1.261 59	0.162 72
2008	0.098 33	0.407 36	0.526 39	1.118 90	0.018 65	0.371 73	0.237 80	1.425 07	0.236 63
2009	0.126 88	0.406 74	0.654 74	1.602 57	0.015 49	0.605 16	0.290 35	1.566 37	0.200 66
2010	0.180 35	0.381 20	0.580 83	1.232 59	0.007 46	0.678 08	0.289 71	1.653 57	0.179 04
2011	0.183 31	0.318 71	0.717 46	0.868 19	0.007 90	0.798 70	0.243 28	1.585 10	0.133 19
2012	0.198 39	0.352 99	0.779 39	0.934 28	0.004 51	0.760 17	0.266 02	1.725 92	0.185 60

　　产业结构的变化影响着能源消费结构的变动。河南省第一产业能源消费比重保持在 3% 左右。第二产业能源消费比重始终保持在 80% 左右，先是伴随 2005～2008 年比重的增加，从 2009 年以后就开始逐年减少了，但第二产业在能源消费方面所占比重还是比较高，其中制造业占比就达到了 60% 左右。第三产业能源消费所占比重逐年增加，由 2005 年的 17.9% 上升到 2012 年的 22.8%。河南省产业能源消费结构与产业结构增加值结构保持一致，增加值占比大的产业相应的能源消费比重也较大。

　　近 8 年来，河南省科技投入总量持续上升，研发经费支出从 2005 年的 79.8 亿元增长到 2012 年的 355.3 亿元，从占地区生产总值的 0.5% 上升到 1.1%，增幅达到了 90% 多。虽然河南省科技投入已经有了较大幅度的增长，但是其相对量与发达省市还有一定的差距，而且主要科技投入集中在第二产业中的制造业，第一产业及包含科技服务业的现代服务业占比还比较小。河南省资金力量有限，特别是对高科技的投入较少，高科技产业发展也比较慢，因此，应大幅增加科技投入，加快技术进步，使河南省经济长期保持增长势头。

　　2005～2012 年，河南省固定资产投资从 3528.29 亿元增长到 20 818.69 亿元，平均增长速度为 28.9%，而地区生产总值的平均增长速度为 15.8%，增长速度总体上高于地区生产总值的增长速度。可以看出，固定资产投资对河南省经济持续快速发展起到了重要的推动作用。从三次产业来看，第一产业投资增速最快，增速达到了 44.6%，第二、三产业投资增速相对较慢，分别为 30.8%、26.1%。从主要行业看，高成长性制造业、批发零售和住宿餐饮业及现代服务业等行业投资增长较快，成为拉动全省投资较快增长的主力。

第四节　优化结果及分析

一、优化结果

对于优化模型（7-10）的最优解求解方法，本节利用 Matlab 软件做二次型规划分析，从而求出最优解。

由于本章选取数据的时间跨度是 2005～2012 年这 8 年的数据，所以可以选取 2020 年的产业结构调整作为河南省产业结构的优化值，为了求出这个优化值，就需要对模型（7-9）中的参数系数以及 2020 年就业人数、能源消费、科技投入及固定资产投资做出估算。为了使优化结果更加符合可持续发展，所以结合了河南省产业结构的具体情况，利用更加科学的数据分析方法，对约束条件中 2020 年的参数系数和指标数据进行了多次分析和对比。

通过多次尝试发现，不能只按照发展趋势进行估算，这样会导致优化值朝向极端方向发展，违背了自然发展的规律，此外，还需要调整产业在总量上的比重的变化趋势以及具体行业的变化趋势，比如，在适当降低就业人数、能源消费与增加值的比例的基础上，加大第一产业的降速，放缓第三产业尤其是现代服务业的降速；在增大科技投入、固定资产投资与增加值的比例的同时，降低第一产业的增速，提高第二、第三产业的增速。按照这个原则适当调整了所有参数，以期达到理想中的最优解。

把这些调整好的参数带入到优化模型中，利用 Matlab 软件运行得到 2020 年分行业的增加值，再结合优化模型中的系数，可以得出 2020 年河南省就业人数、能源消费、科技投入、固定资产投资的预测值数据，见表 7-5。

表 7-5　2020 年河南省经济发展数据

指标	农林牧渔业	采矿业	制造业	电力、燃气及水的生产和供应业	建筑业	交通运输、仓储及邮政业	批发零售和住宿餐饮业	现代服务业	其他行业
L/万人	2 488.19	69.14	1 222.09	17.28	791.96	219.00	966.76	1 043.31	134.00
E/万吨	951.14	1 566.18	19 378.37	1 947.28	3 229.16	1 689.86	1 065.78	1 169.86	4 249.58
S/亿元	28.00	53.85	820.09	7.48	15.63	0.25	0.00	91.81	0.00
D/亿元	885.52	2 038.65	18 625.55	1 399.42	85.53	1 003.63	2 218.78	21 523.62	612.04
Y/亿元	5 400	3 001	21 218	750	2 750	1 619	5 595	9 057	1 551

二、结果分析

从表 7-6 的优化模型预测结果可以看出，就业人数与增加值的比例逐渐降低，即社会劳动生产率在不断提高；能源消费与增加值的比例有所降低，表明单位增加值的能耗减少，即能源效率得到了提高；单位增加值的科技投入迅速增大，表明科技投入强度在不断提高；固定资产投资与增加值的比例有所增大，表明固定资产投资效率越来越高，固定资产投资对经济的贡献在增大。

从表 7-7 反映的数据变化可知，河南省生产总值在不断提高，从 2005 年的 10 587.42 亿元到 2012 年的 29 599.31 亿元，再增加到 2020 年的 50 941 亿元；就业人数从 2005 年的 5662.44 万人增长到 2012 年的 6287.5 万人，到了 2020 年预测会达到 6951.73 万人。结合表 7-5 中的数据可知，到 2020 年第一产业就业人数比重比 2012 年有所减少，第二、第三产业有所增加，特别是第三产业增加最快。能源消费总量逐年提高，2005～2020 年，从 14 624.61 万吨标准煤变化到 35 247.2 万吨标准煤。科技投入总量提高速度增大，从 2005 年的 79.84 亿元，到 2020 年预计将达到 1017.11 亿元。固定资产投资总量也在不断加大，2020 年预计将会达到 48 392.73 亿元。

表 7-6　主要时间节点各比例系数的演化趋势　　　　　（单位：%）

年份	就业人数与增加值的比例	能源消费与增加值的比例	科技投入与增加值的比例	固定资产投资与增加值的比例
2005	0.534 83	1.381 31	0.005 25	0.333 25
2009	0.305 37	1.013 87	0.008 97	0.604 11
2012	0.212 42	0.798 91	0.010 50	0.703 35
2020	0.136 47	0.691 92	0.019 97	0.949 98

表 7-7　主要时间节点经济总量的演化趋势

年份	L	E	S	D	Y
2005	5 662.44	14 624.61	79.84	3 528.29	10 587.42
2009	5 948.78	19 750.60	174.76	11 768.37	19 480.50
2012	6 287.50	23 647.13	355.35	20 818.69	29 599.31
2020	6 951.73	35 247.20	1 017.11	48 392.73	50 941.00

注：L 为就业人员总量，单位为万人；E 为能源消费总量，单位为万吨标准煤；S 为科技投入即 R&D 经费支出，单位为亿元；D 为固定资产投资，单位为亿元；Y 为河南省生产总值，单位为亿元

在 2020 年优化值预测的基础上，第八章将结合优化评价指标，对产业结构的优化情况作进一步分析。

第五节　基于可持续发展的河南省产业结构优化评价指标体系的构建

随着产业之间关系的不断调整，产业结构优化过程在不断完善，这一过程包含了三个层次的含义：①扩大产业结构规模；②提高产业结构水平；③增强各产业之间技术经济上下游之间的联系。

本节通过结合河南省产业结构 2020 年的优化值，进一步分析影响其产业结构优化升级的各项因素，构建出了产业结构优化升级的评价指标体系，揭示出了不同因素对产业结构优化升级的不同作用，希望河南省经济能进一步大踏步前进。

一、三个维度

关于产业结构优化的研究很多，形成了不同的见解，没有完全统一的说法。而其中较为主流的说法为：产业结构优化可以分成产业结构的合理化、高度化和高效化这三个指标。产业结构优化的过程也就是这三个指标发展的过程，分别通过研究这三个指标的具体影响因素，促进三个指标的发展，进而使产业结构得到优化。笔者阅读了大量国内外相关文献，结合前人的研究成果，然后根据自身的理解，以产业结构优化升级的原则为基础，进而总结出了相关的判断标准，主要包含以下三个方面：①合理化，即各个产业之间要相互补充、相互配套，共同进步，协调发展，在保证技术进步和经济总量增长的同时，还要改善就业形势、兼顾环境保护；②高度化，即实现产业升级，从比较低级的产业结构向较高级的结构演化的过程，如产业结构由第一产业逐渐向第二产业和第三产业转变，由劳动密集型产业逐渐向资金密集型产业和技术密集型产业过渡转移，由低级状态产业向高附加值产业、高技术化产业和高集约化产业转变发展；③高效化，即吸收先进的技术，合理配置并有效利用各项资源，如进一步提高能源利用效率、劳动力使用效率等。

二、评价指标体系的构建

构建评价指标体系时，必须遵循一定的原则。

首先，必须遵循全面性原则，因为这个体系是一个综合的有机整体，它体现着产业结构优化升级的方方面面和主要特征。其次，必须遵循可比性原则，为此对于种种动态特征，一定要予以充分考量，唯有此才能合理地评价同一个指标在不同时间范围内的变化趋势。再次，必须遵循科学性原则，即评价指标体系一定要充分反映产业结构优化升级的内涵及数量特征，保证概念精准、含义明确，同时各指标必须彼此独立，互不重叠。最后，可操作性原则，即选取的各项指标必须尽可能量化，保证基础数据可获得的同时还要确保获得数据的可靠性。

通过阅读前人的各项研究及本章对可持续发展指标的选择，本章构建了表 7-8 所示的评价指标体系。

表 7-8　产业结构优化升级评价指标体系

目标层	一级指标	二级指标	指标代码
产业结构优化升级	合理化	产业结构偏离度	Q_1
		能源消耗效率（万元/吨标准煤）	Q_2
		科技投入强度	Q_3
		固定资产投资与增加值的比例（%）	Q_4
		万元工业增加值"三废"排放量（吨/万元）	Q_5
	高度化	第三产业增加值占比（%）	Q_6
		第三产业就业人数占比（%）	Q_7
		高技术产业主营业务收入占比（%）	Q_8
	高效化	人均产值密度比	Q_9
		全社会劳动生产率（元/人）	Q_{10}
		固定资产投资与公共财政预算支出的比例（%）	Q_{11}

现对表 7-8 中相关指标进行解释说明。

（1）产业结构偏离度 Q_1：该指标是测定产业结构与就业结构协调性的一个指标。计算公式如下

$$Q_1 = \sqrt{\sum_{i=1}^{3} (\frac{m_i}{n_i} - 1)} \ (i=1, \ 2, \ 3) \tag{7-11}$$

其中，Q_1 代表产业结构的偏离程度，m_i 和 n_i 分别代表第 i 产业增加值及劳动力在三大产业中的比例，Q_1 越小，其产业结构对应的恰当性也就越强。

（2）能源消耗效率 Q_2：该指标反映的是消耗单位能源能够带来经济增长的多少，带来的多说明利用能源发挥了更大的作用，能源效率得到了提高，区域的产业结构效益水平越高。也就是能源利用效率的问题。该指标的计算公式如下

$$Q_2 = 增加值/能源消耗总量 \tag{7-12}$$

（3）科技投入强度 Q_3：用 R&D 经费支出占国家或地区生产总值的比重来表示科技投入强度，也是评价其科技实力和核心竞争力的重要指标之一，科技

的投入推动地区

的创新驱动。本章科技投入强度指标的计算公式如下

$$Q_3 = R\&D\text{经费支出/增加值} \tag{7-13}$$

（4）固定资产投资与增加值的比例 Q_4：固定资产投资总额占区域增加值的比重，是衡量固定资产投资与经济发展的一种指标。该指标的计算公式如下

$$Q_4 = \text{全社会固定资产投资总额/区域增加值} \tag{7-14}$$

（5）万元工业增加值"三废"排放量 Q_5：产业结构优化升级不得不对环境成本进行分析，本章中以"三废"排放量为依据，来计算区域产业结构优化升级的环境成本，该指标越小，说明产业结构越合理，计算公式如下

$$Q_5 = \text{"三废"排放总量/地区工业增加值} \tag{7-15}$$

（6）第三产业增加值占比 Q_6：产业结构演化过程表明，随着产业结构高度化的发展，第三产业增加值比重不断变化，最终第三产业将占据优势，因此选用该指标来衡量产业结构高度化发展的一个方向。其计算公式如下

$$Q_6 = \text{第三产业增加值/区域生产总值} \tag{7-16}$$

（7）第三产业就业人数占比 Q_7：从产业结构的演变形态来看，产业发展沿着第一、二、三产业依次递进，在变化过程中，伴随着劳动力从第一产业向第二、三产业的转移，所以第三产业就业人数比重很大程度上反映了产业结构发展的水平。其计算公式如下

$$Q_7 = \text{第三产业就业人数/区域总就业人数} \tag{7-17}$$

（8）高技术产业主营业务收入占比 Q_8：高技术产业的智力性、创新性、战略性和环境污染少等优势，对促进产业结构优化具有重要的意义，本章采用高技术产业业务收入占比来反映高技术产业的发展水平，其计算公式如下

$$Q_8 = \text{区域高技术产业主营业务收入/区域工业主营业务收入} \tag{7-18}$$

（9）人均产值密度比 Q_9：该指标反映区域经济发展与全国平均水平之间的差异程度。其计算公式如下

$$Q_9 = \text{区域人均GDP/全国人均GDP} \tag{7-19}$$

（10）全社会劳动生产率 Q_{10}：反映区域的劳动效率，该指标越高，区域的劳动效率就越高。其计算公式如下

$$Q_{10} = \text{区域增加值/区域总就业人数} \tag{7-20}$$

（11）固定资产投资与公共财政预算支出的比例 Q_{11}：区域固定资产投资能带动政府财政收入增长，不仅能够直接创造税收，还能推动产业结构不断升级，本章通过如下公式计算来间接反映固定资产投资对产业结构优化的作用。其计算公式如下

$$Q_{11} = \text{固定资产投资/公共财政预算支出} \tag{7-21}$$

第六节　指标权重与测算

一、数据预处理与测度方法的选择

以前文构建的评价指标体系为基础，综合测算河南省 2008～2012 年的相关统计数据，对河南省产业结构进行综合而全面的评判，测算出了评价体系中各指标对应的数值。对应采集到的数据中的逆向指标，通过求其对应的倒数而将其转化成正向指标，同时按照统一的标准对采集的数据进行了预处理，保证计算的科学性。

本节主要运用了主成分分析的测度方法，以 Matlab 为工具，定量计算出了各指标的数值，以期更好地评价河南省产业结构。

二、数据收集与计算

根据前文对 Q_1～Q_{11} 的定义和描述，以国家统计局和河南省统计局公布的数据为基础，获得了所需要的测算原始数据，可用于导入 Matlab，如表 7-9 所示。

表 7-9　导入 Matlab 的原始数据

年份 指标	2005	2006	2007	2008	2009	2010	2011	2012
Q_1	1.0084	1.0466	1.3682	1.3313	1.2301	1.2515	1.1569	1.1016
Q_2	0.724	0.7616	0.8416	0.9496	0.9863	1.0772	1.1678	1.2517
Q_3	0.0053	0.0065	0.0067	0.0069	0.009	0.0092	0.0098	0.0105
Q_4	0.3333	0.4034	0.463	0.5034	0.6041	0.5934	0.6407	0.7034
Q_5	53.6954	46.1473	39.5213	32.4144	33.7568	30.0304	27.1844	26.8944
Q_6	0.3005	0.301	0.3005	0.283	0.2926	0.2862	0.2967	0.3094
Q_7	0.2247	0.2305	0.2366	0.2441	0.2537	0.261	0.2702	0.2767
Q_8	0.0294	0.0305	0.0292	0.0255	0.0318	0.0328	0.0427	0.0623
Q_9	0.7999	0.8068	0.7939	0.8264	0.8043	0.8144	0.8147	0.819
Q_{10}	1.8698	2.1618	2.6006	3.0878	3.2747	3.8223	4.3452	4.7076
Q_{11}	3.1614	3.4631	3.7154	3.9755	4.05	4.0116	4.061	4.1584

根据表 7-9 的数据，令各年中指标最大值为 1，则将原始数据标准化后得到表 7-10。

表 7-10　标准化数据

指标 \ 年份	2005	2006	2007	2008	2009	2010	2011	2012
X_1	0.7370	0.7650	1.0000	0.9730	0.8991	0.9147	0.8456	0.8051
X_2	0.5784	0.6084	0.6724	0.7586	0.7880	0.8606	0.9329	1.0000
X_3	0.5002	0.6151	0.6416	0.6559	0.8544	0.8718	0.9354	1.0000
X_4	0.4738	0.5736	0.6582	0.7157	0.8589	0.8437	0.9109	1.0000
X_5	1.0000	0.8594	0.7360	0.6037	0.6287	0.5593	0.5063	0.5009
X_6	0.9712	0.9730	0.9714	0.9148	0.9459	0.9249	0.9592	1.0000
X_7	0.8119	0.8328	0.8551	0.8821	0.9168	0.9432	0.9766	1.0000
X_8	0.4721	0.4886	0.4690	0.4090	0.5096	0.5262	0.6849	1.0000
X_9	0.9766	0.9851	0.9693	1.0090	0.9820	0.9944	0.9947	1.0000
X_{10}	0.3972	0.4592	0.5524	0.6559	0.6956	0.8119	0.9230	1.0000
X_{11}	0.7603	0.8328	0.8935	0.9560	0.9739	0.9647	0.9766	1.0000

有了表 7-9 的原始数据，就可以利用 Matlab 进行主成分分析相关计算，可以得到各主成分的特征值和方差贡献率，如表 7-11 所示。

表 7-11　各主成分的特征值和方差贡献率

主成分	特征值	方差贡献率/%	累计贡献率/%
1	7.6285	69.3503	69.3503
2	2.2060	20.0548	89.4051
3	0.8073	7.3393	96.7444
4	0.2718	2.4709	99.2153
5	0.0643	0.5848	99.8001
6	0.0177	0.1609	99.961
7	0.0043	0.039	100
8	0.0000	0	100
9	0.0000	0	100
10	0.0000	0	100
11	0.0000	0	100

通过表 7-11 的数据很容易发现，成分 1 和成分 2 这两项指标的累积贡献率达到了 89.4051%，因此可以选择这两项作为主成分，进而就可以得出河南省产业结构所处的水平。

各指标的主成分如表 7-12 所示。

表 7-12　各指标的主成分

各指标	1	2	3	4	5
Q_1	0.0783	−0.5436	−0.5316	0.5093	−0.1915
Q_2	0.3590	0.0509	0.0266	−0.0335	−0.3881
Q_3	0.3492	0.0864	−0.1073	−0.3767	0.2261
Q_4	0.3570	0.0864	−0.1073	−0.3767	0.2261
Q_5	−0.3486	0.1673	0.0637	−0.0801	−0.0387

各指标	1	2	3	4	5
Q_6	-0.0088	0.6265	-0.2975	0.4547	0.2179
Q_7	0.3577	0.0695	-0.0122	-0.1775	-0.2601
Q_8	0.2629	0.4443	0.0150	0.3328	-0.1350
Q_9	0.2297	-0.1776	0.7615	0.4625	0.1529
Q_{10}	0.3588	0.0506	0.0088	-0.0343	-0.4173
Q_{11}	0.3398	-0.1936	-0.1307	0.0518	0.5766

各指标	6	7	8	9	10	11
Q_1	0.1288	0.2153	0.0701	0.2150	0.0517	0.0783
Q_2	0.0913	-0.3325	0.7187	-0.0792	-0.0424	0.3590
Q_3	-0.0858	0.7225	0.2401	0.2267	-0.0886	0.3492
Q_4	-0.0858	0.7225	0.2401	0.2267	-0.0886	0.3570
Q_5	0.5905	-0.0640	0.0077	0.6499	-0.0724	-0.3486
Q_6	-0.3932	-0.1214	0.1333	0.2767	0.0308	-0.0088
Q_7	-0.0656	-0.0956	-0.3070	0.2637	0.7677	0.3577
Q_8	0.5522	0.2995	-0.1989	-0.4121	0.0149	0.2629
Q_9	-0.0655	0.1150	0.0907	0.2589	0.0391	0.2297
Q_{10}	-0.1997	-0.0985	-0.4490	0.2483	-0.6163	0.3588
Q_{11}	0.1341	-0.3150	-0.2234	-0.0797	-0.0519	0.3398

通过选择的两项主成分，就可以计算出各指标在产业结构优化升级中的权重，可以得到如下产业结构优化指数测算模型

$$I=-0.0315X_1+0.1491X_2+0.1493X_3+0.1493X_4-0.1198X_5+0.0688X_6 \\ +0.1507X_7+0.1561X_8+0.0712X_9+0.149X_{10}+0.1132X_{11} \qquad (7\text{-}22)$$

所以，产业结构合理化指数计算式为

$$I_1=-0.0315X_1+0.1491X_2+0.1493X_3+0.1493X_4-0.1198X_5 \qquad (7\text{-}23)$$

产业结构高度化指数计算式为

$$I_2=0.0688X_6+0.1507X_7+0.1561X_8 \qquad (7\text{-}24)$$

产业结构高效化指数计算式为

$$I_3=0.0712X_9+0.149X_{10}+0.1132X_{11} \qquad (7\text{-}25)$$

以式（7-22）～式（7-25）为基础，再结合表 7-10 的中标准化数据，就可以计算出河南省近年来产业结构优化指数测算的得分情况，详情参见表 7-13。

表 7-13　河南省产业结构优化指数测算结果（2005～2012 年）

年份	合理化指数	高度化指数	高效化指数	优化指数
2005	0.0861	0.2629	0.2148	0.5637
2006	0.1380	0.2687	0.2328	0.6396
2007	0.1711	0.2689	0.2525	0.6925
2008	0.2111	0.2597	0.2778	0.7486

续表

年份	合理化指数	高度化指数	高效化指数	优化指数
2009	0.2650	0.2828	0.2838	0.8316
2010	0.2841	0.2879	0.3010	0.8730
2011	0.3225	0.3201	0.3189	0.9615
2012	0.3569	0.3756	0.3334	1.0659

结合优化模型中求出的优化值，以及根据表 7-9 中 2005～2012 年指标的发展趋势和河南省"十三五"规划的发展思路，可以得到 2013～2020 年评价指标数据，见表 7-14。

表 7-14　河南省产业结构优化升级各指标预测值（2013～2020 年）

年份\指标	2013	2014	2015	2016	2017	2018	2019	2020
Q_1	0.9563	0.8302	0.7207	0.6257	0.5431	0.4715	0.4093	0.3553
Q_2	1.2744	1.2975	1.3210	1.3450	1.3694	1.3942	1.4195	1.4452
Q_3	0.0114	0.0123	0.0134	0.0145	0.0157	0.0170	0.0184	0.0200
Q_4	0.7303	0.7582	0.7873	0.8174	0.8487	0.8812	0.9149	0.9500
Q_5	26.5985	26.3059	26.0166	25.7304	25.4474	25.1674	24.8906	24.6168
Q_6	0.3142	0.3190	0.3240	0.3290	0.3341	0.3393	0.3445	0.3499
Q_7	0.2839	0.2913	0.2989	0.3067	0.3147	0.3229	0.3313	0.3399
Q_8	0.0810	0.1053	0.1369	0.1780	0.2314	0.3008	0.3910	0.5084
Q_9	0.8231	0.8272	0.8314	0.8355	0.8397	0.8439	0.8481	0.8524
Q_{10}	4.9754	5.2583	5.5574	5.8734	6.2074	6.5604	6.9335	7.3278
Q_{11}	4.2416	4.3264	4.4129	4.5012	4.5912	4.6831	4.7767	4.8722

把表 7-14 中的数据标准化后代入产业结构优化评价表达式式（7-22）～式（7-25），得到河南省未来几年（包括 2013 年、2014 年）产业结构优化升级的得分情况，见表 7-15。

表 7-15　河南省产业结构优化升级评分统计表（2013～2020 年）

年份	合理化指数	高度化指数	高效化指数	优化指数
2013	0.3816	0.4274	0.3445	1.1536
2014	0.4072	0.4934	0.3561	1.2567
2015	0.4338	0.5778	0.3683	1.3799
2016	0.4615	0.6860	0.3811	1.5286
2017	0.4906	0.8253	0.3944	1.7103
2018	0.5211	1.0048	0.4085	1.9344
2019	0.5533	1.2365	0.4232	2.2131
2020	0.5873	1.5363	0.4387	2.5623

依据表 7-13、表 7-15 中的内容，能够绘制出河南省产业结构优化升级指数演化趋势图，以及优化升级指数增长率的变化趋势，分别如图 7-1、图 7-2 所示。

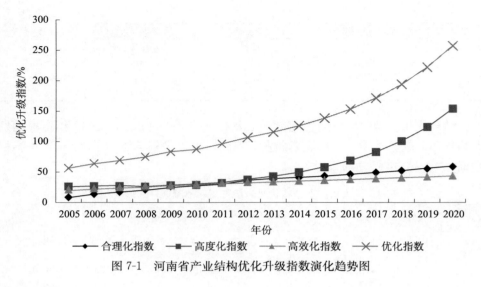

图 7-1　河南省产业结构优化升级指数演化趋势图

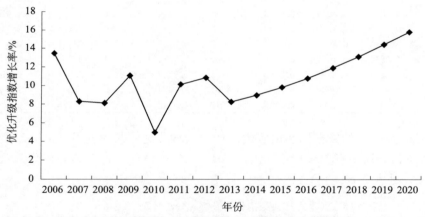

图 7-2　河南省产业结构优化升级指数增长率变化趋势图

三、结果分析

从图 7-1、图 7-2 中不难发现，2005～2020 年，河南省产业结构优化升级显示出良好的发展趋势，总体上呈现出逐年缓慢上升的趋势，优化程度在不断提高；但近年来河南省产业结构优化升级指数提升缓慢。

从一级指标来看，产业结构高度化对应的得分在 2005～2012 年这 8 年非常稳定，变动较小，而 2013～2020 年开始逐年增长；产业结构合理化对应的得分在此期间略有波动，小幅增长；产业结构高效化对应的得分逐年增长，但是增长幅度不是很大。从本章研究的时间段来看，2005～2012 年，产业结构高度化得分略高；2012 年以后，产业结构高度化得分开始拉大与合理化和高度化得分之间的差距；2005～2010 年，产业结构高效化得分略高于产业结构合理化得分，但 2010 年以后产业结构合理化占优。

第七节　河南省产业结构优化策略

通过前面产业结构优化模型设定可持续发展对产业结构要求的指标以及对 2020 年产业结构优化预测值的分析，再加上产业结构优化评价指标体系对河南省产业结构优化程度的进一步分析，得知河南省产业结构合理化、高度化及高效化都得到了提高，但是发展水平和发展速度还有待提高，针对这些不足再结合文中的分析，对河南省产业结构优化（图 7-3）提出以下几条建议。

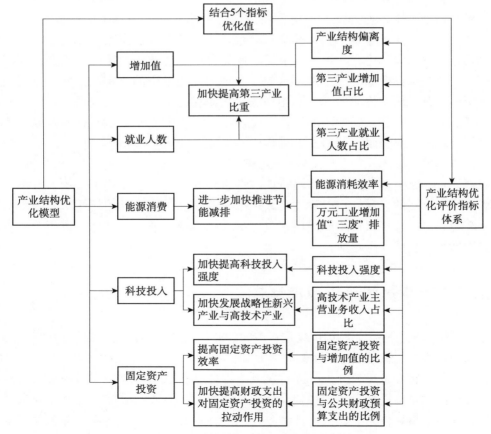

图 7-3　河南省产业结构优化建议框架

一、加快提高第三产业比重

河南省第三产业比重偏低是制约其经济发展的主要因素，提升第三产业的比重是产业结构优化的重要任务。加快发展服务业，尤其是现代服务业，是提高第三产业比重的关键。以生产性为主的现代服务业能促进经济的发展，拉动就业，优化产业结构。河南省现代服务业发达程度还比较低，对经济的带动作用还不明显，无法满足经济持续性发展的需求，需要进一步提高。与此同时，还要发展传统服务业，进一步优化服务业的结构，推动服务业快速发展。

第一，第三产业的发展依靠市场化进程和城镇化进程。在经济的市场化进程中，形成了市场规则和市场体系，发展了市场中介机构，强化生产要素人力的市场观念，发挥市场机制功能。加快市场化进程需要推进体制改革，从而能够促进新兴服务业和市场中介服务业的发展，带动第三产业结构优化。服务业主要是以城市服务业为主，河南省城镇化程度偏低直接影响了服务业的发展，从而使第三产业比重偏低和结构变动缓慢。统筹城乡经济发展，改变城乡二元结构，加快城镇化进程。第二，第三产业的发展需要有效利用外商投资。河南省需要提高第三产业开放程度，这样才会加大外商投资的比重，还要充分利用外资，使其运用到资源的开发利用中去，从而促进第三产业的发展。第三，第三产业的发展，还需要专业的人才。应建立对第三产业尤其是服务业专业人才的培养机制，加强服务业的发展进程中对所需专业人才的培养，从而能够适应服务业的发展要求，跟上更高层次的服务业，进一步推动服务业的发展。第四，对薄弱行业给予政策支持。薄弱行业的存在导致第三产业发展不平衡，影响了整个第三产业的发展。可以通过财政政策来调节，对发展慢的行业给予税收优惠政策；对于投资大、短期内回报很难见效的重要行业，如教育、科研等，应采取增加投资的优惠政策。

二、进一步加快推进节能减排

可持续发展对产业结构优化过程中的能源问题和环境问题提出了新的要求，必须进一步加快推进节能减排。

第一，转变思想观念。可持续发展不再是只追求经济数量上的增长，而是追求经济效益的提高，更加注重经济质量的提升，而节能减排在这个过程中发挥着重要的指导作用。通过宣传教育，把这种观念渗入到各产业、各企业甚至个人去，让其产生强烈的责任感和认同感。通过提高认识，把节能减排理念运用到生产经营管理中，生活中倡导节约型的消费习惯，形成节能减排的良好氛围。

第二，加强绿色行业的发展。加快淘汰生产能力过低的产业，限制高耗能、高污染产业的过快发展，对于绿色行业进一步加大政策支持力度，提高其战略意义，加快培育和发展绿色产业。

第三，建立、完善产业节能和污染物排放的标准体系。把这个标准体系纳入到产业的发展当中，与此同时，对各产业中的企业进行严格的监督和管理，设立完善的考核体系，使企业能源消费和污染物排放情况能够得到真实、及时的反馈。通过建立与完善激励和惩罚机制，对达到标准甚至低于标准的企业，给予表扬和宣传，对于严重违反标准的企业给予严厉的惩罚，并责令其改正。

第四，积极引进和吸收先进的节能减排技术和管理经验，开发新能源，提高产业能源利用效率，提高污染物处理技术，减少污染物排放量。在应用先进技术的同时，加快企业自身创新驱动建设，通过产学研联动，形成自身独特的节能减排创新体系。

三、加快提高科技投入强度

科技投入强度在一定程度上决定产业结构优化的方向和程度，因此，加大科技投入强度是非常有必要的。

优化科技资源的结构。河南省科技投入强度 2012 年是 1.7%，远远落后于发达地区。科技投入的加大会带来经济快速增长，对于产业结构优化具有重要意义，但是科技投入带来的效益在短时间内很难完全显现，它是一个长期累积的过程。要提高科技投入强度，对科技投入提供政策支持，加大研发经费的支出，必须引导和支持企业在创新驱动上的投资，从而扩大投资的规模。在量上提高的同时，还应注重科技投入的结构。加大重大科技基础设施的投资力度，在基础研究和应用研究的投入方面，应对其加大投资，对高收益和高增长的关键产业的科技投入提供资金支持。另外，政府加大对基础研究和应用研究的投资，社会应引导更多的科技投入，改变科技投入的类别和范围，在政策、法律方面对科技结果进行保护，进而吸引更多的科技投入，从而促进河南省科技投入强度的逐年提升。

深化科技管理改革。形成重点学科，加强重点领域的科学研究，达到国际先进水平。对新兴研发机构和组织进行鼓励与支持，从而开发新的基础研究，以及把科技成果产业化的新方法。推进产业部门、高校和科研机构的紧密合作，形成产学研合作机制，加快科技产业化的进度。

四、加快发展战略性新兴产业与高技术产业

战略性新兴产业和高技术产业在调整产业结构、提高竞争力方面有着重要的意义。它们以其智力性、创新性、战略性和环境污染少等优势，促进着经济的发展。

战略性新兴产业的发展。通过提高第三产业占比，提高第二、第三产业劳动力比重，提高第二产业劳动生产率，能够促进产业结构优化。加快发展战略性新兴产业，第一，要加快现代服务业的发展，现代服务业和战略性新兴产业是互相促进的，有着紧密的联系；第二，要提高科技投入强度，将战略性新兴产业发展为主导产业，从而带动产业结构优化。

大力发展高技术产业，可以大幅度提高劳动生产率，减少资源消耗；利用高技术产业改造传统产业和基础产业，可以迅速提升产业结构，推进经济协调稳定发展；大力发展高技术产业，可以迅速提高企业的竞争力，增强其综合实力。

推动建设有益于高新技术产业发展的良好平台和营造适应其发展的环境，在技术支持、投资强度、税收优惠、人才培养等方面给予一定帮助，使得更多的资本流向高新技术产业。在支持的同时还应对其进行保护，对高技术型中小企业投资建立风险评估机制，以利于其顺利发展。利用河南省当地郑州大学等现有高校教育资源和科研院所资源，形成产学研互动机制，从而促进高技术的产业化。

五、提高固定资产投资效率

固定资产投资对经济的增长贡献很大，所以，适度地加大固定资产投资规模对河南省经济增长具有促进作用。一定程度上增加固定资产投资，会带来实物资本存量的增加和产出水平的提高，还能促进社会分工、提高管理水平、促进科技进步等，进而推动经济的增长。过多的固定资产投资，会使相关资源过剩，导致投资效率降低，使产出低于投资总量，导致通货膨胀，遏制经济发展；过少的固定资产投资，会使生产要素不足，经济得不到充分发展。

加大外商投资力度，进而把先进的科学技术通过投资的方式带到地区的发展当中，提高整个产业的技术水平。在与国外企业竞争时，学习和研发新的技术，进一步推动产业的技术水平，提高技术效率，带动投资效率的提高。

优化投资结构。在河南省未来固定资产投资方向选择上，要注重加大对利

于创新驱动和生产要素利用率高的产业的投资力度，继而推动产业优化发展，但同时也要对传统行业的改造加大投资力度，促进其发展。

六、加快提高财政支出对固定资产投资的拉动作用

首先，优化财政支出结构。政府在调整支出的结构上，应该加大对基础设施方面的投资力度，提高公共物品的比重，可以利用公私合营的方式，与企业形成合作伙伴关系，一起发展和改善公共服务和公共基础设施，这样就带动了企业的固定资产投资，使固定资产投资在财政支出中的比重加大。

其次，通过政策制定和经济方法缩减财政支出与固定资产投资之间的滞后性，在适当的时间进行固定资产投资，找准投资的时机，使更多的财政支出流向固定资产投资，进而保证投资的效用。

第八节　本章小结

通过前文的分析研究，主要研究成果有以几点。

（1）基于可持续发展的产业结构优化模型。设定了经济持续增长、充分就业、节能减排、创新驱动以及以固定资产投资为基础作为可持续发展对产业结构优化的基本要求来作为目标函数和约束条件，构建了产业结构优化模型，利用 Matlab 软件，进行了二次型规划的求解，计算出了 2020 年优化的产业结构，从而分析出产业结构优化升级的方向。预测结果显示，2020 年与 2012 年对比，在总量上，就业人员增加了 664.2 万人，能源消费增加了 11 600.1 万吨标准煤，科技投入增加了 661.8 亿元，固定资产投资增加了 22 408.7 亿元；生产总值增加了 21 341.7 亿元。在与增加值的比例上，可以得出今后河南省产业结构优化的方向：在第二产业为主导产业的基础上，加快提高第三产业的比重；促进就业从第一产业向第二、第三产业转移，尤其是发挥第三产业对就业的拉动作用；加大科技投入强度，推进创新驱动；调整固定资产投资投资幅度和内部结构，进而促进产业结构向更好的方向发展。

（2）设计并构建了产业结构优化的评价指标体系。在对 2020 年产业结构优化预测值的分析的基础上，进一步分析了影响产业结构优化升级的各项因素。先是总结出产业结构升级的判断标准，即产业结构的合理化、高度化与高效化，作为一级评价指标，再根据判断标准的含义及构建评级指标体系遵守的原则，进一步划分了 11 个二级评价指标。在给出 11 个指标的定义的基础上，作了实证

分析，利用主成分分析法，得出了指标在产业结构优化升级指数所占的比重，进一步计算出河南省产业结构优化升级指数的得分情况，从而分析出产业结构优化的状态和程度。通过以上研究分析不难看出，河南省产业结构优化升级从总体上来看发展趋势较好，呈现出小幅上升的态势；河南省产业结构优化升级，其过程是从合理化向高度化和高效化发展的过程，通过一系列表格数据，很容易发现在河南省产业结构优化升级进程中，高度化增加的幅度比较大。

（3）提出产业结构优化策略。从产业结构优化模型的设定条件及结果分析，再结合产业结构优化评价指标体系中二级指标的分析，根据河南具体的发展情况，提出了要加快提高第三产业比重、进一步加快推进节能减排、加快提高科技投入强度、加快发展战略性新兴产业与高技术产业、提高固定资产投资效率以及加快提高财政支出对固定资产投资的拉动作用这 6 条建议，希望对河南省今后的产业结构优化升级有所帮助，使其产业结构向合理化、高度化和高效化的方向迈向新的台阶。

第八章　科技进步与能源效率的提升

第一节　科技进步与能源效率的研究现状和理论基础

一、研究背景

1992年巴西里约热内卢召开了联合国环境与发展大会，会议讨论并通过了具有里程碑意义的《21世纪议程》。1994年3月，由时任总理李鹏主持召开的国务院常务会议，通过了《中国21世纪议程——中国21世纪人口、环境与发展白皮书》。而在2010年的博鳌亚洲论坛上，习近平同志做了题为"携手推进亚洲绿色发展和可持续发展"的报告。可以说，可持续发展的主题一直以来都是新时期中国的国家战略。

20年的时间过去了，我国的可持续发展战略深入人心，虽然取得了一定的成效，但是在新的经济发展目标前提下，仍面临着众多挑战。目前的社会发展面临的最主要问题其实就是能源的巨大浪费与利用效率过低，这种因素造成了我国"高能耗、低效率"的经济增长方式。这一方面使社会生产对能源的依赖度很高，同时也造成了消费结构的不合理，中国饱受着巨大的国际舆论压力。

我们可以看到，伴随着中国经济的快速增长，对于能源使用的改善已经迫在眉睫，从科技进步的角度我们知道经济增长仍对我国现阶段的发展具有重要意义。但是，在保持经济增长的这一过程中，如果能够更好地规避能源效率问题，显然是我们解决这个问题更为有效的切入点。

二、科技进步与能源效率研究概况

在热力学范畴，能源效率是指用较少的能源生产投入得到同样数量的服务或有用的产出（Patterson，1996）。这一观点的提出在于如何准确定义"有用的产出"

和"能源生产投入"。针对这个问题，魏楚（2009）等认为，按照不同研究所涉及的投入、产出数量，可以将其划分为单要素生产率框架和全要素生产率框架。

单要素生产率投入显然存在着一定的局限性，因为不同热力学指标的选择可能会存在着对于计算结果的偏差，而且就生产而言，劳动力、资本、产业结构等与能源是互相作用的，这些不同要素共同决定了能源生产投入的最终效率。

基于指标的缺陷，学者将研究转向可以更好地描述"效率"的方法。这种研究的一般思路集中在给定各种要素投入之后，将实现最大产出水平作为衡量投入最小化的前提（Lovell，1993）。其思路为：在测量与前沿的距离上，主要采用基于投入、产出角度的距离函数（distance function）（Shepard，1970）。这种方法是通过数据形成一个非参数的线性包络凸面作为生产的前沿，同时这也就规避了研究对象在技术上的效率问题。

三、科技进步、能源效率与经济增长之间的联系

1. 科技进步与经济增长的内在联系

作为经济学研究中亘古不变的话题，经济增长的研究始于 Harrod（1939）和 Domar 所创造的"Harrod-Domar 模型"。早在 1939 年和 1946 年，两位学者利用资本产出给定的假设尝试将短期的凯恩斯主义宏观模型长期化。随着新古典经济学增长模型，也就是 Solow 模型的出现，其可以将储蓄看成一种投资，个人所拥有的资本量越多，经济增长也就越快（蔡海霞，2012）。这种观点的问题在于其将技术看成外生资源，需要考虑的是劳动力和资本等在国民生产总值中的贡献比。但伴随所受到的质疑，将技术内生化的新增长理论被广泛接受，其核心是认为技术才是经济增长的关键因素。因此，伴随对经济增长的相关研究，科技进步与经济增长的关系是在不断被发掘的。

Romer 所提出的新增长理论认为科技进步是经济增长的动力之源，其通过内化技术的方法，论证了经验积累和劳动力素质提高所带来的内生科技进步。与此同时，国内学者在国家制定创新社会的大背景发展目标下，开始更多地关注国家如何快速实现科技的进步与发展。

目前，几乎所有的学者都认同科技进步是促进经济增长最为重要的因素之一。2000 年以后，中国的学者开始了大量的实证研究，如夏杰长（2002）、王德劲（2005）、黎琴芳（2006）。刘伟和张辉（2008）通过对要素生产率中科技进步和产业结构变化的分解分析，发现近年来经济持续高速增长的动力主要来自科技进步，而产业结构变化的影响作用非常有限。范柏乃等（2004）利用我国1953～2002 年的相关统计数据，将科技投入代表科技进步，验证了科技进步与

经济增长之间存在单向的因果关系。

伴随更多学者的深入研究，我们可以认为，科技进步对经济增长具有显著的影响作用。尽管科技进步的影响作用在后来又被学者们进行了细致的划分和归类，但是其对经济增长的促进已得到认同。但是在广袤的中国，由于存在发展速度天然的不平衡，各区域科技进步对经济增长的影响现状一定有所不同，在理解二者关系的前提下，我们需要更好地建立和分析二者具体的测算方法，以进一步理解科技进步和经济增长在长期均衡条件下的关系。

2. 能源效率与经济增长的内在联系

对于能源效率的研究，在较早的时候，多数集中于对能源消耗的分析和测算。探究能源消耗的研究最早可以追溯到 20 世纪 70 年代以后的第一次能源危机，学者们意识到应该找到能源消耗与经济增长之间的影响关系，以更好地实现对于能源的利用。而只有将能源作为一种独立而富有竞争力的生产要素，我们才可以将其与经济增长之间的关系进行量化，这也是逐步由能源消耗的研究转向能源效率研究的原因。

西方学者开始这一领域的研究起步较早。J. Kraft（1978）采用计量经济学的方法探究了 1947~1974 年美国能源消耗与 GDP 之间的因果关系，分析结果表明在美国的 GDP 与能源消耗之间存在着一种单向的因果关系。E. H. Yu 和 B. K. Hwang（1984）使用 1973~1981 年美国季度数据，也发现美国存在着从 GDP 到能源消耗的单向因果关系。S. Abosedra 和 H. Baghestani（1989）通过对不同时期能源消耗数据的分析发现，尽管样本的时间选取存在较大差异，但研究结果均显示美国存在着从 GDP 到能源消耗的单向因果关系。

进入 21 世纪之后，研究逐步走向深入和复杂（Abosedra and Baghestani，1989）。Garbaccio（2006）和 Lee 等人对 18 个发展中国家的能源消耗与 GDP 进行了相关研究，与之前不同的是，他的研究开始逐步侧重能源消费领域的研究，也就是能源作为一种经济资源时的使用价值。他的研究结果表明，无论在长期内还是在短期内能源消耗与经济增长都存在着一定的单向因果关系。

而后的研究中，H. Y. Yang（2000）采用格兰杰因果检验法发现在台湾的能源消费和 GDP 之间则存在着双向的因果关系，D. I. A. Stern（2000）在自己 1993 年分析的基础上进行分析得到了能源对于 GDP 增长存在着显著的作用，其使用单方程静态协整分析和多元动态协整分析的方法得到 GDP、劳动力、资本和能源等因素之间存在着长期显著的均衡关系。Y. U. Glasure（2002）的研究结论也表明能源消费和 GDP 之间存在着双向的格兰杰因果关系。Ghali（2004）使用协整检验的方法得到了加拿大 GDP 变动与能源消费之间存在双向的格兰杰因果关系。

国内关于能源消耗与经济增长相互关系的研究大致起步于 2000 年以后。其中，林伯强（2003）通过研究得出我国能源消耗与经济增长之间虽然在短期内存在波动，但具有长期关系。韩智勇等（2004）通过对我国能源消费与经济增长的协整性分析得出二者存在双向的格兰杰因果关系，但不具有长期协整性。吴巧生和成金华（2005）、刘星（2006）通过研究认为中国存在着从 GDP 到能源消费的单向因果关系。王海鹏等（2005）利用变量模型对我国 GDP 和能源消费的关系进行了研究，认为二者存在长期均衡关系，且随着时间的变化而变化。

3. 经济增长、科技进步与能源效率之间的联系

在传统观点上，李廉水和周勇（2006）认为能源效率可分为物理效率和经济效率，前者多用于微观层面的研究，后者多用于宏观层面的分析。起初对于能源消耗的研究，已经有一些学者将目标集中在科技进步的视角，但是自从 Khazzoom（2006）在 1980 年提出了回报效应的概念之后，就使得衡量能源消耗和科技进步的关系变得复杂了，他提出需要更多地去衡量能源消耗与经济增长之间的比值。其含义为"科技进步提高能源效率而节约了能源，但同时科技进步促进经济的快速增长又对能源产生新的需求，部分地抵消了所节约的能源"。这种观点的提出恰好为我们打开了能源效率研究的全新视角，因为我们单纯地对能源消耗和科技进步进行研究的过程，很难分析和得到它们与经济增长之间的关系。伴随这种观点的发展，能源效率又被认为可表示为能源强度（energy intensity）和能源生产率（energy productivity），且两者互为倒数（陈军和徐世元，2008）。但是这两个概念仍然没有将经济增长的因素进行有机结合，这无疑仍然具有一定的研究局限性。

而后，有的学者从类型上对能源效率的提高进行了归类。由于作用因素的不同，一方面是李廉水和周勇（2006）等为代表所指出的能源技术使用效率的提高，这种效率并非单纯受科技进步作用的影响，管理制度、设备革新等可能也会作用于其中；而另一方面则是吴滨和李为人（2007）等代表的认为直接通过科技进步提高能源利用效率的角度，也被称作能源利用效率的提高，但是我们也发现这种研究的角度面临的最大问题就是对科技进步的测算问题。两个群体的研究从不同的角度共同试图去揭开科技进步与能源效率之间的关系，但是均缺乏深入研究这种关系与经济增长之间在长期关系下的具体联系。虽然从表面上看，能源效率和科技进步对于促进经济增长都会起到显著的作用，且二者均对经济增长存在单向或者双向的因果关系，但这种关系的测算都没有更好地找到在经济增长条件下二者可能存在的具体数量关系，以及这种关系是如何相互作用、影响并直接作用于经济增长的。从这一点来看，这将成为未来区域经

济学领域的一个研究前沿。

综上我们可以发现，无论是能源技术使用效率的提高还是能源利用效率的提高，从根本上都与科技进步具有重要的关系。学者们一致认为这种科技进步正是促进能源效率提升的要素之一，但其对经济增长的测算无疑离不开相关数据具体的计量和测算。

四、国内外关于科技进步和能源效率作用关系的具体研究

Bosseboeuf（1997）等人给出了能源效率在测算过程中的一个定义，认为经济领域的能源效率是指用相同或者更少的能源投入量获得更多的产出或者更好的生活质量。他的定义将能源效率分为经济领域中的能源效率和技术领域中的能源效率，这个观点也让我们可以更好地区别能源效率在测算过程中所依据的分类。

国内学者对科技进步和能源效率的研究起步于新世纪以后，叶依广和孙林（2002）认为科技进步是提高能源效率的根本途径，并对其结论进行了理论分析。他们指出，科技进步可以通过提高生产要素的边际生产力、通过技术的研发等实现对能源使用效率的提高。

王玉潜（2003）认为，能源消耗技术的改进极大地提高了能源利用效率。韩智勇等（2004）的研究结果也告诉我们，1980~2000 年，能源强度在 20 年间的变化中，除 1989 年因产业结构的调整降低了能源效率，但这 20 年能源效率累计达 101.7%。这个观点也告诉我们，除了技术因素，其他因素对能源效率的改善也不容忽视。

蒋金荷（2004）认为，对于能源效率的研究要集中在一个国家或地区的综合能源效率指标和部门或行业的能源效率指标，这样才可能更好地从实证角度得到分析的结果。

周鸿和林凌（2005）研究认为，1993~2002 年，第二部门中能源消耗降低主要由部分行业的能源消耗降低所推动。这种分行业的测算分析方法可能也是值得关注的一个要点。

齐志新和陈文颖（2006）发现科技进步是我国能源效率提高的决定因素。吴巧生和成金华（2005）认为，中国能源消耗强度下降主要是各部门能源使用效率提高的结果，其中技术改进是影响能源消耗强度的主导因素。

李廉水和周勇（2006）以我国 1993~2003 年 10 年间 35 个工业行业为样本，运用非参数的数据包络分析法，探究 DEA-Malmquist 指数分解出的科技进步等要素，并进行了实证检验。其中，技术效率和规模效率是能源效率提高的主要原因，而科技进步的作用相对较小。但随着时间的推移，技术效率和规模效率

的贡献会降低，科技进步对提高能源效率的作用会提高。

史丹（2007）尝试进行了能源投入量与产出量之比的研究，具体地通过测算将能源效率分为能源经济效率和能源技术效率；史丹等（2007）之后又测算了能源消费效率和能源生产效率，具体指的就是能源消费效率要衡量能源投入和产出的价值量之比，而能源生产效率则需要测算能源开发、加工和转换的效率，而具体的能源效率则是两者的乘积。

孙立成等（2009）也采用 DEA-Malmquist 指数分解的方法，测算出 12 个国家在 1997～2006 年的能源效率数值及其变化趋势。李国璋和王双（2008）利用费雪指数分解法将影响能源强度变动的因素分解为科技进步效应、结构变动效应和经济规模效应，认为科技进步效应是影响我国能源效率的最主要因素。

杨红亮和史丹（2008）通过后期的研究又将能源效率划分为单要素能源效率与全要素能源效率，具体的分类依据与前文中所提的生产过程要素投入分析角度有关。

吴琦和武春友（2009）从源头投入、过程利用和最终产出三方面对能源效率进行了归类测算，源头投入依然是要素投入角度；过程利用则主要指资源配置下的优化作用；而最终产出则主要指的是经济或物理指标下的能源产出测度。

国外的研究方向最早均集中在对于能源消耗节约的方向，J. P. Huang（1993）运用 Divisia 指数法（Divisia index approach），将六大产业的能源消费进行技术和结构的分解，结果表明在 1980～1988 年，科技进步能够解释 73%～87% 的美国能源消耗降低。

E. Sinton 和 D. Levine（1994）应用 Laspeyres 指数法分析了 1980～1990 年的能源强度变化，发现 58%～85% 的能源节约归功于科技进步。

对科技进步和能源效率之间的研究走向新的轨道。J. Henryson（1993）以瑞典为样本，研究了信息与提高能源消费效率之间的关系。他认为，有两种信息可以提高能源消费效率：一是投资信息，即有充分的信息让消费者选择最合理的投资方案；二是改变人们的消费习惯和行为。

Henrik（2000）认为，在分析长期能源需求时，必须要分析同一时期科技进步和相关政策措施对能源消费的影响。Fisher 等（2006）的研究则表明，技术研发活动是能源效率提高的重要原因。他们将技术研发进一步细分为自主研发创新和进行技术引进两种方式，分析结果表明内部自主研发对能源效率改善所起的作用比外部技术转移要大。

R. Brannlund（2007）根据对瑞典家庭调查的数据分析，认为科技进步所导致的能源效率的提高并不会降低能源消费。

五、理论基础

1. 能源经济学理论

能源作为一种珍贵的消耗性资源，早在 20 世纪初期就被广泛地认同为可以作为一种物质资本，同时由于其是众多其他物质资源的原动力，价值十分宝贵，更是逐步形成了独特的价值标准。围绕这种价值标准而形成的研究就是能源经济学最早期的形态。

在传统意义的能源经济学中，有一种得到共识的论点是需要对所需研究的具体对象进行一种客观的指标描述。亚太能源研究中心（APERC，2000）提出，能源经济学范畴的能源效率指标衡量的基本任务是对衡量结果的评价、目标评价和在同等群体里的相对形势评价。能源效率指标有助于对不同的能源政策、项目与节能领域中的投资进行评价，同时能够促进节能领域中具有更高节能效率的技术和生产方法的推广。

Patterson（1996）在 1996 年一篇关于能源政策的论文中正式提出了能源经济学视角的能源效率问题研究。他认为能源效率的研究指标大致分为四类，即热力学指标、物理热力学指标、经济热力学指标和经济指标。其中，热力学指标是依靠热力学原理进行测算的方法；物理热力学指标则将能源投入按照热力学单位计算，产出按照物理学单位进行测量；经济热力学指标认为可以将能源投入按照热力学单位计算，但是产出则需要根据市场价格进行经济计量；而经济指标则是把所有的投入和产出都进行经济计量。

耿诺（2008）根据上述理论观点做了进一步分析，将一个国家（或地区）能源利用效率的衡量或评价指标归纳为经济指标与技术指标两个分类，如图 8-1 所示。

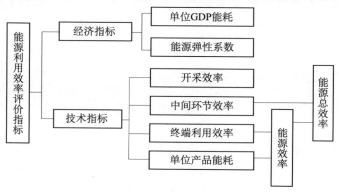

图 8-1　能源利用效率评价指标

而针对能源效率，更为重要的研究侧重点则在其评价方面。美国能源信息署（Energy Information Administration）曾对各种评价方法做出系统性的梳理，具体包括市场购物篮法（market basket approach）、因素分解法（factorial decomposition approach）、综合分析法（comprehensive approach）、最佳实践法（best practice approach）以及 Divisia 指数法（Kilponen，2003）。其中，Divisia 指数法被西方国家在进行能源效率监测方面广泛应用，并逐步成为主流评价方法。

2. 可持续发展理论

人类经济发展过程中，长期以来存在的粗放型经济增长方式，导致了对资源和环境的严重浪费和破坏。特别是一些发展中国家，伴随经济的快速增长往往忽略了这种社会平衡，而可持续发展的课题正是伴随此而正式形成的。

Meadows 等罗马俱乐部成员在 20 世纪中叶运用宏观经济模型研究了人口增长与资源消耗的相互关系，一篇题为"增长的极限"的报告对世界产生了巨大影响。而以我们熟知的"科斯定理"和"公地的悲剧"等理论为基础的可持续发展理论也逐步引起了世人的关注。1980 年，《世界自然保护大纲》发布；1987 年，《我们共同的未来》提出了可持续发展模式的概念，而《里约热内卢环境与发展宣言》和《21 世纪议程》更是从文件上对世界性的可持续发展理论发展起到了推动作用。

可持续发展的概念本质上是一种系统性理论，其内涵包括了经济、社会、能源、环境等诸多方面的内容。所谓我们熟知的可持续发展研究早期在国外均由特定的政府和非政府组织发起，民间机构也起到了一定的推动作用。而中国的可持续发展起步于 20 世纪 90 年代初，牛文元（1994）总结了国外的可持续发展指标体系，并提出相应的经济生产、发展稳定、资源承载、管理调控和环境冲击等具体测度领域；赵景柱（1993）研究了可持续发展的评价指标及其作用，建立了我国的可持续发展指标体系；毛汉英（1996）以山东省为实证研究对象，用 90 个指标建立了测度体系。

第二节　基于科技进步的能源效率模型构建

前文中我们已经就能源效率、科技进步与经济增长之间的关系做过一定简述，为更加深入讨论三者之间的关系，并探索、分析能源效率与经济增长之间潜在的数量关系，我们需要尝试建立科技进步与能源效率的测算模型。这同样也可以为我们进行实证分析提供具有指导意义的理论和方法，成为实证研究的前提。

一、能源效率模型构建的理论假设

Ehrlich 和 Holdren（1974）认为有三种途径可以降低经济增长中所带来的能源消耗：第一，限制全球人口增长；第二，降低人们在物质生活方面的需求；第三则通过科技进步提高能源效率，从而降低产品的单位能耗对环境的影响。

由于在政策和文化等方面的差异，我们很难在大范围内调整人口增长及限制人们对物质生活的需求，所以依靠科技进步而提高能源效率成为我们最为重要的途径。具体来说，科技进步对能源效率的作用主要集中在能源消耗过程中利用方式及方法的改善。李廉水和周勇（2006）针对这一问题，将科技进步对能源效率的影响表示为一种全过程的系统影响。其机理作用可以表述为如图 8-2 所示的过程。

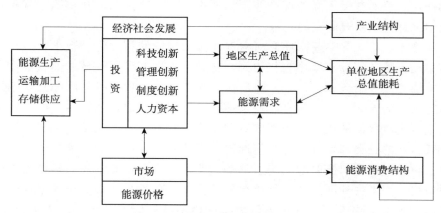

图 8-2　科技进步对能源系统的影响

有效提高能源效率对科技进步提出了更高的要求。对于工业化以来的科技进步，我们大多从经济增长的实效进行衡量，传统意义上的唯地区生产总值论，使得我们在追求经济增长的过程中很少考虑生产的外部成本，这一因素导致生产过程中发生了巨大的能源浪费，自然资源受到威胁的同时，也带来了全球性的能源和环境问题。

二、能源效率模型构建

1. 能源效率影响因素分析

经济领域的能源效率，我们一般可以认为是指在相同或更少的能源投入量下，获得更多的产出或者更好的生活质量；而在技术领域，能源效率则指科技进步和管理水平的提高导致具体能源使用量的减少。本章对能源效率的研究边界正是这种经济领域的视角。

能源结构、人口数量和科技投入等是影响能源效率的重要因素。在大量的研究结果和数据分析中，我们可以发现，对能源效率提高的有效影响因素主要集中于能源价格、产业结构、固定资产投资（特别是信息技术类投资）和科技投入，由于本章所要探讨的科技进步不包含劳动力、资本等投资所带来的技术领域的科技进步，所以我们将投资作用类的因素予以剔除。在此基础上，我们定性地确定能源价格、研发投入、对外贸易总额、第二产业占地区生产总值比重和信息化水平等将是建立和表达能源效率模型的主要影响因素。

在可持续发展理论的研究中，同时伴随近些年一些学者在相关领域提出对于分行业能源消耗研究的全新视角，工业发展过程中高污染行业的经济发展情况同样备受关注。为使所建立的模型能够充分突出分行业能源消耗对于能源效率的作用，我们再引入高能耗产业增加值占地区生产总值的比例这个指标，以更加全面地说明所要研究的问题。

本章中，将充分整理并提取河南省在以上领域的相关经济数据。由于部门经济数据无法从统计年鉴中直接得到，在数据提取和建模的技术路线上，我们希望能够完成以下步骤。首先，通过代表河南省信息化水平的国际互联网用户数量与人口的比例、电子信息产业增加值占地区生产总值的比重、电信业务总量与地区生产总值的比例等数据测算河南省的信息化水平指数；其次，通过对高能耗行业的分类和指标测算，整理得到高能耗产业增加值占地区生产总值的比重；再次，检验拟提取的能源效率的主要影响因素，对影响因素做建模前的计量分析，因考虑到河南省实际情况的特点，采用逐步回归分析法来提取河南省的能源效率影响因素，过程中将影响作用不高的因素及矛盾因素进行剔除，使模型的结果更加精确地反映出我们需要测算的结果；最后，进行方程的模拟及模型评价，最终找到可以估算能源效率的量化计算方法。

2. 信息化水平指数与高能耗产业能源结构指数测算

我们通过河南省的国际互联网用户数量与人口的比例、电子信息产业增加值占地区生产总值的比重、电信业务总量与地区生产总值的比例三个指标测算河南省信息化水平指数，由于所代表数据的相关指标单位并不统一，我们在进行测算前需要对相关的原始数据进行一定处理，原始数据的相关情况具体如表8-1所示。测算模型如下：

$$INF_t = a_{15}HL_t + a_{16}XI_t + a_{17}DX_t \qquad (8-1)$$

式（8-1）中，INF_t、HL_t、XI_t、DX_t分别代表信息化水平指数、国际互联网用户数量与人口的比例、电子信息产业增加值占地区生产总值的比重、电信业务总量与地区生产总值的比例，而 a_{15}、a_{16}、a_{17} 是三个权重系数，需要采用主成分分析法等测算出。

表 8-1　河南省信息化水平原始指标数据

年份	国际互联网用户数量/万户	电子信息产业增加值占地区生产总值的比重/%	电信业务总量/亿元	人口/万人	地区生产总值/亿元
2001	67.52	1.39	153	9 555	5 533
2002	208.42	1.50	197	9 613	6 035
2003	245.81	1.47	277	9 667	6 868
2004	269.17	1.11	408	9 717	8 554
2005	274.28	0.87	525	9 768	10 587
2006	326.87	0.84	685	9 820	12 363
2007	403.26	0.71	892	9 869	15 012
2008	494.38	0.58	1 077	9 918	18 019
2009	625.49	0.47	1 242	9 967	19 480
2010	3 043.42	0.45	1 437	10 437	23 092
2011	3 857.20	1.75	1 717	10 489	26 931
2012	5 098.00	2.24	1 971	10 543	29 599
2013	5 657.14	2.88	2 263	10 601	32 156

根据数据指标，本章拟采用主成分分析法进行指数测算。具体操作是运用 Matlab 软件进行数据处理，进而得到以上三个变量对信息化的贡献程度，并依据相关系数，测算并得到最终的信息化指数。

为保证分析结果的真实和可靠，在采用主成分分析法之前，我们需要对原始数据进行标准化处理，方法是对数据进行标准值比较，即除以每组数据中的最大值，例如，电子信息产业增加值占地区生产总值的比重的最大值来自 2013 年，是 2.88%，那么我们对这组每个数据都作除以 2.88% 的处理，2013 年标准化的电子信息产业增加值占地区生产总值的比重数值为 1，其他相应年份看各自占比情况，进行数据的标准化处理。最终我们对各组数据的处理结果如表 8-2 所示。得到国际互联网用户数量与人口的比例、电子信息产业增加值占地区生产总值的比重、电信业务总量与地区生产总值的比例三个因素的权重分别为：0.3979、0.1245、0.4775。

表 8-2　河南省信息化水平标准化指标数据

年份	国际互联网用户数量与人口的比例/%	电子信息产业增加值占地区生产总值的比重/%	电信业务总量与地区生产总值的比例/%
2001	0.013 242 99	0.482 294 86	0.394 961 20
2002	0.040 631 67	0.521 288 37	0.465 208 12
2003	0.047 653 19	0.508 932 51	0.576 509 71
2004	0.051 913 30	0.384 929 21	0.680 823 86
2005	0.052 622 64	0.302 278 62	0.707 978 63
2006	0.062 380 34	0.290 704 29	0.791 482 34

年份	国际互联网用户数量与人口的比例/%	电子信息产业增加值占地区生产总值的比重/%	电信业务总量与地区生产总值的比例/%
2007	0.076 576 62	0.245 249 33	0.848 782 47
2008	0.093 415 94	0.201 858 19	0.853 953 28
2009	0.117 608 87	0.163 628 60	0.910 794 42
2010	0.546 475 11	0.156 716 96	0.889 201 95
2011	0.689 163 47	0.606 164 31	0.910 961 80
2012	0.906 191 12	0.778 797 94	0.951 163 56
2013	1	1	1

完成信息化指数的测算之后，我们仍需要对另外一个无法直接得到的经济数据进行测算，也就是高能耗产业增加值占地区生产总值的比重。根据《河南统计年鉴》中2007～2013年分行业综合能源消费量的指标，本章对河南省分行业的综合能源消费情况进行了整理，因为数据较多，我们的具体统计详见附录5。其中，通过对数据的比较，我们知道煤炭开采和洗选业、非金属矿物制品业、化学原料及化学制品制造业、有色金属冶炼及压延加工业、黑色金属冶炼及压延加工业、电力热力的生产及供应业是河南省主要的高能耗行业。这些行业综合能源消耗量之和占比超过全部工业占比的80%以上，因此显然这些产业的能源消耗情况，特别是这些行业所带来的工业增加值是会对河南省经济增长产生决定性影响的，我们必须将其考虑到模型建构之中。由此，我们得到了河南省高能耗行业能源结构指数测算的原始数据，如表8-3所示。

表8-3 河南省高能耗行业工业增加值原始数据

（单位：亿元，当年价）

年份	煤炭开采和洗选业	化学原料及化学制品制造业	非金属矿物制品业	黑色金属冶炼及压延加工业	有色金属冶炼及压延加工业	电力、热力的生产及供应业
2001	94.25	68.13	103.60	53.48	51.29	177.20
2002	119.88	75.37	112.91	64.31	53.64	221.67
2003	153.48	89.69	147.25	98.11	76.25	242.89
2004	207.76	125.59	210.24	168.47	161.79	260.30
2005	334.93	182.07	289.51	187.72	217.31	301.27
2006	380.71	230.08	391.45	242.08	298.88	368.11
2007	438.36	293.81	546.32	405.32	400.16	412.38
2008	675.40	374.12	776.85	510.92	466.29	444.34
2009	738.79	368.52	944.08	437.19	422.58	449.77
2010	946.55	510.66	1281.00	495.51	523.06	302.56
2011	1138.13	590.11	1470.07	527.33	649.23	460.33
2012	1015.33	639.63	1634.44	691.00	572.26	492.57
2013	902.12	691.35	1809.59	767.11	553.42	505.82

为更好地帮助我们进行具体经济指标数据的测算，我们需要对数据进行进

一步处理。为更好地突出高能耗产业对经济发展，特别是工业总产值的作用，我们将数据折算成工业增加值比重。具体的测算方法是用高能耗产业工业增加值除以当年的地区生产总值，这样我们可以得到河南省高能耗产业工业增加值占地区生产总值的比重。这个数据指标可以较好地反映河南省高能耗产业的能源结构情况，也可以作为能源效率参考的重要依据，引用于能源效率模型，成为我们对能源效率进行测算的重要因素。当然，我们也将在后文对指标进行修正和检验，以最终确定能否具体应用于我们的模型之中。对于指标的具体测算会在后文中详述。经过整理和处理之后的高能耗产业工业增加值占地区生产总值的比重的详细数据见表8-4。此外，由于我们对高能耗产业工业增加值比重的测算也是基于整体的能源结构因素而考虑，所以我们将本指数定义为高能耗产业能源结构指数。

通过附录5的结果，我们发现以上六个行业的综合能源消耗量占比均超过了当年工业总体能源消耗量的80%，也就代表如果能有效提高这六个行业的能源效率，也是我们找到解决河南省能源消耗总量过高问题的有效途径之一。正是基于这个原因，我们需要将高能耗产业工业增加值占地区生产总值的比重引入我们的方程之中，通过求和计算我们可以得到2001～2013年河南省高能耗产业工业增加值占地区生产总值的比重的最终情况，具体数据见表8-4。

表8-4　河南省高能耗行业工业增加值占地区生产总值的比重　（单位：%）

年份	煤炭开采和洗选业	化学原料及化学制品制造业	非金属矿物制品业	黑色金属冶炼及压延加工业	有色金属冶炼及压延加工业	电力、热力的生产及供应业
2001	0.017 034 13	0.012 313 4	0.018 723 99	0.009 665 63	0.009 269 82	0.032 025 97
2002	0.019 862 55	0.012 487 8	0.018 707 71	0.010 655 32	0.008 887 45	0.036 727 82
2003	0.022 348 09	0.013 059 7	0.021 440 95	0.014 285 71	0.011 102 70	0.035 367 01
2004	0.024 288 65	0.014 682 4	0.024 578 58	0.019 695 36	0.018 914 42	0.030 430 96
2005	0.031 634 71	0.017 196 8	0.027 344 72	0.017 730 48	0.020 525 30	0.028 455 47
2006	0.030 794 83	0.018 610 7	0.031 663 56	0.019 581 34	0.024 175 77	0.029 775 64
2007	0.029 199 74	0.019 571 1	0.036 391 10	0.026 998 91	0.026 655 19	0.027 469 18
2008	0.037 483 63	0.020 763 1	0.043 113 95	0.028 355 25	0.025 878 36	0.024 660 17
2009	0.037 924 67	0.018 917 4	0.048 462 92	0.022 442 49	0.021 692 51	0.023 088 26
2010	0.040 989 75	0.022 113 8	0.055 472 89	0.021 457 75	0.022 650 78	0.013 102 17
2011	0.042 260 92	0.021 911 9	0.054 586 48	0.019 580 76	0.024 107 14	0.017 092 92
2012	0.034 302 49	0.021 609 6	0.055 218 85	0.023 345 11	0.019 333 56	0.016 641 27
2013	0.028 054 61	0.021 500 0	0.056 275 59	0.023 855 99	0.017 210 55	0.015 730 26

3. 能源效率影响因素提取

正如我们在前文中讨论的，能源效率的影响因素来自多个方面，对河南省的能源效率模型进行测算，我们不能按照一般模型而简单构建，需要结合地域的实际情况综合分析，运用计量经济学的方法进行因素提取，尽可能使数据真实反映河南省能源效率的主要影响因素。河南省能耗率及其影响因素数据如表8-5所示。

表 8-5　河南省能耗率及其影响因素数据

年份	万元地区生产总值综合能耗/（吨标准煤/万元）	研发经费占地区生产总值的比重/%	第二产业增加值占地区生产总值的比重/%	高能耗产业工业增加值占地区生产总值的比重/%	信息化指数
2001	1.52	0.51	45.4	0.099	0.254
2002	1.49	0.49	45.9	0.107	0.304
2003	1.59	0.05	48.2	0.118	0.358
2004	1.72	0.50	48.9	0.133	0.394
2005	1.69	0.53	52.1	0.143	0.397
2006	1.64	0.65	54.4	0.155	0.439
2007	1.57	0.67	55.2	0.166	0.467
2008	1.49	0.69	56.9	0.180	0.471
2009	1.40	0.90	56.5	0.173	0.503
2010	1.35	0.92	57.3	0.176	0.662
2011	1.30	0.98	57.3	0.180	0.785
2012	1.20	1.05	56.3	0.170	0.913
2013	1.15	1.11	55.4	0.163	1.003

第三节　模型参数分析

一、参数测算

根据表8-4所示的数据，利用Eviews计量经济学软件进行多元回归模型构建，得到的模拟方程为

$$Ef_t = a_{13}S_{t-2}INF_{t-2}/GH_t + a_{14}IND_t + a_{15} \tag{8-2}$$

式中，Ef_t为万元地区生产总值综合能耗（单位：吨标准煤/万元），也就是本章中所需要测算的能耗率值。S_{t-2}代表研发经费占地区生产总值的比重（单位：%），也就是科技投入因素；IND_t为第二产业增加值占地区生产总值的比重；GH_t为高能耗产业工业增加值占地区生产总值的比重；INF_{t-2}为信息化指数；a_{13}、a_{14}、a_{15}为系数。该方程就是我们采用多元回归分析的方法，利用计量经济学方法所建立的河南省能耗率回归关系函数表达式。运用Eviews计量软件进行

模型构建，回归拟合结果如表 8-6 所示。

表 8-6　河南省能耗率回归模型摘要

解释变量	系数	标准误	t 统计量	概率
a_{15}	4.541 096	0.218 241	20.807 69	0.030 6
$S_{t-2}\mathrm{INF}_{t-2}/\mathrm{GH}_t$	−0.039 896	0.003 875	−10.294 7	0.061 6
IND_t	−0.053 829	0.003 932	−13.689 3	0.046 4
样本决定系数	0.999 577	因变量的均值		1.550 356
调整后的样本决定系数	0.997 461	因变量的标准差		0.143 763
对数似然比	31.371 1	F 检验的统计量		472.411 8
DW 统计量	2.592 045	模型显著性的概率值		0.034 916

二、模型检验与简要分析

结合表 8-6 中的模型摘要可以看出，模型整体拟合度非常好。其中，$R^2 \approx$ 0.999，调整后的 $R^2 \approx 0.997$，说明 S_{t-2}、IND_t、GH_t、INF_{t-2} 对 Ef_t 的解释力度很强，所测算数据回归方程对我们的时间序列数据拟合得非常好，基本满足建模要求。此外，F 检验统计值为 472.4118，模型显著性水平的值 $P = 0.034\,916$，显著性水平远远小于 5%，因而模型总体拟合显著；$S_{t-2}\mathrm{INF}_{t-2}/\mathrm{GH}_t$ 和 IND_t 两组变量回归系数是显著不为零的，也整体通过检验；再对自变量的回归系数进行 t 检验，显著性概率分别为 0.0616、0.0464，显著性检验概率 P 小于 5%，可以看出回归系数是显著不为零的，这代表其也通过了 t 检验；DW 检验值为 2.592 045，排除了残差项的序列相关性，该模型在一定程度上达到了拟合模型的基本要求。综上所述，该模型通过了所有检验，整体上所反映的数学意义与实际经济含义相符。带入方程系数，我们得到了最终的模拟方程

$$\mathrm{Ef}_t = 4.54 - 0.0398 S_{t-2}\mathrm{INF}_{t-2}/\mathrm{GH}_t - 0.0538\mathrm{IND}_t \tag{8-3}$$

根据模型（8-3）分析我们所得到的经济结论，能耗率（万元地区生产总值综合能耗）与研发经费占地区生产总值的比重成反比，即研发经费占地区生产总值的比重越高，万元地区生产总值综合能耗就越低，能源效率就越高，这一点也正说明了科技投入对于能源效率所起到的至关重要的作用。从这一点上说，我们相信科技进步所带来的研发经费占地区生产总值的比重的提高将是有效促进能源效率提高的切实途径。对于其他指标而言，万元地区生产总值综合能耗与信息化指数成反比，即信息化指数越高，万元地区生产总值综合能耗就越低，能源效率就越高，由此可见，信息化指数的提高也是能够有效促进河南省能源效率提高的重要因素。万元地区生产总值综合能耗与第二产业增加值占地区生产总值的比重成反比，即第二产业增加值占地区生产总值的比重越高，万元地区生产总值综合能耗就越低。而对于高能耗产业工业增加值占地区生产总值的

比重，如果这个指数提高，则会加大万元地区生产总值的综合能耗，降低河南省的能源效率。

三、模型误差分析

在表 8-7 中，我们可以看出，每个年份中实际值与估计值相差不大，虽然不同年份中的误差存在正向和负向的区别，但整体的平均误差比较稳定，这也说明我们构建的基于科技进步的能源效率模型具备非常显著的稳定性。此外，综合我们使用该模型的实际拟合度比较精确，我们有理由相信我们最终的模拟结果将具备稳定的拟合度。所以，本章认为可以使用该模型对河南省科技进步作用下的能源效率实际情况做出模拟及预测。

表 8-7　河南省能耗率模拟结果误差分析

年份	实际值/（吨/万元）	估计值/（吨/万元）	误差率
2001	1.52	2.04	−0.34
2002	1.49	2.01	−0.35
2003	1.59	1.93	−0.21
2004	1.72	1.84	−0.07
2005	1.69	1.67	0.01
2006	1.64	1.53	0.07
2007	1.57	1.48	0.06
2008	1.49	1.40	0.06
2009	1.40	1.38	0.01
2010	1.35	1.31	0.03
2011	1.30	1.27	0.02
2012	1.20	1.27	−0.06
2013	1.15	1.28	−0.11

第四节　能源效率与人均能源消耗预测

前文中，我们建立了河南省基于科技进步的能源效率模型，通过对模型的检验，我们发现河南省的能源效率与河南省研发经费占地区生产总值的比重具有正相关性，即研发经费占地区生产总值的比重越高，能源效率也就越高；此外，能源效率与信息化指数也同样具有正相关性，即信息化指数越高，能源效率就越高；同时，第二产业增加值占地区生产总值的比重与能源效率也具有正相关性；最后，高能耗产业工业增加值占地区生产总值的比重，也就是本章所谓的高能耗产业结构指数与能源效率具有负相关性，因此如果能有效降低高能耗产业的综合能源消费量，能源效率则会提升，反之则会阻碍能源效率的提高。

这些初步的分析结论帮助我们很好地探究了河南省科技进步对于能源效率的真实影响作用，而前文的分析没有回答的问题是：这种科技进步作用下的能源效率是否可以在保证效率提高的同时为河南省带来稳定的经济增长？本节中我们会对这些问题做进一步讨论。

一、河南省能源效率预测

河南省是我国的人口大省。此外，河南省工业发展与国内其他省（自治区、直辖市）相比，整体上结构性问题比较突出。一方面，传统重工业比重过大，第二产业产值的比例连续多年没有得到抑制，以服务业为主的第三产业相对落后；另一方面，科技水平较低导致河南省整体工业生产的方式仍需要依赖大量的能源消耗。此外，河南省高能耗产业的能源消耗主要集中在煤炭开采和洗选业、化学原料及化学制品制造业、非金属矿物制品业、黑色金属冶炼及压延加工业、有色金属冶炼及压延加工业、电力热力的生产及供应业六个行业，这六个行业综合能源消费比重占全省80%以上，如果能够有效抑制这些行业的增加值占地区生产总值的比例，那么我们相信会大大改善河南省的产业结构现状和提高能源效率。因此，这六个行业的比重需降低。

信息化因素对于现代经济发展具有十分重要的意义，目前河南省的信息化发展水平处于稳步提高的状态，电子信息类设备投资的增加使我们有理由相信可以大量节约能源。同样，河南省的科技进步也将加快。

本章拟通过对模型进行实证仿真模拟从而得到估计的河南省 2014～2020 年能源效率情况。根据式（8-3），我们可以带入具体的数据以完成预测。

结合前文对河南省能源效率因素的分析，我们分别对式（8-3）中的各个自变量做出估计。具体的计算情况如下。

1. 研发经费占地区生产总值的比重

这个比例，2001 年为 0.5%，2020 年将达到 2%，详见图 8-3。

2. 第二产业增加值占地区生产总值的比重

河南省是我国传统工业省份，且服务业整体落后于东部沿海地区，考虑到地域限制和第三产业在河南省的发展现状，我们认为这种综合性的产业结构调整可能会面临一定的困难，测算估计的递减速度约为每年 0.5%，估计到 2020 年第二产业增加值占地区生产总值的比重降为 50% 左右。

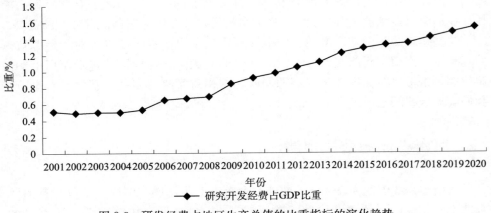

图 8-3　研发经费占地区生产总值的比重指标的演化趋势

3. 高能耗产业工业增加值占地区生产总值的比重

河南省高能耗产业的分类比较集中，且其综合能耗占比近些年均超过了80%。因此，如果可以加大对这六个行业综合能源消耗的控制，尽可能优化高能耗产业增加值在工业增加值中的占比，可以对河南省能源效率提高带来改善，高能耗产业工业增加值占地区生产总值的比重2020年可能降到10%左右。

4. 信息化指数

河南省的信息化发展速度在近些年已经有了明显的提升，到2020年信息化指数将上升到1.11。

综上所述，我们得到了河南省2014～2020年能耗率的综合预测数据表，详见表8-8；2001～2020年能耗率仿真变化趋势图见图8-4。根据预测的情况我们可以初步得到河南省未来能耗率的变化趋势。

表 8-8　河南省 2014～2020 年能耗率各项数据预测（2000 年价格）

年份	研发经费占地区生产总值的比重/%	第二产业增加值占地区生产总值的比重/%	高能耗产业工业增加值占地区生产总值的比重/%	信息化指数	能耗率/（吨/万元）
2014	1.22	54.96	0.153	1.01	1.25
2015	1.43	54.52	0.144	1.00	1.20
2016	1.32	54.08	0.135	1.02	1.22
2017	1.34	53.65	0.127	1.04	1.20
2018	1.41	53.22	0.120	1.07	1.16
2019	1.47	52.79	0.112	1.09	1.12
2020	1.53	52.37	0.106	1.11	1.07

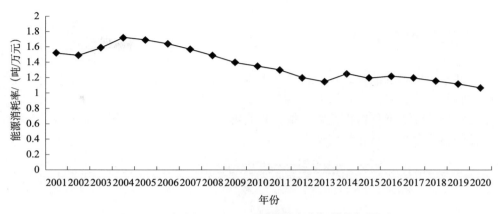

图 8-4　河南省 2001～2020 年能耗率指标模拟与预测

二、河南省人均能耗模型

本章内容中，我们对河南省经济增长状况和能源效率研究均做了实证分析，在此基础上，本节的一个研究重点就是回答河南省能否在实现能源效率稳步提高的同时而带来经济增长的较快发展。

根据前文的论述内容，我们希望尝试建立基于人均能源消耗总量的一般公式，进而讨论是否可以将能源效率与经济增长问题纳入一个系统性范畴内。人均能源消耗的基本公式可分解为

$$E/P = (E/Y) \cdot (Y/P) \tag{8-4}$$

其中，E 代表能源综合消耗量，单位是万吨标准煤；Y 代表地区生产总值；P 代表人口数量。

分解式中，E/Y 代表单位地区生产总值的能源消耗，即能耗率值，这个数值的计算可以用前文我们构建的能源效率模型 Ef_t 得到；Y/P 代表人均地区生产总值产值，Y 可以通过我们建立的经济增长模型进行测算。

根据我们所构建的模型（8-3）和模型（8-4），得到最终模型的分解形式，见式（8-5）。

$$E/P = (4.54 - 0.0398 S_{t-2} \mathrm{INF}_{t-2}/\mathrm{GH}_t - 0.0538 \mathrm{IND}_t) \cdot [(D_t S_{t-2}/L_t)^{0.283} \cdot (HL_t)^{0.382} + 0.12 K_{t-1} + 295.1 D_t S_{t-2} L_t/K_{t-1}^2 + 2.71 h_t D_t/S_{t-2}]/P_t \tag{8-5}$$

这个模型将能源效率与经济增长纳入了同一个系统框架而进行分析，而科技进步在提高能源效率，降低能耗率的同时，也促进了经济增长；模型虽然得到了人均能源消耗的计算公式，但是其中对于能源效率和经济增长的优化关系并没有得到探讨，因此这个模型是一个计算模型，而非优化模型。

三、人均能耗预测

基于我们得到的式（8-5），我们找到了河南省能源效率与经济增长之间的内在联系：一方面，科技进步促使能源效率得到有效提高；另一方面，科技进步又对推动经济增长做出重要贡献。我们得到了 2001～2020 年河南省人均能源消耗的演化趋势，具体数据见表 8-9。

表 8-9　河南省 2001～2020 年人均能源消耗演化趋势

年份	人口/万人	人均能源消耗/万吨标准煤
2001	9 555	0.88
2002	9 613	0.94
2003	9 667	1.10
2004	9 717	1.35
2005	9 768	1.50
2006	9 820	1.65
2007	9 869	1.81
2008	9 918	1.91
2009	9 967	1.98
2010	10 437	2.05
2011	10 489	2.20
2012	10 543	2.24
2013	10 601	2.34
2014	10 654	2.52
2015	10 707	2.60
2016	10 761	2.96
2017	10 815	3.08
2018	10 869	3.14
2019	10 923	3.19
2020	10 978	3.21

我们可以看到，河南省人均能源消耗在科技进步的推动作用下增长速度出现明显下降，但人均能源消耗仍然在增加。针对这种作用关系，我们给出了图 8-5 中的关系示意，以完整地诠释这种作用关系。

可以看到，河南省只有充分发挥科技进步的作用，才能真正实现能源效率提高的同时而又保证经济较快增长，最终实现可持续发展的追求与目标。

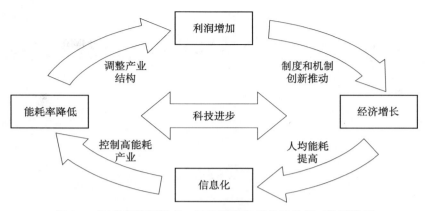

图 8-5　河南省能源效率、经济增长与科技进步相互作用关系

第五节　本章小结

　　本章以河南省 2001～2013 年的能源效率、经济增长等相关经济指标作为时间序列数据，对河南省科技进步作用下的能源效率问题做出研究，并分析了在这种作用关系下的经济增长情况。其中，研究着重做了河南省能源效率因素分析，并建立测算模型，得到仿真模拟预测的结果。此外，研究对于探求河南省可持续发展的路径给出了一定的分析和结论。

　　对河南省能源效率具有重要影响作用的因素主要来自三个方面，分别是科技投入因素、产业结构因素和信息投入因素。这三种因素通过研发经费占地区生产总值的比重、第二产业增加值占地区生产总值的比重、高能耗产业工业增加值占地区生产总值的比重和信息化指数而具体体现。

　　通过所构建的河南省能源效率研究模型，我们发现上述因素对能源效率的作用非常显著，其中研发投入占地区生产总值的比重、信息化指数、第二产业增加值占地区生产总值的比重与能源效率都具有正相关作用，而高能耗产业结构指数则对其具有负相关的作用。

　　科技进步促使能源效率得到有效提高；另一方面科技进步又对推动经济增长做出重要贡献。到 2020 年河南省能耗率将降到 1.07 吨/万元（2000 年价格），而 2001 年为 1.52 吨/万元（2000 年价格）。尽管如此，人均能源消耗仍将从 2001 年的 0.88 吨上升到 2020 年的 3.21 吨。

第九章 创新驱动与环境资源承载力的提升

第一节 环境资源承载力研究现状

生态足迹犹如"一只负载着人类与人类所创造的城市、工厂的巨脚踏在地球上留下的脚印",这一概念由加拿大生态经济学家 William E. Rees（1992）在1992年最先提出,并由它的博士生 Wackernagel 等于1996年将此方法完善和发展为生态足迹模型（Rees and Wackernagel, 1996）。徐中民等（2001）、张志强等（2000）在2000年将生态足迹模型引入我国,之后许多学者利用生态足迹模型对国内某些地区进行了实证研究（杜斌等, 2004；张桂宾, 2007）,如张恒义等（2009）、张可云等（2011）通过改进的模型测算了某些地区的生态足迹,而黄林楠等（2008）、白钰等（2008）则专门对一些地区的水足迹和污染足迹进行了研究。最近几年,关于生态足迹的研究逐渐从对某个时点的区域比较研究走向时间序列研究,以探究其动态变化规律和驱动因素（方建德等, 2009）。上述学者对生态足迹的研究都在不同层面取得了一定的成果,尤其是黄林楠、白钰等通过适当的处理方法将水资源消费和环境污染足迹化,以使得水资源和环境因素能够被融入生态足迹核算体系内,这是对生态足迹内涵的更全面和深刻的理解,有助于生态足迹模型的优化和完善。河南省作为我国的人口大省、农业大省,其生态安全状况不容忽视。

但从现有的对河南省生态足迹测算和分析的文献看,尚鲜见使用这种更全面和完善的生态足迹模型进行测算的,从而得出的河南省生态赤字出现的时点大都比较早。例如,焦士兴和王安周（2006）对河南省1990~2003年的生态足迹动态进行分析,结果显示河南省1990年的生态赤字为0.688公顷；张爱菊等（2013）对中部六省1989~2011年的生态足迹进行测算和对比研究,结果显示河南省1989年的生态赤字为0.348公顷。

鉴于此,本章在测算河南省的生态足迹时加入了水资源消费和污染足迹,在测算生态承载力时不仅测算了各类型土地的生物生产能力,也尝试把潜在的巨大的环境自净能力和水资源承载力考虑在内,以期通过对河南省的生态足迹及承载力进行更全面客观的测算、分析和预测，为河南省的生态文明建设和可持续发展提供决策参考和科学支撑。

第二节　河南省生态足迹与生态承载力测算

一、生态足迹与承载力理论模型

生态足迹又称生态占用，反映的是人类对生物生产性地域面积的需求，即生态需求，其通常的计算公式如下

$$\text{EF} = N \times \text{ef} = N \times \sum_{i=1}^{n} r_j A_i = N \sum_{i=1}^{n} r_j (P_i + I_i - E_i)/(Y_i N) \quad (9\text{-}1)$$
$$(j=1,\ 2,\ \cdots,\ 6;\ i=1,\ 2,\ \cdots,\ n)$$

其中，EF 为总生态足迹；ef 为人均生态足迹；N 为当地人口数；A_i 为第 i 种商品的人均消费量所折算的生物生产性面积；P_i 为当地的资源生产量，I_i 为当地的资源进口量；E_i 为当地的资源出口量；Y_i 为全球标准土地上第 i 种消费商品的年平均产量；i 表示消费商品的类型；j 为生物生产性土地类型；r_j 则表示各类土地所对应的均衡因子。

传统的生态足迹仅测算生物资源消费足迹和能源消费足迹，而本章在测算足迹时还考虑了水资源消费足迹和污染足迹，所采用的生态足迹测算方法如下

$$\text{ef} = \frac{\text{EF}}{N} = (A + B + C + D)/N \quad (9\text{-}2)$$

其中，A 表示生物资源消费足迹，B 表示能源消费足迹，C 表示水资源消费足迹，D 表示污染足迹。A 和 B 仍然按照式（9-1）的方法计算，C 按照水资源消费量和单位面积产水量计算，D 部分中二氧化硫根据排放量和单位面积森林吸收量计算，化学需氧量 COD 和氨氮排放量则通过处理成本等价换算为所需的水产品足迹。

生态承载力是与生态足迹（需求）相对应的一个概念，反映了某个地区的生态供给，表征着某个地区的生态容量。从自然界供给角度来看，生态承载力是指一个区域所能够提供给人类生存和发展所需要的生物生产性地域面积的总和，其通常的计算公式如下

$$\text{EC} = N \times \text{ec} = N \times \sum_{j}^{6} a_j \times r_j \times y_j \quad (j=1,\ 2,\ \cdots,\ 6) \quad (9\text{-}3)$$

其中，EC 为总的生态承载力；N 为人口数；ec 为人均生态承载力；a_j 为人均生物生产性面积；r_j 为均衡因子，y_j 为产量因子，其中 j 表示生物生产性土地的类型。

传统的生态承载力仅测算了区域内可以提供各类生物生产性土地的承载力，而本章还加入了生态环境（主要是植被等）吸附碳的自净能力和水资源的承载力，所采用的计算公式如下

$$ec = \frac{EC}{N} = (X + Y + Z)/N \tag{9-4}$$

其中，X 表示各类生物生产性土地的承载力，Y 表示水资源的承载力，Z 表示生态环境自净能力承载力。X 仍按式（9-3）计算，Y 根据水资源总量及可开发比例（通常为 40%）测算，Z 通过主要植被的碳汇能力测算所吸收的二氧化碳量，转换为化石能源用地。

生态盈余（赤字）由生态承载力减去生态足迹所得，用于衡量和判定一个地区所处的可持续发展状态和水平，其可持续发展水平的高低取决于生态盈余的大小。

二、数据来源与测算方法

文中计算所使用的原始数据主要来源于河南省统计网、《河南统计年鉴》、《河南省环境状况公报》、《中国环境统计公报》、《河南省水资源公报》、中国经济与社会发展统计数据库及河南省国土资源厅公布的相关数据等统计资料，部分数据经过了适当处理。

在测算河南省的生物资源消费足迹时，现有文献大多采取将生产数据近似当作消费数据来使用，但考虑到河南省是农业大省和粮食大省，每年粮食等主要农产品向省外输送量较大，因此本章采用了鲁丰先（2009）提出的生产量数据与消费量数据相结合的方法，这样处理可以使测算结果更为符合河南省的实际情况。农产品的项目主要采用谢鸿宇和叶慧珊（2008）对中国主要农产品全球平均产量的更新计算结果。能源消费足迹根据世界单位化石能源地的平均发热量将实际消费量转换为所需要的化石能源地面积；水资源消费足迹则采用黄林楠、张伟新、姜翠玲等提出的水资源生态足迹计算方法和确定的相关参数进行测算。在计算污染足迹时借鉴了白钰、曾辉、魏建兵等提出的环境污染账户核算方法和张培等（2012）关于排污权有偿使用的阶梯定价研究成果来综合测算，考虑到连续数据的可获得性，污染足迹主要测算了大气污染中的二氧化硫和水污染中的化学需氧量及氨氮排放量。

在测算生态承载力时，根据河南省各类土地供给测算了其生物生产性承载

力；根据水资源的供应情况，测算了水资源的承载力，水资源供应量采用可用水资源量，即地表水＋地下水－重复计算部分；参考其他研究者有关碳源和碳汇的研究方法和成果（刘英等，2010；赵荣钦等，2010；李良厚等，2012），根据各类土地植被和森林面积及其碳汇强度，测算了河南省各类土地植被和森林吸纳二氧化碳的自净能力。

均衡因子和产量因子作为生态足迹及承载力计算的两个重要参数，对计算结果有着重要的影响，不同的研究者参考和使用的参数有所差异。本章在计算生态足迹及承载力时，综合比较和参考了其他文献对这两个参数的选取情况（黄林楠等，2008；鲁丰先，2009），均衡因子选取耕地为2.21、林地为1.34、牧草地为0.49、水域为0.36、建设用地为2.21、二氧化碳吸收用地为1.34、水资源用地为5.19；产量因子选取耕地为1.66、林地为0.91、草地为0.19、水域为1.00、建设用地为1.66、水资源用地为0.78。但考虑到大都用耕地面积代替播种面积来计算产量，而参照的平均产量则是按播种面积计算的，河南省的农作物生长多为一年两熟或两年三熟，于是本章采用耕地复种指数（农作物播种面积/耕地面积）对耕地的产量因子进行了适当调整。同样，考虑到天然水域的产出，也用水域修正系数（水产品总产量/水产品人工养殖产量）对原来的水域产量因子进行修正。

三、测算结果

按照上述生态足迹和生态承载力的计算公式和测算方法，结合所选取的世界平均产量、均衡因子和产量因子等参数数值，并根据河南省历年来的各项消费数据、污染数据和各类土地及水资源供给情况，可测算出河南省1991～2013年（2015年河南统计年鉴尚未发布，故尚无法测算2014年各量）的人均生态足迹、人均生态承载力和人均生态盈余，如表9-1所示。其中，在计算生态承载力时，生物生产账户已经扣除了12％的生物多样性保护面积。

由表9-1可知，总体来看，河南省1991～2011年的人均生态足迹和人均生态承载力都在增长，人均生态足迹从1991年的1.270 515增长到2011年的3.001 159，人均生态承载力从1991年的1.849 122增长到2011年的2.422 102，2011年以前人均生态足迹的增速明显快于人均生态承载力增速，这种增长态势导致人均生态盈余逐渐缩小，且在2006年由盈余变为赤字并不断扩大。但到2011年以后，人均生态足迹开始下降，而人均生态承载力仍有上升趋势，从而使得人均生态赤字从2011年开始出现下降态势。本章测算的不同之处见表9-2。

表 9-1 河南省人均生态足迹、人均生态承载力及人均生态盈余（1991～2013 年）

年份	人均生态足迹/公顷	人均生态承载力/公顷	人均生态盈余/公顷	年份	人均生态足迹/公顷	人均生态承载力/公顷	人均生态盈余/公顷
1991	1.270 515	1.849 122	0.578 606	2003	1.587 128	2.318 474	0.731 346
1992	1.326 126	1.927 202	0.601 076	2004	1.867 325	2.177 789	0.310 464
1993	1.299 624	1.876 104	0.576 479	2005	2.053 925	2.286 086	0.232 162
1994	1.298 694	1.989 911	0.691 217	2006	2.289 190	2.174 677	−0.114 513
1995	1.454 953	1.949 011	0.494 059	2007	2.391 315	2.276 925	−0.114 390
1996	1.488 086	2.039 299	0.551 213	2008	2.645 734	2.243 985	−0.401 749
1997	1.510 454	2.156 560	0.646 106	2009	2.751 187	2.319 954	−0.431 234
1998	1.562 795	2.098 793	0.535 997	2010	2.737 534	2.422 381	−0.315 153
1999	1.531 325	1.903 805	0.372 480	2011	3.001 159	2.422 102	−0.579 056
2000	1.552 508	2.222 258	0.669 750	2012	2.852 550	2.420 413	−0.432 137
2001	1.633 124	1.962 008	0.328 884	2013	2.651 439	2.443 289	−0.208 150
2002	1.676 581	2.055 122	0.378 541	—	—	—	—

表 9-2 本章与相关测算结果比较

作者	论文题目	测算时间段	2003 年测算结果比较	备注
张爱菊等	中部 6 省生态足迹的测算与比较分析	1989～2011 年	ef=1.504 ec=0.513	本章与本表中其他研究者测算的不同之处：在测算生态足迹时加入了水资源消费足迹划归为水资源用地，加入污染足迹划归为化石能源地；在测算生态承载力时加入了水资源承载力划归为水资源用地，加入了环境自净承载力（主要是植被碳汇能力）划归为化石能源地
焦世兴等	河南省 1990～2003 生态足迹动态分析	1990～2003 年	ef=1.713 ec=0.436	
岳大鹏等	河南省 2000～2007 年人均生态足迹动态变化及其驱动力分析	2000～2007 年	ef=2.013 ec=0.361	
本章	—	1991～2013 年	ef=1.587 ec=2.318	

第三节 生态足迹及其驱动因素分析

一、生态足迹的驱动因素

虽然生态足迹具有生态偏向性特征，但实质上生态足迹的时间序列演变与社会经济发展仍是紧密相连的。鉴于此，本章选取以下五项潜在驱动因素进行分析和预测，Y_t/P_t[人均 GDP（元）]、URB_t[城镇化率（%）]、EGR_t[恩格尔系数（%）]、GY_t[第三产业比重（%）]、X_t[人均居民消费总额（元）]。

二、生态足迹驱动因素分析模型

根据上述选取的五项潜在驱动因素和各项指标历年的数据（其中人均 GDP 和人均居民消费总额两项指标均按 2010 年可比价格计算），运用计量经济学分析方法和 Eviews 软件进行分析，分析结果如表 9-3 所示。

表 9-3　生态足迹驱动因素的计量经济学分析结果

被解释变量：ef_t	模型估计方法：最小二乘法		样本范围：1991～2013 年	
解释变量	系数	标准误差	t 统计量	概率
C	0.559 555	0.21 583	2.592 576	0.017 4
X_t	0.000 162	0.000 024 5	6.594 004	0
$Y_t \cdot EGR_t/(URB_t \cdot GY_t \cdot P_t)$	0.000 000 135	0.000 000 051 9	2.602 982	0.017
样本决定系数	0.904 697	因变量的均值		1.931 881
调整后的样本决定系数	0.895 167	因变量的标准差		0.588 426
回归标准差	0.190 52	赤池信息量（AIC）		−0.357 01
残差平方和	0.725 958	施瓦茨信息量（SC）		−0.208 9
对数似然比	7.105 626	F 检验的统计量		94.929 01
DW 统计量	0.557 501	模型显著性的概率值		0

根据上述计算结果，以河南省 1991～2013 年的人均生态足迹为因变量，潜在驱动因素为自变量，建立河南省生态足迹驱动因素的计量经济学分析模型，其模型为

$$ef_t = 0.559\,555 + 0.000\,000\,135Y_t \cdot EGR_t/(URB_t \cdot GY_t \cdot P_t) + 0.000\,162X_t \quad (9-5)$$

由该模型可知，人均 GDP、恩格尔系数和人均居民消费总额对生态足迹的增加起到了正向的助推作用，而城镇化率和第三产业比重对生态足迹的加速上涨起到一定的抑制作用，能在一定程度上缓解生态足迹的急速增长。

三、河南省生态足迹预测（2013～2025 年）

根据建立的河南省生态足迹驱动因素分析模型，结合河南省"十二五"规划纲要和区域发展实际状况，对河南省的生态足迹进行预测。河南省统计局公布的数据显示，河南省 2014 年前三季度的地区生产总值增长率为 8.2%，考虑到国家整体经济增长预期的下调，我们认为也应该适当下调河南省 GDP 的预期增速，在此我们取人均 GDP 预期的年均增长率 2015～2020 年为 5%、2021～2025 年为 5.5%；恩格尔系数由 1978 年的 59.5% 下降到 2012 年的 33.6%，年均下降 0.74 个百分点，在此我们认为取预期年均下降 0.74 个百分点较合实际；河南省社会消费品总额 2013 年全年增长 13.8%，2014 年 1～8 月同比增长

12.8％，总体呈回落态势，符合实际，据此我们认为人均居民消费总额未来十几年每年增长6％较合时宜；根据"十二五"发展规划纲要提出的城镇化率和第三产业比重增加目标，我们取城镇化率到2025年达到55％，第三产业比重2025年达到40％。根据以上对各个影响因素的预测，我们可预测出河南省2015～2025年的人均生态足迹变化态势，如图9-1所示。

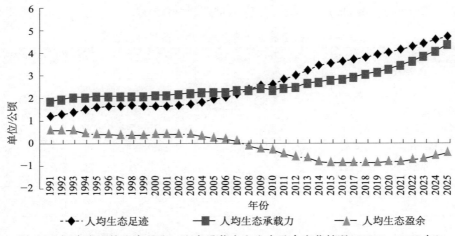

图9-1 河南省人均生态足迹、生态承载力和生态盈余变化情况（1991～2025年）

第四节 生态承载力及其影响因素分析

一、生态承载力的影响因素

参考和借鉴相关文献研究成果（王明全等，2009；李娜和马延吉，2013），本章选取 G_t/P_t［人均耕地面积（公顷）］、KJ_t［科技活动人数（人）］、D_t/P_t［人均固定资产（元）］、EGR_t［恩格尔系数（％）］、PG_t［人口增长率（％）］五项生态承载力影响因素进行分析研究。

二、生态承载力影响因素分析模型

根据上述选取的影响生态承载力的五项指标，运用计量经济学方法对这五项指标数据进行分析，结果如表9-4所示。

表 9-4　生态承载力影响因素的计量经济学分析结果

被解释变量：ec_t	模型估计方法：最小二乘法		样本范围：1991~2013 年
解释变量	系数	标准误差	t 统计量	概率
C	2.467 801	0.112	22.033 9	0
$KJ_t \cdot D_t/(EGR_t \cdot P_t)$	1.90E−9	5.12E−10	3.710 672	0.001 5
$PG_t \cdot P_t/G_t$	−0.004 87	0.001 215	−4.007 02	0.000 8
样本决定系数	0.769 033	因变量的均值		2.153 707
调整后的样本决定系数	0.089 469	因变量的标准差		0.192 528
回归标准差	0.152 09	赤池信息量（AIC）		−1.419 267
残差平方和	23.500 96	施瓦茨信息量（SC）		−1.271 160
对数似然比	2.655 285	F 检验的统计量		22.496 09
DW 统计量	2.467 801	模型显著性的概率值		0.000 008

　　根据上述分析结果，建立河南省生态承载力影响因素的计量经济学分析模型为

$$ec_t = 2.468 - 0.004\,87 PG_t \cdot P_t/G_t + 0.000\,000\,001\,9 KJ_t \cdot D_t/EGR_t \cdot P_t$$

$$(9\text{-}6)$$

　　由该模型可知，科技活动人数、人均固定资产、人均耕地面积等因素对河南省的生态承载力提升起到正向的推动作用，而恩格尔系数和人口增长率则对河南省的生态承载力的提高起到抑制作用。

三、河南省生态承载力预测（2015~2025 年）

　　根据建立的生态承载力影响因素模型，结合河南省发展规划纲要和区域发展实际，对河南省生态承载力变化进行预测。河南省发展规划纲要对耕地有约束性要求，耕地保有量总量仍将保持在 791.47 万公顷以上，但随着人口的增长，耕地资源在不断减少，人均耕地面积也在不断下降（贺振，2008）。河南省政府新闻办在 2014 年 6 月 9 日举行的"第二次全省土地调查主要数据成果"发布会上公布的数据显示，截至 2009 年 12 月 31 日，该省耕地 819.2 万公顷，人均耕地与 1996 年的 0.089 公顷相比下降 0.0067 公顷，据此测算，13 年间河南省人均耕地面积下降 7.5%，年均下降 5.8‰，分析称，人均耕地的逐年下降，主要影响因素是人口增加。因此，考虑到未来几年河南省人口将继续增长，在此我们认为未来几年河南省人均耕地面积年均下降 5‰比较符合实际。河南省的科技活动人数由 2007 年的 192 173 人增加到 2012 年的 305 990 人，根据近五年来的年均增长状况，预计 2025 年将达到 60 万人左右。河南省发展规划纲要中将人口增长率作为约束性指标，要求年均增长控制在 7.1‰之内，但根据《河南统计年鉴》显示的近五年（2007~2012 年）来人口自然增长率分别为 5.0‰、5.0‰、5.0‰、5.2‰、4.9‰，据此，我们预测 2015~2025 年年均增长 2‰是

合理的。河南省发展规划纲要，全社会固定资产投资预期年均增长 15％以上，但考虑到当前经济增长正从投资拉动向创新驱动转型，在此我们认为人均固定资产取 7％左右的增长率较为合理。由此，我们可以预测出河南省 2013～2025 年的人均生态承载力及人均生态盈余变化情况，如图 9-1 所示。

四、生态盈余分析

将河南省 1991～2025 年的人均生态足迹、人均生态承载力和人均生态盈余用二维折线图表示出来，如图 9-1 所示。由图 9-1 可知，总体上来看，河南省的人均生态足迹和人均生态承载力在 1991～2013 年都在不断上升，且在预测的 2015～2025 年仍将继续上升。在 2018 年之前，人均生态足迹的上升速度明显要快于人均生态承载力的上升速度，上述增长态势导致人均生态净值逐渐变小并在 2006 年由盈余变为赤字，之后逐年扩大，但到 2018 年之后，人均生态承载力的增速将开始超过人均生态足迹的增速，进而使得生态赤字开始逐渐缩小，并最终扭亏为盈，这种变化态势是符合实际情况的。

第五节　由生态赤字转为生态盈余的策略

（1）加强生态建设和环境保护，合理开发和利用资源，提升区域资源环境生态承载力。加强生态建设，坚持生态保育、恢复与建设并重，按照《中原经济区规划（2012～2020 年)》的要求，积极推进桐柏平原生态涵养区、沿黄生态涵养带和南水北调中线生态走廊等各项生态工程建设，提升环境承载能力。同时，搞好途经河南省境内的南水北调、西气东输、西电东送三大国家工程的各项配套设施建设，充分利用好过境资源，提升河南省的资源承载力。

（2）加快产业结构调整，积极促进生物医药、节能环保、新能源等战略性新兴产业集群发展，实行土地资源节约集约利用；加快对能源消耗大、污染严重的传统产业进行技术改造和升级，提升产业层次，积极推动产业向绿色低碳、清洁环保方向发展，降低生态足迹；加快推进自主创新体系建设，强化创新驱动发展，通过实施创新驱动发展，推动河南省经济增长方式由粗放型向集约型转变，减少资源消耗和污染破坏，降低生态足迹。

（3）提高全民的资源节约和环境保护意识。培养和提升河南省全民在衣食住行方面的节约环保意识，提倡低碳消费和绿色消费观念，如乘坐公共交通工具、使用节能照明灯具、推广使用生态袋等，降低日常生活的生态足迹。

第六节 本 章 小 结

通过对河南省 1991～2013 年生态足迹和生态承载力的测算，以及对其驱动影响因素的分析和测，主要得出以下结论。

（1）从生态赤字出现的时点来看，由于不仅考虑生态足迹中的污染足迹和水足迹，而且也充分地把生态环境的自净能力和水资源的承载力考虑在生态承载力之内，这使得本章的研究结果显示河南省在 2006 年之后才开始出现生态赤字状态，这与以往研究中得出的在 1990 年以前就出现"生态赤字"的结论大不一样。

（2）通过分析得知，导致河南省生态足迹急剧增长的主要原因是人均 GDP、恩格尔系数和人均居民消费总额等经济指标的增长；而人均耕地面积、科技活动人数和人均固定资产等指标的增加则有助于推动河南省生态承载力的提升和改善。

（3）根据建立的驱动因素模型进行预测，从预测结果来看，河南省 2015～2025 年的人均生态足迹和人均生态承载力都仍将继续增大，但人均生态承载力的增速将逐渐超过人均生态足迹的增速，生态赤字将呈现先扩大后缩小最后扭亏为盈的变化状况。

第十章 河南区域创新体系发展的 DSGE 模拟与预测

城镇化、工业化、信息化（国际互联网用户数量、电子信息产业产值、电信业务总量）、农业现代化、政府科技经费投入、科技活动人员、技术引进支出总额等的随机冲击，对区域创新体系的状态变量（获得的国内专利权）和控制

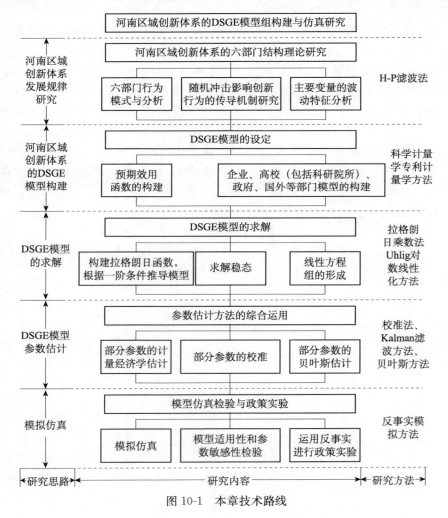

图 10-1　本章技术路线

变量（R&D 经费、企业投入的新产品开发经费、国际论文等）将产生怎样的影响？对此，本章引入动态随机一般均衡（dynamic stochastic general equilibrium，DSGE）模型进行分析，构建预期效用函数和拉格朗日函数，进而构建由 31 个模型组成的河南创新体系的 DSGE 模型体系，并运用贝叶斯方法、计量经济学方法等进行参数估计，进行模拟仿真和政策实验，从而分析出城镇化、工业化、信息化等的波动对河南创新体系状态变量和控制变量的作用效果。并与利用 H-P 滤波法分析的河南创新体系主要变量的波动特征相比较，以验证模型的正确性，为河南创新体系政策的制定提供依据。本章技术路线如图 10-1 所示。

第一节　DSGE 与创新体系建模的方法

如何科学地、符合实际地建立区域创新体系演化和发展的政策模拟模型，并进行有针对性的仿真试验，一直是政府、企业和高校等部门所重视的现实问题。本章旨在引入目前经济学前沿的模型体系构建框架和方法，即 DSGE 模型体系框架方法。在一定意义上可以说，DSGE 模型的建模思想和方法论目前已经被主流经济学家们所接受，成为宏观经济学的标准分析框架。这种先进的建模方法不仅具有动态一般均衡的优点，还能够在经济增长、政府科技政策或国际环境出现不确定性波动情况下，分析区域创新体系的演化态势。对此，本章旨在提供一套新的分析框架和方法。

而本章旨在探索的在国际上前沿的 DSGE 模型体系框架方法中构建表征协同创新整体效应的"预期效用函数"是在不确定的条件下把各部门的行为模式与整体动态优化结合在一起的系统方法。DSGE 模型体系可以探讨创新体系各变量在随机冲击中如何随时间变化而变化的动态特征，通过动态最优化来对各创新主体在不确定的环境下的行为模式进行详细的刻画，并实现企业、高校（包括独立科研机构）、政府、中介、金融和国外等部门根据各自的偏好和对未来的预期，做出最适于协同创新的行为选择。DSGE 模型体系不仅具有动态一般均衡的显性建模优点，而且微观和宏观结合、长短期分析结合，并且可以方便地采用反事实等仿真方法分析各个单独的冲击对状态变量的影响。因此，DSGE 方法是一种不同于以往的"一般均衡分析""系统动力学"等方法的前沿方法。

本节首先讨论创新体系建模方法的研究状况和 DSGE 分析方法的研究状况，目的是说明 DSGE 分析方法是一种前沿的方法，可以尝试用于创新体系的建模；而建立完整的 DSGE 模型体系，就需要讨论企业部门的创新模型、高校部门的知识生产模型、国外部门的技术扩散模型和政府部门的推动模型等的研究现状及发展动态，这些部门模型是 DSGE 模型体系的主要模型，因此，本节接下来的几部分内容论述了这些部门模型的研究状况及发展动态；本节最后部分就"协同创新的生态环境与创新主体的行为模式"的研究状况进行了文献综述，这是建立各部门模型的基础。

一、创新体系建模的方法

目前创新体系的建模方法主要是系统动力学方法。

1. 系统动力学方法

在国外，Elpida Samara 等（2012）应用系统动力学方法，分析了希腊国家创新体系的运行绩效；Tugrul U. Daim 等（2006）利用系统动力学模型对新能源汽车技术及其扩散的动态系统进行建模，预测电动汽车技术的成熟期；Yung-Chi Shen 等（2010）利用系统动力学方法进行三项竞争技术的互动仿真研究，同时也使用蒙特卡罗模拟方法分析可能的不确定的扩散及两技术的交互作用问题；杨文亚（2013）建立的系统动力学模型表明，影响电动汽车销量的最关键的因素是充电时间，其次为续航里程和使用价格。

目前学者们运用系统动力学方法对新能源汽车技术创新进行了若干研究，取得了一批重要成果。系统动力学虽然运用反馈等工具分析各变量之间的动态关系，但缺乏对在不确定条件下区域创新体系中各部门的动态的协同优化的分析。而在当今不确定的环境中，只有在各部门协同优化的条件下，新能源汽车技术才能达到成熟，其性价比才能提高到市场可以接受的程度，从而使新能源汽车产业迅速发展起来，而 DSGE 模型方法正是分析这种不确定条件下各部门（主体）协同优化的前沿方法。

2. DSGE 模型方法

DSGE 模型起源于 F. E. Kydland 和 E. C. Prescott（1982）提出的实际经济周期（RBC）模型。Peter N. Ireland（2004）将 DSGE 与 VAR（多变量自回归时间序列模型）相结合，利用最大似然估计法，来解释第二次世界大战后美国经济的总产出和就业的波动。Frank Smets 和 R. Wouters（2005）对 1974～2002 年美国和欧洲经济体的震荡和摩擦形态运用 DSGE 模型进行估计。G. Walque 等（2004）、P. Rabanal 和 V. Tuesta（2006）运用 DSGE 模型预测多个国家的宏观经济政策。Smets 和 Wouters（2007）运用新凯恩斯 DSGE 模型以劳动增强的技术进步作为其扩展，讨论美国经济周期的波动源及技术进步对劳动时间的影响；

在最优货币政策和财政政策选择上，Lorenzo Forni 等（2009）运用 DSGE 模型估测了欧洲财政政策的影响效果，估测的结果是财政政策变量对于主要宏观经济变量周期性影响的贡献很小。

徐舒等（2011）基于我国 1989~2008 年的年度数据，在 DSGE 模型的理论框架下建立了一个内生的研发投入与技术转化模型，以研究技术扩散对我国经济波动的影响；刘建华等（Liu et al.，2013；刘建华等，2014，2015）将 DSGE 模型方法引入对国家创新体系的研究中，建立模型组，开拓了新的研究方向。

目前国内运用 DSGE 方法进行宏观经济问题的研究已形成潮流，北京大学、清华大学、复旦大学、华中科技大学、上海交通大学、吉林大学、厦门大学、山东大学、东北财经大学等多所大学开展了此项研究。根据我们对主要的中外文数据库的检索，运用 DSGE 方法进行创新体系问题的研究目前还很少。

从上述文献看，DSGE 模型已成为经济体系的主流分析方法（包括其模型体系、参数识别方法和模拟仿真预测方法）（Bai 和 Ng，2003），而在创新管理的研究中缺少关于创新体系的 DSGE 建模研究。将 DSGE 方法引入对河南等区域创新体系的研究中，建立用于模拟仿真预测的模型组，并进行模拟仿真预测，将开拓创新体系研究的新局面。

二、企业创新行为的分析模型

建立 DSGE 模型，需要分析企业、高校（包括独立科研机构）、政府和国外（国外合作者、国际技术贸易机构、国际 R&D 机构等有关机构）等在创新体系中的行为模式。

Felix Eggers 和 Fabian Eggers（2011）根据油价上涨、绿色思维的趋势，研发和实证检验了一个利用个人偏好的基于联合概率的选择模型来预测电动汽车的普及率及其技术动态；Griliches（1988）利用 C-D 生产函数模型估计企业层面研发投入的产出弹性。在国内，陶长琪和齐亚伟（2008）以知识生产函数的形式，分析了 R&D 投入的供给因素和需求因素对自主创新的决定性影响。刘丽萍和王雅林（2011）运用计量经济学的方法证明了 R&D 投入以及企业科研人员数量、从事科研的企业数量等相关因素对企业的专利申请量存在显著性影响。段姗（2013）根据浙江创新型企业 R&D 投入和发明专利申请量的数据，分析创新型企业的 R&D 投入和发明专利产出之间的关系；袁晓东和罗恺（2014）以1997~2010 年中国 LED 封装技术专利为样本，综合运用帕累托位序规模法、比例法和首位度等方法进行测量，研究表明中国 LED 封装技术领域专利呈现分散趋势。

目前，对企业创新行为的分析模型进行了大量研究，为本项目奠定了基础。这些研究的主题在于建立企业创新投入与产出的关系模型，但在影响因素和变量的选择上存在很多差别，特别是在企业创新模型中还缺乏反映高校、政府等部门以及创新生态环境的状态变量和随机变量，加入这些变量才能比较全面地分析各部门对企业创新行为的影响。

三、高校等的知识生产模型

目前学者们主要应用知识生产函数研究高校的科学研究和创新行为模式。Czarnitzki 等（2009）运用计量经济学方法构造出包括研发投入、研发人员、研发资本存量等因素在内的知识生产函数。O. Raquel 和 M. Rosina（2009）建立知识生产函数的新框架，使创新产出取决于一组因素，并应用泊松模型评估这些决定性因素和企业所有权结构对专利数量的影响。Buesa 等（2010）把知识生产函数方法和影响因素分析方法结合起来，研究欧洲区域创新的决定因素，包括国家环境、区域环境、创新企业、大学、公共管理等。Buesa 等（2010）运用多种因素组合的方式建立知识生产函数模型，因变量是专利，解释变量包括国家环境、区域环境、创新企业、大学和公共机构。

目前的研究方法，主要是运用计量经济学方法建立知识生产函数模型，而采用贝叶斯估计参数等新方法的研究成果也已出现。但在高校知识生产模型建构中，缺乏反映其他部门与高校互动作用的变量，没有从各部门的协同互动关系角度建构高校知识生产模型。

四、国外部门的国际技术扩散模型

国外学者对国际技术扩散模型研究得比较多。R. J. Barro 和 X. Sala-i- Martin（1997）、P. Howitt（2000）、D. Acemoglu 等（2006）在新增长理论基础上提出和发展了技术扩散模型，以考察发达国家和发展中国家的技术互动。Abdoulaye Seck（2012）运用 55 个发展中国家的面板数据，分析技术引进对于落后国家 R&D 溢出的作用。Philippe Aghion 等（2009）运用大规模复杂系统方法，分析技术扩散在科技—经济中的重要作用。G. Gancia 和 A. Bonöglioli（2008）、Seck（2012）、Shuichiro Nishioka 和 Marla Ripoll（2012）揭示了中间产品中物化的技术知识通过贸易而扩散的问题，并建立了生产率与国内 R&D 存量、国外 R&D 存量、两国地理距离的关系模型。D. Comin（2010）对 15 项技术在 166 个国家的扩散进行了研究。

任斌等（2013）根据创新扩散理论，通过对广义 Bass 模型的扩展，提出了考虑基础设施建设和价格下降影响的中国电动汽车的创新扩散模型。廖进球和陈洪章（2014）引入"知识守门人"理论，守门人整合国际创新资源，起到国内外组织之间有效结合的连接作用，使产业在国际创新扩散中得到高速发展。

国内外对国际技术创新扩散模型进行了大量研究，这方面的研究成果比较多。但从战略性新兴产业技术成熟度的角度研究国际技术扩散和"国外部门的创新行为模型"的成果较少，而这是迫切需要研究的。

五、政府部门在创新体系中的推动作用模型

公共 R&D 投入是政府部门推动产业创新体系发展和企业创新的重要政策工具。Dominique Guellec 和 Bruno van Potllesberghe（2000）对 17 个 OECD 国家（1981～1996 年）政府各种公共 R&D 投资手段对企业研发行为的影响进行定量研究。I. Busom（2000）采用赫克曼选择模型得出政府研发资助对企业产生替代效应的结论。Czarnitzki（2004）应用匹配模型，利用 1985～1997 年法国企业的追踪数据的研究拒绝了政府 R&D 投入对企业 R&D 投入有替代效应的假设。M. Coccia（2010）基于计量经济模型的分析发现，公共 R&D 支出对私人研发是一种补充，但后者要高于前者是一个国家的生产率增长的决定因素。Coccia（2011）从实证研究的角度论述了公共研发经费、私人研发经费的互动与生产率提升的关系问题。Hagedoorn John 和 Wang Ning（2012）实证研究了政府 R&D 投入对企业内部和外部 R&D 的不同影响，其互补性或替代性不同。Wang Sun Ling 等（2013）研究发现在农业研究领域，公共和私人投资之间是互补的。郭晓丹等（2011）的研究表明政府补贴能够为企业指明技术攻关方向，激励企业积极参与研发创新活动。

在国内，徐晓雯（2010）运用计量经济学方法分析中国政府科技投入与企业科技投入之间的相关关系。寇铁军和马大勇（2013）在政府财政科技投入对企业技术创新投入效应理论模型的基础上，验证了政府科技投入对企业技术创新投入具有显著的"引导效应"。陈建宝和禚铸瑶（2013）基于省域面板数据，就我国政府对大中型工业企业 R&D 的资助问题进行研究。肖丁丁等（2013）运用分位数回归方法分析政府科技投入对企业 R&D 支出在各区域及各分位点处的影响效果，研究表明政府对高校、科研院所的研发资助会对企业 R&D 支出产生杠杆效应，而对企业的研发资助则存在显著的挤出效应。

在建立创新动力模型中，有关政府的 R&D 投入的带动作用的研究成果相对较多，而政府补助、融资支持等的研究较少。而这是迫切需要研究的，如研究政府研究开发投入、研究开发补贴对区域创新体系的影响。

六、对已有研究的总体评述

从上述研究状况看，目前对协同创新及协同创新体系有关的建模研究上，都已有相当的研究基础，并且取得了许多重要成果。但就不确定性条件下、新的市场机遇和技术机遇条件下，协同创新体系的模型体系构建和仿真研究而言，存在以下三个主要问题需要解决。

（1）目前学者们运用系统动力学方法等对产业创新体系进行了很多研究，取得了一批重要成果，但对于随机冲击下区域创新体系的动态演变等问题的定量研究几乎是空白。在面对新技术随机涌现、产业结构优化升级等的新机遇环境条件下综合各部门的偏好和优化目标，进行整体的动态优化和一般均衡分析，则是区域创新体系研究的迫切需要。

（2）学者们对产业创新体系中的企业部门、高校（包括科研机构）部门、政府部门的研究较多，例如，研究了企业技术创新投入与产出绩效的关系，研究了高等学校或企业的知识生产函数，研究了大量的技术扩散模型，研究了政府 R&D 投入对企业 R&D 投入的引导效应或替代效应，但对于包括六部门（企业、高校（包括科研院所）、政府、中介机构、金融、国外）的区域体系的整体建模分析较少，在产业协同创新体系六部门模型中缺乏反映各部门协同互动关系的变量，缺乏整体框架的研究。

（3）在对企业部门的创新模型的分析中，只注重分析创新投入与专利产出的技术关系，而缺乏新产品产出（销售量、销售收入等）与创新投入、政府研发投入、金融支持等关系的比较全面的分析；在对高校等部门的知识生产函数的构建中，缺乏国际论文等表征国外部门作用的重要因素；对创新体系中金融和中介机构的行为模型的研究比较少。

把 DSGE 建模方法与创新网络分析方法（社会网络方法等）结合起来，将是区域协同创新体系建模研究的一个重要前沿问题。在经济学领域，Acemoglu（2012）等就尝试将复杂网络应用于解释经济波动，并找到了新的解释原因，为经济波动研究提供了一个新的方向。

第二节　数据来源与 H-P 滤波分析

分析区域创新体系各主要变量［包括研发经费投入、企业新产品开发经费投入、国内申请者获得的国内专利授权（以下简称专利）、研发人员等］的波动特征与规律是建立 DSGE 模型的经验基础和验证模型准确与否的需要。利用 H-P 滤波法把这些变量的样本值分解为长期趋势值和随机波动的周期成分值。在此基础上，分析这些变量的时间序列的标准差等随机波动特征。

一、数据来源

本书所使用的数据主要来源于《中国科技统计年鉴》《河南科技统计年鉴》和《河南统计年鉴》等。

地区生产总值、固定资产投资、固定资本存量、研发经费、就业人数、就业者人均受教育年限、技术引进支出总额、技术消化吸收支出总额、购买国内技术用款、技术改造支出总额、技术市场交易额、新产品销售收入、政府研发经费、大中型企业新产品开发经费、科技活动人员、国内发表科技论文数量、国外主要检索工具收录我国科技论文数、国内专利申请授权数等数据的时间跨度是 1991~2012 年；而城镇化率，工业化（第三产业比例），农业劳动生产率，金融机构贷款和外商投资之和，研发经费占地区生产总值的比重，第二产业增加值占地区生产总值的比重，高能耗产业工业增加值占地区生产总值的比重，每万人国际互联网用户数，电子信息产业增加值占地区生产总值的比重，电信业务总量与地区生产总值的比例，信息化，能耗率，人口等数据的时间跨度是 2001~2012 年。

二、H-P 滤波

首先利用 H-P 滤波方法对几个主要变量的时间序列进行滤波分解。图 10-2~图 10-13 为经过 H-P 滤波后的若干变量指标的波动成分和趋势成分分解图。

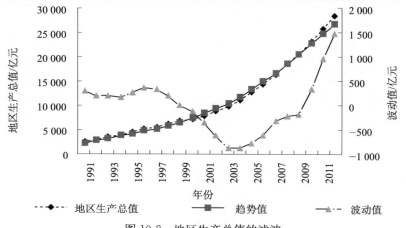

图 10-2 地区生产总值的滤波

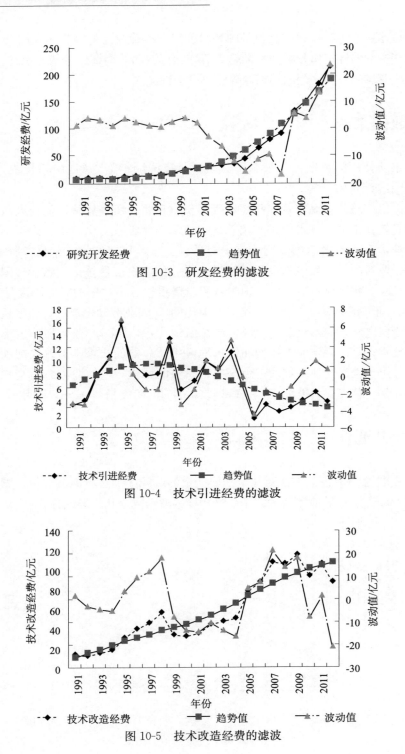

图 10-3　研发经费的滤波

图 10-4　技术引进经费的滤波

图 10-5　技术改造经费的滤波

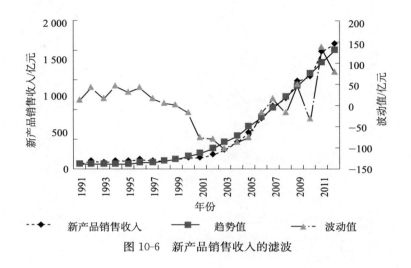

图 10-6　新产品销售收入的滤波

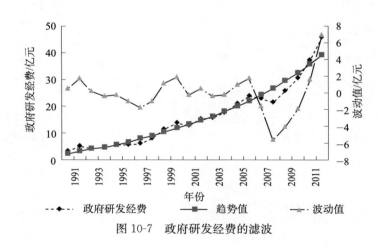

图 10-7　政府研发经费的滤波

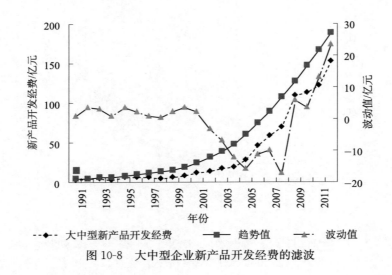

图 10-8　大中型企业新产品开发经费的滤波

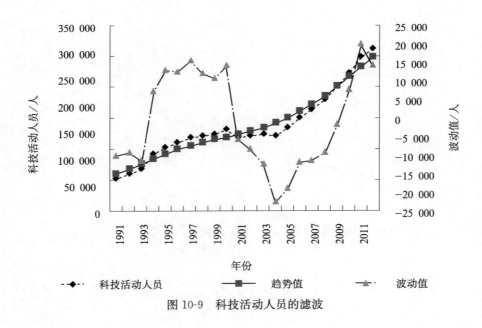

图 10-9　科技活动人员的滤波

图 10-10　国外主要检索工具收录我国科技论文数的滤波

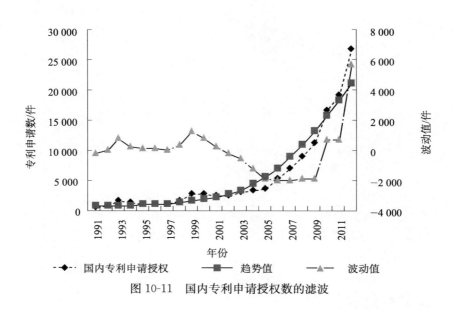

图 10-11　国内专利申请授权数的滤波

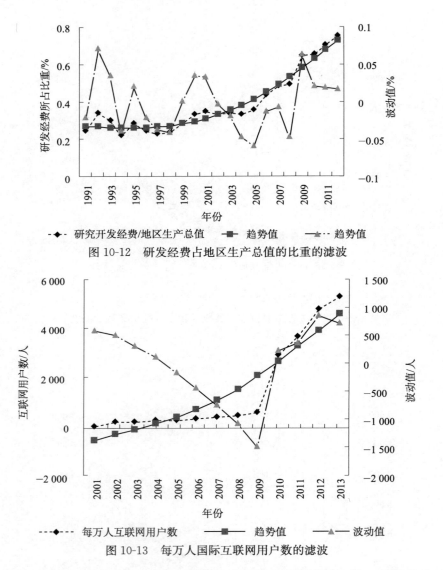

图 10-12 研发经费占地区生产总值的比重的滤波

图 10-13 每万人国际互联网用户数的滤波

从图 10-2 至图 10-13，我们可以看出，国内专利申请授权数、研发经费、大中型企业新产品开发经费、新产品销售收入等的波动成分曲线的形态极其相似，这些曲线大都呈 U 形分布，在此期间这些变量的实际值大多低于其趋势值，并大都在 2010 年以后开始上升。

三、各变量的标准差

各变量的波动性见表 10-1 第 2 列，列出的是各变量波动成分的标准差，1％

的标准差代表变量的波动部分对其趋势值偏离 1%。在表 10-1 中，模拟值是指本书运用所建 DSGE 模型进行模拟仿真分析的结果，模拟值越接近于实际值，说明模型对该变量的分析越准确。从表 10-1 可以看出，地区生产总值、人均受教育年限、就业人数、固定资产投资、信息化、新产品开发经费、技术改造经费、新产品销售收入等主要控制变量的波动成分的标准差的模拟值和实际值比较一致，总体"Kydland-Prescot 方差比例"为 70%。这个比例通常表示利用 DSGE 模型所做的模拟的准确程度。

表 10-1　各变量波动的标准差及其 DSGE 模拟结果

状态变量和控制变量	状态变量和控制变量的实际标准差/%	状态变量和控制变量的模拟标准差/%	随机变量	随机变量的标准差/%
专利授权量 P_t（状态变量）	22	7	固定资本存量 K_{t-1}	10
地区生产总值 Y_t	4	4.7	城镇化率 URB_{t-2}	1
人均受教育年限 E_t	0.2	0.2	工业化 GY_{t-2}	3
就业人数 L_t	0.8	0.88	农业现代化 AGR_{t-2}	13
固定资产投资 D_t	12	10	人口 PU_t	4.8
研发投入 S_{t-2}	13.6	9	金融机构贷款和外商投资之和 V_{t-2}	9
能耗率 EF_t	9.3	4.2	研发经费占地区生产总值的比重 R_{t-2}	28.8
信息化 INF_{t-2}	9.3	10	高能耗产业增加值占地区生产总值的比重 GH_t	4.8
国际论文 GP_t	26.5	55	第二产业增加值占地区生产总值的比重 IND_t	2.2
新产品开发经费 NEW_t	14	18	每万人国际互联网用户数 HL_{t-2}	64.5
技术市场成交额 SJ_t	16	5	电子信息产业增加值占地区生产总值的比重 XI_{t-2}	36
技术改造经费 JG_t	18	14	电信业务总量与地区生产总值的比例 DX_{t-2}	6
新产品销售收入 SA_t	14	18	国内发表科技论文数 GN_t	8
			技术引进经费 YJ_{t-2}	36.8
			科技活动人员 N_t	6.5
			消化吸收技术经费 XS_t	56
			购买国内技术额 GM_t	44
			政府科技经费投入 ZF_t	10

第三节　六部门模型

下述模型有关变量的含义详见表 10-1。

1. 企业部门的科技进步模型

下述模型建立了技术改造与技术引进、技术消化吸收、技术购买、固定资产投资的关系

$$\mathrm{JG}_t = a_{26} D_t (\mathrm{YJ}_{t-2} + \mathrm{XS}_t + \mathrm{GM}_t) + a_{27} \tag{10-1}$$

2. 高校部门的人才培养模型

这一模型建立了就业者人均受教育年限与城镇化率的关系，说明城镇化对教育的推动作用

$$E_t = a_5 + a_6 \mathrm{URB}_{t-2} \tag{10-2}$$

3. 政府部门的推动作用模型

下述两个模型反映了政府财政投入对企业新产品开发经费投入的带动作用，以及提高新产品销售收入的作用

$$\mathrm{NEW}_t = a_{22} P_t^{a_5} \mathrm{ZF}_t^{a_6} N_t^{a_6} P_{t-1}^{a_6} \tag{10-3}$$

$$\mathrm{SA}_t = a_{28} \mathrm{ZF}_t + a_{29} \mathrm{NEW}_t + a_{30} \mathrm{JG}_t + a_{31} \tag{10-4}$$

4. 金融部门的资金支持模型

金融部门在创新体系发展中起到重要作用，在研发经费投入中，一些企业需要借助银行贷款；而在高新技术企业的创业和初期发展中，创业风险投资则起到重要作用，同时 FDI 也起到一定作用。这样可以建立如下模型

$$S_{t-2} = a_{11} V_{t-2} + a_{12} \mathrm{INF}_{t-2} \mathrm{AGR}_{t-2} \mathrm{IND}_{t-2} \mathrm{URB}_{t-2} \tag{10-5}$$

5. 中介部门的技术市场模型

这一模型反映了技术市场成交额与技术引进、政府投入的关系

$$\mathrm{SJ}_t = a_{23} \mathrm{YJ}_{t-2} + a_{24} \mathrm{ZF}_t + a_{25} \tag{10-6}$$

6. 国外部门的论文产出模型

这一模型反映 SCI 等收录的河南学者（包括与国内外学者合作）发表的论文与技术引进额 YJ_{t-2}、研发经费（S_{t-2}）等的关系

$$\mathrm{GP}_t = \mathrm{GN}_t^{a_7} \mathrm{YJ}_{t-2}^{a_8} S_{t-2}^{a_9} N_t^{a_{10}} \tag{10-7}$$

7. 创新驱动与经济可持续增长模型

下述这些模型反映创新驱动与经济可持续增长的关系

$$Y_t = a_1 K_{t-1} + a_2 D_t S_{t-2} L_t / K_{t-1}^2 + a_3 D_t E_t / S_{t-2} + (D_t S_{t-2}/L_t)^{a_1} \cdot (E_t L_t L_t)^{a_2} + a_4 \tag{10-8}$$

$$L_t = a_7 + a_8 \text{URB}_{t-2} \cdot \text{INF}_{t-2}/\text{IND}_{t-2} \tag{10-9}$$

$$D_t = a_9 + a_{10} \text{URB}_{t-2} \cdot V_{t-2} \tag{10-10}$$

$$\text{Ef}_t = a_{13} R_{t-2} \text{INF}_{t-2}/\text{GH}_t \cdot \text{IND}_t + a_{14} \tag{10-11}$$

$$\text{INF}_{t-2} = a_{15} \text{HL}_{t-2} + a_{16} \text{XI}_{t-2} + a_{17} \text{DX}_{t-2} \tag{10-12}$$

第四节　DSGE 模型的整体框架

在上述对企业、高校、政府和国外等各部门进行建模的基础上，现在可以建立河南区域创新体系发展的 DSGE 模型的总体框架，如式（10-13）所示。

$$\max E_t \left[\sum_{t=0}^{\infty} \beta^t \left(\frac{\text{NEW}_t^{1-\eta}}{1-\eta} + \theta_t \ln N_t \right) \right]$$

$$Y_t = a_1 K_{t-1} + a_2 D_t S_{t-2} L_t/K_{t-1}^2 + a_3 D_t E_t/S_{t-2} + (D_t S_{t-2}/L_t)^{a_1} \cdot (E_t L_t L_t)^{a_2} + a_4$$

$$E_t = a_5 + a_6 \text{URB}_{t-2}$$

$$L_t = a_7 + a_8 \text{URB}_{t-2} \cdot \text{INF}_{t-2}/\text{IND}_{t-2}$$

$$D_t = a_9 + a_{10} \text{URB}_{t-2} \cdot V_{t-2}$$

$$S_{t-2} = a_{11} V_{t-2} + a_{12} \text{INF}_{t-2} \text{AGR}_{t-2} \text{IND}_{t-2} \text{URB}_{t-2}$$

$$\text{Ef}_t = a_{13} R_{t-2} \text{INF}_{t-2}/\text{GH}_t + a_{14} \text{IND}_t + a_{32}$$

$$\text{INF}_{t-2} = a_{15} \text{HL}_{t-2} + a_{16} \text{XI}_{t-2} + a_{17} \text{DX}_{t-2}$$

$$\text{GP}_t = \text{GN}_t^{a_7} S_{t-2}^{a_8} \text{YJ}_{t-2}^{a_9} N_t^{a_{10}}$$

$$\text{NEW}_t = a_{22} P_t^{a_3} \text{ZF}_t^{a_4} N_t^{a_5} P_{t-1}^{a_6}$$

$$\text{SJ}_t = a_{23} \text{YJ}_{t-2} + a_{24} \text{ZF}_t + a_{25}$$

$$\text{JG}_t = a_{26} D_t (\text{YJ}_{t-2} + \text{XS}_t + \text{GM}_t) + a_{27}$$

$$\text{SA}_t = a_{28} \text{ZF}_t + a_{29} \text{NEW}_t + a_{30} \text{JG}_t + a_{31}$$

$$\lg K_{t-1} = \beta_1 + \sigma_1 \lg K_{t-2} + \varepsilon_{1t}, \ \varepsilon_{1t} \approx i.i.d.\ N(0, \sigma_\varepsilon^2)$$

$$\lg \text{URB}_{t-1} = \beta_2 + \sigma_2 \lg \text{URB}_{t-2} + \varepsilon_{2t}, \ \varepsilon_{2t} \approx i.i.d.\ N(0, \sigma_\varepsilon^2)$$

$$\lg \text{GY}_t = \beta_3 + \sigma_3 \lg \text{GY}_{t-1} + \varepsilon_{3t}, \ \varepsilon_{3t} \approx i.i.d.\ N(0, \sigma_\varepsilon^2)$$

$$\lg \text{AGR}_t = \beta_4 + \sigma_4 \lg \text{AGR}_{t-1} + \varepsilon_{4t}, \ \varepsilon_{4t} \approx i.i.d.\ N(0, \sigma_\varepsilon^2)$$

$$\lg \text{PU}_t = \beta_5 + \sigma_5 \lg \text{PU}_{t-1} + \varepsilon_{5t}, \ \varepsilon_{5t} \approx i.i.d.\ N(0, \sigma_\varepsilon^2)$$

$$\lg V_t = \beta_6 + \sigma_6 \lg V_{t-1} + \varepsilon_{6t}, \ \varepsilon_{6t} \approx i.i.d.\ N(0, \sigma_\varepsilon^2)$$

$$\lg R_t = \beta_7 + \sigma_7 \lg R_{t-1} + \varepsilon_{7t}, \ \varepsilon_{7t} \approx i.i.d.\ N(0, \sigma_\varepsilon^2)$$

$$\lg \text{GH}_t = \beta_8 + \sigma_8 \lg \text{GH}_{t-1} + \varepsilon_{8t}, \ \varepsilon_{8t} \approx i.i.d.\ N(0, \sigma_\varepsilon^2)$$

$$\lg \text{IND}_t = \beta_9 + \sigma_9 \lg \text{IND}_{t-1} + \varepsilon_{9t}, \ \varepsilon_{9t} \approx i.i.d.\ N(0, \sigma_\varepsilon^2)$$

$$\lg \text{HL}_t = \beta_{10} + \sigma_{10} \lg \text{HL}_{t-1} + \varepsilon_{10t}, \ \varepsilon_{10t} \approx i.i.d.\ N(0, \sigma_\varepsilon^2)$$

$$\lg XI_t = \beta_{11} + \sigma_{11}\lg XI_{t-1} + \varepsilon_{11t} \ , \ \varepsilon_{11t} \approx i.\,i.\,d.\ N(0,\sigma_\varepsilon^2)$$

$$\lg DX_t = \beta_{12} + \sigma_{12}\lg DX_{t-1} + \varepsilon_{12t} \ , \ \varepsilon_{12t} \approx i.\,i.\,d.\ N(0,\sigma_\varepsilon^2)$$

$$\lg GN_t = \beta_{13} + \sigma_{13}\lg GN_{t-1} + \varepsilon_{13t} \ , \ \varepsilon_{13t} \approx i.\,i.\,d.\ N(0,\sigma_\varepsilon^2)$$

$$\lg YJ_t = \beta_{14} + \sigma_{14}\lg YJ_{t-1} + \varepsilon_{14t} \ , \ \varepsilon_{14t} \approx i.\,i.\,d.\ N(0,\sigma_\varepsilon^2)$$

$$\lg KJ_t = \beta_{15} + \sigma_{15}\lg KJ_{t-1} + \varepsilon_{15t} \ , \ \varepsilon_{15t} \approx i.\,i.\,d.\ N(0,\sigma_\varepsilon^2)$$

$$\lg XS_t = \beta_{16} + \sigma_{16}\lg XS_{t-1} + \varepsilon_{16t} \ , \ \varepsilon_{16t} \approx i.\,i.\,d.\ N(0,\sigma_\varepsilon^2)$$

$$\lg GM_t = \beta_{17} + \sigma_{17}\lg GM_{t-1} + \varepsilon_{17t} \ , \ \varepsilon_{17t} \approx i.\,i.\,d.\ N(0,\sigma_\varepsilon^2)$$

$$\lg ZF_t = \beta_{18} + \sigma_{18}\lg ZF_{t-1} + \varepsilon_{18t} \ , \ \varepsilon_{18t} \approx i.\,i.\,d.\ N(0,\sigma_\varepsilon^2) \tag{10-13}$$

式（10-13）的第一行是创新的效用函数，代表区域创新体系的两个主要优化目标：一个目标是企业使用的研发经费的效用最大化，这是技术创新的主要目标；另一个目标是研发人员的数量最大化。研发人员的数量不仅代表科学研究的规模，更代表科学研究的质量。其中，E_t 表示预期，β^t 是贴现因子，NEW_t 是企业新产品创新费用，η 表示企业的相对风险规避系数，$\eta > 0, 1/\eta$ 表示企业所使用的创新费用的跨期替代弹性；θ_t 代表研发人员的相对权重系数。

在式（10-13）中，K_{t-1} 表示第 $t-1$ 期固定资本存量的数值，σ_1 为参数（$0 < \sigma_1 < 1$），ε_{1t} 是相互独立的，并服从均值为 0、方差为 $\sigma_{1\varepsilon}^2$ 的正态分布。其他变量随机变量模型的含义与此类似。

现在，式（10-13）构成了中国国家创新体系的初步的 DSGE 模型框架。其中，P_t 是状态变量，Y_t、E_t、L_t、D_t、S_{t-2}、EF_t、INF_{t-2}、GP_t、NEW_t、SJ_t、JG_t、SA_t 是控制变量，而 K_{t-1}、URB_{t-2}、GY_{t-2}、AGR_{t-2}、PU_t、V_{t-2}、R_t、GH_t、IND_t、HL_{t-2}、XI_{t-2}、DX_{t-2}、GN_t、YJ_{t-2}、N_t、XS_t、GM_t、ZF_t 是随机变量。

根据式（10-13）可以构建如下拉格朗日表达式

$$L = E \sum_{t=0}^{\infty} \beta^t \left[\frac{NEW_t^{1-\eta}}{1-\eta} + \theta_t \ln N_t + \lambda_t (-NEW_t + a_{22} P_t^{\alpha_1} \ ZF_t^{\alpha_t} \ N_t^{\alpha_5} \ P_{t-1}^{\alpha_6}) \right] \tag{10-14}$$

有如下优化条件

$$\frac{\partial L}{\partial NEW_t} = NEW_t^{-\eta} - \lambda_t = 0 \tag{10-15}$$

因而有

$$\lambda_t = NEW_t^{-\eta} \tag{10-16}$$

根据式（10-13）有 $\partial L / \partial N_t = \theta_t/N_t + \lambda_t \alpha_5 NEW_t/N_t = 0$，这样，通过下式就可确定 η、θ 的值

$$\theta_t = -\alpha_5 NEW_t^{1-\eta} \tag{10-17}$$

根据式（10-13）和式（10-17）就可以根据 P_{t-1} 和各随机变量推导出各个控制变量的预测模型。

现在，式（10-13）和式（10-17）共 31 个模型构成了河南创新体系的完整的 DSGE 模型框架。

第五节　模型求解与参数估计

一、模型求解

式（10-13）和式（10-17）构成的河南创新体系的 DSGE 模型框架，是一个非线性模型组，不便于直接求解。现在的问题是如何将非线性模型转化为足够好的线性模型，Harald Uhlig 提出了一种相对简单的对数线性化方法。考虑一般的变量 X_t，定义 $X_t = X(1 + x_t)$。其中，不带下脚标的大写字母 X 表示 X_t 的趋势值，x_t 表示变量的波动成分对趋势值 X 的偏离。由于 x_t 接近于 0，所以 $e^{x_t} = 1 + x_t$。Uhlig 所提方法的方便之处在于不需要明确地求导数。直接做变量替换就可以了，而且这种变量替换易于机械化。使用 Uhlig 的方法得到的结果刻画的是变量的波动成分对其趋势值的偏离程度。

这样，式（10-13）和式（10-17）可以线性化为如下模型体系。

$$0 = -y_t + a_1 k_{t-1} K/Y + a_2 (d_t + s_{t-2} - 2k_{t-1} + l_t) DSL/YK^2 + a_3 DE/YS(d_t + e_t - s_{t-2}) + (DS/L)^{\alpha_1} \cdot (ELL)^{\alpha_2} (\alpha_1 d_t + \alpha_1 s_{t-2} - \alpha_1 l_t + \alpha_2 e_t + 2\alpha_2 l_t)/Y$$

$$0 = -Ee_t + a_6 URBurb_{t-2}$$

$$0 = -Ll_t + a_8 (urb_{t-2} + inf_{t-2} - ind_{t-2}) URB \cdot INF/IND$$

$$0 = -Dd_t + a_{10} URB \cdot V(urb_{t-2} + v_{t-2})$$

$$0 = -Ss_{t-2} + a_{11} V v_{t-2} + a_{12} INF \cdot AGR \cdot IND \cdot URB(inf_{t-2} + agr_{t-2} + ind_{t-2} + urb_{t-2})$$

$$0 = -EFef_t + a_{13} R \cdot INF/GH(r_{t-2} + inf_{t-2} - gh_t) + a_{14} INDind_t$$

$$0 = -INF inf_{t-2} + a_{15} HLhl_{t-2} + a_{16} XIxi_{t-2} + a_{17} DXdx_{t-2}$$

$$0 = -gp_t + a_7 gn_t + a_8 s_{t-2} + a_9 yj_{t-2} + \alpha_{10} n_t$$

$$0 = -new_t + a_3 p_t + a_4 zf_t + a_5 n_t + a_6 p_{t-1}$$

$$0 = -SJsj_t + a_{23} YJyj_{t-2} + a_{24} ZFzf_t$$

$$0 = -JGjg_t + a_{26} DYJ(d_t + yj_{t-2}) + a_{26} DXS(d_t + xs_t) + a_{26} DGM(d_t + gm_t)$$

$$0 = -SAsa_t + a_{28} ZFzf_t + a_{29} NEWnew_t + a_{30} JGjg_t$$

$$0 = k_{t-1} - \sigma_1 k_{t-2} + \varepsilon_{1t}$$

$$0 = urb_{t-1} - \sigma_2 urb_{t-2} + \varepsilon_{2t}$$

$$0 = \mathrm{gy}_t - \sigma_3\,\mathrm{gy}_{t-1} + \varepsilon_{3t}$$

$$0 = \mathrm{agr}_t - \sigma_4\,\mathrm{agr}_{t-1} + \varepsilon_{4t}$$

$$0 = \mathrm{pu}_t - \sigma_5\,\mathrm{pu}_{t-1} + \varepsilon_{5t}$$

$$0 = v_t - \sigma_6\,v_{t-1} + \varepsilon_{6t}$$

$$0 = r_t - \sigma_7\,r_{t-1} + \varepsilon_{7t}$$

$$0 = \mathrm{gh}_t - \sigma_8\,\mathrm{gh}_{t-1} + \varepsilon_{8t}$$

$$0 = \mathrm{ind}_t - \sigma_9\,\mathrm{ind}_{t-1} + \varepsilon_{9t}$$

$$0 = \mathrm{hl}_t - \sigma_{10}\,\mathrm{hl}_{t-1} + \varepsilon_{10t}$$

$$0 = \mathrm{xi}_t - \sigma_{11}\,\mathrm{xi}_{t-1} + \varepsilon_{11t}$$

$$0 = \mathrm{dx}_t - \sigma_{12}\,\mathrm{dx}_{t-1} + \varepsilon_{12t}$$

$$0 = \mathrm{gn}_t - \sigma_{13}\,\mathrm{gn}_{t-1} + \varepsilon_{13t}$$

$$0 = \mathrm{yj}_t - \sigma_{14}\,\mathrm{yj}_{t-1} + \varepsilon_{14t}$$

$$0 = n_t - \sigma_{15}\,n_{t-1} + \varepsilon_{15t}$$

$$0 = \mathrm{xs}_t - \sigma_{16}\,\mathrm{xs}_{t-1} + \varepsilon_{16t}$$

$$0 = \mathrm{gm}_t - \sigma_{17}\,\mathrm{gm}_{t-1} + \varepsilon_{17t}$$

$$0 = \mathrm{zf}_t - \sigma_{18}\,\mathrm{zf}_{t-1} + \varepsilon_{18t}$$

$$0 = E_t\left[\eta c_t - \eta c_{t+1} + e_{t+1}\right] \tag{10-18}$$

在式（10-18）构成的模型体系中，p_t 是状态变量的波动成分对趋势值的偏离，y_t、e_t、l_t、d_t、s_{t-2}、ef_t、inf_{t-2}、gp_t、new_t、sj_t、jg_t、sa_t 是控制变量的波动成分对趋势值的偏离，而 k_{t-1}、urb_{t-2}、gy_{t-2}、agr_{t-2}、pu_t、v_{t-2}、r_{t-2}、gh_t、ind_t、hl_{t-2}、xi_{t-2}、dx_{t-2}、gn_t、yj_{t-2}、n_t、xs_t、gm_t、zf_t 是随机变量的波动成分对趋势值的偏离。

二、稳态值和参数估计

1. 稳态值的确定

关于式（10-18）中"稳态值"的确定，把 $a_1 K/Y$、$a_2 DSL/YK$、$a_3 DS/SY$、$(DS/L)^{a_i} \cdot (ELL)^{a_i}/Y$ 在 1991～2012 年的平均值作为式（10-18）的相应项的"稳态值"，以此类推。

2. 参数值的确定

关于参数 η 的估计，确定 $\eta = 0.9$，其他参数的值详见表 10-2。

表 10-2　若干参数值的计量经济学测算

参数	值	参数	值	参数	值
α_1	0.283	a_4	0	a_{17}	0.477 5
α_2	0.382	a_5	7.08	a_{22}	1
α_3	0.692	a_6	0.06	a_{23}	0.317
α_4	0.65	a_7	5 389	a_{24}	0.34
α_5	−0.65	a_8	996	a_{25}	10.3
α_6	0.346	a_9	0	a_{26}	0.000 513
α_7	1.98	a_{10}	0.027 6	a_{27}	31.6
α_8	0.98	a_{11}	0.005 37	a_{28}	16.8
α_9	−0.14	a_{12}	0.093 2	a_{29}	6.2
α_{10}	−1.39	a_{13}	−0.039 9	a_{30}	3.7
a_1	0.12	a_{14}	−0.053 2	a_{31}	−297
a_2	295	a_{15}	0.397 9	a_{32}	4.54
a_3	2.71	a_{16}	0.124 5		

表 10-2 中的各参数 α 和 a 的值是运用计量经济学方法测算出的，由于这些参数比较稳定，所以采用这种方法。同时，我们也使用贝叶斯方法对各参数 σ 的值进行了测算，详见表 10-3。

表 10-3　模型的若干参数值的贝叶斯估计

参数	值	参数	值	参数	值
σ_1	0.81	σ_7	0.4	σ_{13}	0.72
σ_2	0.47	σ_8	0.5	σ_{14}	0.47
σ_3	0.5	σ_9	0.55	σ_{15}	0.69
σ_4	0.55	σ_{10}	0.70	σ_{16}	0.712
σ_5	0.6	σ_{11}	0.52	σ_{17}	0.44
σ_6	0.62	σ_{12}	0.48	σ_{18}	0.72

三、方差分解

在表 10-2 和表 10-3 的这些参数估计的基础上，对于式（10-18）构成的模型体系，应用基于 Matlab 的 DYNARE 软件进行模型求解。在此基础上，应用 DYNARE 软件的方差分解方法，就各随机冲击对状态变量和控制变量的波动值对趋势值的偏离的影响程度进行了分析，如表 10-4 所示。

从表 10-4 可以看出，就研发投入的推动力而言，金融的支持和吸引外资、农业现代化、信息化的拉动及电子信息产业的发展等是主要推动力量；而国内授权专利增长、新产品销售收入的增长、企业新产品开发经费的增长的主要推动力量是政府研发经费（包括其政策）以及技术引进、科技人员增长的推动；在创新驱动和经济增长中，金融机构的支持和吸引外资是相当重要的，地区生产总值波动的 97%、固定资产投资波动的 99%、研发经费投入波动的 38.2%，都是由其引起的。

表 10-4　各随机冲击对状态变量和控制变量的波动值对趋势值的偏离的影响程度的方差分解　（单位：%）

变量	K_{t-1}	URB_{t-2}	GY_{t-2}	AGR_{t-2}	PU_t	V_{t-2}	R_{t-2}	GH_t	IND_t	HI_{t-2}	XI_{t-2}	DX_{t-2}	GN_t	YJ_{t-2}	N_t	XS_t	GM_t	ZF_t
P_t	0.00	0.08	0.00	0.00	0.00	1.82	0.00	0.00	0.00	0.00	0.00	0.00	0.00	17.15	13.35	1.09	13.79	52.72
Y_t	0.04	2.69	0.01	0.08	0.00	97.17	0.00	0.00	0.00	0.00	0.00	0.00	0.00	0.00	0.00	0.00	0.00	0.00
E_t	0.00	100.00	0.00	0.00	0.00	0.00	0.00	0.00	0.00	0.01	0.00	0.00	0.00	0.00	0.00	0.00	0.00	0.00
L_t	0.00	0.72	6.45	0.00	0.00	0.00	0.00	0.00	0.00	67.35	11.35	14.14	0.00	0.00	0.00	0.00	0.00	0.00
D_t	0.00	1.22	0.00	0.00	0.00	98.78	0.00	0.00	0.00	0.00	0.00	0.00	0.00	0.00	0.00	0.00	0.00	0.00
S_{t-2}	0.00	0.20	1.80	33.88	0.00	38.25	0.00	0.00	0.00	18.77	3.14	3.95	0.00	0.00	0.00	0.00	0.00	0.00
EF_t	0.00	0.00	0.00	0.00	0.00	0.00	8.29	0.23	89.89	1.15	0.19	0.24	0.00	0.00	0.00	0.00	0.00	0.00
INF_{t-2}	0.00	0.00	0.00	0.00	0.00	0.00	0.00	0.00	0.00	72.56	12.16	15.28	0.00	0.00	0.00	0.00	0.00	0.00
GP_t	0.00	0.01	0.06	1.05	0.00	1.19	0.00	0.00	0.00	0.58	0.10	0.12	0.00	96.70	0.19	0.00	0.00	0.00
NEW_t	0.00	0.05	0.00	0.00	0.00	2.46	0.00	0.00	0.00	0.00	0.00	0.00	0.00	6.82	14.46	1.37	5.00	69.84
SJ_t	0.00	0.00	0.00	0.00	0.00	0.00	0.00	0.00	0.00	0.00	0.00	0.00	0.00	48.40	0.00	0.00	0.00	51.60
JG_t	0.00	0.30	0.00	0.00	0.00	23.99	0.00	0.00	0.00	0.00	0.00	0.00	0.00	35.63	0.00	17.55	22.54	0.00
SA_t	0.00	0.11	0.00	0.00	0.00	7.48	0.00	0.00	0.00	0.00	0.00	0.00	0.00	12.73	3.13	5.10	8.40	63.05

第六节　模拟仿真分析

在实际的区域创新体系中，我们所能观察到的企业新产品开发经费投入波动、研发经费的波动、就业者人均受教育年限的波动等是城镇化、工业化（第三产业比例）、农业劳动生产率、金融机构贷款和外商投资之和、研发经费占地区生产总值的比重、第二产业增加值占地区生产总值的比重、高能耗产业工业增加值占地区生产总值的比重、每万人国际互联网用户数、电子信息产业增加值占地区生产总值的比重、电信业务总量与地区生产总值的比例等所有随机变量冲击共同作用下的结果。要分解不同冲击对国家创新体系状态变量和控制变量波动的影响，在以往的研究中具有相当的难度，但是通过建立、引入随机冲击的 DSGE 模型组式，就可以方便地采用仿真方法分析各个单独的冲击对状态变量和控制变量的影响。

一、"四化"波动等随机变量对状态变量和控制变量的影响

四化——城镇化、工业化（用"第三产业比例"表示）、农业现代化（用"农业劳动生产率"表示）、信息化（每万人国际互联网用户数、电子信息产业增加值占地区生产总值的比重、电信业务总量与地区生产总值的比例），当引入这些随机变量 1% 的波动冲击时，专利、地区生产总值、教育年限、就业、能耗率、新产品开发经费、新产品销售收入、技术改造等，在期初产生正向的波动响应，特别是在 2~3 年内迅速对其做出程度相当的反应，随后逐步趋于稳态。

在这些响应中，研发经费使用、国外论文、固定资产投资等的波动响应的最大值都接近 2%，详见图 10-14 和图 10-15。

二、政府研发经费投入波动对状态变量和控制变量的影响

如图 10-16 所示，当引入 1% 的正向政府研发经费投入波动冲击时，国内获得授权专利新产品开发经费、新产品销售收入、技术市场成交额等，在起初产生正向的波动响应，特别是在 2~3 年内迅速对其做出程度相当的反应，随后逐步趋于稳态。在这些响应中，正向响应的最大值在 2% 附近。

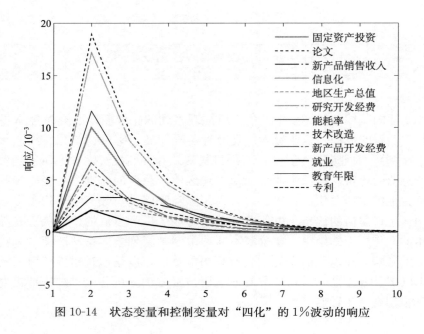

图 10-14　状态变量和控制变量对"四化"的 1％波动的响应

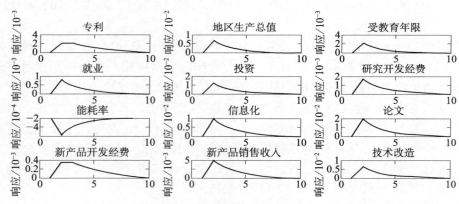

图 10-15　状态变量和控制变量对城镇化等"四化"的 1％波动的响应

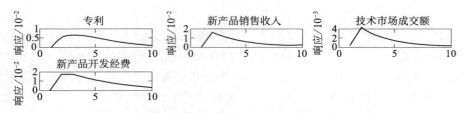

图 10-16　状态变量和控制变量对政府研发经费投入的 1％波动的响应

三、技术引进额波动对状态变量和控制变量的影响

如图 10-17 所示，当引入 1% 的正向技术引进额波动冲击时，国内获得授权专利、新产品开发经费、技术市场成交额、新产品销售收入、技术改造，在起初产生正向的波动响应，而国际论文呈负向响应的最大值在 -0.4% 附近。

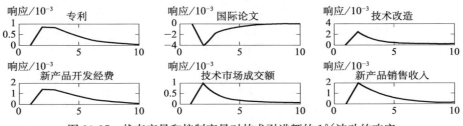

图 10-17　状态变量和控制变量对技术引进额的 1% 波动的响应

四、组合冲击对状态变量和控制变量的影响

技术引进支出总额、消化吸收技术支出总额的 0.05% 的冲击，而城镇化等其他所有随机变量的 1% 的冲击，在这样的组合冲击情境下，国内专利、研发经费投入等状态变量和控制变量，在起初都产生正向的波动响应，特别是在 2~3

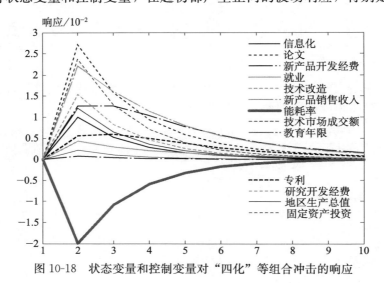

图 10-18　状态变量和控制变量对"四化"等组合冲击的响应

年内迅速对其做出程度相当的正向反应，随后逐步趋于稳态，而能耗率则做出负向反应，即能耗率下降 2%，详见图 10-18 和图 10-19。

地区生产总值、国际专利、国内专利等最大响应超过 0.2%，国际论文比例、研发经费投入、企业研发经费投入和经费使用的最大响应接近 0.5%，研发人员成本和技术进出口比例的最大响应超过 1%，而专利成本的波动响应的最大值超过 3%。

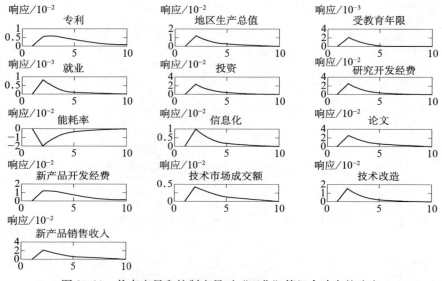

图 10-19　状态变量和控制变量对"四化"等组合冲击的响应

第七节　2020 年创新驱动与河南经济发展预测

在上述模拟仿真基础上，利用模型组（10-13），对各随机变量、状态变量和控制变量到 2020 年的值的预测详见表 10-5。

表 10-5　各随机变量、状态变量和控制变量到 2020 年的值的预测（2000 年价格）

状态变量和控制变量	2011 年	2020 年	随机变量	2011 年	2020 年
专利授权量 P_t（状态变量）	34 076 件	69 850 件	固定资本存量 K_{t-1}	45 353 亿元	83 395 亿元
地区生产总值 Y_t	17 792 亿元	31 536 亿元	城镇化 URB_{t-2}	38%	49%
人均受教育年限 E_t	9.3 年	10 年	工业化 GY_{t-2}	28.6%	34.6%
就业人数 L_t	6 198 万人	6 952 万人	农业现代化 AGR_{t-2}	1.3 万元	2.1 万元
固定资产投资 D_t	11 189 亿元	29 582 亿元	人口 PU_t	9 388 万人	9 761 万人
研发投入 S_{t-2}	134 亿元	437 亿元	金融和外商投资 V_{t-2}	10 162 亿元	24 298 亿元
能耗率 EF_t	1.3	1.07	研发经费比例 R_{t-2}	0.9%	1.53%

续表

状态变量和控制变量	2011 年	2020 年	随机变量	2011 年	2020 年
信息化 INF_{t-2}	0.785	1.11	高能耗产业比例 GH_t	0.18%	0.106%
国际论文 GP_t	6 521 篇	21 235 篇	第二产业比例 IND_t	0.573%	0.524%
新产品开发经费 N_t	122 亿元	432 亿元	每万人国际互联网用户数 HL_{t-2}	3 677 户	6 789 户
技术市场成交额 SJ_t	26 亿元	46.6 亿元	电子信息产业增加值比例 XI_{t-2}	0.017 5	0.032
技术改造经费 JG_t	107 亿元	442 亿元	电信业务总量比例 DX_{t-2}	0.064	0.08
新产品销售收入 SA_t	1 597 亿元	5 672 亿元	国内科技论文数 GN_t	5.5 万篇	9 万篇
			技术引进经费 YJ_{t-2}	3 亿元	9 亿元
			科技活动人员 N_t	29.3 万人	46.3 万人
			消化吸收技术经费 XS_t	2.5 亿元	5.9 亿元
			购买国内技术额 GM_t	5.13 亿元	12 亿元
			政府科技经费投入 ZF_t	37.4 亿元	98.5 亿元

第八节 本章小结

本章通过以上研究，得到如下结论。

（1）利用 H-P 滤波法分析表明，地区生产总值、研发经费、新产品销售收入、政府研发经费、大中型企业新产品开发经费、国外主要检索工具收录河南科技论文数、国内专利申请授权数、研发经费占地区生产总值的比重、每万人国际互联网用户数等的波动成分曲线的形态极其相似，这些曲线都呈 U 形分布。

（2）区域创新体系的六个主要行为主体是企业部门、高校部门（包括独立科研院所）、政府部门、金融部门、中介机构和外国部门（与国际技术转移、技术贸易等相关的部门），本章构建了这六个部门的创新行为模型。把预期效用函数与六个部门的创新行为模型和随机变量的波动模型结合起来，便构成了 DSGE 模型体系的基础。在此基础上进行模型求解，并利用贝叶斯方法和计量经济学方法确定模型参数。

（3）运用所建立的河南创新体系 DSGE 模型体系进行的模拟仿真结果表明，这个模型体系可以比较理想地解释河南创新体系实际的发展趋势和波动状况，就各状态变量和控制变量的 Kydland-Prescot 方差比例（代表模型的准确程度）达到 70% 而言，模型比较准确地模拟了各实际变量的波动状况。

（4）就各随机冲击对状态变量和控制变量的影响程度而言，利用方差分解方法发现，就研发投入的推动力而言，金融的支持和吸引外资、农业现代化、信息化的拉动及电子信息产业的发展等是主要推动力量；而国内授权专利增长、新产品销售收入的增长、企业新产品开发经费的增长的主要推动力量是政府研发经费（包括其政策）以及技术引进、科技人员增长的推动；在创新驱动和经济增长中，金融机构的支持和吸引外资是相当重要的，地区生产总值波动的97％、固定资产投资波动的99％、研发经费投入波动的38.2％都是由其引起的。

（5）对于"四化"——城镇化、工业化（用"第三产业比例"表示）、农业现代化（用"农业劳动生产率"表示）、信息化（每万人国际互联网用户数、电子信息产业增加值占地区生产总值的比重、电信业务总量与地区生产总值的比例），专利、地区生产总值、教育年限、就业、能耗率、新产品开发经费、新产品销售收入、技术改造等，在期初产生正向的波动响应。在这些响应中，研究开发经费使用、国外论文、固定资产投资等的波动响应的最大值都在接近2％。

（6）当引入1％的正向政府研发经费投入波动冲击时，新产品开发经费投入、新产品销售收入、技术市场成交额等，在起初产生正向的波动响应，特别是在2～3年内迅速对其做出程度相当的反应。

（7）当引入技术引进支出总额、消化吸收技术支出总额的0.05％的冲击，而城镇化等其他所有随机变量的1％的冲击时，能耗率则做出负向反应；而国内专利、研发经费投入等所有其他状态变量和控制变量，在起初都产生正向的波动响应，特别是在2～3年内迅速对其做出程度相当的正向反应，随后逐步趋于稳态。

参 考 文 献

奥利维尔·布兰查德.2013.宏观经济学［M］.楼永,孔爱国译.北京:机械工业出版社

白钰,曾辉,魏建兵,等.2008.基于环境污染账户核算的生态足迹模型优化——以珠江三角洲城市群为例［J］.应用生态学报,19(8):1789-1796

卜国琴,刘德学.2006.中国服装加工贸易升级研究——基于全球服装生产网络视角［J］.国际贸易,(11):27-31

蔡虹,许晓雯.2005.我国技术知识存量的构成与国际比较研究［J］.研究与发展管理,17(4):15-20

柴国荣,宗胜亮.2010.创新网络中的企业知识共享机理及其对策研究［J］.科学学研究,(2):295-298

陈建宝,裬铸瑶.2013.我国政府对大中型工业企业R&D的最优资助率区间研究［J］.科技管理研究,(21):46-50

陈建成,李勇,张敬,等.2009.发达国家研究型大学创新人才培养模式的特征与启示［J］.科技与管理,11(1):1418

陈江勇.2012.传统企业转型升级的影响因素研究——基于"政、企、银"的评价差异分析视角［D］.中南大学硕士学位论文

陈劲,阳银娟.2012a.协同创新的理论基础与内涵［J］.科学学研究,30(2):161-164

陈劲,阳银娟.2012b.协同创新的驱动机理［J］.技术经济,31(8):6-11

陈静,叶文振.2003.产业结构优化水平的度量及其影响因素分析［J］.中共福建省委党校学报,(1):44-49

陈军,徐世元.2008.技术进步对中国能源效率的影响:1979—2006［J］.科学管理研究,(2):17-35

陈俊.2012.河南省创新性科技人才队伍建设研究［J］.河南科技,(7):14-15

陈利华,杨宏进.2005.我国科技投入的技术进步效应——基于30个省市跨省数据的实证分析［J］.科技政策与管理,(7):55-59

陈骞.2014.人机融合:新兴技术发展的新趋势对Gartner《2013年新兴技术成熟度曲线》报告的解读［J］.华东科技,(5):68-70

陈松林.2007.高校人才引进中的人与组织匹配研究［J］.高等农业教育,(4):47-48

陈伟,罗来明.2002.技术进步与经济增长的关系研究［J］.社会科学研究,(4):44-47

陈曦.2013.创新驱动发展战略的路径选择［J］.经济问题,(3):42-45

陈晓红,解海涛.2006.基于"四主体动态模型"的中小企业协同创新体系研究［J］.科学学与科学技术管理,27(8):37-43

陈秀君.2013.服装产业国际化发展的高技能技术人才支持研究［J］.浙江纺织服装职业技术学院学报,6(2):17-21

陈元志.2012.宝钢的协同创新研究［J］.科学学研究,30(2):194-200

陈悦.2008.管理学知识图谱［M］.大连:大连理工大学出版社

崔岫,姜照华.2011.人力资本在中国经济增长中的贡献率［J］.科学学与科学技术管理,

32（12）：168-172

大卫·李嘉图.2005.政治经济学及赋税原理［M］.北京：华夏出版社

戴维·里德.1998.经济结构·环境与可持续发展［M］.北京：中国环境科学出版社

丹尼斯·麦多斯.1997.增长的极限［M］.长春：吉林人民出版社

邓攀，李增欣.2006.包含制度因素的湖南省经济增长因素的实证分析［J］.科技情报开发
与经济，16（19）：115-116

邓志国，陈锡康.2008.基于 APL 模型的中国部门生产链样分析［J］.数学的实践与认识，
37（1）：53-59

董直庆，王林辉.2010.我国经济增长来源——来自资本体现式技术进步的经验证据［J］.
吉林大学社会科学学报，50（4）：129-136

杜斌，张坤民，温宗国，等.2004.城市生态足迹计算方法的设计与案例［J］.清华大学学
报：自然科学版，44（9）：1171-1175

杜谦，宋卫国.2004.科技人才定义及相关统计问题.中国科技论坛，（5）：136-140

段姗.2013.浙江创新型企业 R&D 投入和发明专利产出的关系研究［J］.科技管理研究，
（9）：76-80，85

樊正强，李奇.2009.基于系统创新的资源型城市产业转型评价指标体系研究［J］.财会研
究，（22）：73-74

范柏乃，江蕾，罗佳明.2004.中国经济增长与科技投入关系的实证研究［J］.科研管理，
（5）：104-109

范福军，韩柏格，李雅婷，等.2013.ERP 在服装生产管理中的应用探讨［J］.化纤与纺织技
术，42（4）：41-46

范如国，张鹏飞.2010.基于"韬"框架的产业集群创新能力比较研究——以中关村和硅谷为
例［J］.经济管理，（4）：36-47

方建德，杨扬，叶堤，等.2009.重庆市生态足迹时间序列动态特征及其驱动因子分析［J］.
生态环境学报，18（4）：1337-1341

方美琪，张树人.2011.复杂系统建模与仿真［M］.北京：中国人民大学出版社

傅利平，王向华，王明海.2011.区域创新系统绩效评价模型研究——基于知识生产数和主成
分分析［J］.苏州大学学报，（5）：111-116

盖国凤.2007.固定资产投资与经济协调发展研究［D］.吉林大学硕士学位论文

高锡荣，张薇，陈流汀.2014.人力资本：国家自主创新的长期驱动力量——基于日本创新转
型的实证分析［J］.科技进步与对策，31（3）：149-155

耿诺.2008.中国能源效率分析［D］.中国地质科学院硕士学位论文

龚六堂，严成樑.2014.我国经济增长从投资驱动向创新驱动转型的政策选择［J］.中国高
校社会科学，（2）：102-113

辜胜阻，刘江日.2012.城镇化要从"要素驱动"走向"创新驱动"［J］.人口研究，36（6）：
3-12

关满博.1997.东亚新时代的日本经济——超越"全套型"产业结构［M］.上海：上海译文
出版社

郭晓丹，何文韬，肖兴志.2011.战略性新兴产业的政府补贴、额外行为与研发活动变动
［J］.宏观经济研究，（11）：63-69，111

郭玉清，姜磊．2009．资本积累与研发创新动态融合的实证研究［J］．产业经济研究，（5）：38-45

国家创新能力评价研究课题组．2009．国家创新能力评价报告［M］．北京：科学出版社

韩春廷．1999．经济持续增长的内在机制分析［J］．北京大学经济研究中心讨论稿系列，（6）：75-83

韩剑，崔雪晨．2014．制造业转型升级中的金融服务支持作用研究［J］．中国海洋大学学报，（5）：93-99

韩智勇，魏一鸣，范英．2004．中国能源强度与经济结构变化特征研究［J］．数理统计与管理，23（1）：1-6

何郁冰．2012．产学研协同创新的理论模式［J］．科学学研究，30（2）：165-174

贺振．2008．河南省耕地与粮食变化分析及预测［J］．生态经济，（12）：106-109

赫尔曼·戴利．2001．超越增长：可持续发展的经济学［M］．上海：上海译文出版社

亨利·埃茨科威兹．2005．三螺旋［M］．周春彦译．北京：东方出版社

洪银兴．2013．关于创新驱动和协同创新的若干重要概念［J］．经济理论与经济管理，（5）：5-12

洪勇，苏敬勤．2007．发展中国核心产业链与核心技术链的协同发展研究［J］．中国工业经济，（6）：38-45

胡迟．2014．制造业转型升级的最新评估：成效、问题与对策［J］．经济研究参考，（15）：51-57

胡雪丽．2013．河南省固定资产投资与经济增长的统计分析：基于1982—2010年经济发展状况［J］．经营管理者，（16）：36-37

黄海标，李军．2008．产业结构优化升级评价指标体系构建［J］．商业时代，（3）：81-82

黄继忠．2002．对产业结构优化理论中一个新命题的论证［J］．经济管理，（4）：11-16

黄林楠，张伟新，姜翠玲，等．2008．水资源生态足迹计算方法［J］．生态学报，28（3）：1279-1286

黄少鹏，胡登峰．2010．基于可持续发展的成熟期资源型城市产业结构调整研究［J］．中国煤炭，36（11）：21-25

黄先海，刘毅群．2006．物化性技术进步与我国工业生产率增长［J］．数量经济技术经济研究，32（4）：52-60

黄永明，何伟，聂鸣．2006．全球价值链视角下中国纺织服装企业的升级路径选择［J］．中国工业经济，（5）：56-63

黄勇峰，任若恩．2002．中美两国制造业TFP比较研究［J］．经济学季刊，2（1）：161-180

黄振邦，吴森．2007．混合动力电动汽车研究开发及前景展望［J］．城市车辆，（7）：43-45

黄佐钘，许长新．2005．管理创新在经济增长中的贡献分析——兼论江苏广义技术进步贡献率高于全国水平的原因［J］．科技与经济，18（103）：11-14

惠宁，仇萌，李勃昕．2014．论产业创新驱动的关联体系、构建内容及实现路径［J］．西北大学学报：哲学社会科学版，9（5）：5-12

吉小燕，郑垂勇，周晓平．2006．循环经济下的产业结构高度化影响要素分析［J］．科技进步与对策，23（12）：58-60

贾思媛，许勇，赵海，等．2003．DBLP科研合作网络的建模与拓扑特征分析［J］．东北大学

学报：自然科学版，34（10）：1396-1399

贾艳玲，郭伟，杨文鹏.2004.基于系统观点探讨纺织产业升级［J］.棉纺织技术，32（6）：31-33

简新华，于波.2001.可持续发展与产业结构优化［J］.中国人口·资源与环境，1（11）：30-33

江积海，于耀淇.2011.基于知识增长的知识网络中知识生产函数研究［J］.情报杂志，30（5）：114-118

姜峰.2007.外商直接投资的产业间技术溢出研究［D］.大连理工大学硕士学位论文

姜照华，刘建华，等.2012b.区域创新与生态效率革命［M］.北京：科学出版社

姜照华，刘建华，刘爽，等.2014.创新驱动增长模式的共协理论分析：以中兴通讯为例［J］.科技管理研究，34（9）：1-5

姜照华，刘则渊，丛婉，等.2012a.科技进步与中国经济发展方式转型优化分析［J］.科学学研究，（12）：1803-1809

姜照华，刘则渊.1999.可持续发展产业结构优化模型及其求解方法［J］.大连理工大学学报，39（5）：710-713

姜照华.2004.中国区域经济增长因素分析［J］.大连大学学报，25（5）：67-69

姜照华.2006.科技进步与经济增长的分配理论——对十五个"创新型国家"的测算［J］.科学学与科学技术管理，（9）：113-118

姜铸，郭伟.2008.我国新型工业化进程中纺织产业升级的途径［J］.纺织学报，29（7）：117-121

蒋金荷.2004.提高能源效率与经济结构调整的策略分析［J］.数量经济技术经济研究，（10）：16-23

蒋石梅，张爱国，孟宪礼，等.2012.产业集群产学研协同创新机制——基于保定市新能源及输变电产业集群的案例研究［J］.科学学研究，30（2）：207-212

焦士兴，王安周.2006.河南省1990—2003生态足迹动态分析［J］.水土保持研究，13（5）：259-266

金潇明.2010.产业集群知识共享的四螺旋结构模型［J］.系统工程，（1）：90-94

金玉国.2001.宏观制度变迁对转型时期中国经济增长的贡献［J］.财经科学，（2）：24-28

科学技术部发展计划司.2010.科技统计公报［R］.科学技术部报告

寇铁军，马大勇.2013.我国政府科技投入对企业R&D投入引导效应的实证分析［J］.地方财政研究，（1）：40-43

寇运国.2013.技术轨道视角下我国新能源汽车的技术经济评价与预测［D］.杭州电子科技大学硕士学位论文

蓝元沛，关志东.2009.基于TRL的航空复合材料技术成熟度评估［J］.民用飞机设计与研究，（S1）：81-83

李翠.2004.科技进步对上海市经济增长作用的测算研究［D］.上海海事大学硕士学位论文

李德煌，夏恩君.2013.人力资本对中国经济增长的影响——基于扩展Solow扩展模型的研究［J］.中国人口·资源与环境，23（8）：100-106

李光辉.2011.科技投入、固定资产投资与海南农业经济增长的协整分析［J］.热带农业科学，31（9）：90-93

李国璋，王双．2008．区域能源强度变动：基于 GFI 的因素分解分析［J］．中国人口·资源与环境，（4）：62-66

李红．2012．浙江省纺织服装产业升级问题研究［D］．浙江理工大学硕士学位论文

李红梅．2000.21 世纪中国产业结构调整的战略选择［J］．首都师范大学学报：社会科学版，（6）：50-56

李京晶．2013．产学研协同创新运行机制研究［D］．武汉理工大学硕士学位论文

李军军，周利梅．2012．国家创新竞争力和经济增长——基于 G20 国家面板数据模型实证分析［J］．福建师范大学学报：哲学社会科学版，176（5）：10-16

李廉水，周勇．2006．技术进步能提高能源效率吗？——基于中国工业部门的实证检验［J］．管理世界，（10）：82-89

李良厚，范定臣，王晶，等．2012．河南省森林固碳释氧效益年际变化研究［J］．林业科技开发，26（1）：59-63

李梅．2012．我国创新驱动型产业升级政策研究［D］．华中科技大学硕士学位论文

李娜，马延吉．2013．辽宁省生态承载力空间分异及其影响因素分析［J］．干旱区资源与环境，27（3）：8-13

李平，崔喜君，刘建．2007．中国自主创新中研发资本投入产出绩效分析——兼论人力资本和知识产权保护的影响［J］．中国社会科学，（2）：32-42

李萍，高楠．2009．解析中国经济增长之谜：技术进步及其贡献——基于结构方程的测算［J］．天府新论，（4）：54-57

李淑芳．2014．纺织服装产业转型升级与金融支持的思考及建议——以石狮市纺织服装产业为例［J］．统计与管理，（2）：52-54

李婉，张玉利，胡望斌．2010．创新型城市第四代创新评价指标体系构建与实证研究［J］．科技管理研究，（1）：54-57

李薇．2008．我国加工贸易转型升级现状及对策研究［J］．跨国经济，（1）：53-55

李毅中，陆一，李东生，等．靠创新驱动新型工业化道路［J］．中国技术监督，2013，（8）：78-79

李志广，檀润华．2012．基于 TRIZ 理论的液晶显示技术成熟度预测［J］．液晶与显示，（6）：852-855

李子奈，文卿．2005．计量经济学［M］．北京：高等教育出版社

李祖超，梁春晓．2012．协同创新运行机制探析——基于高校创新主体的视角［J］．中国高教研究，（7）：81-84

黎琴芳．2006．科技进步与中国经济增长［J］．三峡大学学报：人文社会科学版，S1：163-165

梁蒙．2012．创新驱动，"四化"同步——农业现代化的必然要求与实现路径［J］．农业部管理干部学院学报，（4）：19-24

梁文玲．2008．基于全球价值链治理的中国纺织企业升级战略思考［J］．经济问题探索，（7）：67-71

廖进球，陈洪章．2014．国际知识守门人理论研究与演化［J］．当代财经，（6）：67-74

林伯强．2003．电力消费与中国经济增长：基于生产函数的研究［J］．管理世界，（11）：18-27

林锐．2006．跨国采购与武汉制造业升级研究［D］．华中科技大学硕士学位论文

林学军.2010.基于三重螺旋创新理论模型的创新体系研究［D］.暨南大学博士学位论文

林毅夫，刘培林.2003.经济发展战略对劳均资本积累和技术进步的影响——基于中国经验的实证研究［J］.中国社会科学，(4)：18-32

林毅夫，任若恩.2007.关于东亚经济增长模式相关争论的再讨论［J］.经济研究，(8)：49-57

林毅夫.2012.新结构经济学——反思经济发展与政策的理论框架［M］.北京：北京大学出版社

刘芳，李晔，高波.2009.技术进步对河南省经济增长贡献的测算与分析［J］.河南科技，27(1)：119-122

刘星.2006.能源对中国经济增长制约作用的实证研究［J］.数理统计与管理，4：443-447

刘君，乔建忠.2015.复杂网络中 k-核与网络集聚系数的关联性研究［J］.通信学报，36(1)：1-6

刘和东.2011.区域创新溢出效应的实证研究——基于超越知识生产数的动态面板模型分析［J］.可行性研究，(7)：1088-1093

刘建华，姜照华.2007.我国区域创新效率评价及其三螺旋解释［J］.河南社会科学，(6)：86-88

刘建华，姜照华.2015.基于共协理论的创新驱动—投资互动的中国经济转型战略［J］.科学学与科学技术管理，(2)：25-33

刘建华，姜照华，刘爽，等.2014.创新驱动增长模式的共协理论分析：以中兴通讯为例［J］.科技管理研究，(9)：1-5

刘建华，苏敬勤，姜照华.2016.基于 DSGE 模型的中国国家创新体系发展的仿真与预测［J］.系统管理学报，(1)：853-869

刘建华.2008.基于复杂适应系统理论的区域创新体系研究［J］.中州学刊，(2)：60-62

刘金华，尹庆民.2014.创新驱动战略的江苏实践及对政府创新管理的建议［J］.科技管理研究，(10)：30-33

刘丽萍，王雅林.2011.R&D 投入，专利申请量与中国企业自主创新能力［J］.哈尔滨工程大学学报，(11)：1522-1526

刘溶沧.1984.试论固定资产投资的技术进步原则［J］.社会科学，(3)：10-14

刘世锦.2006.传统与现代之间——增长模式转型与新型工业化道路的选择［M］.北京：中国人民大学出版社

刘伟，张辉.2008.中国经济增长中的产业结构变迁和技术进步［J］.经济研究，(11)：4-15

刘雅娟，王岩.2000.用文献计量学评价基础研究的几项指标探讨——论文、引文和期刊影响因子［J］.科研管理，21(1)：93-98

刘毅群.2005.体现型技术进步——设备投资与 TFP 增长［D］.浙江大学硕士学位论文

刘英，赵荣钦，焦士兴.2010.河南省土地利用碳源/汇及其变化分析［J］.水土保持研究，17(5)：154-157

刘迎建，冯立新.2007.技术成熟度和市场成熟度要和谐一致［J］.企业改革与管理，(8)：25

刘则渊.1998.知识经济学和知识价值论［J］.中国科技论坛，(5)：36-39

刘则渊，黄磊，姜照华.2015.产业链创新的知识生产函数：以"苹果公司"为例［C］.第十一届中国科技政策与管理学术年会论文集.北京.

刘志彪.2011.从后发到先发：关于实施创新驱动战略的理论思考［J］.产业经济研究，(4)：

1-7

柳岸．2011．我国科技成果转化的三螺旋模式研究——以中国科学院为例［J］．科学学研究，
　　(8)：1129-1134

娄岩，傅晓阳，黄鲁成．2010．基于文献计量学的技术成熟度研究及实证分析［J］．统计与决
　　策，(19)：99-101

鲁丰先．2009．河南省综合生态承载力研究［D］．河南大学博士学位论文

罗勤礼．2007．河南投资与经济增长［J］．中国统计，(7)：19-20

罗润东．2004．技术进步中的劳动力要素需求模型［J］．经济评论，(5)：63-67

罗斯托．1988．从起飞进入持续增长的经济学［M］．成都：四川人民出版社

罗溪．2012．中国制造业低碳化发展的影响因素与路径选择研究［D］．东南大学硕士学位
　　论文

雒明敏．2011．基于SCP分析的纺织产业研究［J］．轻纺工业与技术，40(2)：43-46

马飞虹．2012．官产学合作创新系统建模与仿真方法研究(上)［J］．计算机仿真，(9)：1-5

马利军．2010．对制度影响经济长期增长的重新测算——基于中国的实证研究［J］．当代经
　　济，(3)：140-143

毛汉英．1996．山东省可持续发展指标体系初步研究［J］．地理研究，(12)：16-22

毛蕴诗，吴瑶．2009．企业升级路径与分析模式研究［J］．中山大学学报，49(1)：178-186

苗军，洪凡，陈慧琪，等．2014．全球石墨烯技术领域专利计量分析［J］．新材料产业，(1)：
　　42-49

苗明杰．2005．产业经济学［M］．上海：上海财经大学出版社

缪承潮．2013．创新驱动优化结构大力推进信息化与信息产业发展［J］．杭州：(6)：12-13

穆树川．2010．河南省经济增长与发展的影响因素分析［D］．河南大学硕士学位论文

尼古拉斯·乔治斯库·罗根．2001．熵定律和经济问题［M］．北京：商务印书馆

牛冲槐，江海洋．2008．硅谷与中关村人才聚集效应及环境比较研究［J］．管理学报，5(3)：
　　396-400，468

牛冲槐，接民，张敏，等．2006．人才聚集效应及其评判［J］．中国软科学，(4)：118-123

牛文元．1994．可持续发展导论［M］．北京：科学出版社

潘懋元，刘振天．1999．发挥大学中心作用促进知识经济发展［J］．教育发展研究，6(1)：1-5

潘文卿．2002．一个基于可持续发展的产业结构优化模型［J］．系统工程理论与实践，(7)：
　　23-29

彭志强．2011．两型引领四化协同创新驱动——国家现代农业示范区建设的"屈原模式"探讨
　　［J］．岳阳职业技术学院学报，26(5)：29-32

齐志新，陈文颖．2006．结构调整还是技术进步？——改革开放后我国能源效率提高的因素分
　　析［J］．上海经济研究，(6)：8-16

琼斯．2002．经济增长导论［M］．舒元等译．北京：北京大学出版社

屈会芳．2014．应用云计算架构六螺旋协同创新平台［J］．计算机系统应用，(8)：242-246

冉龙，陈晓玲．2012．协同创新与后发企业动态能力的演化——吉利汽车1997—2011年纵向
　　案例研究［J］．科学学研究，30(2)：201-206

任斌，邵鲁宁，尤建新．2013．基于创新扩散理论的中国电动汽车广义Bass模型［J］．软科
　　学，27(4)：17-22

任锦鸾，陆剑南．2003．复合三链螺旋创新系统模型研究［J］．科学学研究，21（5）：546-551

任俊琳，王迎朝．2011．证据失权规则价值负效应的应对——基于性价比理论的思考［J］．法学杂志，（10）：78-81

任启平，董爽．2004．我国城镇化与新型工业化互动关系发展研究［J］．经济问题探索，（12）：7-11

任瑞萍．2011．河南省科技人才队伍建设思考［J］．河南科技，（7）：19-28

任志安，王立平．2006．知识生产函数研究的演进与发展［J］．经济理论与经济管理，（6）：23-27

芮雪琴，牛冲槐，陈新国，等．2011．创新网络中科技人才聚集效应的测度及产生机理［J］．技进步与对策，（18）：146-151

单豪杰．2008．中国资本存量 K 的再估算：1952－2006 年［J］．数量经济技术研究，25（10）：17-31

桑赓陶．1992．体现型技术进步率及其定量估计［J］．研究与发展管理，4（4）：21-24

邵云飞，杨晓波，邓龙江，等．2012．高校协同创新平台的构建研究［J］．电子科技大学学报：社会科学版，14（4）：79-84

慎金花，温娇娇．2014．基于专利分析的中国混合动力汽车技术领域竞争态势分析［J］．知识管理论坛，（4）：12-21

盛建芳．2011．基于贝叶斯估计的二项分布参数估计［D］．浙江工商大学硕士学位论文

施进发，金真，田雪．2014．航空经济发展协同创新体系构建研究［J］．郑州航空工业管理学院学报，（6）：1-6

施亚斌，陶忠元．2006．对江苏科技进步的实证研究［J］．商业现代化，（4）：185-186

施羽希，李曼雯．2014．浅谈网络环境下服装零售新模式及策略［J］．中国电子商务，（3）：27-28

石贤光．2011．基于柯布-道格拉斯生产函数的河南省经济增长影响要素分析［J］．科技和产业，11（4）：76-78

史丹，董利，孟合合，等．2007．我国各地能源效率与节能潜力及影响因素分析［J］．天然气技术，（2）：5-8

史丹．2007．中国能源效率的地区差异与节能潜力分析［J］．工业经济，（1）：57-65

宋冬林，王林辉，董直庆．2011．资本体现式技术进步及其对经济增长的贡献率［J］．中国社会科学，（2）：91-106，222

宋锦剑．2000．论产业结构优化升级的测度问题［J］．当代经济科学，（3）：92-97

苏东水．2000．产业经济学［M］．北京：高等教育出版社

苏敬勤，洪勇．2008．追赶战略下中国制造业的技术能力提升——以中国华录·松下公司视听设备产业发展为例［J］．公共管理学报，5（4）：26-35，123-124

苏敬勤，张琳琳．2013．动态能力维度在企业创新国际化各阶段中的作用变化分析——基于海尔的案例研究［J］．管理学报，10：802-809

苏敬勤，刘建华，姜照华．2014．国家创新体系国际化的模型与测算：中美比较［M］．北京：科学出版社

苏敬勤，刘建华，姜照华．2015a．核心技术链的投入产出分析方法：以混合动力汽车为例

［C］. 第十一届中国科技政策与管理学术年会论文集. 北京.

苏敬勤，刘建华，王智琦，等. 2015b. 颠覆性技术的演化轨迹及早期识别：以智能手机等技术为例［C］. 第十一届中国科技政策与管理学术年会论文集. 北京.

孙柏林. 2014. 2014 年工控行业发展需要关注的重点问题［J］. 自动化博览，(5)：30-36

孙敬水. 2010. 计量经济学学习指导与 EViews 应用指南［M］. 北京：清华大学出版社

孙立成，周德群，李群. 2009. 基于非径向 DEA 模型的区域环境绩效评价研究［J］. 统计与信息论坛，(7)：67-71

孙智慧，范萤心，张相林，等. 2013. 科技园区高端人才战略的横向比较研究——以中关村、东湖、张江为例［J］. 中国人力资源开发，(5)：75-79

唐海燕，程新章. 2006. 企业升级的路径选择——以温州打火机企业为例［J］. 科技管理研究，(12)：113-116

唐辉亮. 2011. 企业转型升级文献综述［J］. 宜春学院学报，(5)：79-82

唐文健，李琦. 2008. 中国设备投资专有技术进步的估计［J］. 统计研究，25 (4)：97-101

陶长琪，齐亚伟. 2008. R&D 投入的影响因素与知识生产函数的应用研究——基于中国区域的面板数据分析［J］. 科技管理研究，28 (7)：155-158

滕晓梅. 2011. 基于全球价值链下我国服装业产业升级对策研究［J］. 理论探讨，(2)：91-95

王德劲，向蓉美. 2005. 要素投入、技术进步与经济增长［J］. 云南财经学院学报，4：31-35

王刚，陈向东，牛欣. 2012. 基于 TRL 的航空航天产品研发项目协调机制研究［J］. 科研管理，(7)：59-66

王海鹏，田澎，靳萍. 2005. 中国科技投入与经济增长的 Granger 因果关系分析［J］. 系统工程，(7)：85-88

王红，刘红梅. 2014. 科技创新驱动大连市工业转型问题研究［J］. 经营与管理，(8)：96-98

王吉发，冯晋，李汉铃. 2006. 企业转型的内涵研究［J］. 统计与决策，(1)：153

王剑婷，胡山鹰，李有润，等. 2005. 考虑环境影响的产业规划决策［J］. 现代化工业，(4)：58-60

王琨，高宇航，袁世雄. 2014. 基于 TRIZ 理论的严肃游戏产品技术成熟度预测［J］. 黑龙江科学，(4)：162

王兰英，杨帆. 2014. 创新驱动发展战略与中国的未来城镇化建设［J］. 中国人口·资源与环境，24 (9)：163-169

王龙飞. 2013. 基于钻石模型的河南服装产业竞争力提升研究——以郑州裤业为例［J］. 洛阳理工学院学报：社会科学版，28 (1)：46-48

王明全，王金达，刘景双. 2009. 基于集对分析和主成分分析的吉林西部生态承载力演变研究［J］. 中国生态农业学报，17 (4)：795-799

王奇，叶文虎. 2002. 可持续发展与产业结构创新［J］. 中国人口·资源与环境，1 (12)：9-12

王润良，郭秀敏，郑晓齐. 2001. 知识管理的维度与策略［J］. 中国软科学，(6)：43-47

王珊珊，任佳伟，许艳真. 2014. 开放式创新下新兴产业创新特点与能力评价指标研究［J］. 科技进步与对策，10 (19)：57-61

王维国，杜修立. 2005. 新经济增长理论、新制度经济学与经济增长的收敛性——中国经济增长的经验分析［J］. 统计与信息论坛，(4)：5-9

王维军 . 2006. 基于可持续发展的河北省产业结构调整战略研究 [D] . 华北电力大学硕士学位论文

王文博，陈昌兵，徐海燕 . 2002. 包含制度因素的中国经济增长模型及实证分析 [J] . 当代经济科学，(2)：33-37

王向阳 . 2005. 山东产业结构调整及其可持续发展 [J] . 山东社会科学，(4)：5-78

王秀红，周九常 . 2008. TRIZ 原理在产品技术成熟度预测中的应用 [J] . 科技进步与对策，(3)：15-17

王洋，刘萌芽 . 2010. 基于设备投资角度的我国经济增长与科技进步分析 [J] . 价值工程，(2)：127-128

王义娜，黄立新 . 2014. 山东创新型省份建设中创新驱动力的综合评价分析——基于华东六省一市的比较分析 [J] . 山东科技大学学报，10 (5)：65-72

王永顺，沈炯 . 2012. 战略性新兴产业——成长、结构和对策 [D] . 南京：东南大学出版社

王玉潜 . 2003. 能源消耗强度变动的因素分析方法及其应用 [J] . 数量经济技术经济研究，(5)：45-60

王玉燕，林汉川，吕臣 . 2014. 中国企业转型升级战略评价指标体系研究 [J] . 科技进步与对策，31 (8)：123-126

王月琴，张鹏，胡华征 . 2009. 基于全球价值链的广东产业升级与产业转移的思考 [J] . 科技管理研究，(11)：172-176

王智琦，陈悦，姜照华，等 . 2015. 前沿技术与核心技术识别的投入产出分析方法——以混合动力汽车为例 [C] . 第十一届中国科技政策与管理学术年会论文集 . 北京 .

卫兴华，侯为民 . 2007. 中国经济增长方式的选择与转换路径 [J] . 经济研究，(7)：15-22

魏楚 . 2009. 能源效率研究发展及趋势：一个综述 [J] . 浙江大学学报，(5)：55-63

魏亚平，贾志慧 . 2014. 创新型城市创新驱动要素评价研究 [J] . 科技管理研究，(19)：1-5

魏宜瑞 . 2004. 科技中介机构信息资源整合与共享的探讨 [J] . 中国科技论坛，(4)：111-114

文树勋，李晓阳，吴运迪 . 2003. 硅谷成功的因素分析与启示 [J] . 科技创业月刊，(5)：50-52

邬关荣 . 2007. 我国服装加工贸易升级发展——基于价值链观点 [J] . 国际贸易问题，(4)：23-28

吴滨，李为人 . 2007. 中国能源强度变化因素争论与剖析 [J] . 中国社会科学院研究生院学报，(6)：45-47

吴家曦，李华燊 . 2009. 浙江省中小企业转型升级调查报告 [J] . 管理世界，(8)：1-5

吴琦，武春友 . 2009. 基于 DEA 的能源效率评价模型研究 [J] . 管理科学，22 (1)：103-112

吴巧生，成金华 . 2005. 中国工业化进程中的能源消费变动——基于计量模型的实证分析 [J] . 中国工业经济，(4)：30-37

吴晓芳，葛秋颖 . 2014. 中国纺织服装业海外并购谋求产业升级 [J] . 长春大学学报：社会科学版，(1)：13-16

吴延兵 . 2007. 市场结构、产权结构与 R&D——中国制造业的实证分析 [J] . 统计研究，24 (5)：67-75

吴瑶 . 2010. 中国出口企业基于国内外两个市场的资源构建、升级战略与经营绩效研究 [D] . 中山大学硕士学位论文

吴玉鸣，何建坤．2008．研发溢出、区域创新集群的空间计量经济分析［J］．管理科学学报，11（4）：59-66

仵志浩．2011．以全球价值链为视角：宁波纺织服装产业转型升级研究［J］．北方经济，(5)：41-42

西蒙·库兹涅茨．1985．各国的经济增长——总产值和生产结构［M］．北京：商务印书馆

夏杰长．2002．技术进步与经济增长的实证分析及其财税政策［J］．财经问题研究，(11)：53-59

夏明．2006．投入产出体系与经济结构变迁［M］．北京：中国经济出版社

筱原三代平．1957．产业结构与投资分配［J］．东京：一桥大学经济研究，(7)：8-14

肖丁丁，朱桂龙，王静．2013．政府科技投入对企业 R&D 支出影响的再审视［J］．研究与发展管理 (6)：25-32

谢鸿宇，叶慧珊．2008．中国主要农产品全球平均产量的更新计算［J］．广州大学学报：自然科学版，7（1）：76-80

谢康，肖静华．2012．中国工业化与信息化融合质量：理论与实证［J］．经济研究，(1)：4-16

谢千里，罗斯基，郑玉歆．1995．改革以来中国工业生产率变动趋势的估计及其可靠性分析［J］．经济研究，(12)：10-22

邢路岩，宋兴斌．2009．河南省经济增长因素的数量分析［J］．技术经济与管理研究，(2)：122-125

熊浩淼．2009．论经济危机下郑州中小服装企业质变拐点——以"郑州女裤"品牌的发展为例［J］．现代商贸工业，(16)：89-90

徐峰．2013．插电式混合动力汽车开发研究［D］．吉林大学硕士学位论文

徐建中，赵红．2000．资源型城市可持续发展模式选择及产业结构调整对策［J］．资源产业型城市可持续，(12)：21-22

徐建中，赵红．2001．资源型城市可持续发展产业结构面临的问题及对策［J］．技术经济与管理研究，(3)：63-65

徐舒，左萌，姜凌．2011．技术扩散，内生技术转化与中国经济波动——一个动态随机一般均衡模型［J］．管理世界，(3)：22-31，187

徐晓雯．2010．政府科技投入对企业科技投入的政策效果研究：基于国家创新体系视角［J］．财政研究，(10)：23-26

徐杏．2000．消费结构、产业结构和就业结构的联动分析［J］．河海大学学报：哲学社会科学版，(3)：5-9

徐中民，程国栋，张志强．2001．生态足迹方法：可持续性定量研究的新方法——以张掖地区 1995 年的生态足迹计算为例［J］．生态学报，21（9）：1484-1493

许永兵．2003．中国经济增长中制度因素的实证分析［J］．河北经贸大学学报，(6)：1-5

闫傲霜．2014．建设北京农科城探索创新驱动的"四化"同步发展［J］．中国发展，14（1）：81-83

严成晖，周铭山，龚六堂．2008．中国知识生产函数性质的分析与最优研发投资规模的估算［R］．北京大学中国经济研究中心工作文档

严秋菊．2011．河南省科技创新人才培养对策探析［J］．河南财政税务高等专科学校学报，

25（4）：51-52

杨桂菊，刘善海．2013. 从 OEM 到 OBM：战略创业视角的代工企业转型升级——基于比亚迪的探索性案例研究［J］．科学学研究，31（2）：240-249

杨红亮，史丹．2008. 能效研究方法和中国各地区能源效率的比较［J］．经济理论与经济管理，（3）：12-20

杨良选．2011. 技术成熟度多维评估模型研究［D］．国防科学技术大学硕士学位论文

杨文亚．2013. 杭州市电动汽车社会技术系统创新和政策研究——基于系统动力学仿真［D］．浙江大学硕士学位论文

杨晓萍．2006. 中国经济增长因素的实证分析［J］．内蒙古农业大学学报：社会科学版，（3）：27-29

杨叶辰．2009. 浙江省纺织产业转型提升的途径研究［J］．中国集体经济，（11）：42-43

杨志刚．2008. 服装企业信息化建设研究［D］．北京服装学院硕士学位论文

姚树洁，冯根福，韦开蕾．2006. 外商直接投资和经济增长的关系研究［J］．经济研究，（12）：5-46

叶依广，孙林．2002. 资源效率与科技创新［J］．中国人口·资源与环境，（6）：15-17

叶奕莉．2013. 服装产业的未来属于科技创新［J］．纺织服装周刊，（2）：64-65

易丹辉．2008. 数据分析与 EViews 应用［M］．北京：中国人民大学出版社

殷凤春．2009. 我国自主创新人才开发战略 SWOT 分析［J］．科技管理研究，29（4）：220，245-247

俞安军，韩士专，张顺超．2007. 利用 C-D 函数测算中国经济增长的质量及方式［J］．统计与决策，（4）：48-49

喻科．2010. 产学研合作创新网络演进过程及其主体知识传递模式探究［J］．科技进步与对策，27（14）：141-144

袁晓东，罗恺．2014. 我国 LED 封装技术专利丛林测量实证研究［J］．科研管理，35（1）：82-89

原毅军，董琨．2008. 产业结构的变动与优化：理论解释和定量分析［M］．大连：大连理工大学出版社

约翰·霍兰．2000. 隐秩序［M］．陈禹等译．上海：上海科技教育出版社

曾丹．2011. 区域传统产业转型决策理论及模型研究——基于战略性新兴产业培育视角［D］．中南大学硕士学位论文

曾昭法，聂亚菲．2008. 专利与我国经济增长实证研究［J］．科技管理研究，28（7）：406-407

翟立新，韩伯棠，李晓轩．2005. 基于知识生产函数的公共科研机构绩效评价模型研究［J］．中国软科学，（8）：76-80

张爱菊，张白汝，向志坚．2013. 中部六省生态足迹的测算与比较分析［J］．生态环境学报，22（4）：625-631

张昌蓉，薛惠锋．2006. 基于循环经济的产业结构调整［J］．生产力研究，（4）：197-199

张桂宾，王安周．2007. 中国中部六省生态足迹实证分析［J］．生态环境，16（2）：598-601

张恒义，刘卫东，林育欣，等．2009. 基于改进生态足迹模型的浙江省域生态足迹分析［J］．生态学报，29（5）：2738-2748

张军，章元.2003.对中国资本存量 K 的再估计［J］.经济研究，(7)：35-43

张可云，傅帅雄，张文彬.2011.基于改进生态足迹模型的中国 31 个省级区域生态承载力实证研究［J］.地理科学，(9)：1084-1089

张立厚，陈鸣中，张玲.2000.石龙镇产业结构优化的系统仿真分析［J］.工业工程，3 (3)：51-54

张培，章显，于鲁冀.2012.排污权有偿使用阶梯式定价研究——以化学需氧量排放为例［J］.生态经济，(8)：60-62

张鹏.2011.浙江省工业固定资产投资及社会绩效的研究［D］.浙江工商大学硕士学位论文

张荣馨，陈桂玲.北京服装产业如何转型升级——与生产性服务业联动发展［J］.现代商业，(6)：68-69

张瑞，丁日佳，尹岚岚.2007.产业结构变动对我国能源消费影响的 Panel data 模型［J］.商场现代化，(1)：365-367

张五常.2009.中国的经济制度［M］.北京：中信出版社

张武军，翟艳红.2012.协同创新中的知识产权保护问题研究［J］.科技进步与对策，(22)：132-133

张巍，汪雪锋，郭颖，等.基于文献计量学的技术路线图构建模型研究［J］.科学学研究，(4)：486，495-502

张银银，邓玲.2013.以创新推动传统产业向战略性新兴产业升级［J］.经济纵横，(6)：54-57

张志强，徐中民，程国栋.2000.生态足迹的概念及计算模型［J］.生态经济，16 (10)：8-10

张智光，刘建波，丁胜.2003.可持续发展林业产业结构优化系统模型研究［J］.农业系统科学与综合研究，1 (19)：19-26

章安平.2005.内含制度因素的中国经济增长模型及实证分析［J］.统计与决策，(12)：8-11

赵更申，雷巧玲，2006.我国企业自主创新的制约因素及对策研究［J］.科技进步与对策，(3)：129-131

赵红专，翟立新，李强.2006.知识生产函数及其一般形式研究［J］.经济问题探索，(7)：12-15

赵健.2012.跨国公司 R&D 投资对区域创新能力影响的实证研究——基于区域创新知识生产函数的分析［J］.工业技术经济，(7)：148-153

赵景柱.1993.论我国持续发展的生物多样性保护战略［J］.科技导报，(12)：57-59

赵兰香.2011.创新驱动，转型发展，根本要靠人才［J］.科学学研究，12：1766-1767

赵立雨，师萍.2010.政府财政研发投入与经济增长的协整检验——基于 1989—2007 年的数据分析［J］.中国软科学，(2)：53-58

赵荣钦，刘英，丁明磊，等.2010.河南省农田生态系统碳源研究［J］.河南农业科学，(7)：40-44

赵帅，姜照华.2013.核工业全产业链创新探讨［J］.经济研究导刊，216 (34)：30-32

赵永.2011.CES 生产函数的贝叶斯估计［J］.统计与决策，(7)：42-44

赵志华.2011.产品技术成熟度分析方法的改进研究［D］.北京工业大学硕士学位论文

赵志耘，吕冰洋，郭庆旺，等.2007.资本积累与技术进步的动态融合：中国经济增长的一个

典型事实［J］．经济研究，（11）：18-32

赵志耘，占冰洋，郭庆旺，等．2007．资本积累与技术进步的动态融合：中国经济增长的一个
典型事实［J］．经济研究，（11）：18-31

郑斌斌．2006．人才开发的财政与金融政策工具研究［D］．武汉理工大学硕士学位论文

郑向阳．2007．企业设备投资现状、问题及其对策［J］．河北金融，9（1）：15-17

中国经济观察课题组．2006．中国资本回报率：事实、原因和政策含义［R］．北京大学中国
经济研究中心研究报告

中国科技发展战略研究小组．2002．中国科技发展研究报告（2001）——中国技术跨越战略研
究［M］．北京：中共中央党校出版社

中国科学技术协会调研宣传部．2008．中国科学技术协会发展研究中心［M］．北京：中国科
学技术出版社

钟荣丙．2014．以自主创新驱动工业经济转型升级的实证分析——剖析南车株洲电力机车研究
所有限公司的创新实践［J］．湖南工程学院学报：社会科学版，24（3）：6-11

周春彦，亨利·埃茨科威兹．2006．双三螺旋：创新与可持续发展［J］．东北大学学报：社会
科学版，（3）：170-174

周春彦，亨利·埃茨科威兹．2008．三螺旋创新模式的理论探讨［J］．东北大学学报：社会科
学版，（4）：300-304

周春彦，李海波，李星洲，等．2011．国内外三螺旋研究的理论前沿与实践探索［J］．科学与
管理，（4）：21-27

周春彦．2006．大学—产业—政府三螺旋创新模式——亨利·埃茨科维兹《三螺旋》评介
［J］．自然辩证法研究，（4）：75-77，82

周方．1998．"科技进步"完全体现为"规模经济"——R. Solow 教授所谓的"非体现型技术
进步"纯属虚构［J］．数量经济技术经济研究，（10）：16-27

周锋．2010．地区经济转型升级中的政府作用研究［D］．苏州大学硕士学位论文

周鸿，林凌．2005．中国工业能耗变动因素分析：1993—2002［J］．产业经济研究，（5）：
30-41

周鹏．2011．生产性服务业发展与制造业的转型升级研究［D］．东南大学博士学位论文

周振华．1992．产业结构优化论［M］．上海：上海人民出版社

周振华．2008．论城市综合创新能力［J］．上海经济研究，（7）：42-49

朱德明．产业结构失衡对可持续发展的影响与环境政策选择［J］．环境科学动态，（2）：5-9

庄明浩．2009．基于技术轨道理论的技术跨越分析［D］．吉林大学硕士学位论文

邹至庄，刘满强．中国的资本形成与经济增长［J］．数量经济技术经济研究，（3）：63-65

Abosedra S，Baghestani H. 1989. New evidence on the causal relationship between U. S. energy
consumption and gross national product［J］. Journal of Energy Development，（14）：
285-292

Acemoglu D，Ashion P，Zilibotti F. 2006. Distance to frontier，selection and economic growth
［J］. Journal of the European Economic Association，4（1）：37-74

Acemoglu D. 2012. The network origins of aggregate flctuations［J］. Econometrica，80：1977-
2016

Acs Z J，Anselin L，Varga A. 2002. Patents and innovation counts as measures of regional production of new knowledge [J] . Research Policy, 31 (7): 1069-1085

Aghion P, David P A, Foray D. 2009. Science, technology and innovation for economic growth: Linking policy research and practice in 'STIG Systems' [J] . Research Policy, 38: 681-693

Altshuller G S. 2006. Social indicators for sustainable project and technology life cycle management in the process industry [J] . The International Journal of Life Cycle Assessment, (1): 3-17

Anis Omri. 2013. CO_2 emissions, energy consumption and economic growth nexus in MENA countries: Evidence from simultaneous equations models [J] . Energy Economics, (40): 657-664

Ann P K, Daniel M K. National trajectories of carbon emissions analysis of proposals to foster the transition to low-carbon economies [J] . Global Environmental Change, 8 (3): 183-208

APERC. 2000. Energy Efficiency Indicators, a Study of Energy Efficiency Indicators for Industry in APEC Economics [R] . Tokyo: Asia Pacific Energy Research Centre

Araujo R A, Teixeira, Joanílio Rodolpho. Investment specific technological progress and structural change [J] . Estudos Economics, 40 (4): 819-829

Arrow K J. 1962. The economic implications of learning by doing [J] . The Review of Economic Studies: 155-173

Bai J, Ng S. 2003. Inferential Theory for Factor Models of Large Dimensions [J] . Econometrica, 71: 135-171

Barro R J, Sala-i-Martin X. 1997. Technological diffusion, convergence and growth [J] . Journal of Economic Growth, 2 (1): 1-27

Barton P E. 1996. Co-operation Education in High School Promise and Neglect Policy Information Center [M] . Princeton: Princeton University Press

Batty. 2001. Less is more, more is different [J] . Environment and Planning, 27: 167-168

Bosseboeuf D, Chateau B, Lapillonne B. 1997. Cross-country comparison on energy efficiency indicators: The on-going european effort towards a common methodology [J] . Energy Policy, 25 (7/9): 673-682

Boulding K E. 1966. The Economics of the Coming Spaceship Earth: Environmental Quality in a Growing Economy [M] . Baltimore: Baltimore Johns Hopkins University Press

Brannlund R. 2007. Increased energy efficiency and the rebound effect: Effects on consumption and emissions [J] . Energy Economics, (29): 1-17

Buesa M, Heijs J, Baumert T. 2010. The determinants of regional innovation in Europe: A combined factorial and regression knowledge production function approach [J] . Research Policy, 39 (6): 722-735

Busom I. 2000. An empirical evaluation of R&D subsidies [J] . Economics of Innovation and New Technology, (9): 111-148

Caloghirou Y, Tsakanikas A, Vonortas N S. 2001. University-industry cooperation in the context of the European framework programmers [J] . Journal of Technology Transfer, 26 (1/2): 153-161

Carayannis E G, Campbell D F J. 2010. Triple helix, quadruple helix and quintuple helix and how do knowledge, innovation and the environment relate to each other? A proposed frame-work for a trans-disciplinary analysis of sustainable development and social ecology [J] . International Journal of Social Ecology and Sustainable Development, 1 (1): 41-69

Chang N. 2014. Changing industrial structure to reduce carbon dioxide emissions: A Chinese application [J] . Cleaner Production, (93): 1-9

Chen X, Funke M. 2012. The dynamics of catch-up and skill and technology upgrading in China [J] . Journal of Macroeconomics, 38 (4): 465-480

Chenery H. 1953. The Structure and Growth of the Italian Economy [M] . Rome: U. S. Mutual Security Agency

Chesbrough H. 2006. Open Innovation Researching a New Paradigm [M] . Oxford: Oxford University Press

Chihiro W. 1999. Systems option for sustainable development-effect and limit of the Ministry of International Trade and Industry's efforts to substitute technology for energy [J] . Research Policy, (28): 719-749

Clark C. 1957. The conditions of economic progress [J] . Macmillan, (76): 21-196

Clark K B, Fujimoto T. 1991. Product Development [M] . World Auto Industry: Strategy, Organization and Performance

Coase R H. 1937. The nature of the firm [J] . Economica, 4 (16): 386-405

Coccia M. 2010. Public and private R&D investments as complementary inputs for productivity growth [J] . International Journal of Technology, Policy and Management, (10): 73-91

Coccia M. 2011. The interaction between public and private R&D expenditure and national productivity [J] . Prometheus, (2): 121-130

Coe D T, Helpman E. 1995. International R&D spillovers [J] . European Economic Review, 39 (5): 859-887

Cohen W M, Levinthal D A. 1989. Innovation and learning: The two faces of R&D [J] . The Economic Journal, (99): 569-596

Colecchia A, Schreyer P. 2002. ICT investment and economic growth in the 1990s: Is the United States a unique case? a comparative study of nine OECD countries [J] . Review of Economic Dynamics, 5 (2): 408-442

Comin D. 2010. An exploration of technology diffusion [J] . American Economic Review, 100 (5): 2031-2059

Courvisanos J, Verspagen B. 2002. Innovation and investment in capitalist economies 1870-2000: Kaleckian dynamics and evolutionary life cycles [J] . Investigación Económica, 62 (242): 33-80

Courvisanos J. 2007. The dynamics of innovation and investment, with application to Australia, 1984-1998 [J] . Empirical Post Keynesian Economics: Looking at the Real World, (102): 141-177

Czarn itzki D. 2004. The Link between R&D Subsidies, R&D Spending and Technological Performance [R] . ZEW Discussion Paper

Czarnitzki D, Kraft K, Thorwarth S. 2009. The knowledge production of 'R' and 'D' [J] .

Economics Letters, 105: 141-143

Daim T U, Rueda G, Martin H, et al. 2006. Forecasting emerging technologies: Use of biblio-
metrics and patent analysis [J]. Technological Forecasting & Social Change, 73 (8): 981-
1012

Daly H E et al. 1994. Valuing the Earth: Economics, Ecology, Ethics [M]. Cambridge:
MIT Press

de Long J, Summers L. 1991. Equipment investment and economic growth [J]. Quarterly Jour-
nal of Economics, 106: 445-502

Denison E F. 1976. Why Growth Rates Differ [M]. New York: Massachusetts Avenue

Desimone R, Winner J, Harris D. 2002. Human Resource Development [M]. Stamford:
Thomson Learning

Dickenson. 2010. Descending serotonergic facilitation mediated by spinal receptors engages
rapamycin-sensitive pathways [J]. Neuroscience Letters, 11: 102-112

Dietzenbacher E, Luna I R, Bosma N S. 2005. Using average propagation lengths to identify
production chains in the andalusian economy [J]. Estudios De Economía Aplicada, 23 (2):
405-422

Dixit A K, Pindyck R S R. 1994. Investment Under Uncertainty [M]. Princeton: Princeton
University Press

Dolezal V. 1995. Optimization of general non-linear input output systems [J]. Nonlinear Analy-
sis, (4): 441-468

Dyer J H. Singh H. 1998. The relational view: Cooperative strategy and sources of inter-organi-
zational competitive advantage [J]. Academy of Management Journal, 23 (4): 660-679

D. W. 乔根森. 1989. 日本和美国的生产率和经济增长 [J]. 数量经济技术经济研究, (4):
74-78

Eaton J, Eckstein Z. 1997. Cities and growth: Theory and evidence from France and Japan [J].
Regional Science and Urban Economics, 27 (4): 443-474

Eaton J, Kortum S. 2001. Technology, trade, and growth: A unified framework [J]. Europe-
an Economic Review, 45 (4/6): 742-755

Eggers F, Eggers F. 2011. Where have all the flowers gone? Forecasting green trends in the au-
tomobile industry with a choice-based conjoint adoption model [J]. Technological Forecas-
ting & Social Change, 78: 51-62

Ehrlich P R, Holdren J P. 1971. Impact of population growth [J]. Science, 171 (3977):
1212-1217

Ejermo O. 2013. A Knowledge Production Function for Patents in Swedish Academia [M].
England: Paper for the Triple Helix Conference London

Ekboir J. 2003. Why impact analysis should not be used for research evaluation and what the al-
ternatives are [J]. Agricultural Systems, 78 (2): 166-184

Etzkowitz H, Leydesdorff L, Geuna A. 1999. Book reviews-universities and the global knowl-
edge economy: A triple helix of university-industry-government relations [J]. Economic
Journal, 109 (456): 464

Fischer M M，Varga A. 2003. Spatial knowledge spillovers and university research：Evidence from Austria ［J］. The Annals of Regional Science，37（2）：303-322

Fisher V J. 2006. Technology development and energy productivity in China ［J］. Energy Economics，（28）：690-705

Fleming L，Sorenson O. 2001. Technology as a complex adaptive system：Evidence from patent data ［J］. Research Policy，（30）：1019-1039

Forni L，Monteforte L，Sessa L. 2009. The general equilibrium effects of fiscal policy：Estimates for the Euro area ［J］. Public Economics，（3/4）：559-585

Forrester J W. 1971. World Dynamics ［M］. Massachusetts：The MIT Press

Fritsch M. 2002. Measuring the quality of regional innovation systems：A knowledge production function approach ［J］. International Regional Science Review，25（1）：86-101

Furman J L，Porter M E，Stern S. 2002. The determinants of national innovative capacity［J］. Research Policy，31（6）：899-933

Furman J L，Hayes R. 2004. Catching up or standing still：National innovative productivity among 'follower' countries，1978-1999 ［J］. Research Policy，33（9）：1329-1354

Gahide S. 2000. Application of TRIZ to technology forecasting case study：Yarn spinning technology ［J］.（7）：12-31

Gancia G，Bonöglioli A. 2008. North-south trade and directed technical change ［J］. Journal of International Economics，76：276-295

Garbaccio R，Ho F，Lee C. 2006. The causality relationship between energy consumption and GDP in G-11 countries revisited ［J］. Energy Policy，（34）：1086-1093

Gaspar J，Vasconcelos P B，Afonsoa O. 2014. Economic growth and multiple equilibria：A critical note ［J］. Economic Modelling，（36）：157-160

Geisler E，Rubenstein A H. 1989. University-Industry Relations：A Review of Major Issues ［M］. Springer Netherlands

Gereffi G. 1999. International trade and industrial upgrading in the apparel commodity chain ［J］. Journal of International Economics，（48）：37-70

Geroski P A，Walters C F. 1995. Innovative activity over the business cycle ［J］. The Economic Journal，（67）：916-928

Ghali K H，El-Sakka. 2004. Energy use and output growth in Canada：A multivariate cointegration analysis ［J］. Energy Economics，（26）：225-238

Glasure Y U. 2002. Energy and national income in Korea：Further evidence on the role omitted variables ［J］. Energy Economics，（24）：126-145

Godin B. 1996. Research and the practice of publication in industries ［J］. Research Policy，（25）：587-606

Greenwood J，Krusell P，Hercowitz Z. 1997. Long-run implication of investment—specific technological change ［J］. American Economic Review，87（3）：342-262

Gregory A Daneke，Beyond Sehumpeter. Nonlinear economics and the evolution of the U. S. innovation system ［J］. The Journal of Socio-Economies，（1）：97-115

Griliches Z. 1979. Issues in assessing the contribution of research and development to productivity growth [J]. Bell Journal of Economics, 10 (1): 92-116

Griliches Z. 1988. Productivity puzzles and R&D: Another nonexplanation [J]. Economic Perspectives, (4): 9-21

Griliches Z. 1990. Patent Statistics as Economic Indicators: A Survey [R]. National Bureau of Economic Research

Griliches Z. 1994. Productivity, R&D, and the data constraint [J]. The American Economic Review, (49): 1-23

Griliches Z. 1998. Patent Statistics as Economic Indicators: A Survey. R&D and Productivity: The Econometric Evidence [M]. Chicago: University of Chicago Press

Grossman G, Krueger A. 1995. Economic growth and the environment [J]. Quarterly Journal of Economics, 110 (2): 353-377

Guellec D, van Pottlesberghe B. 2000. The Impact of Public R&D Expenditure on Business R&D [R]. OECD Working Paper

Guilford J P. 1959. Traits of Creativity [M]. New York: Harper & Publisher

Hagedoorn John, Wang N. 2012. Is there complementarity or substitutability between internal and external R&D strategies? [J]. Research Policy, 41: 1072-1083

Hall A, Clark N. 2010. What do complex adaptive systems look like and what are the implications for innovation policy? [J]. Journal of International Development, 22 (3): 308-324

Hall B H, Link A N, Scott J T. 2001. Barriers inhibiting industry from partnering with universities: Evidence from the advanced technology program [J]. Journal of Technology Transfer, 26 (1/2): 87-98

Harhoff D. 1999. Firm formation and regional spillovers [J]. The Economics of Innovation and New Technology, (8): 27-55

Harrod F. 1939. An essay in dynamic theory [J]. Economic Journal, (49): 14-33

Heckscher E F, Ohlin B G. 1991. Heckscher-Ohlin Trade Theory [M]. Cambridge: The MIT Press

Henderson V. 2003. The urbanization process and economic growth: The so-what question [J]. Journal of Economic Growth, 8 (1): 47-71

Hendricks L. 2000. Equipment investment and growth in the developing countries [J]. Journal of Development Economies, 61: 335-364

Henrik K J. 1991. Technology diffusion in energy-economy models [J]. The Case of Danish Vintage Models, (21): 43-72

Henryson J. 1993. Energy efficiency in buildings through information-Swedish perspective, energy policy [J]. 28 (3): 169-180

Hirschman A O. 1960. Estratégia Do Desenvolvimento Econômico: The Strategy of Economic Development. 1958 [M]. Fundo de cultura

Hosoya K. 2012. Growth and multiple equilibria: A unique local dynamics [J]. Econ. Model, (29): 1662-1665

Howarth R B. 1991. The present value criterion and environmental taxation: The suboptimality of first-best decision rules [J]. Land Economics Press, (23): 321-336

Howitt P. 2000. Endogenous growth and cross-country income differences［J］. American Economic Review, 90: 829-846

Huang J P. 1993. Industrial energy use and structural change: A case study of the People Republic of China［J］. Energy Economics, (15): 131-136

Hulten R. 1992. Growth accounting when technical change is embodied in capital［J］. The American Economic Review, (82): 964-980

Humphrey J, Schmitz H. 2000. Chain Governance and Upgrading: Linking Industrial Cluster and Global Value Chain Research［M］. Brighton: Institute of Development Studies

Intriligate M. 1965. Embodied technical change and productivity in the United States: 1928-1958 ［J］. The Review of Economics and Statistics, (52): 47

Ireland P N. 2004. A method for taking models to the data［J］. Economic Dynamics and Control, (6): 1205-1226

Jackson J E. 1992. A User's Guide to principal Components［M］. New York: A Wiley-Interscience Publication

Jaffe A B. 1989. Real effects of academic research［J］. The American Economic Review, (21): 957-970

Johansen D W. 1959. The embodiment hypothesis［J］. Journal of Political Economy, (12): 74

Johnston B F, Mellor J W. 1961. The role of agriculture in economic development［J］. American Economic Review, (67): 566-593

Jones C I. 1995a. Time series tests of endogenous growth models［J］. The Quarterly Journal of Economics, 110 (2): 495-525

Jones C I. 1995b. R&D-based models of economic growth［J］. Journal of Political Economy, 103 (4): 759-784

Jorgenson D W. 1994. Trade policy and U. S. economic growth［J］. Journal of Policy Modeling, 16 (2): 119-146

Joutz F, Abdih Y. 2005. Relating the Knowledge Production Function to Total Factor Productivity: An Endogenous Growth Puzzle［M］. International Monetary Fund

Kaldor N. 1961. Capital Accumulation and Economic Growth［M］. London: Macmillan

Kaldor N. 1966. Causes of the Slow Rate of Economic Growth of the United Kingdom: An Inaugural Lecture［M］. London: Cambridge University Press

Khazzoom J. 2006. Economic implications of mandated efficiency standards for household appliances, energy［J］. 1 (4): 21-39

Kilponen L. 2003. Energy efficiency indicators—concepts, methodological issues, and connection to pulp and paper industry［D］. Helsinki University of Technology

Klerkx L, Aarts N, Leeuwis C. 2010. Adaptive management in agricultural innovation systems: The interactions between innovation networks and their environment［J］. Agricultural Systems, 103 (6): 390-400

Kosempel S, Carlaw K. 2003. Accounting for Canada's economic growth［J］. Journal of Economic Development, 28: 83-101

Kowalick J F. 1997. Technology forecasting processes using after-96 (algorithm for forecasting technology-evolution roadmaps）［EB/OL］. http：//www. triz-journal. com［1998-12-31］

Kraft J. 1978. On the relationship between energy and GNP［J］. Journal of Energy and Development，(3)：401-403

Kuhn T S. 1962. The Structure of Scientific Revolutions［M］. Chicago：University of Chicago Press

Kuznets S. 1962. Quantitative aspects of the economic growth of nations：VII. the share and structures of consumption［J］. Economic Development and Cultural Change，10 (2)：1-92

Kydland F E，Prescott E C. 1982. Time to build and aggregate fluctuations［J］. Econometrica，50 (6)：1345-1370

Lebel P. 2008. The role of creative innovation in economic growth：Some international comparisons［J］. Journal of Asian Economics，19 (4)：334-347

Leonard，Nadler. 1989. Developing Human Resource［M］. Wiley：Jossey-Bass Inc

Lewis W A. 1969. Some aspects of economic development［J］. Some Aspects of Economic Development

Leydesdorff L，Meyer M. 2003. The triple helix of university-industry-government relations：Introduction to the topical issue［J］. Scientometries，58 (2)：191-203

Licandro O，Castillo J. 2002. The measurement of growth under embodied technical change［J］. Louvain Economic Review，68：7-20

Liu J H，Li X，J Z H. 2013. Model of American internationalized innovation system and its evolutionary trends［J］. Journal of Applied Sciences，(12)：2294-2299

Lovell C A K. 1993. Production Frontiers and Productive Efficiency—The Measurement of Productive Efficiency：Techniques and Applications［M］. Oxford：Oxford University Press

Lucas R E. 1988. On the mechanics of economic development［J］. Journal of Monetary Economics，(13)：22

Luintel K B，Khan M. 2005. An Empirical Contribution to Knowledge Production and Economic Growth［R］. Paris：OECD Publishing

Makaprv V，Khmelinskii I，PATTERSON M. 1996. What is energy efficiency? —concepts indicators and methodological issues［J］. Energy Policy，24 (5)：377-390

Malecki E J. 1997. Technology and economic development：The dynamics of local，regional，and national change［J］. Economic Geography，(53)：47

Mankins J C. 2009. Technology readiness assessments：A retrospective［J］. Acta Astronautica，(65)：1216-1223

Mankins. J. C. Approaches to strategic research and technology (R&T) analysis and road mapping［J］. Acta Astronautica，(51)：3-21

Mankiw N G，Romer D，Weil D N. 1992. A contribution to the empirics of economic growth［J］. The Quarterly Journal of Economics，(2)：407-437

Mansfield E. 1968. Industrial Research and Technological Innovation：An Econometric Analysis［M］. New York：Norton

Maria H，Vicente O. 2009. 中国的设备投资与经济开放［J］. 世界经济文汇，(4)：1-12

Martino J P. 2003. A review of selected recent advances in technological forecasting［J］. Technological Forecasting & Social Change，（70）：719-733

Matsuyama K. 1992. Agricultural productivity, comparative advantage, and economic growth ［J］. Journal of Economic Theory, 58 (2)：317-334

Miller R E, BLAIR P D. 1985. Input-output analysis：Foundations and extensions ［J］. Englewood Cliffs：200-227

Morris. 2001. Can differences in industry structure explain divergences in economic growth ［J］. Bank of England Quarterly Bulletin, 41 (2)：195-203

Nelson R R, Winter S G. 1977. In search of a useful theory of innovation ［J］. Research Policy, (5)：36-76

Nelson R R, Winter S G. 1982. An Evolutional Theory of Economic Change ［M］. Harvard：Harvard University Press；Cambridge：Belknap Press

Nelson R R. 1964. Aggregate production functions and mediu-range growth projections ［J］. The American Economic Review, 5：575-606

Nishioka S, Ripoll M. 2012. Productivity, trade and the R&D content of intermediate inputs ［J］. European Economic Review, 56：1573-1592

Nolte W L, Kennedy B C, Dziegiel R J, et al. 2004. Technology Readiness Level Calculator ［M］. NDIA System Engineering Conference

Norman D. The life cycle of a technology：Why it is so difficult for large companies to innovate. http：// www. jnd. org/ dn. pubs. html

North D C, Thomas R P. 1973. The Rise of the Western World：A New Economic History ［M］. Cambridge：Cambridge University Press

OECD. 1996. The Knowledge-Based Economy ［R］. Paris

OECD. 2001. Productivity Manual：A Guide to the Measurement of Industry-level and Aggregate Productivity Growth ［R］. Paris

O'Donoghue T, Zweimuller J. 2004. Patents in a model of endogenous growth ［J］. Journal of Economic Growth, 9 (1)：81-123

Page. 1988. Environmental protection and economics efficiency ［J］. New York the Free Press, (112)：88-100

Pardalos. 2000. Recent developments and trends in global optimization ［J］. Journal of Computational and Applied Mathematics, (1)：209-228

Parthasarthy R, Hammond J. 2002. Product innovation input and outcome：Moderating effects of the innovation process ［J］. Journal of Engineering and Technology Management, 19 (1)：75-91

Patel P, Pavitt K. 1994. The continuing, widespread (and neglected) importance of improvements in mechanical technologies ［J］. Research Policy, 23 (5)：533-545

Patterson M G. 1996. What is energy efficiency? Concept, indicators and methodological issues ［J］. Energy Policy, 24 (5)：377-390

Pavitt K. 2003. The process of innovation ［J］. SPRU Electronic Working paper Series, (89)：145-189

Phelps E. 1962. The new view of investment ［J］. Quarterly Journal of Economics, 76：

548-567

Piergiuseppe M, Carmelo P, Giuseppina T. 2007. Research, knowledge spillovers and innovation evidence from the Italian manufacturing sector [J]. Mathematics and Statistics, (9): 45-58

Porter A L, RoperA T, Mason T W, et al. 1991. Forecasting and Management of Technology [M]. New York: Wiley

Porter M E. 1990. The competitive advantage of notions [J]. Harvard Business Review

Rabanal P, Tuesta V. 2006. Euro Dollar Real Exchange Rare Dynamics in an Estimated Two-Country Model: What Is Important and What Is Not? [R]

Ramani S V, El-Aroui M A, Carrère M. 2008. On estimating a knowledge production function at the firm and sector level using patent statistics [J]. Research Policy, 37 (9): 1568-1578

Raquel O, Rosina M. 2009. Evidence on the Role of Structure on Firms Innovative Performance [R]. Research Institute of Applied Economics

Rees W, Wackernagel M. 1996. Urban ecological footprints: Why cities cannot be sustainable-and why they are a key to sustainability [J]. Environmental Impact Assessment Review, 16 (4): 223-248

ReesWE. 1992. Ecological footprints and appropriated carrying capacity: What urban economics leaves out [J]. Environment and Urbanization, 4 (2): 121-130

Romer P M. 1986. Increasing returns and long-run growth [J]. Journal of Political Economy, 94 (5): 1002-1037

Romer P M. 1990. Endogenous technological change [J]. Journal of Political Economy, (5): 71-102

Rothwell R, Dodgson M. 1992. European technology policy evolution: Convergence towards SMEs and regional technology transfer [J]. Technovation, 12 (4): 223-238

Sakellaris P, Wilson D J. 2004. Quantifying embodied technological change [J]. Review of Economic Dynamics, 7 (1): 1-26

Samara E, Georgiadis P, Bakouros I. 2012. The impact of innovation policies on the performance of national innovation systems: A system dynamics analysis [J]. Technovation, 32 (11): 624-638

Sato C M. 2012. On the robustness of random k-cores [J]. European Journal of Combinatorics, 41: 163-182

Scherer F M. 1965. Firm size, market structure, opportunity, and the output of patented inventions [J]. The American Economic Review, 55 (5): 1097-1125

Schmookler J. 1966. Invention and Economic Growth [M]. Cambridge: Harvard University Press

Schumacher E F. 1973. Small is beautiful: A study of economics as if people mattered [J]. London Abacus, (89): 230-288

Seck A. 2012. International technology diffusion and economic growth: Explaining the spillover benefits to developing countries [J]. Structural Change and Economic Dynamics, 23 (4): 437-451

Seck A. 2012. International technology diffusion and economic growth: Explaining the spillover benefits to developing countries [J]. Structural Change and Economic Dynamics, 23: 437-451

Shen Y-C, Chang S-H, Lin G T R, et al. 2010. A hybrid selection model for emerging technology [J]. Technological Forecasting and Social Change, 77: 151-166

Shepard R W. 1970. Theory of Cost and Production Functions [M]. Princeton: Princeton University Press

Shuming R, Yuan Y, et al. 2011. Research on the influence of sulfur tax on the industrial structure of liaoning province under CGE model [J]. Energy Procedia, (57): 2405-2409

Sintone E, Levine D. 1994. Changing energy intensity in Chinese industry: The relative importance of structural shift and intensity change [J]. Energy Policy, (22): 239-255

Slocum M S. Technology maturity using s-curve descriptors [EB/OL]. http://www.trizjournal.com/technology-maturity-using-s-curve-descriptors/

Smets F, Wouters R. 2005. Comparing shocks and frictions in US and Euro area business cycles: A Bayesian DSGE approach [J]. Applied Econometrics (2): 161-183

Smets F, Wouters R. 2007. Shocks and frictions in US business cycles: A Bayesian DSGE approach [J]. American Economic Review, 97: 586-606

Solow R M. 1960. Investment and technical progress// Arrow K, Karlin S, Suppes P, et al. Mathematical Methods in Social Sciences [M]. Standford: Standford University Press

Spielman D J, Ekboir J, Davis K. 2009. The art and science of innovation systems inquiry: Applications to Sub-Saharan African agriculture [J]. Technology in Society, 31 (4): 399-405

Stem D. 1997. What difference does it make if school and work are connected [J]. Economics of Education Review, 16 (3): 213-229

Stern D I A. 2000. Multivariate cointegration analysis of the role of energy in the US macroeconomy [J]. Energy Economics, (22): 267-283

Szulanski G. 1996. Exploring internal stickiness: Impediments to the transfer of best practice within the firm [J]. Strategic Management Journal (special issue), (17): 27-44

Tang J M. 2006. Competition and innovation behaviour [J]. Research Policy, 35 (1): 68-82

Teece D J, Pisano G, Shuen A. 1997. Dynamic capabilities and strategic management [J]. Strategic Management Journal, 18 (7): 507-533

Tetlay A, John P. Determining the Lines of System Maturity, System Readiness and Capability Readiness in the System Development Lifecycle [R]. 7th Annual Conference on Systems Engineering Research, 2009-04-20 [2009-12-20]

Tidd J, Bessant J. 2011. Managing Innovation: Integrating Technological, Market and Organizational Change [M]. New York: John Wiley & Sons

Voon J P, Chen E Y. 2003. Contributions of capital stock quality improvement to economic growth: The case of Hong Kong [J]. Journal of Asian Economics, 14: 631-644

Walque G, Wouters R, Smets F. 2004. An Open Economy DSGE Model Linking the Euro Area and the US Economy [R]

Wang Sun Ling, Heisey P W, Huffman W E. 2013. Private R&D effects of public R&D: Public R&D, private R&D, and U. S. agricultural productivity growth: Dynamic and long-run relationships [J] . American Journal of Agricultural Economics, 95: 1287-1293

Wang Y, Yao Y. 2001. Sources of China's Economic Growth: 1952-1999: Incorporating Human Capital Accumulation [R] . Policy Research Working Paper 2650, World Bank, Development Research Group, Washington, D. C.

Warriner J G K, Miller S, Cohen G, et al. 2002. Evaluating socio-economic status (SES) bias in survey nonresponse [J] . Journal of Official Statistics, 18 (1): 1-11

Wydra S. 2011. Production and employment impacts of biotechnology-input-output analysis for Germany [J] . Technological Forecasting and Social Change, (7): 1200-1209

Yang H Y. 2000. A note on the relationship between energy consumption and GDP in Taiwan [J] . Energy Economics, (22): 309-317

Yeneder M. 2003. Industry structure and aggregate growth [J] . Structure Change and Economic Dynamics, (14): 427-449

Young A. 1991. Learning by doing and the dynamic effects of international trade [J] . Journal of Political Economy, (2): 369-406

Young A. 1995a. Tale of Two Cities: Factor Accumulation and Technical Change in Hong Kong and Singapore [M] . Cambridge: MIT Press

Young A. 1995b. The tyranny of numbers: Confronting the statistical realities of the east asian growth experience [J] . Quarterly Journal of Economics, 110: 641-680

Yu E H, Hwang B K. 1984. The relationship between energy and GNP: Further results [J] . Energy Economics, (6): 168-190

Zellner A. 1996. An Introduction to Bayesian Inference in Econometrics [M] . USA: Wiley-Interscience

附录 1 指 标 数 据

附表 1-1 河南省 2005～2012 年分行业增加值 （单位：亿元）

年份	农林牧渔业	采矿业	制造业	电力、燃气及水的生产和供应业	建筑业	交通运输、仓储及邮政业	批发零售和住宿餐饮业	现代服务业	其他行业
2005	1 892.01	736.24	3 843.54	316.23	618.13	625.87	918.48	1 217.09	419.83
2006	1 916.73	892.31	4 754.01	384.89	693.40	739.29	1 060.34	1 411.59	510.23
2007	2 217.65	1 036.67	6 036.40	435.26	774.50	866.73	1 259.16	1 791.07	595.02
2008	2 658.77	1 416.48	7 450.70	460.97	931.84	1 043.87	1 513.39	2 042.4	500.11
2009	2 769.05	1 730.11	7 826.02	344.14	1 110.23	823.57	1 584.32	2 490.62	802.40
2010	3 258.11	1 694.88	9 897.99	358.01	1 275.50	873.30	1 898.73	3 012.19	823.65
2011	3 512.24	2 278.07	11 116.14	555.11	1 477.76	961.50	2 384.08	3 753.15	892.98
2012	3 769.54	1 955.59	12 476.62	585.35	1 654.64	1 151.91	2 776.18	4 231.15	998.33

附表 1-2 河南省 2005～2012 年分行业就业人数 （单位：亿元）

年份	农林牧渔业	采矿业	制造业	电力、燃气及水的生产和供应业	建筑业	交通运输、仓储及邮政业	批发零售和住宿餐饮业	现代服务业	其他行业
2005	3 138.83	49.96	732.53	22.66	446.55	187.29	467.21	516.05	101.36
2006	3 050.00	50.20	800.40	22.20	477.80	188.90	491.40	537.50	100.30
2007	2 920.29	51.33	884.14	21.61	529.90	198.65	518.20	546.79	101.81
2008	2 847.31	51.27	933.43	20.99	558.23	204.46	553.17	565.21	101.38
2009	2 764.86	55.49	1 006.00	21.23	592.00	207.70	601.06	596.45	103.99
2010	2 711.72	54.43	1 053.52	21.66	623.76	213.14	647.68	608.96	106.69
2011	2 670.45	65.17	1 109.32	22.01	656.00	217.80	711.96	635.68	109.47
2012	2 628.01	64.48	1 155.66	23.20	675.97	222.77	752.40	651.33	113.68

附表 1-3 河南省 2005～2012 年分行业能源消费总量

（单位：万吨标准煤）

年份	农林牧渔业	采矿业	制造业	电力、燃气及水的生产和供应业	建筑业	交通运输、仓储及邮政业	批发零售和住宿餐饮业	现代服务业	其他行业
2005	461.17	1 446.96	8 617.57	1 420.41	65.45	649.93	164.08	227.58	1 571.46
2006	482.96	1 449.77	10 055.41	1 479.11	68.35	673.04	180.99	246.90	1 596.65
2007	471.61	1 534.43	11 278.16	1 706.54	68.67	772.28	175.35	248.40	1 581.74
2008	485.44	1 860.95	11 808.82	1 827.54	69.24	802.43	182.35	276.82	1 661.97
2009	496.67	1 862.42	12 599.03	1 591.06	90.96	875.72	210.95	277.99	1 745.83
2010	545.04	1 398.48	12 839.30	2 544.61	130.31	1 340.60	251.30	343.90	2 044.23
2011	644.55	2 229.65	12 834.10	2 494.92	168.96	1 288.68	379.87	485.56	2 535.57
2012	696.67	1 547.68	14 062.66	1 775.39	169.94	1 418.56	455.24	575.68	2 945.31

附表 1-4　河南省 2008～2012 年分行业科技投入　（单位：亿元）

年份	农林牧渔业	采矿业	制造业	电力、燃气及水的生产和供应业	建筑业	交通运输、仓储及邮政业	批发零售和住宿餐饮业	现代服务业	其他行业
2008	0.547 2	17.739 4	113.894 6	1.860 3	9.549 6	0.116 3	0	31.052 7	0
2009	0.547 15	17.380 16	142.315 5	5.037 28	9.549 57	0.116 26	0	36.431 33	0
2011	0.547 15	29.364 68	214.438 2	5.162 26	9.549 57	0.116 26	0	51.602 22	0
2012	0.529 65	27.758 7	263.004 5	4.577 71	9.549 57	0.241 02	0	49.687 4	0

附表 1-5　河南省 2005～2012 年分行业固定资产投资　（单位：亿元）

年份	农林牧渔业	采矿业	制造业	电力、燃气及水的生产和供应业	建筑业	交通运输、仓储及邮政业	批发零售和住宿餐饮业	现代服务业	其他行业
2005	56.66	203.22	1 116.13	348.8	7.54	468.35	140.324 8	1 121.943 6	65.321 8
2006	69.96	277.91	1 761.97	411.7	16.38	531.27	210.22	1 601.71	106.12
2007	137.82	405.85	2 951.96	391.86	16.77	408.33	281.09	2 259.59	96.82
2008	261.45	577.02	3 921.99	515.78	17.38	388.04	359.89	2 910.56	118.34
2009	351.34	703.71	5 123.97	551.51	17.2	498.39	460	3 901.24	161.01
2010	587.61	646.08	5 749.03	441.28	9.52	592.17	550.09	4 980.87	147.47
2011	643.82	726.05	7 975.34	481.94	11.68	767.95	579.53	5 949.1	118.94
2012	747.84	690.31	9 724.13	546.88	7.46	875.65	738.52	7 302.61	185.29

附录 2   2012 年河南省直接消耗系数矩阵

产业	代码	农林牧渔业 05	采矿业 01	制造业 02	电力、燃气及水的生产和供应业 03	建筑业 04
农林牧渔业	01	0.170 75	0.004 20	0.080 39	0.000 67	0.001 89
采矿业	02	0.003 41	0.262 22	0.079 47	0.380 06	0.077 84
制造业	03	0.216 38	0.171 31	0.439 98	0.047 69	0.444 08
电力、燃气及水的生产和供应业	04	0.004 21	0.057 73	0.026 50	0.274 23	0.025 67
建筑业	05	0.008 42	0.005 52	0.001 35	0.007 13	0.000 00
交通运输、仓储及邮政业	06	0.002 31	0.038 27	0.031 34	0.011 30	0.034 45
批发零售和住宿餐饮业	07	0.015 16	0.037 41	0.054 47	0.023 83	0.040 47
现代服务业	08	0.000 56	0.035 70	0.016 72	0.048 53	0.033 09
其他行业	09	0.005 24	0.040 99	0.016 33	0.037 99	0.011 11

产业	代码	交通运输、仓储及邮政业 06	批发零售和住宿餐饮业 07	现代服务业 08	其他行业 09
农林牧渔业	01	0.003 70	0.000 70	0.000 00	0.040 78
采矿业	02	0.005 70	0.000 40	0.010 07	0.004 38
制造业	03	0.166 39	0.070 64	0.168 80	0.263 20
电力、燃气及水的生产和供应业	04	0.017 84	0.027 23	0.016 82	0.027 67
建筑业	05	0.034 07	0.007 73	0.013 69	0.009 29
交通运输、仓储及邮政业	06	0.152 90	0.081 82	0.027 91	0.031 08
批发零售和住宿餐饮业	07	0.038 98	0.105 99	0.096 77	0.099 69
现代服务业	08	0.073 02	0.077 31	0.069 14	0.045 97
其他行业	09	0.046 72	0.104 38	0.104 95	0.100 29

附录 3　Matlab 的二次型求解程序

在 Matlab 命令行窗口键入命令：

```
Aeq = [0.460776, 0.023039, 0.057597, 0.023039, 0.287985, 0.135267, 0.172791,
0.115194,0.086395;
    0.176136,    0.521885,    0.913298,    2.596377,    1.174241,    1.04377,    0.190488,
0.129166,2.739895;
    0.005184,0.017946,0.038651,0.00997,0.005683,0.000154,0,0.010137,0;
    0.163985,0.679322,0.877818,1.865895,0.031103,0.619905,0.3965648,2.376463,
0.394607];
Beq = [6952;35249;1017.143;48394];
H = -[0.085376,0.002099,0.040195,0.000337,0.000946,0.00185,0.000348,0,0.020392;
    0.001707,    0.131112,    0.039733,    0.19003,    0.038921,    0.002852,    0.000202,
0.005033,0.002188;
    0.108191,    0.085656,    0.219988,    0.023846,    0.22204,    0.083195,    0.035322,
0.084398,0.131599;
    0.002106,    0.028864,    0.013251,    0.137117,    0.012833,    0.00892,    0.013614,
0.008411,0.013837;
    0.004209,0.002759,0.000673,0.003567,0,0.017036,0.003864,0.006845,0.004646;
    0.001156,    0.019134,    0.015669,    0.005652,    0.017225,    0.07645,    0.040908,
0.013955,0.01554;
    0.007579,    0.018703,    0.027233,    0.011914,    0.020235,    0.019492,    0.052993,
0.048384,0.049847;
    0.00028,    0.017852,    0.00836,    0.024263,    0.016547,    0.036509,    0.038653,
0.034572,0.022983;
    0.002621,    0.020493,    0.008165,    0.018994,    0.005556,    0.023361,    0.052192,
0.052476,0.050145;];
f = [zeros(9,1)];
lb = [5400;3000;21000;750;2750;1450;5400;9000;1500];
[x,fval] = quadprog(H,f,[],[],Aeq,Beq,lb,[])
```

附录 4　Matlab 的主成分分析程序

```
Y = [1.00843, 0.72395, 0.005252, 0.333253, 53.69543, 0.3004764, 0.224656, 0.02942,
0.799859, 1.86976, 3.161437;
    1.04662, 0.76156, 0.006458, 0.403407, 46.14726, 0.3010194, 0.23046, 0.03045,
0.806848, 2.16182, 3.463145;
    1.36822, 0.84161, 0.006736, 0.462955, 39.52126, 0.3005483, 0.236619, 0.02923,
0.793892, 2.60059, 3.715414;
    1.33131, 0.94957, 0.006887, 0.503396, 32.41441, 0.2830286, 0.244082, 0.02549,
0.82643, 3.08777, 3.97546;
    1.23011, 0.98632, 0.008971, 0.604112, 33.75681, 0.2926476, 0.253699, 0.03176,
0.804319, 3.2747, 4.050014;
    1.25148, 1.07718, 0.009154, 0.593448, 30.03043, 0.2861505, 0.261006, 0.03279,
0.814426, 3.82225, 4.01158;
    1.15692, 1.16777, 0.009821, 0.640687, 27.1844, 0.2967477, 0.270232, 0.04268,
0.814673, 4.34522, 4.060975;
    1.10161, 1.25171, 0.0105, 0.703351, 26.89435, 0.3093846, 0.276718, 0.06232, 0.819028,
4.70764, 4.158415];
X = zscore(Y)
covr = cov(X);
[pc, latent, expl] = pcacov(covr)
AEXPL = 0;
for k = 1:1:9
AEXPL = AEXPL + expl(k);
if   AEXPL >= 85
break
end
end
k
ex = expl(1:k, :);
pc1 = pc(:, 1:k);
a = pc1 * ex;
W = a. /sum(a)
F = Y * W
Pareto(expl)
xlabel('主成分序号');ylabel('主成分贡献率(%)').
```

附录 5　河南省 2007～2013 年工业分行业综合能源消费量

行业	2007 年	2008 年	2009 年	2010 年	2011 年	2012 年	2013 年
煤炭开采和洗选	728.39	1142.9	1208.82	1127.86	1050.35	1078.15	1151.84
石油和天然气开采	191.55	205	166.33	173.01	166.96	126.85	127.77
黑色金属矿采选	28.08	31.17	15.15	15.77	17.26	17.72	16.39
有色金属矿采选	50.89	62.43	49.14	53.3	58.56	51.29	46.36
非金属矿采选	24.14	33.42	34.29	24.38	49.63	50.02	48.23
其他采选	0.06	0.09				56.96	54.17
农副食品加工	221.73	245.42	245.07	256.69	257.02	215.74	194.09
食品制造	249.05	256.76	261.26	245.7	212.7	154.96	145.9
饮料制造	147.64	176.83	156.09	158.2	155.76	126.62	125.99
烟草制品	8.49	7.38	7.63	7.39	7.29	71.13	7.58
纺织服装、鞋、帽制造	8.84	11.53	15.35	17.43	22.02	20.21	21.53
皮革、毛皮、羽毛及其制品	33.72	35.49	43.53	46.59	51.52	49.7	43.69
木材加工及木、竹、藤、制品	50.35	67.38	67.54	61.5	57.79	52.34	49.13
家具制造	5.21	7.71	9.52	9.55	11.6	12.21	12.67
造纸及纸制品	424.53	424.94	397.22	392.11	418.53	347.46	281.31
印刷业和记录媒介	8.16	9.64	8.45	10.81	10.4	10.84	12.29
文教体育用品制造	0.68	1	1.27	1.08	1.29	23.73	23.07
石油炼焦及核燃料加工	350.64	368.06	374.06	451.35	474.43	462.29	436.1
化学原料及化学制品制造	1 539.64	1 608.47	1 474.65	1 515.69	1 754.16	1 725.27	1 827.26
医药制造	100.37	110.69	113.38	132.62	164.32	155.03	139.35
化学纤维制造	119.21	80.24	84.08	94.73	60.28	57.94	51.1
橡胶和塑料制品	112.81	129.99	129.72	136.08	132.29	106.42	100.79
非金属矿物制品	1 490.4	1 575.4	1 624.74	1 562.99	1 671.86	1 575.44	1 693.93
黑色金属冶炼及压延加工	1 586.59	1 573.18	1 564.93	1 603.89	1 570.36	1 588.59	1 711.84
有色金属冶炼及压延加工	1 194.14	1 241.96	1 605.02	1 784.83	1 810.21	1 682.58	1 891.12
金属制品	60.69	73.07	70.31	72.13	71.04	99.53	57.78
通用设备制造	124.57	169.62	191.85	179.2	201.81	75.92	100.54
交通运输设备制造	101.26	146.79	166.01	155.41	146.42	122.11	126.33
电气机械器材制造	64.57	82.78	106.08	158.12	166.07	145.89	150.98
通信设备、计算机及其他电子设备制造	34.44	32.75	22.87	25.35	27.06	18.92	28.64

续表

行业	2007 年	2008 年	2009 年	2010 年	2011 年	2012 年	2013 年
仪器仪表及文化、办公用机械制造	6.28	7.36	7.47	8.23	9.09	7.8	7.07
工艺品及其他制造	21.15	28.97	26.45	27.22	21.72	6.42	9.53
废弃资源和废旧材料回收	1.36	3.02	6.52	6.94	4.41	3.47	3.09
电力、热力的生产和供应	4 092.2	3 978.18	3 642.15	3 826.42	4 536.07	4 443.44	4 448.18
煤气生产和供应	48.79	67.12	55.56	66.41	83.26	66.68	56.25
水的生产和供应	5.62	6.3	6.88	7.3	6.21	6.36	6.94
总计	13 822.39	14 339.66	14 255.44	14 726.94	15 782.47	15 017.78	15 447.22